E. V. Zenker

Der Anarchismus

E. V. Zenker

Der Anarchismus

ISBN/EAN: 9783741183980

Hergestellt in Europa, USA, Kanada, Australien, Japan

Cover: Foto ©ninafisch / pixelio.de

Manufactured and distributed by brebook publishing software (www.brebook.com)

E. V. Zenker

Der Anarchismus

Der Anarchismus.

Kritische Geschichte

der anarchistischen Theorie.

Von

E. V. Zenker.

Jena.
Verlag von Gustav Fischer.
1895.

Dem

Freiherrn **Friedrich** v. **Leitenberger**

gewidmet

vom

Verfasser.

Vorwort.

Es war am Tage des Bomben-Attentates auf das französische Parlament, als ich in einem Kreise aufgeklärter und aufklärungswilliger Männer einen improvisierten Vortrag über den Anarchismus hielt, über seine geistigen Väter, seine Grundlehren, seine Propaganda, die Grenzmarken, die ihn vom Socialismus und Liberalismus scheiden u. s. w. Der Eindruck, den meine Ausführungen auf die ansehnliche Versammlung machten, war für mich schmeichelhaft und peinlich zugleich. Fast wie eine Beschämung empfand ich es, dass ich diesen Männern, welche die beste Mittelschichte der politischen Wählerschaft repräsentierten, etwas ganz Neues mit Dingen gesagt hatte, die im Hinblick auf die Actualität und Bedeutung der Frage eigentlich jedem Bürger geläufig sein sollten. Einmal auf diese Lücke in der öffentlichen Meinung aufmerksam gemacht, hielt ich nun Umschau in den verschiedensten Kreisen der politischen und socialistischen, schreibenden und lesenden Welt, und das Ergebnis war der Entschluss, meine bisherigen Studien über den Anarchismus — die nicht weit über die ältesten Theoretiker hinaus gediehen waren — zu erweitern und jenen Vortrag zu einem Buche auszubauen, das ich hiermit der geneigten Lesewelt überreiche.

Leicht ist mir die Bethätigung dieses Entschlusses fürwahr nicht geworden. Die geringe Literatur über den Anarchismus ist fast ausschliesslich auch wider den Anarchismus, ein grosser Nachteil für denjenigen, der nicht Parteizwecke sondern einzig und allein die Aufklärung verfolgt. Da hiess es beständig durch einen Wald von Vorurteilen und Irrtümern blicken, um die Wahrheit wie ein kleines Fleckchen Himmelsblau zu sehen. Es machte in dieser Beziehung wenig Unterschied, ob ich in der Presse oder bei den Männern des sogenannten wissenschaftlichen Socialismus oder bei den redseligen Broschürendichtern anklopfte:

In vielen Worten wenig Klarheit,
Ein Fünkchen Witz und keine Wahrheit.

Laveleye kennt nicht einmal Proudhon; für ihn ist Bakunin der einzige und charakteristische Vertreter des Anarchismus; Socialismus, Nihilismus und Anarchismus fliessen bei diesem Socialhistoriker wirr durcheinander. Garin, der ein grosses Buch, „die Anarchisten" betitelt, geschrieben hat, kennt ausser einigen Jugendschriften Proudhon's und einigen Agitationsplacaten und Manifesten der jüngeren Zeit nicht einen anarchistischen Schriftsteller; die Frucht dieser Unwissenheit ist, dass er den Anarchismus vollständig mit dem Collectivismus identificiert, und die Lächerlichkeit so weit treibt, den gewesenen österreichischen Minister und dermaligen Berater des Grafen Hohenwart, Schäffle, in eine Art Zusammenhang mit den Anarchisten zu bringen. Professor Enrico Ferri beweist seine vollständige Unkenntnis des fraglichen Gegenstandes genügend, indem er Herbert Spencer zum Anarchisten stempelt u. s. w. So ziemlich die einzige Arbeit, welche wissenschaftlich brauchbar genannt werden kann, ist der kurze Artikel „Anarchismus" im „Handwörterbuch der Staatswissenschaften" aus der Feder des Professors Georg Adler. Alle seither erschienenen Broschüren, Abhandlungen und Artikel über den gleichen Gegenstand lehnen sich bequem und kritiklos an diese kurze aber treffliche Darstellung Adlers an. Nachdem die ganz aussergewöhnliche Gefährlichkeit der anarchistischen Lehren für die erdrückende Mehrheit der Menschen wie ein Dogma feststeht, ist es wohl nicht erst nötig, sich über das Wesen derselben zu informieren, um ein entschiedenes Urteil, welches oft ein entscheidendes sein soll, fällen zu können. Deshalb haben auch, mit einigen sehr spärlichen Ausnahmen, fast Alle, die bisher über und wider den Anarchismus schrieben, wohl nie eine anarchistische Schrift auch nur flüchtig gelesen, sondern sich mit gewissen traditionellen Schlagworten beschieden.

Dem gegenüber hiess es zum Zwecke eines kritischen Werkes über den Anarchismus, auf dessen Quellen, auf die Schriften seiner Vertreter selbst zurück gehen. Dadurch erwuchs mir aber eine weitere Schwierigkeit, welche nicht immer überwunden werden konnte. Woher sollte man diese Schriften nehmen? Unsere grossen öffentlichen Bibliotheken, welche ihren Stolz dareinsetzen, möglichst vollständige Sammlungen aller Textausgaben von Herodot oder Sophokles zu besitzen, haben es natürlich unter ihrer Würde gehalten, die Schriften der anarchistischen Doctrinäre aufzustellen oder gar die literarisch und sachlich allerdings nicht immer sehr hoch stehende Broschürenliteratur für oder wider den Anarchismus zu sammeln. Die Folge dieser bibliothekarischen Weltsichtigkeit ist, dass heute der Forscher über die Entwicklung der socialen Frage in diesen grossen der Wissenschaft und dem öffentlichen Studium gewidmeten Büchereien nichts zu finden und ergo auch nichts zu suchen hat. Ich war also ausschliesslich darauf angewiesen, mir das betreffende Material theils durch die Güte von Freunden und Bekannten, theils im Buchhandel, manchmal unter namhaften Geldopfern, stets aber auf Umwegen und mit Schwierigkeiten zu beschaffen. Ich möchte hier besonders hervorheben, dass gerade die literarischen Vertreter des Anarchismus selbst, obwohl ich ihnen kein Hehl aus meiner Gegnerschaft gegen den Anarchismus machte, mir in der liebenswürdigsten und liberalsten Weise Schriften zur Verfügung stellten, wofür ich ihnen, besonders aber Herrn Professor Elysée Reclus in Brüssel hier meinen besten Dank ausspreche.

Wenn ich so eingehend die Schwierigkeiten, die mir bei dem vorliegenden Buche erwuchsen, behandelte, so geschah es nicht, um mich mit dem Nimbus eines Pfadfinders zu umgeben. Ich möchte nur einerseits die Hand auf eine Wunde gelegt haben, die sich wohl auch anderen Schriftstellern bereits empfindlich fühlbar gemacht haben dürfte. Andrerseits möchte ich billigen Beurtheilern dieses Buches damit die Erklärung gegeben haben, warum sich in demselben noch so manche empfindliche Lücke vorfindet. So war es mir beispielsweise ganz unmöglich, mir irgend eine Schrift oder Abhandlung Tuckers oder ein Exemplar seiner Zeitung „Liberty" zu verschaffen, obwohl mich mehrere Buchhändler diesbezüglich eifrig unterstützten und ich mich an Herrn Tucker in Boston persönlich wandte. Vergebens. Ut aliquid fecisse videatur bestellte ich mir das Buch von M. J. Schaack „Anarchy and Anarchists, a history of the red terror and the social revolution in America and Europe." Communism, Socialism and Nihilism in doctrine and in deed-etc." aus Chicago. Nach viermonatlichem Warten und wiederholten Urgenzen erhielt ich es endlich und überzeugte mich bald, dass ich mir um 5 Dollars ein schönes Bilderbuch für meine Bibliothek gekauft hatte. Das Buch enthält trotz seines grossartigen Titels, seiner 698 Seiten Grossoctav und seiner numerous illustrations from authentic Photografs and from original drawings — über die Doctrin des Anarchismus und speciell über den amerikanischen Anarchismus nicht ein Wort. Der Verfasser, ein Polizeiofficier, steht auf einem Standpunkte, der für einen solchen jedenfalls sehr erklärlich ist, aber zum Socialhistoriker weniger Eignung gibt; für ihn sind „all Socialists Anarchists as a first step, allthough all Anarchists are not precisely Socialists (p. 22) — immerhin eine löbliche Mässigung von einem Polizeiofficier!

Ferdinand Lasalle nennt er den „Vater des deutschen Anarchismus wie er heute existiert" (p. 23), dagegen hat er von dem hervorragendsten Anarchisten der Theorie in Amerika, Tucker in Boston keine Ahnung. Das also war die Literatur, die mir zur Verfügung stand.

Was den Standpunkt betrifft, den ich in diesem Buche der Sache gegenüber eingenommen habe, so ist er der kühl beobachtende und beurtheilende der Wissenschaft und kein anderer; es handelte sich mir ja nicht darum, für oder wider den Anarchismus zu schreiben, sondern der grossen Masse des mit öffentlichen Angelegenheiten sich beschäftigenden Publicums fürs Erste einmal zu sagen, was der Anarchismus eigentlich sei und wolle, und ob die von ihm vertretenen Ansichten gleich allen anderen Meinungen discutierbar seien. Die hierbei notwendig gewordene sachliche Verurtheilung des Anarchismus fliesst ausschliesslich aus der Aufgabe der wissenschaftlichen Kritik und hat mit irgend einer Parteimeinung, heisse sie, wie sie wolle, nichts zu thun. Es wäre ein Widerspruch, sich in dem Moment auf einen Parteistandpunkt zu stellen, wo man die öffentliche Meinung an eine im Parteieifer vergessene Pflicht zu erinnern gedenkt.

Ich gebe mich keinen Augenblick der Täuschung hin, als ob meinem Streben, Allen gerecht zu werden auch der Erfolg, Allen recht gethan zu haben, entsprechen könnte. Elisée Reclus schrieb mir, als ich ihn von meiner Absicht, das vorliegende Buch zu schreiben und von meiner Meinung über den Anarchismus unterrichtete, er beglückwünsche mich, zweifle aber an dem Erfolg meines Werkes, „denn man begreift nicht, was man nicht liebt" (On ne comprend rien, que ce qu'on aime). Dieses Wort ist mir in lebhafter Erinnerung geblieben. Wenn der grosse Gelehrte und milde Mensch, der Johannes unter den Anarchisten so denkt, was werde ich von seinen leidenschaftlichen Gesinnungsgenossen, was von den furchtgeblendeten Gegnern des Anarchismus zu erwarten haben? „Man begreift nicht, was man nicht liebt", und was man nicht liebt, das ist leider die ungeschminkte Wahrheit. Die Anarchisten werden mir daher die Eignung, über ihre Sache zu schreiben, einfach absprechen und mein Buch abscheulich reactionär nennen, die Socialisten werden mich allzu manchesterlich, die Liberalen allzu tolerant gegen die socialistischen Störenfriede finden; die Reactionären endlich werden mich selbst für einen verkappten Anarchisten erklären. Allein das konnte mich nicht von meiner Bahn abbringen, und reichlich würde mich für diese vorhergesehene Beurtheilung die Erkenntnis entschädigen, eine ernste und sachliche Discussion auch auf diesem Gebiete angebahnt zu haben. Denn nur wenn wir aufgehört haben werden, die anarchistische Theorie a limine als Tollhäuslerei einfach von uns zu weisen, wenn wir selbst zur Einsicht gekommen sein werden, dass man so manches begreifen müsse und könne, was man zwar nicht lieben kann, nur dann werden die Anarchisten sich uns auch menschlich näher stellen, sie werden uns wieder als Menschen lieben lernen, wenn sie uns vielleicht oft auch nicht begreifen können, und auf ihr schlechtestes Argument, auf die Bombe, von selbst verzichten.

Wien, im September 1895.

E. V. Zenker.

Inhalt:

Vorwort.   Seite

Erster Theil: Der ältere Anarchismus . . . . 1—92

   Erstes Capitel: Vorläufer und Vorgeschichte. Begriffsbestimmung. — Ist der Anarchismus eine pathologische Erscheinung? — Der Anarchismus sociologisch aufgefasst. — Anarchistische Regungen im Mittelalter. — Die Lehre vom Gesellschaftsvertrag mit Rücksicht auf den Anarchismus. — Anarchistische Regungen während der französischen Revolution. — Die philosophischen Voraussetzungen der anarchistischen Theorie. — Die politischen und wirtschaftlichen Voraussetzungen der anarchistischen Anschauung . . . . 1—22

   Zweites Capitel: Pierre Joseph Proudhon. Biographie und Bibliographie. — Seine philosophische Grundanschauung; die Jugendschriften; die Widersprüche der Nationalökonomie. — Proudhons Föderalismus. — Proudhons ökonomische Anschauungen. — Die Eigenthumslehre. — Collectivismus und Mutualismus. — Verwirklichungsversuche. — Proudhons letzte Schriften. — Zur Kritik und Charakteristik Proudhons 22—67

   Drittes Capitel: Max Stirner, die deutschen Proudhonisten. Deutschland in den dreissiger Jahren und Frankreich; Stirner und Proudhon. — Biographisches. — Der Einzige und sein Eigenthum. — Der Verein von Egoisten. — Der philosophische Widerspruch des Einzigen. — Der practische Irrthum Stirners. — Julius Faucher. — Moses Hess. — Karl Grün. — Wilhelm Marr . . . . 97—92

Zweiter Theil: Der neuere Anarchismus . . . . 93—162

   Viertes Capitel: Russische Einflüsse: Die ältesten Anzeichen anarchistischer Gesinnung in Russland um das Jahr 1848. — Die politischen, wirtschaftlichen, geistigen und sittlichen Voraussetzungen des Anarchismus in Russland. — Michael Bakunin. — Biographisches und Bibliographisches. — Bakunins Anarchismus. — Die philosophischen Grundlagen desselben. — Bakunins wirtschaftliches Programm. — Seine Anschauungen über die Ausführbarkeit und Ausführung seiner Pläne.

— Sergei Netschajew. — Der revolutionäre Katechismus. — Die
Propaganda der That. — Paul Brousse . . . . 95—115

Fünftes Capitel: Peter Kropotkin und seine Schule. Biographisches. — Kropotkins Grundanschauungen. — Der anarchistische Communismus und die Haufenwirtschaft. — Kropotkins Stellung zur Propaganda der That. — Elisée Reclus, sein Charakter und seine anarchistischen Schriften — Jean Grave. — Daniel Saurin's Ordnung durch die Anarchie. — Louise Michel, G. Eliévant. — A. Hamon und die Psychologie der Anarchisten. — Charles Malato und andere französische Schriftsteller des anarchistischen Communismus. — Die Italiner Cafiero, Merlino und Malatesta . . . . 116—142

Sechstes Capitel: Deutschland, England, Amerika. Individualistischer u. communistischer Anarchismus. — Arthur Mülberger. — Theodor Hertzkas Freiland. — Eugen Dührings Antikratismus. — Moriz v. Egidys Einiges Christenthum. — John Henry Mackay. — Nietzsche und der Anarchismus. — Johann Most. — Auberon Herberts freiwilliger Staat. – R. B. Tucker . . . . 142—161

Dritter Theil: **Die Stellung des Anarchismus zur Wissenschaft und Politik.** . . . . 162—215

Siebentes Capitel: Anarchismus und Sociologie (Herbert Spencer). Spencers Grundanschauungen über die Organisation der Gesellschaft. — Die Gesellschaft nominalistisch oder realistisch aufgefasst. — Der Idealismus der Anarchisten. — Spencers Schrift: Von der Freiheit zur Gebundenheit . . . . 165—174

Achtes Capitel: Die Ausbreitung des Anarchismus in Europa. Erste Periode (1867—1880): — Die Freiheits- u. Friedensliga. — Die demokratische Alliance u. der jurassische Bund. — Verbindung mit der Internationale und endgiltige Scheidung von derselben. — Der Putsch von Lyon. — Congress zu Lausanne. — Die Alliancisten in Italien, Spanien und Belgien. — Zweite Perode (von 1880): — Das deutsche Socialistengesetz. — Johann Most. — Der Londoner Congress. — Der französische Anarchismus seit 1880. — Der Anarchismus in der Schweiz. — Der Genfer Congress. — Der Anarchismus in Deutschland und Oesterreich. — Josef Peukert. — Der Anarchismus in Belgien und England. — Die Organisation der spanischen Anarchisten. — Italien. — Charakter des heutigen Anarchismus. — Die Gruppe. — Numerische Stärke des Actionsanarchismus . . . . . 175—202

Neuntes Capitel: Schlussbetrachtungen: Die Gesetzgebung gegen die Anarchisten. — Anarchismus und Verbrechen. — Duldsamkeit der Theorie gegenüber. — Unterdrückung des anarchistischen Verbrechens. — Schluss . . . . 203—215

Anhang.

I. **Kleiner politischer Katechismus** von Pierre Joseph Proudhon: Erste Lection: Ueber die sociale Macht an sich. — Zweite Lection: Ueber die Aneignung der collectiven Kräfte und über die Corrumpierung der socialen Macht. — Dritte Lection: Von den Formen der Regierung und ihrer Entwicklung im heidnisch-christlichen Zeitalter. — Vierte Lection: Die Einsetzung der socialen Macht durch die Revolution. — Fünfte Lection: Einige Fragen vom Tage . . . . 219—252

II. **Benützte Literatur** . . . . 253—254

III. **Namens-Verzeichniss** . . . . 255—258

Für einen theologischen oder metaphysischen Satz finden sich hundert Fanatiker und für ein geometrisches Theorem nicht einer.   Cesare Lombroso.

Erster Theil.

Der ältere Anarchismus.

Erstes Capitel:
Vorläufer und Vorgeschichte.

*Die Welt wird alt und wird wieder jung,
Doch der Mensch hofft immer auf Besserung.*

Die „Anarchie" bedeutet der Idee nach die vollständige, unbeschränkte Selbstherrschaft des Individuums und sonach die Abwesenheit jeglicher Fremdherrschaft. Diese Grundformel, welche im Wesen allen wirklichen und eigentlichen Anarchisten der Theorie gemeinsam ist, enthält alles, was nur irgend zur Kennzeichnung dieser merkwürdigen Geistesrichtung nötig ist. Sie fordert die unbedingte Verwirklichung der Freiheit, sowohl nach ihrer subjectiven als nach ihr objectiven Auffassung hin, im politischen Leben (wenn man so sogen darf) wie im ökonomischen. Sie trennt dadurch den Anarchismus vom Liberalismus, welcher auch in seinen radicalsten Vertretern nur im wirthschaftlichen Leben die uneingeschränkte Freiheit gelten lässt, für das gesellige Zusammenleben der Individuen aber eine gewisse zwangsweise Organisation niemals in Frage gestellt hat, während der Anarchismus das liberale laisser faire auf alle Handlungen des Menschen ausgedehnt wissen, und als einzig zulässige Form menschlichen Zusammenlebens nur die freie Convention, den Verein, die libre entente gelten lassen will. Die genannte Formel unterscheidet den Anarchismus aber noch viel stärker, weil grundsätzlich von seinem Antipoden, dem Socialismus, der eine andere Figur aus der grossen Trimurti der französischen Revolution, die „Gleichheit" als die einzige Gottheit auf den Sockel erhoben hat. Der Anarchismus und der Socialismus haben, trotzdem man beide so gerne mit und ohne Tendenz durcheinander würfelt, doch nur das eine gemeinsam, dass beide Idolatrie, wenn auch verschiedener Idole, dass sie Religion statt Wissenschaft, Dogma nicht Forschung sind, ehrlich gemeinter Gesellschaftsmysticismus, der theilweise mögliche und vielleicht auch wahrscheinliche Culturresultate ungelebter Jahrhunderte und Jahrtausende anticipierend, der Menschheit die unmittelbare Einrichtung eines irdischen Eden, eines Landes der absoluten Idee (heisse sie nun Freiheit oder Gleichheit) empfiehlt. Es ist, angesichts der Schwierigkeit neue Gedanken zu schaffen, nur natürlich, dass auf diesem Wege unsere modernen Chiliasten ihr Eden rückwärts suchen und nach dem Muster längst überwundener Culturstandpunkte bilden müssen, und so erklärt sich der heillose innere Widerspruch, an welchem beide Richtungen kranken: sie meinen den Fortschritt, und bedeuten den Rückschritt.

* * *

Sollen wir den Anarchismus ernst nehmen, oder genügt ihm gegenüber ein überlegenes Lächeln und eine abwehrende Handbewegung? Sollen die Anarchisten ferro et igni bekämpft werden, oder haben sie einen Anspruch, ihre Meinung ebenso discutiert und respectiert zu sehen, wie die liberale, die socialdemokratische, irgend eine religiöse oder kirchliche Meinung? Diese Fragen werden wir erst am Schlusse des Buches beantworten können; nur eine Auffassung, welche man dem Anarchismus entgegenbringt, möchte ich schon hier abthun.

Wer heute besonders aufgeklärt und tolerant der gefährlichen Bewegung gegenüber sein will, bezeichnet sie als eine „pathologische Erscheinung." Wir haben uns alle Mühe gegeben, aus dieser leichtfertigen aber heute modernen Analogie etwas Kluges herauszubringen, aber es ist uns trotz Lombroso, Krafft-Ebing und anderer unstreitbarer Capacitäten ihres Faches nicht gelungen. Ersterer hat in seinem geistreichen Buche über diesen Gegenstand *), wie ihm auch schon von anderer Seite nachgewiesen worden, die individuelle Pathologie mit der socialen verwechselt. Indem Lombroso die anarchistliche Idee und Theorie — die ihm wohl allzu wenig bekannt ist — mit den Personen des Actionsanarchismus vollständig identificirte und den allerdings gelungenen Versuch machte, die politische Denk- und Handlungsweise eines grossen Theiles der letzteren auf pathologische Voraussetzungen zurückzuführen, gelangte er zu dem falschen Schluss, der Anarchismus selbst sei eine pathologische Erscheinung. In Wirklichkeit folgt aus seiner Beweisführung aber nur, dass sich dem Anarchismus zahlreiche krankhafte und verbrecherische Naturen anschliessen, was er selbst in dem Satze zugiebt: „Das Verbrecherthum nimmt besonders an den Anfangsstadien von Aufständen und Revolutionen massenhaft theil, denn zu einer Zeit,

---

*) Cesare Lombroso. „Die Anarchisten"; eine kriminalpsychologische und sociologische Studie. Nach der 2. Auflage des Originals deutsch herausgegeben von Dr. Hans Kurella. Hamburg 1895.

wo die Schwachen und Unentschlossenen noch zaudern, überwiegt die impulsive Thatkraft der abnormen und krankhaften Naturen, deren Beispiel dann Epidemien von Ausschreitungen hervorruft." Diese Thatsache nehmen wir nicht nur ungescheut an; sie gewinnt für uns noch die ganz besondere Bedeutung, dass die Anarchisten selbst auf dieser Erkenntnis ihr System der „Propaganda durch die That" aufbauen. Wollte man aber diese Erscheinung als Symptome dafür gelten lassen, dass der Anarchismus selbst eine pathologische Erscheinung sei, auf welche revolutionäre Bewegung passte dann das Kriterium nicht, und was wäre sonach mit dem Worte gesagt?

Wir haben an einer anderen Stelle*) gesagt und hoffentlich auch bewiesen, was man allenfalls unter „pathologischen" Gesellschaftserscheinungen verstehen könnte, nähmlich einen abnormalen, schwächlichen Habitus der Volksseele im Sinne eines gewohnheitsmässigen Denkfehlers der Massen, wie dies etwa beim Antisemitismus der Fall ist. Aber auch in diesem eingeschränkten Sinne scheint es uns durchaus unzulässig und unrichtig, den Anarchismus eine pathologische Erscheinung zu nennen. Seien wir nur aufrichtig, wenn wir uns ernstlich unterrichten wollen! Seien wir nur gerecht, auch wenn es dem gefährlichsten Feind zu gute käme; schliesslich kommt es doch auch uns selbst zu statten. Beim Anarchismus handelt es sich keineswegs um vorübergehende Annomalien der Volksseele, sondern um einen sichtlich im Zunehmen begriffenen Zustand, der mit allen vorhergehenden und ihn begleitenden notwendig zusammenhängt, um Begriffe und Meinungen, welche die folgerichtige, wenn auch practisch unzulässige Weiterbildung längst bekannter und von der Mehrzahl der Culturmenschen anerkannter Anschauungen sind. Ein weiteres Kriterium jeder krankhaften Erscheinung, der locale Charakter fehlt wenigstens der Idee des Anarchismus ganz; wir treffen sie heute über alle Welt, wo die Gesellschaft eine der unsrigen ähnliche Entwicklung genommen hat, verbreitet, wir treffen sie nicht blos in einer Classe, sondern sehen ihr Mitglieder aller Classen, ja mit Vorliebe Mitglieder der oberen Classen zuströmen, die Väter der Theorie sind fast durchwegs hochbegabte, intellectuell und ethisch hochstehende Männer, deren Wirken nun schon ein halbes Jahrhundert füllt, Männer, die in Russland, Deutschland oder in Frankreich, in Italien, England und Amerika geboren sind, Männer die unter einander so verschieden sind, wie das Millieu dieser

---

*) Mysticismus, Pietismus, Antisemitismus am Ende des 19. Jahrhunderts. Culturhistorische Studie. Wien 1894.

Länder, die aber eines Geistes sind in der eingangs gekennzeichneten Idee. Und das ist der Anarchismus unzweifelhaft; eine Idee mit all den Mängeln und Gefahren, aber auch mit den Vorzügen, die einer Idee überhaupt immer innewohnen, genau mit jener Giltigkeit, welche eine Idee überhaupt für sich heischen kann, jedenfalls aber eine Idee, welche so alt wie die menschliche Civilisation ist, weil sie auf den mächtigsten civilisatorischen Faktor im Menschen zurückgeht.

* * *

Die Sorge um des Lebens nackte Nothdurft, der unerbittliche Kampf ums Dasein hat in dem Menschen das Verlangen nach Mitkämpfern, nach Gesellen erweckt, in der Herde wuchs seine Kraft des Widerstandes, seine Aussicht auf Selbsterhaltung in demselben Masse, als er mit Seinesgleichen förmlich zu einem neuen Collectivwesen zusammenwuchs. Dass er aber trotzdem nicht wie ein Thier im Rudel, in der Art aufgegangen, dass er stets — wenn auch oft erst nach langen, bitteren Erfahrungen — in der Herde sich selbst wiedergefunden, das hat ihn zum Menschen, seine Herde zur Gesellschaft gemacht. Was älter ist, was heiliger ist, ob das unumschränkte Recht des Individuums oder das Wohl der Gesellschaft — von wem, der das Wesen und Wirken der Gesellschaft im Lichte der Thatsachen zu schauen gewohnt ist, soll diese Frage ernst genommen werden? Individualismus und Altruismus gehören zusammen, wie Licht und Schatten, wie Tag und Nacht. Was die Centrifugal- und Centripedalkraft im kosmischen Bereich, was die Attractiv- und Repulsivkräfte für die Molekularbewegungen, das sind der Sonder- und Gemeinsinn für die menschliche Gesellschaft, deren Bewegungen durchaus als Kraftwirkungen in der Richtung der Resultirenden aufzufassen sind, deren Componenten der Individualismus und der Altruismus sind. Stellte man — physikalisch gesprochen — eine der Kräfte ein, so stünde der Körper entweder versteinert still oder flöge weit in das endlose Nichts hinaus. Etwas derartiges ist aber in der Gesellschaft, wie in der Physik auch nur dem Begriffe nach möglich, weil ja die Unterscheidung der beiden Kräfte selbst nur eine rein begriffliche Auseinanderlegung ein und derselben Sache ist.

Damit ist Alles gesagt, was die ausschliessliche Betonung eines einzigen gesellschaftlichen Kraftfactors für oder wider sich hat. Unmittelbar haben alle Bestrebungen, ein Reich der unbeschränkten, absoluten Freiheit heranzuführen, genau den Wert, den in der Physik die Annahme eines absolut luftleeren Raumes, freier, von der Schwere unbeeinflusster Flugbahnen und dgl. hat. Die Kraft, welche eine Flintenkugel aus den Lauf treibt, ist gewiss etwas Reales, die Wirkung aber, welche notwendigerweise dieser Kraft entspräche, diese Flugbahn, wie sie der Physiker aufzeichnen kann, existirt aber nur in der Idee, weil sich die Flintenkugel in aller möglichen Erfahrung stets nur in der Richtung einer Resultirenden bewegen wird, in welcher der der Kugel gegebene Stoss und die Schwere untrennbar componiert sind, als eine Einheit erscheinen. Wenn es nun auch feststeht, dass das Streben nach einem Reich unbedingter Freiheit, dem Begriff des Lebens an und für sich widerspricht, so sind doch solche Bestrebungen für unsere Kenntnis von der Gesellschaft und sonach für diese selbst noch keineswegs wertlos, und wenn auch das gesellschaftliche Leben stets nur die Resultirende verschiedener Kräfte ist, so bleiben doch diese Kräfte selbst etwas Reales und Wirkliches, sie sind keine blosse Fiction und Hypothese, und die wachsende Differencirung der Gesellschaft zeigt, wie die Freiheit als Trieb aufgefasst — mag sie gleich als Idee nie zur vollen Verwirklichung kommen — wirklich ist. Die Entwicklung der Gesellschaft hat sich Hand in Hand mit einem bewussten oder öfter noch unbewussten Geltendwerden der Individuen vollzogen, und Hegel konnte mit Recht sagen, dass die Weltgeschichte der Fortschritt im Bewusstsein der Freiheit sei. Allerdings — müssen wir immer wieder hinzusetzen — hätte auch der Satz, dass die Weltgeschichte der Fortschritt im Bewusstsein der allgemeinen Menschenzusammengehörigkeit sei, genau dieselbe Berechtigung und zuletzt auch denselben Sinn.

Der Umstand, dass von den Ereignissen einer verhältnismässig neuen Zeit abgesehen, die grossen gesellschaftlichen Umwälzungen der Weltgeschichte wenn auch unstreitbar im Sinne der Freiheit so doch nicht unter ihrer ausdrücklichen Parole sich vollzogen beweist nur, dass wir es hier factisch nicht mit einem blosen Worte oder Begriffe, sondern mit einer wirklichen Kraft zu thun haben, die ohne Rücksicht auf unser Wissen oder von-ihr-wissen wirksam und thätig ist. Die Erkenntnis der individuellen Freiheit, und viel mehr noch das Bestreben, sie zur einzigen Bestimmung unseres Lebens zu machen, sind freilich jüngsten Datums. Setzen sie doch einen Grad factischer Befreiung des Individuums in sittlicher und politischer Beziehung voraus, der im ganzen Alterthum nicht, fast noch weniger im Mittelalter zu finden ist.

* * *

Breitere Spuren anarchistischer Regungen sind in den ungezählten social-religiösen Revolutionen des ausgehenden Mittelalters, — wenn man der Geschichte nicht Gewalt anthun will — nicht nachweisbar, wenn es gleich, wie in allen kritischen Zeiten, auch in der Reformationszeit — die ja einen gewaltigen Autoritätsbruch bedeutete — nicht an vereinzelten Versuchen fehlte, die Empörung gegen die eine Autorität zu verallgemeinern und jede Autorität in den Bann zu thun.

So begegnen wir im XIII. Jahrhunderte einer radicalen Abart der Begharden, die sich „Brüder und Schwestern des freien Geistes" nannten oder nach ihrem Gründer*) auch „Amalrikaner" genannt wurden. Sie predigten nicht nur Gemeinschaft der Güter sondern auch der Weiber, vollkommene Gleichheit und verwarfen daher jede Obrigkeit. Diese anarchistische Anschauung war — merkwürdig genug — eine Folge ihres Pantheismus. Da Gott alles und überall sei — also auch im Menschen, so folge daraus, dass, was der Mensch wolle, auch Gott wolle, dass daher jede Gebundenheit des Menschen verwerflich sei und ein Jeder das Recht, ja die Pflicht habe, seinen Trieben zu gehorchen. Diese Anschauung soll eine ziemliche Verbreitung über das östliche Frankreich und einen Theil Deutschlands, besonders unter den Begharden am Rhein besessen haben**). Auch in Böhmen tauchen die „Brüder und Schwestern des freien Geistes" während der Hussitenkriege unter dem Namen der „Adamiten" auf; dieser Name rührte daher, dass sie den adamitischen Zustand als den sündloser Unschuld erklärten; ihre Begeisterung für diese natürliche Glückseligkeit ging so weit, dass sie in ihren Versammlungen, „Paradiese" genannt, thatsächlich in adamitischem Costüme d. h. splitternackt auftraten. Dass trotz alledem der radicale Communismus dieser Secte practisch höchstens auf einen gewissen patriarchalischen Republicanismus und keineswegs auf eine factische Anarchie hinauslief, beweist die Mittheilung des Aeneas Sylvius, dass sie zwar Weibergemeinschaft hatten, es ihnen jedoch verboten war, ohne Erlaubnis ihres Vorstehers, Adam, ein Weib zu erkennen.

Noch eine andere Erscheinung, welche mit dem anarchistischen Communismus von heute einige Aehnlichkeit hat, treffen wir während der Hussitenkriege in Böhmen, die Chelčicen***). Peter von Chelčic, ein

---

*) Amalrich von Bena, bei Chartres, war um 1200 Magister der Theologie zu Paris. Wegen seiner pantheistischen Lehren musste er sich vor Innocenz III. vertheidigen und zu einem Widerruf entschliessen. Sein Schüler David von Dinant setzte aber nach Amalrichs Tode [1206 (1207?)] dessen Werk fort, was zu einer Verdammung der amalrikanischen Lehre durch die Synode von Paris (1210) und durch das Lateranische Concil (1215) sowie zu heftigen Verfolgungen der Amalrikaner führte.

**) E. Bernstein und K. Kautsky: „Die Vorläufer des neueren Socialismus". Stuttgart 1895. 1. Theil p. 169 f und 216.

***) Vorläufer des Neueren Socialismus. 1. Theil, p. 230 f.

friedfertiger Taborit predigte die Gleichheit und den Communismus; diese allgemeine Gleichheit sollte aber der Gesellschaft nicht durch staatlichen Zwang aufgedrängt, sondern hinter dem Rücken des Staates verwirklicht werden. Der Staat ist sündhaft und vom Bösen, da er die Ungleichheit von Vermögen, Rang und Stellung geschaffen hat. Der Staat muss daher verschwinden: das Mittel, ihn abzuschaffen, bestehe aber nicht im Krieg, sondern indem man ihn ignorirt. Der wahre Gläubige dürfe also ebensowenig ein Staatsamt annehmen, als die Hilfe des Staates anrufen; der wahre Christ strebt von selbst nach dem Guten und darf andere nicht zum Guten zwingen, da Gott das Gute aus freien Stücken verlangt. Jeder Zwang ist vom Bösen; jede Herrschaft, jede Classenbildung verstösst gegen das Gebot der Brüderlichkeit und Gleichheit. Auch dieser fromme Schwärmer fand in einer Zeit, wo man nach den Gräueln der Hussitenkriege des Kampfes müde war, leicht seinen kleinen Anhang; allein auch hier entpuppte sich die Praxis gar bald als ein unter der Disciplinargewalt der Priester stehender Quietismus, als ein herbes Puritanerthum, welches von der persönlichen Freiheit des Anarchismus so ziemlich das gerade Gegentheil ist.

Noch einmal blitzt der anarchistische Gedanke der Amalrikaner im Beginn des XVI. Jahrhunderts unter den Wiedertäufern in der Secte der „freien Brüder" auf, welche sich durch Christum von allen Gesetzen befreit hielten, in Güter- und Weibergemeinschaft lebten und erklärten, sie wären weder Zins noch Zehnten zu zahlen, noch die Pflichten der Knechtschaft oder Leibeigenschaft zu leisten schuldig*). Die „freien Brüder" hatten einigen Anhang im Züricher Oberlande; von grösserer Bedeutung waren sie ebensowenig, wie die vorher erwähnten Secten, sie bildeten die von ihrer Zeit vollkommen unverstandene äusserste Linke der breiten communistischen Bewegung, die neben und mit der kirchlichen Reformation einherschreitend das sogenannte Mittelalter von der Neuzeit wie ein Grenzfluss scheidet. Wir haben in ihr nichts als die naiv-consequente Ausbildung einer den meisten Religionen eigenen Annahme zu sehen, der Annahme von einer glückseligen Zeit an der Wiege der Menschheit (goldenes Zeitalter, Paradies u. s. w.), wo der Mensch blos den Gesetzen der Vernunft. (Sittlichkeit, Gottes, der Natur oder wie man es sonst nennen will) folgend keines Gesetzes und keiner Strafe bedurfte, um das Rechte zu thun und das Schlechte zu meiden, oder wo die Menschheit, wie alle Schulknaben aus ihrem Ovid wissen:

---

*) „Der Widertäufferen vrsprung, fürgang, Secten a. s. w. .... beschriben durch Heinerrychen Bullingern". Zürich 1561. Fol. 32.

vindice nullo,
sponte sua, sine lege fidem rectumque colebat;
poena metusque aberant, nec verba minacia fixo
aere legebantur, nec supplex turba timebat
iudicis ora sui, sed erant sine iudice tuti. —

Den Uebergang aus dieser originen Anarchie in den heutigen Gesellschaftszustand stellte die Religion, die griechisch-römische so gut wie die jüdisch-christliche als die Folge einer Decadence der Menschheit (Sündenfall) als einen Strafzustand hin, auf welchen in einem besseren Jenseits nach wohl vollbrachtem Lebenswerk ein zweites, ebenso paradiesisches aber ewiges Leben wie jenes verlorene folgen sollte. Nun darf man aber nicht aus dem Auge lassen, dass das Christenthum von Anfang an eine proletarische Bewegung war, und dass ein grosser Theil der ihm zuströmenden Menschen sich ihm gewiss nicht blos in der ausschliesslichen Hoffnung auf eine Rückkehr zu dem glücklichen Urzustande im Jenseits angeschlossen hatte. Vielleicht war dieses Paradies noch im Diesseits erreichbar? Man sieht ein, dass die Kirche ursprünglich nichts dabei zu verlieren hatte, wenn sie dieser Erwartung auf das „tausendjährige Reich" (Chiliade daher Chiliasmus) wenigstens nicht entgegentrat, und so sehen wir denn nicht nur Ketzer wie Kerinthos, sondern auch Leuchten der Orthodoxie, wie Papias von Hieropolis, Irenäus, Justinus Martyr u. a. den Chiliasmus predigen. Später freilich, als die Kirche längst aufgehört hatte, eine vorwiegend proletarische Bewegung zu sein, als das Christenthum aus den Katakomben in die Paläste und auf die Throne emporgestiegen war, da verloren die hochgespannten Erwartungen der Armen und Gedrückten auf ein nahebevorstehendes tausendjähriges Reich ihren harmlosen Charakter und der Chiliasmus wird eo ipso Ketzerei. Allein diese „Ketzerei" war begreiflicherweise nicht so leicht auszutreiben, und als in den letzten Jahrhunderten des Mittelalters die materielle Lage ausgedehnter Volksclassen trotz Christenthum abermals höchst bedenklich und trostlos geworden, erwachte der Chiliasmus wieder mächtig in den Geistern und bildete das Vorspiel und die socialistische Unterströmung der Reformation. Einige radicale Ausläufer dieses mittelalterlichen Chiliasmus haben wir in den „Brüdern und Schwestern vom freien Geiste", in den Adamiten, Chelćicen und „freien Brüdern" kennen gelernt.

* * *

Die Voraussetzungen dieses schmeichlerischen Aberglaubens liegen so tief im Misoneismus des Menschen begründet, dass er auch seines religiösen oder besser gesagt confessionellen Gewandes entkleidet derselbe blieb und durch die nach der Reformation hereinbrechende rationalistische Richtung ebensowenig ausgerottet werden konnte, wie durch den Bannstrahl Roms und die bestialischen Grausamkeiten der kirchlichen Justiz. Sehen wir uns die Lehre vom sogenannten Gesellschaftsvertrag (contrat social), der bestimmt war das Programm zur grossen französischen Revolution zu bilden, näher an, und wir erkennen unschwer die kaum veränderte Grundanschauung der Chiliasten wieder. Ein gesetzloses Paradies vor der Civilisation, die wie ein Fluch betrachtet wurde, und ein ebensolches Paradies nach der „Ueberwindung dieser verfluchten Civilisation", wie ein Moderner sagen würde. Nur die Namen waren andere geworden und statt aus dem religiös-mythologischen jetzt aus dem rationalistischen Sprachschatze genommen. Man sprach statt vom göttlichen Rechte von den ewigen unveräusserlichen Menschenrechten, statt von einem Paradiese von einem seligen Naturzustand, in dem es aber genau so herging wie in Ovids goldenem Zeitalter; den Uebergang in die heutige Gesellschaftsform stellte man sich als das Werk eines Vertrages vor, zu dem aber wieder eine gewisse moralische Herabgekommenheit der Menschen — welche von dem Sündenfall nur dem Worte nach verschieden ist — Anlass gegeben hat. Schon hier lugt hinter der Gesellschaft die Anarchie als idealer Naturzustand hervor; jede Gesellschaftsform ist nur die Folge der Degeneration des Menschengeschlechtes, ein Nothbehelf, jedenfalls aber nur ein freiwilliger Verzicht auf die ursprünglichen, unveräusserlichen, unveränderlichen Natur- und Menschenrechte, an deren Spitze die Freiheit steht.

In der weiteren Verfolgung dieses Gedankens sind die Anhänger des „contrat social' auseinander gegangen. Während die einen, mit Hobbes an der Spitze, den einmal geschlossenen Vertrag für unkündbar und unlöslich und somit auch die Autorität des Souveräns für unwiderruflich und inappellabel erklärten und auf diesem Wege zum starren Monarchismus gelangten, wollten andere u. z. die weitaus grössere Mehrzahl den Gesellschaftsvertrag nur als einen kündbaren und die Vollmacht des Souveräns als eine beschränkte gelten lassen. In diesem Falle steht es nicht nur jedem Einzelnen zu, jederzeit den Vertrag zu lösen und sich ausserhalb der Gesellschaft zu stellen *), der Vertrag wird auch

---

*) Cette liberté commune (scil: eine Gesellschaft welcher Art immer zu schliessen oder zu lösen, also auch eine Familie) est une consequence de la nature de l'homme. Sa première loi est de veiller à sa propre conservation, ses premiers soins sont ceux, qu'il se doit à lui même; et sitôt qu'il est en âge de raison lui seul étant juge des moyens propres à le conserver, devient par là son propre maître". Rousseau.

als gebrochen erachtet, wenn der Souverain — gleichgiltig ob er eine
Person oder eine Körperschaft ist — seine Vollmacht überschreitet. Hier
schimmert die Rückkehr zur alten Uranarchie nicht mehr als bloses
Zukunftsziel aus weiter Ferne, sie erscheint als der beständige Normal-
zustand der Menschheit, der blos vorübergehend durch eine gesellschaftliche Form getrübt ist. Man kann es nicht deutlicher aussprechen
als mit den Worten, die unser Schiller — gewiss kein Bombenmann —
dem Stauffacher in den Mund gelegt:

> Eine Grenze hat Tyrannenmacht.
> Wenn der Gedrückte nirgends Recht kann finden,
> Wenn unerträglich wird die Last — greift er
> Hinauf getrosten Muthes in den Himmel
> Und holt herunter seine ewigen Rechte,
> Die droben hangen unveräusserlich
> Und unzerbrechlich, wie die Sterne selbst. —
> Der alte Urstand der Natur kehrt wieder,
> Wo Mensch dem Menschen gegenübersteht. — —

Wie nahe der Lehre vom Gesellschaftsvertrage der anarchistische
Gedanke lag, beweist der Umstand, dass schon einer der ersten und
obendrein geistlichen Vertreter dieser Lehre, Hooker erklärte, es sei
„der Natur der Sache nach nicht absolut unmöglich, dass Menschen,
ohne irgend eine öffentliche Regierung leben könnten." Ein andermal
sagt er für Menschen wäre es thierisch, sich durch Autorität leiten
zu lassen; es wäre gleich einer Art von Gefangenschaft des Urtheils,
und obgleich auch Gründe für das Gegentheil da seien, nicht darauf zu
hören, sondern wie Schafe in der Herde dem Ersten zu folgen, ohne
zu wissen oder sich zu kümmern, wohin. Dagegen, dass die Autorität
von Menschen bei Menschen gelten sollte gegen oder über die Vernunft,
ist kein Theil unseres Glaubens. Versammlungen von gelehrten Männern,
mögen sie noch so gross oder ehrwürdig sein, haben sich der Vernunft
zu unterwerfen u. s. w. Das bezieht sich freilich nur auf die geistige
und geistliche Autorität; allein J. Locke, der am meisten von Hooker
herübergenommen, empfand nur zu gut, was die nächste Consequenz
solcher Annahmen wäre und suchte ihnen zu entfliehen, indem er fest-
setzte, die Gewalt des Souveräns, da sie blos eine anvertraute sei, könne
allerdings, sobald sie durch Misbrauch verwirkt wird, gebrochen werden,
allein die Auflösung der Regierung sei noch nicht eine Auflösung der
Gesellschaft. In Frankreich dagegen hatte Etienne de la Boëtie, schon
früher unter dem Druck der Tyrannei Henry II. in einem „Discours de
la servitude volontaire ou Contre-un" (um 1546 entstanden) eine zündende
Apologie der Freiheit geschrieben, die so weit geht, dass daneben das

Verständnis für die Nothwendigkeit der Autorität ganz verschwindet. La Boëtie meint, der Mensch brauche nicht regiert zu werden; es bedürfe blos seines guten Willen dazu, dass er sich wie durch einen Zauber glücklich und frei wieder fände.*)

So sehen wir, wie sich die Anhänger des Gesellschaftsvertrages in eine Rechte, in eine Mittelpartei und eine Linke theilen; auf der äussersten Rechten steht Hobbes, an den sich nachher die Vertheidiger des Absolutismus klammerten, in der Mitte schreitet Locke mit den republicanischen Liberalen einher, auf der äussersten Linken stehen die Vorläufer des Anarchismus, mit dem Geistlichen Hooker an der Spitze. Indess hat von allen theoretischen Vertretern des contrat social nur einer auch wirklich die letzten Consequenzen dieser Anschauung gezogen, William Godwin, der in seiner Untersuchung über politische Gerechtigkeit**), die Abschaffung jeglicher Regierung, Gemeinschaft der Güter, Abschaffung der Ehe und Selbstbeherrschung der Menschen nach dem Gebote der Gerechtigkeit forderte. Das Aufsehen, welches Godwins

---

*) Die Sprache la Boëtie's, sowie seine Argumentation erinnern lebhaft an die Dialectik unserer Anarchisten, wie folgende Probe aus dem Contre-un beweisen möge: „Certes, s'il n'y a rien de clair et d'apparent en la nature, et en quoy il ne soit pas permis de faire l'aveugle, c'est cela que nature, le ministre de Dieu et la gouvernante des hommes, nous a tous faits de mesme forme, et, comme il semble, à mesme moule, afin de nous entrecognoistre tous pour compaignons, ou plus tost freres. Et si, faisant, le partages des presens qu'elle nous donnoit, elle a fait quelques avantages de son bien, soit au corps ou à l'esprit, aux uns plus qu'aux autres, si n'a elle pourtant entendu nous mettre en ce monde comme dans un champ clos, et n'a pas envoyé icy bas le plus forts et plus advisez, comme des brigands armez dans une forest, pour y gourmander les plus foibles. Mais plus tost faut il croire, que, faisant ainsi aux uns les parts plus grandes, et aux autres plus petites, elle vouloit faire place à la fraternelle affection, afin qu'elle eust où s'employer, ayans les uns puissance de donner ayde, et les autres besoing d'en recevoir. Puis doncques que ceste bonne mere nous a donné à tous toute la terre pour demeure, nous e tous logez aucunement en une mesme maison, nous a tous figurez en mesme paste, à fin que chacun se peust mirer et quasi recognoistre l'un dans l'autre; si elle nous a à tous en commun donné ce grand present de le voix et de la parole, pour nous accointer et fraterniser d'avantage, et faire par la commune et mutuelle declaration des nos pensées une communion de nos volontez; et si elle a tasché par tous moyens de serrer et estreindre plus fort le noeud de nostre alliance et societé; si elle a monstré en toutes choses qu'elle ne vouloit tant nous faire tous unis, que tous uns; il ne faut pas faire doubte, que nous ne soyons tous naturellement libres, puis que nous sommes tous compaignons; et ne peut tomber en l'entendement de personne, que nature ait mis aucun en servitude, nous ayant tous mis en compaignie." (Oeuvres complétes. p. 26 f.).

**) Inquiry concerning political justice; London 1795. 2. Vol.

Buch erregte war mit Rücksicht auf die Neuheit und Kühnheit des Standpunktes ein ungeheures. „Bald nachdem sein Buch über die politische Gerechtigkeit erschienen war", sagte eine junge Zeitgenossin, „sah man Arbeiter ihre Ersparnisse zusammenschiessen, um es zu kaufen und es unter einem Baume oder in einem Bierhause zu lesen. Es wirkte so mächtig, dass Godwin sagte, es müsse Unrichtiges enthalten, er änderte es bedeutend, ehe er eine neue Auflage erscheinen liess. Es kann kein Zweifel obwalten, dass Regierung und Gesellschaft Englands ihren Nutzen gezogen haben von der Schärfe und der Kühnheit, der Wahrheit und dem Irrthum, der Tiefe und den Seichtigkeiten, der Hochherzigkeit und der Ungerechtigkeit Godwins, wie er sich in seinem Buche über politische Gerechtigkeit offenbarte."

* * *

Es liegt wohl nichts näher als von den theoretischen Erörterungen über den Gesellschaftsvertrag auf die practische Generalprobe der von diesem ausgegebenen Stichworte zu kommen und auf dem blutigen Wege, den die grosse französische Revolution, dieser prototypische Kampf des modern freiheitlichen Geistes gegen die alte Gesellschaft, nach Spuren anarchistischer Gesinnung zu suchen. Unterstützt wird dieses Verlangen durch die schon bei den Zeitgenossen, Männern und Gegnern der Revolution sehr häufig wiederkehrende Anwendung des Wortes auf die radicalsten Verfechter der Demokratie. Soweit wir bis heute aus der Geschichte jener Zeit über deren Parteien zu urtheilen berechtigt sind — es ist allerdings nicht zu viel, was wir wissen — gab es aber wirkliche Anarchisten im Convent oder der Commune von Paris höchstwahrscheinlich nicht.*) Man müsste überhaupt, wenn man nach solchen suchen wollte, bei den Girondisten und nicht bei den Jakobinern anfangen, denn die heutigen Anarchisten kennen u. z. mit Recht keinen crasseren Gegensatz zu ihrer Lehre als das Jakobinerthum, und der Proudhon'sche Anarchismus knüpft in zwei wesentlichen Punkten, in dem Kampf gegen die Sanction des Eigenthums und in dem föderalistischen

---

*) Jean Grave sagt in seinem Buche la societé mourante. S. 21. „Im Jahr 93 sprach man wohl von Anarchisten. Jacques Roux und die „Enragés" scheinen nur diejenigen gewesen zu sein, die am klarsten die Revolution gesehen haben und sie zum Besten des Volkes wenden wollten; deshalb hat der bourgoise Historiker sie im Schatten gelassen, ihre Geschichte ist noch zu schreiben, die in Archiven und Bibliotheken vergrabenen Acten harren noch desjenigen, der Zeit und Muth haben wird, sie auszugraben und uns das Geheimnis der Vorgänge zu lüften, welche für uns nahezu unverständig sind. Wir können also einstweilen kein Urtheil über ihr Programm fällen". Wir natürlich noch viel weniger.

Princip an girondistische Vorbilder an. Ein Anarchist war nun allerdings deswegen auch Vergniaud oder Brissot nicht, mag letzterer auch immerhin in seinen „Philosophischen Untersuchungen über das Eigenthum und den Diebstahl" (1780) ein nachher von Proudhon aufgenommenes Schlagwort ausgegeben haben. Jedenfalls hatten sie aber auch keinen Grund und keine Berechtigung dem „Berge" anarchistische Tendenzen vorzuwerfen.

Weder Danton noch Robespierre, die beiden grossen Lichter des Berges dachten daran, den Sprung in das autoritätslose Nichts zu machen. Ihr Ideal war vielmehr die Allgewalt der Gesellschaft, der omnipotente Staat, vor dessen Antlitz das Einzelinteresse, wie Spreu im Sturmwinde zerstob, und der grosse Maximilian, der „Oberrabbiner" dieses Staatsdeismus, nannte sich bezeichnenderweise einen „Sclaven der Freiheit." Robespierre und Danton nannten ihrerseits wieder die Hebertisten — Anarchisten. Wenn man bei diesen Leuten, die alles Schwergewicht in die wahllose Masse und alle politische Kunst in die Uebermacht und Gewalt verlegten, überhaupt von einem Princip sprechen kann, so war dies doch gewiss wieder nicht auf die Abschaffung der Herrschaft an sich gerichtet. Die Maxime dieser Leute war das Chaos und das Faustrecht, Marat, der Parteiheilige, hatte zwar gelegentlich auch gegen die Gesetze als solche geeifert und sie zu beseitigen verlangt; aber Marat hat auch zu allen Zeiten die Dictatur verlangt und dieselbe eine Zeit hindurch auch de facto geführt. Der Marat des Nach-Thermidor war jener berüchtigte Cajus Gracchus Baboeuf, der heute gewöhnlich als der charakteristische Vertreter des Anarchismus während der französischen Revolution hingestellt wird — mit dem gleichen Rechte oder besser gesagt Unrechte wie die Vorhergenannten. Baboeuf war aber nur weitergehender Socialist als Robespierre, er war radicaler Communist, und nicht mehr. In der von Baboeuf für den 22. Floreal (den Tag der Insurrection gegen das Directorium) verbreiteten Proclamation heisst es zwar: „Die revolutionäre Autorität des Volkes wird die Abschaffung jeder anderen bestehenden Autorität verkünden." Das bedeutet aber offenbar nichts als die Pöbeldictatur, welche theoretisch von unseren Anarchisten aller Schattirungen ebenso verworfen wird, wie jede andere Autorität. Dass die Baboeuvisten aber gar nicht an etwas anderes dachten, beweisen auch die beiden Maueranschläge, die man für den genannten Tag vorbereitet hatte und von denen der eine sagte: „Ceux, qui usurpent la souveraineté doivent être mis à mort par les hommes libres" während der andere den ersten erklärend und einschränkend die „Constitution de 1793, liberté, égalité, bonheur commune" forderte.

Diese Constitution von 1793 war aber Robespierres Werk und bedeutete nichts weniger als die Einsetzung der Anarchie.

Baboeuvistische Anklänge und Traditionen, vielfach sogar noch durch Personen wie Buonarotti vermittelt, finden sich dann im Carbonarismus im ersten Drittel unseres Jahrhunderts und verschafften diesem wie so vielen anderen einfach revolutionären Bewegungen das den Volkslippen nun einmal so geläufige Beiwort „anarchistisch." Es war aber wenigstens bei den Häuptern des einstmals so mächtigen Geheimbundes keine Spur davon, im Gegentheil erklärten sie die absolute Freiheit für ein Wahngebilde, das nie verwirklicht werden könne. Doch lässt sich hier selbst bei der Ablehnung des anarchistischen Grunddogmas, ein Fortschritt in der Verbreitung der Idee merken. Dieselbe wird zwar von den Eingeweihten abgelehnt, aber sie ist ihnen bekannt und mehr noch, sie rechnen mit derselben und fördern jede Bestrebung, welche die Individualität ins Masslose steigernd dem gesellschaftlichen Verbande als solchem feindselig ist. Und so finden wir denn auch vereinzelte Carbonari mit ausgesprochen anarchistischen Tendenzen und Ansichten. So schilderte 1835 Malegari das Wesen des Bundes*) folgendermassen: „Wir bilden eine Verbindung von Brüdern auf allen Punkten der Erde; wir haben gemeinsame Ziele und Interessen; wir streben alle nach der Freimachung der Menschheit; wir wollen jede Art von Joch brechen".

Von dem Augenblicke, wo diese Worte niedergeschrieben wurden, bis zum erscheinen des „Qu'est ce que la propriété" und des „Einzigen und sein Eigenthum" braucht es nur noch ungefähr 10 Jahre. Wie viel hatte sich im Leben und Denken der Völker seither verändert, gebessert und verschlechtert, geklärt und verwirrt?

* * *

Feuerbach kennzeichnete den Entwicklungsgang den er als Denker genommen mit den Worten: „Gott war mein erster Gedanke, die Vernunft mein zweiter, der Mensch mein dritter und letzter Gedanke." Diesen Weg hat aber nicht nur Feuerbach, sondern die moderne Philosophie überhaupt durchlaufen, und Feuerbach unterscheidet sich von anderen nur dadurch, dass er selbst es war, der an der Erreichung der letzten Etappe wesentlich mitgearbeitet hatte. Die Epoche der Philosophie, welche durch das glänzende Dreigestirn Cartesius, Spinoza, Leibnitz erleuchtet wurde, hat, sie mochte sich von den religiösen Überlieferungen auch noch so weit entfernen und emancipiren — Gott nicht nur nie depos-

---

*) J. A. M. Brühl: Die Geheimbünde gegen Rom. Zur Genesis der italienischen Revolution. Prag 1860.

sedirt, sondern erst recht den Begriff Gottes zum Ausgangspunkte alles Denkens und Seins gemacht. Die Philosophie, welche diese ablöste, ist, gleichgültig ob wir die Realisten Locke und Hume oder die Idealisten Kant und Hegel ins Auge fassen, immer Intellectualphilosophie; an die Stelle des absoluten Gottes, ist die absolute Vernunft, an Stelle der Ontologie und Theodikee die Kritik und und Dialectik getreten; aber in der Philosophie geht es umgekehrt wie in der Mythologie, in ihr wird Kronos, statt seine Kinder zu verzehren, eher von seinen Kindern aufgefressen. Die Kritik kehrte sich gegen ihre Meister, welche auf dem besten Wege waren, wieder in die speculative Theologie zu versinken, ganz vergessend, dass ihr grosser Reigenführer dereinst die neue Epoche mit dem Kampfe gegen die Ontologie eingeleitet; welche sich in wesenlosen Höhen verloren, als wären sie nicht dereinst von dem Satze ausgegangen, dass über das Wesen des hinter den Erscheinungen stehenden Seins kein erschaffner Geist etwas ausmachen könne. Aus diesen Höhen sollten die Menschen wieder herabgeführt werden auf die liebe Erde; statt unsterblicher Individuen, wie sie die Fichte-Hegel-Schelling'sche Schule in den Mittelpunkt gerückt hatte, postulirten die Feuerbach, Strauss, Bauer „leiblich und geistig gesunde Menschen, denn die Gesundheit hat für sie mehr Wert als die Unsterblichkeit". An Stelle des masslosen Transcendierens trat die „Concentration auf das Diesseits", an die Stelle der theologischen, ontologischen und kosmologischen Versuche die Anthropologie. Der Bankerott des Idealismus war hereingebrochen. Gott war nicht mehr der Schöpfer des Menschen, der Mensch war als Schöpfer Gottes erkannt worden. Die Menschheit trat nun den Platz an, den einst die Gottheit eingenommen hatte.

Das neue Princip war nun wieder ein Allgemeines oder Absolutes, aber wie bei Hegel allgemein oder absolut mehr dem Worte nach, dem Sinne nach aber höchst real, wie die Art in einem gewissen Sinne realer ist als das Individuum — es war „der Gattungsbegriff der Menschheit, nicht ein unpersönliches Allgemeines, sondern ein Personenbildendes, sofern man in diesen Personen seine Wirklichkeit hat" (D. F. Strauss).

Wollte die philosophische Kritik von hier aus noch weiter schreiten, so blieb ihr nichts übrig, als auch diese Verallgemeinerung zu zerstören, die Gattung in ihre Elemente zu zerlegen und an Stelle der Menschheit das Individuum, die Person in den Mittelpunkt des Denkens zu stellen. Ein stark individualistischer und subjectivistischer Zug, welcher der Kantischen und nachkantischen Philosophie jederzeit eigen gewesen, begünstigte einen solchen Process. Wenn auch bei Fichte, Hegel oder

Schelling dieser Zug die Grenzen des rein Begrifflichen nie verlassen hatte, so lässt doch ein derartiger Charakter die Philosophie — zumal, wenn man bedenkt, wie diese damals in lebendigstem Zusammenhange mit dem Leben des Volkes stand — auf einen ähnlichen starkentwickelten Zug von Individualismus im Volke selbst schliessen. Ausserdem lag in jener Zeit, wie wir an Fichte und seinem Einfluss auf die Nation sehen, ein mächtiges Verlangen, die Lehren der Philosophie unmittelbar in begeisterte That umzusetzen, und es war daher sehr naheliegend, dass ein rücksichtsloser Denker eines Tags auch den Individualgedanken auf das practische Gebiet herüberziehen, also auch ihn in die Concentration auf das Diesseits einbeziehen würde. Dann war eine neue Epoche hereingebrochen; wie einst das menschliche Denken vom Einzelnen ausgehend sich immer mehr zu Allgemeinerem erhoben hatte, so stieg es jetzt umgekehrt von der höchsten Verallgemeinerung wieder herab zum Einzelnen; auf den Process der Selbstentfremdung folgte die Wiedereroberung seiner Selbst.

Das war der Punkt, wo eine anarchistische Philosophie einsetzen konnte und mit Stirner auch thatsächlich eingesetzt hat.

* * *

Auch in anderer Beziehung war etwa um die gleiche Zeit die Kritik an einem Punkte angelangt, von wo aus sie nicht mehr weiter schreiten konnte, ohne nicht nur die wechselnden Formen, sondern die Grundlagen aller dermalen möglichen Gesellschaftsorganisationen selbst anzugreifen. Wie weit auch die Aufklärer und Encyklopädisten, die rücksichtslosen Kämpfer der politischen und die führenden Personen der geistigen Revolution in der schonungslosen Kritik aller Lebensverhältnisse und Institutionen gegangen waren, die Religion, den Staat und das Eigenthum als solche hatte man im allgemeinen — einige vereinzelte und ungeschickte Anläufe abgerechnet — nicht angetastet. Wie mannigfach und vergänglich auch ihre Formen sein mochten, sie selbst schienen einstweilen noch die unumgänglichen und nothwendigen Bedingungen des geistigen, politischen und wirtschaftlichen Lebens, die verschiedenen concreten Formeln für das eine Absolute, das aus dem Gedankenkreis jener Zeit nicht zu bannen war.

Wenn wir heute an diese drei Fundamentalbegriffe mit der Sonde der wissenschaftlichen Kritik herantreten und ihnen rücksichtslos den Nimbus des Absoluten herabreissen, so fällt es uns drum nicht ein, zu behaupten, sie seien deshalb für das Leben werthlos oder gar verderblich. Wir lesen das „Leben Jesu" von David Friedrich Strauss und werden es etwa mit der Überzeugung weglegen, dass die angeblich inspirirte Beweisquelle für die geoffenbarte Religion und die göttliche Mission des Christenthums, ein ungeschicktes Sammelsurium von lauter apokryphen Documenten ist; werden wir deshalb die culturelle und ethische Bedeutung des Judenthums und Christentums leugnen? Oder ich lese E. B. Tylors „Primitive Culture" und sehe hier vor mir die Begriffe der Seele und der Gottheit aus rein natürlichen, zum grössten Theile sogar physiologischen Antrieben erstehen, so etwa wie wir die Entwickelung der kunstfertigen Hand Raphaels oder Liszts aus den vorderen Gliedmassen eines Affen verfolgen können; werde ich nun daraus einfach die Gemeinschädlichkeit der religiösen Ideen folgern? Ganz ähnlich verhält es sich mit den Begriffen von Staat und Eigenthum. Die neuere Gesellschaftswissenschaft hat aufs unwiderlegste die rein historische Entstehung beider Lebensformen nachgewiesen, und beide sind, wenigstens so, wie wir sie heute verstehen, verhältnismässig junge Gebilde der menschlichen Gesellschaft. Dadurch ist nun allerdings dargethan, dass weder Staat noch Eigenthum unantastbare, von aller Ewigkeit und für alle Ewigkeit notwendige Formen der menschlichen Gesellschaft sind, die weitere Frage aber, inwieweit diese Formen für die Gesellschaft oder für eine bestimmte Gesellschaft von Vortheil und relativ nothwendig seien, hängt damit gar nicht zusammen und lässt sich mit Hilfe einer einfachen logischen Function überhaupt gar nicht beantworten. Allein so einleuchtend diese Sache zu sein scheint, so wenig leuchtet sie thatsächlich selbst heute noch einem grossen Teil der Menschen ein. Um wieviel weniger musste eine solche Erkenntnis dem Denken am Beginn unseres Jahrhunderts geläufig sein, welches noch vollständig im „Absoluten" festgerannt war? Für dasselbe gab es an Stelle des absoluten Seins eben wieder nur ein absolutes Nichtsein, und in jenem Momente, wo die Kritik mit der „Heiligkeit" der genannten Institutionen aufräumte, war es fast unvermeidlich, dass sie dieselben für unheilig d. i. für grundschlecht und verderblich erklärte.

Die Logik, welche diesem Vorgang zu Grunde liegt, ist ähnlich derjenigen, nach welcher jemand daraus, dafs ein Ding nicht weifs ist, folgern wollte, es müfse schwarz sein. Allein es läfst sich nicht verkennen, dass gerade um jene Zeit — wir stehen etwa in den berühmten „dix ans" nach der Juli-Revolution — mancherlei Verhältnisse einen solchen Schluss wesentlich begünstigten.

Es lagen nicht nur die wirthschaftlichen Verhältnisse darnieder — aus dem Pauperismus allein wird man nie den Anarchismus ableiten können — auch die Hoffnung und der gute Glaube waren dahin. Der Bankerott des Idealismus war auch auf politischem und wirthschaftlichem Gebiete erfolgt. Voll der edelsten Begeisterung, voll der frohesten Zuversicht war dereinst das französische Volk in die grosse Revolution eingetreten, und ganz Europa hatte hoffnungsfreudig nach Frankreich geblickt, von wo man das Ende aller Tyrannei und — weil man die Sachen damals eben noch nicht besser verstand — auch das Ende alles Elends erwartete. Man enthebt uns gewiss einer eingehenden Schilderung des Herganges, wie diese Hoffnung, diese kindlichen Erwartungen, dieser moderne Chiliasmus bitter enttäuscht wurden, wie die bacchische Begeisterung von 1789—1791 in einem grossen Katzenjammer endete, u. z. nicht nur in Frankreich, wo das absolute Königthum post tot discrimina rerum sich in ein absolutes Kaiserthum umgewandelt hatte, sondern auch in Deutschland, dessen Fürsten sich beeilten, die unter dem Eindrucke der Revolution gemachten Concessionen zu widerrufen. Die Wortbrüchigkeit auf den Thronen feierte damals eine Orgie, von der sich auch heute noch der schlichte Volksverstand mit tiefem Ekel abwendet. Man erinnere sich nur, wie geschickt in den napoleonischen Kriegen Deutschlands „edle Fürsten" die flammende Begeisterung und das naive Vertrauen „ihrer Völker" für ihre dynastischen Zwecke auszunützen und diese — nach der Niederwerfung des Corsen — dann wieder durch das alte caudinische Joch zu treiben verstanden. Wenn nach so traurigen Erlebnissen die Völker und speciell die unsaturirten Elemente unter ihnen ja noch einen Rest von Vertrauen auf eine Hilfe „von Oben" sich erhalten hatten, so musste dieser in dem Meer von Ekel und Bitterkeit nach der Juli-Revolution untergehen.

In einem fast ein halbes Jahrhundert erfüllenden Kampf um eine freie Staatsform war das Proletariat und dessen Elend nur unaufhörlich gewachsen. Man hatte für die constitutionelle Monarchie, für die Republik und das Kaiserthum gekämpft, man hatte es mit den Bourbonen, Bonapartes und Orleans versucht, man war für Robespierre, Napoleon und zuletzt für Thiers auf die Barrikaden und ins Feldlager gegangen, aber der Erfolg war begreiflicherweise immer derselbe: nicht nur die wirthschaftliche Lage, auch die sociale Stellung der unteren Schichten des Volkes war die gleiche geblieben. Man erkannte immer mehr, dass zwischen dem Proletariat und den oberen Ständen noch etwas anderes als eine rein staatsrechtliche Scheidewand sich befinde, dass an Stelle der Vorrechte der Geburt diejenigen des Besitzes getreten waren, und jemehr diese Erkenntniss in den Massen um sich griff, desto mehr trat das Interesse an den rein politischen Fragen, vor Allem an der Frage nach der Staatsform in den Hintergrund, desto mehr brach sich die Ansicht Bahn, dass die staatsrechtliche Gleichheit noch lange nicht die factische Gleichheit sei, dass zu deren Verwirklichung die Abschaffung aller Vorrechte und unter diesen auch des Privilegiums des freien Besitzes, des „Eigenthums" erforderlich sei. Fortan setzt jede revolutionäre Kraft nicht mehr in politischen Punkten, sondern in der Eigenthumsfrage ein, und wenn auch nicht alle Richtungen bis zum nackten Communismus vorschritten, so waren sie doch in dem Grundgedanken einig, die Frage des menschlichen Elends durch eine Einschränkung des freien Erwerbs-, Besitz- und Verfügungsrechtes zu lösen.

Das Dogma von der Heiligkeit des Eigenthums war jedenfalls dahin. Noch stand aber das letzte, das von der Unumgänglichkeit des Staates aufrecht. Die französisch-deutschen Socialisten des dritten und vierten Decenniums unseres Jahrhunderts, die Saint-Simon, Cabet, Weitling, Rodbertus bis herauf zu Louis Blanc dachten gar nicht daran, den Staat als solchen zu negieren, sondern hatten ihm für die Ausführung ihrer neuen Organisation der Arbeit und der Gesellschaft sogar die Hauptrolle zugedacht. Ja der ganze Charakter dieser neuen reformatorischen Tendenzen machte eher eine grenzenlose, die Entschliessungsfreiheit des Einzelnen erdrückende Uebermacht der Staats-Autorität nothwendig, und eine entgegengesetzte antiautoritäre Richtung konnte daher als eine zwar naturgemäss nothwendige aber anfangs nur sehr schwache Opposition auftreten. Man bestritt nicht das Princip der Gleichheit, aber man perhorrescirte jene brutale Vergewaltigung durch die Staatsgewalt, wie sie die Baboeuvisten, die Schwärmer für die ikarische Utopie u. a. predigten. Man leugnete nicht die Nothwendigkeit einer Organisation der Arbeit, aber man fing an die Frage zu stellen, ob denn diese Organisation nicht auch von unten herauf in Freiheit erfolgen könnte? Schon Fouriers Phalangen können als ein solcher Versuch, sich die Organisation der Arbeit durch freie Gruppenbildung von unten herauf, für welche die Unarchen und Omniarchen ein ziemlich äusserlich angeklebter Aufputz sind, gelten. Sehen wir ganz von dem raschen Bankerott ab, den nacheinander die verschiedensten auf autoritärer Grundlage errichteten socialistischen Probeinstitutionen machten; die trüben Erfahrungen eines vom stetigen staatsrechtlichem Wechsel erfüllten Halbjahrhunderts hätten hingereicht, das Ansehen der Autorität als solcher zu untergraben. Hatte es die absolute Monarchie ebensowenig wie die constitutionelle, die Republik ebensowenig als der Cäsarismus, die Dictatur eines Einzelnen ebensowenig wie die des Pöbels zu stande gebracht, den Pauperismus, das Elend und das Verbrechen zu beseitigen oder auch nur zu mildern, lag da nicht für das oberflächliche Denken der Schluss nahe, das Grundübel läge in der autoritären Gestalt der Gesellschaft, im Staate als solchem, bot sich da nicht von selbst der Gedanke, einen weiteren Ausbau des Fourier'schen Systems der Gruppenbildung auf Grund der freien Initiative des Einzelnen mit vollständiger Ausserachtlassung des Staates zu versuchen? Hier war ein weiterer Punkt, wo ein System des socialistischen und politischen Anarchismus mit einiger Aussicht auf Erfolg einsetzen konnte und auch thatsächlich mit Proudhon eingesetzt hat.

Zweites Capitel:
Pierre Joseph Proudhon*).

„Ich schrecke vor keiner Hypothese zurück".

Der Mann, welcher einen so mächtigen, um nicht zu sagen verhängnisvollen Einfluss auf den Gang der proletarischen Bewegung unseres Jahrhunderts genommen, war selbst Proletarier, von Geburt und Beruf.

Pierre Joseph Proudhon wurde am 15. Januar 1809 in einer Vorstadt von Besançon geboren. Sein Vater war Böttcher, seine Mutter Köchin, und Pierre Joseph musste trotz seines Wissensdurstes gleichfalls statt seine Studien zu vollenden, sich der harten Arbeit widmen; er wurde Corrector in einer Druckerei zu Besançon, durchreiste als wandernder

---

*) Die Werke Proudhons, soweit sie hier in Betracht kommen, sind folgende: Qu'est ce que la propriété 1840. — Lettre a Mr. Blanqui sur la propriété; 1841. — (Beide später vereint als: Qu'est-ce que la propriété?) — Avertissement aux propriétaires, lettre a M. Considérant 1842. — De la création de l'ordre dans l'humanité 1843. — Système des contradictions économiques, ou philosophie de la misère. 2. Bd. 1846. — Solution du problème social 1848. — Confessions d'un révolutionnaire 1849. — Idée générale de la révolution au 19me siècle 1851. — La revolution sociale démontrée par le coup d'état du 2. Decembre 1852. — Du Principe fédératif 1852. — Es folgt hierauf eine ganze Reihe von Werken, die nicht streng hierher gehören, wie das parodistische Manuel du spéculateur à la Bourse, La Guerre et la Paix, la Théorie de l'impôt u. dergl. 1858 erschien dann das Hauptwerk: „de la Iustice dans la Revolution et dans l'Eglise. Unter den nachgelassenen Schriften ragt die „Theorie de la propriété, suivie d'un plan de l'Exposition universelle" hervor. Eine Sammelausgabe in 37 Bänden ist bei C. Marpon et E. Flammarion in Paris erschienen. Deutsche Übersetzungen einzelner Werke sind von verschiedenen meist revolutionären Schriftstellern wie Karl Grün, Wilhelm Jordan, Arnold Ruge, Ludwig Pfau angefertigt worden. Zur Biographie Proudhons sowie

Druckergeselle ganz Frankreich und trat, nach Besançon heimgekehrt wieder als Factor in eine Buchdruckerei ein. Im Jahre 1836 gründete er mit einem Gesellschafter hierselbst eine kleine Druckerei, die er aber, nachdem der Associé sich 1838 entleibt hatte, liquidirte, entschlossen, den bisherigen Beruf mit einem andern zu vertauschen, auf den er sich schon lange, auf seiner Wanderschaft wie in den Musestunden der letzten Jahre durch fleissige Studien vorbereitet hatte.

Proudhons Thätigkeit auf schriftstellerischem Gebiete begann im Jahre 1837. Die Akademie von Besançon hatte ein dreijähriges Stipendium zu vergeben, das von dem Secretär der französischen Akademie Suard für vermögenslose junge Männer aus der Franche-Comtè gestiftet worden war, die sich der literarischen oder wissenschaftlichen Laufbahn widmen wollten. Proudhon trat unter den Bewerbern auf und erhielt auch das Stipendium. In dem Memoir, das er an die Akademie richtete, sagte er: „Geboren und auferzogen im Schooss der arbeitenden Classe, der ich mit meinem Herzen und mit meinen Neigungen, vor allem aber durch die Gemeinschaft der Leiden und Wünsche angehöre, wird es meine grösste Freude sein, wenn ich den Beifall der Akademie erhielte, um ohne Unterlass mit Hilfe der Philosophie und Wissenschaft, mit der ganzen Energie meines Willens und aller Kraft meines Geistes an der physischen, moralischen und intellectuellen Verbesserung derjenigen zu arbeiten, welche ich meine Brüder und Genossen nenne, um unter ihnen die Saat einer Lehre, welche ich als das Gesetz der moralischen Welt betrachte, zu verbreiten und in Hoffnung des Erfolges meiner Bemühungen, Ihnen gegenüber, hochgeehrte Herren, als ihr Repräsentant zu erscheinen."

Ueber die Studien, denen er sich nach Erhalt der Pension in Paris mehrere Jahre widmete, erzählt Proudhon selbst, dass er sich die Aufklärung nicht aus den socialistischen Schulen, welche damals existirten und in Mode kamen, nicht bei den Männern der Partei und des Journalismus holte; er begann mit dem Studium der socialistischen Alterthümer, was seiner Meinung nach unbedingt nothwendig war, um das theoretische

---

zum Verständnis seiner Lehre vergleiche: Saint Beuve: P. J. Proudhon, sa vie et sa correspondence 1838—1848. Paris 1865. — Correspondence de P. J. Proudhon précédée d'une notice sur P. J. Proudhon par J. A. Langlois. 14 vol. Paris 1875 — Mirecourt E. d.: Proudhon (Les contemporains Nr. 32). Paris 1856. Ludwig Pfau, Proudhon und die Franzosen. Ges. Werke Stuttgart, Leipzig. Berlin 1888, VI Bd. — St. Gans Edler Herr zu Putlitz: P. J. Proudhon. Sein Leben und seine positiven Ideen. Berlin 1881. — Diehl Dr. K.: P. J. Proudhon Seine Lehre und sein Leben. Jena 3 Bd. 1890. — Mülberger Dr. A.: Studien über Proudhon. Ein Beitrag zum Verständnis der socialen Reform. Stuttgart 1891. —

und practische Gesetz der gesellschaftlichen Bewegung zu bestimmen. Es muthet uns wohl seltsam an, dass Proudhon, der Vater des Anarchismus diese, wie wir sagen möchten, empirisch-sociologischen Studien in der Bibel machte; indes ist dieses Buch der Bücher wohl auch heute noch die wichtigste Quelle für die empirische Sociologie, weil kein zweites so authentisch und ausführlich die Entwicklung einer bedeutenden gesellschaftlichen Individualität widerspiegelt, und zu Proudhons Zeiten war die Bibel bei dem vollständigen Abgang ethnographischer Beobachtungen auch fast die ausschliessliche Quelle für derlei Studien. Wenn man also auch wird einräumen müssen, dass diese Studien recht einseitig ausfallen mussten, so lässt sich doch auch nicht verkennen, dass Proudhon einen ungleich correcteren Weg ging, als die meisten Socialphilosophen vor und nach ihm, welche ihre Systeme zumeist auf deductivem und dogmatischem Wege aufgebaut haben.

Eine Abhandlung, welche Proudhon über die Einführung der Sonntagsruhe aus dem Gesichtspunkte der Moral, der Gesundheit, der Familien- und Staatsverhältnisse schrieb, trug ihm eine bronzene Medaille der Akademie ein, und Proudhon konnte nachher wohl mit Recht sagen: „Mein Socialismus hat die Taufe einer gelehrten Gesellschaft erhalten, ich habe eine Akademie zum Pathen" — für den Läugner jeder Autorität immerhin ein merkwürdiger Stolz.

Proudhon scheint den Weg vom Glauben zur damals herrschenden Metaphysik rasch gemacht zu haben, und schon um jene Zeit will er sich — wie er später in den ‚Confessions' sagte, — für sein Urtheil die nach dem Hegelschen Satz (dass ein jegliches Ding, wenn es gesetzt wird zugleich das Gegentheil seiner mit sich führe) gebildete Regel zurechtgelegt haben „dass jedes, bis in seine letzten Consequenzen verfolgte Princip bei einem Widerspruch anlangt, wo es für falsch gehalten und negiert werden muss, und dass, wenn dies Princip zu einer Institution Veranlassung gegeben hat, diese Institution selbst als künstliches Product und als Utopie betrachtet werden muss." Diesen Satz hat Proudhon später so formuliert: „Jeder wahre Gedanke setzt sich der Zeit nach einmal und fällt in zwei Momente auseinander. Indem jedes dieser Momente die Negation des anderen ist, und beide nur in einer höheren Idee verschwinden können, so folgt, dass die Antinomie das Gesetz des Lebens und des Fortschrittes, das Princip der ewigen Bewegung selbst ist". Hier haben wir in der That schon den ganzen Proudhon: mit diesem Zauberstab der Antinomie glaubte er sich das Wunderland der socialen Probleme erschliessen und alle Wunden des socialen Körpers heilen zu können.

„Meine Meister, — sagte Proudhon zu seinem Freunde Langlois*) im Jahr 1848 — diejenigen, welche in mir fruchtbare Ideen geweckt, will ich nennen, es sind ihrer drei: Fürs erste die Bibel, dann Adam Smith, und endlich Hegel." — Proudhon hat sich stets mit Stolz Hegels Schüler genannt und Karl Marx behauptete**), dass er es, während seines Pariser Aufenthaltes im Jahre 1844 gewesen sei, der „während langer oft übernächtiger Debatten" Proudhon zu dessen grossem Schaden „mit Hegelianismus inficierte, den er doch bei seiner Unkenntnis der deutschen Sprache nicht ordentlich studieren konnte". Eine bekannte Anekdote legt Hegel das Witzwort in den Mund, ihn habe nur ein Schüler verstanden, und der habe ihn falsch verstanden. Er ist uns unbekannt, wer dieser eine war, es könnte aber eben so gut Marx wie Proudhon gewesen sein. Denn was beide von dem grossen Meister herübergenommen hatten, und wie und wo sie es angewendet, das ist beiden gemeinsam, die dialectische Methode angewandt auf die social-philosophischen Probleme. Die Aehnlichkeit gerade in dieser formellen Hinsicht ist so gross, dass man die beiden erbitterten Gegner demnach nur die persönliche Antinomie des grossen Meisters Hegel nennen könnte. Im übrigen muss die Infection Proudhons mit Hegelianismus — die später durch K. Grün und Bakunin***) gründlich fortgesetzt wurde — sehr gross und anhaltend gewesen sein, denn wir werden auf Schritt und Tritt Spuren derselben begegnen.

So mächtig der Einfluss Hegels auf Proudhon war, so wenig war dieser von dem zeitgenössischen und landsmännischen Modephilosophen A. Comte inficiert, was umso merkwürdiger ist, als gerade der Comte'sche Positivismus auf dem Wege der Spencer'schen Philosophie den modernen Anarchismus nicht unwesentlich beeinflusst hat und sich Anklänge an den Comte'schen Individualismus auch schon in dem deutschen Zeitgenossen Proudhons, in Stirner, wenn auch vielleicht unbewusst doch zahlreich vorfinden. Proudhon klammerte sich, wie schon erwähnt, vorwiegend an die Hegel'sche Dialectik, zumal an die Antinomienlehre.

Mit diesem Kriterium trat Proudhon nun auch an die Betrachtung und Beurtheilung der socialen Erscheinungen heran, und wie Anfänger

---

*) a. a. O. Biographische Einleitung p. XXII.
**) Socialdemokrat vom Jahr 1865. Der Brief ist wieder abgedruckt in der deutschen Ausgabe der Marx'schen Streitschrift gegen Proudhon.
***) A. Herzen: Proudhon et „la Voix du Peuple". Nach einem Artikel aus dem L'Etoile Polaire von 1859: „Erinnerungen an Proudhon" aus dem Russischen in's Französische übersetzt v. M. Golberg (Revue blanche. Nr. 46, vom 1. Mai 1895).

und Lehrlinge in der schweren Kunst der Philosophie, statt sich mit Vorfragen zu bescheiden, mit der Verwegenheit des Unwissenden jederzeit mitten in den Kernpunkt der Probleme greifen, die Burg der Geister von ihrer unbezwingbarsten Seite berennen, so griff auch Proudhon als erstes das Grundproblem der socialen Frage, das Eigenthum, auf und machte es zum Gegenstande seiner so viel genannten, wenn auch viel weniger gelesenen Schrift: Qu'est ce que la propriété? (1er mémoire. Recherches sur le principe du droit et du gouvernement 1840).

Proudhon ist wohl ganz mit Unrecht fast ausschliesslich nach dieser einzigen, in den Anfang seiner schriftstellerischen Thätigkeit fallenden Schrift beurtheilt und verurtheilt worden, Freund und Feind haben sich immer wieder begnügt, die dort ertheilte Antwort „la propriété c'est le vol" (das Eigenthum ist der Diebstahl) als das A. und O. der Proudhonschen Lehren nachzubeten ohne die Schrift selbst zu lesen, und weil man es eben für hinreichend hielt, eine aus jedem Zusammenhange gerenkte Phrase hin- und herzuzerren, so kam es, dass Proudhon heute vielleicht einer der meistgenannten Schriftsteller doch fast nicht bekannt und gelesen ist. Obwohl die Eigenthumsfrage den Eckstein der gesammten Proudhonschen Lehre bildet, so wäre es doch gefehlt, sie mit dieser selbst zu identificiren. Noch weniger aber geht es an, den ersten Anlauf, den Proudhon zur Lösung eines so grossen Problemes genommen für seine Gesammtanschauung über das Eigenthum hinzustellen, wie es leider auch ernste Schriftsteller bisher fast ohne Ausnahme und selbst Proudhon-Specialisten (Diehl) gethan haben. In Wahrheit hat Proudhon seine Eigenthumslehre ausser in dieser noch in mehreren anderen Schriften ausschliesslich und eingehend dargelegt, in den meisten seiner anderen zahlreichen Schriften gestreift und die Bruchstücke eines Buches „Théorie de la propriété" hinterlassen, in welchem er eine umfassende Theorie des Eigenthums als Krönung seines ganzen Werkes liefern wollte.

Wir müssen indes, um der Sache nicht vorzugreifen eine Gesammtdarstellung der Proudhon'schen Eigenthumslehre auf einen späteren geeigneteren Punkt aufsparen und wollen daher die Schrift Qu'est ce que la propriété hier einstweilen ebenso überschlagen, wie eine andere 1843 erschienene Studie (Création de l'ordre dans l'humanité), welche die zweite, ich möchte sagen politische Seite des Proudhons Gedankenganges gleichfalls in ihren ersten Ansätzen zeigt und von welchem Proudhon später selbst sagte, sie genüge ihm und dem Publicum nicht und stehe unter der Mittelmässigkeit, trotzdem er von dem Inhalte des Buches nur sehr wenig zurückzunehmen habe. „Dieses Buch, eine wahre Höllenmaschine, welche alle Werkzeuge des Schaffens und Zerstörens enthalten sollte", — sagte er in den ‚Confessions' — „ist schlecht gearbeitet und steht weit unter dem, was ich produciert haben könnte, wenn ich mir Zeit genommen hätte, meine Materialien auszuwählen und in Ordnung zu bringen. — — So mangelhaft meine Arbeit gleichwohl jetzt erscheinen mag, sie genügte doch meinem Zwecke. Worauf es ankam, war, dass ich mich mit mir selbst verständigte. So wie der Widerspruch mir dazu gedient hatte, zu zerstören, so sollten mir nun die Entwickelungsstufen dazu dienen, aufzubauen. Meine intellectuelle Erziehung war vollendet, die Création de l'ordre hatte kaum das Tageslicht erblickt, als ich bei der unmittelbar darauf folgenden Anwendung der schöpferischen Methode begriff, dass es, um Einsicht in die Revolution der Gesellschaft zu erlangen, das Erste sein müsse, die ganze Reihe ihrer Antinomien, das System der Widersprüche zu construiren."

Geschehen in dem im Jahre 1846 zu Paris erschienenen zweibändigen „Système des contradictions éonomiques, ou philosophie de la misère" welches schon insofern sein Hauptwerk genannt zu werden verdient, weil es die philosophischen und ökonomischen Grundlagen seines Denkens in vollkommen umfassender und klarer Darstellung enthält und ein Verständnis Proudhons ohne die Kenntnis der ‚Contradictions' eine Unmöglichkeit ist. In seiner ersten von dem Aufsehen ganz Frankreichs gefolgten Schrift über das Eigenthum hatte Proudhon dieses in eine Gleichstellung mit dem Diebstahl gestellt. Hier haben wir bereits den anderen Satz entgegen gestellt: la propriété c'est la liberté. Diese beiden Sätze gelten für Proudhon auf gleiche Weise für bewiesen. „Das Eigenthum in der Gesammtheit der socialen Institutionen betrachtet, hat sozusagen zwei offene Rechnungen. Die eine ist die des Guten, welches es hervorbringt und welches direct aus seinem Wesen fliesst; die andere ist die der Nachtheile, welche es hervorbringt, die Kosten, welche es verursacht und welche eben so direct, wie das Gute, aus seiner Natur sich ergeben. Im Eigenthum ist das Uebel oder der Missbrauch unzertrennlich von dem Guten, gerade so wie in der doppelten Buchhaltung das „Soll" vom „Haben" unzertrennlich ist. Das Eine erzeugt notwendig das Andere. Die Missbräuche des Eigenthums unterdrücken wollen, heisst, es selbst vernichten eben so wie einen Artikel in dem Debet einer Rechnung ausstreichen wollen, heisst ihn im Credit unterdrücken."

Für diese Thatsache wollte Proudhon in seinem Hauptwerke die allgemeine Folie schaffen, indem er in gleicher Weise mit allen „ökonomischen Kategorien" operierte.

Die Arbeit — so führt er in den ‚Contradictions' näher aus — ist das

Princip des Reichthums, die Kraft, welche die Werthe schafft, misst und zu einander in Verhältnis setzt, also auch vertheilt. Die Arbeit trägt also zu gleicher Zeit eine Kraft des Gleichgewichtes und der Fruchtbarkeit in sich, welche, wie man glauben sollte, den Menschen gegen jeden Mangel sichern sollte. Um aber zu wirken, muss die Arbeit sich bestimmen und definiren, d. h. sich organisiren. Welches sind nun die Organe der Arbeit, d. h. die Formen, durch welche die menschliche Arbeit die Werthe hervorbringt und feststellt und die Noth vertreibt? Diese Formen oder Kategorien sind: Theilung der Arbeit, die Maschinen, die Concurrenz, das Monopol, der Staat oder die Centralisation, der freie Tausch, der Credit, das Eigenthum und die Gemeinschaft.

So sehr nun die Arbeit in sich die Quelle des Reichthums ist, so werden doch diese Mittel, welche eigentlich zur Erhöhung des Reichthums erfunden werden, durch den Antagonismus, also durch jenen antinomischen Character, der nach Proudhon allen socialen Formen naturgemäss anhaften muss, ebensoviele Ursachen der Noth, des Pauperismus.

Die Arbeit gewinnt durch die Theilung eine übernatürliche Fruchtbarkeit, aber zu gleicher Zeit sinkt durch die Art und Weise wie diese Theilung ausgeführt wird, die Arbeit, welche den Arbeiter abstumpft, mit reissender Schnelligkeit unter sich selbst herab, und gibt nur einen ungenügenden Werth her. Nachdem sie durch den Ueberfluss an Producten die Consumtion herausgefordert hat, lässt sie dieselbe durch die Kleinheit des Lohnes im Stiche; anstatt die Noth zu vertreiben, führt sie dieselbe wieder herbei.

Das durch die Arbeitstheilung verursachte Deficit sollen die Maschinen decken, sie sollen die Fruchtbarkeit der Arbeit nicht nur erhöhen und vervielfältigen, sondern auch den durch die Arbeitstheilung erzeugten moralischen Defect wettmachen und der Zerstückelung der Arbeit eine höhere Einheit und Synthese gegenüberstellen. Dem ist nach Proudhon aber nicht so: Mit den Maschinen beginnt die Unterscheidung in Herren und Lohnarbeiter, in Capitalisten und Arbeiter. Der Mensch, den die Mechanik aus der Verdumpfung ziehen sollte, versinkt immer tiefer und tiefer. Er verliert mit dem Menschencharakter die Freiheit und ist nur noch ein Werkzeug. Der Wohlstand wächst für die Herren, das Uebel für die Untergebenen; die Unterscheidung der Kasten beginnt und ein ungeheuerliches Streben zeigt sich, welches darin besteht, die Menschen zu vermehren, um die Menschen entbehren zu können. So wird der allgemeine Druck immer schwerer; die Noth, von der Theilung der Arbeit bereits angekündigt, tritt officiell in die Welt ein, von jetzt an wird sie Seele und Nerv der Gesellschaft.

Ihren aristokratischen Tendenzen setzt die Gesellschaft die Freiheit entgegen, die Concurrenz. Die Concurrenz emancipiert die Arbeiter und bringt einen unberechenbaren Zuwachs an Reichthum hervor. Durch die Concurrenz sinken die Producte der Arbeit fortwährend im Preise oder nehmen, was auf dasselbe hinauskommt, unaufhörlich an Qualität zu, und da die Quellen der Concurrenz ebenso gut wie die mechanischen Verbesserungen und die Combinationen der Theilung unendlich sind, so kann man sagen, dass die productive Kraft der Concurrenz an Intensität und Umfang ohne Grenzen ist. Endlich gewinnt durch die Concurrenz die Production des Reichthums entschieden den Vorsprung vor der Erzeugung der Menschen, durch welchen Satz Proudhon das ebensowenig bewiesene Dogma des Malthus auf den Kopf stellt. Allein diese Concurrenz ist auch eine neue Quelle des Pauperismus, weil die Preisverminderung, die sie mit sich führt, auf der einen Seite nur den Siegern nützt, und auf der anderen die Besiegten ohne Arbeit und Hilfsquellen lässt.

Die nothwendige Folge und zugleich der natürliche Gegensatz der Concurrenz ist das Monopol. Es ist die Form des gesellschaftlichen Besitzes, ohne die keine Arbeit, kein Product, kein Austausch, kein Reichthum möglich wäre. Es hängt am innigsten mit dem Individualismus und der Freiheit zusammen, so dass sich ohne dasselbe die Gesellschaft kaum denken lässt, und doch wird es genau so wie die Concurrenz antisocial und unheilbringend. Denn das Monopol reisst alles an sich, Land, Arbeit und Arbeitswerkzeuge, die Producte und ihre Vertheilung und vernichtet sie, oder es vernichtet das natürliche Gleichgewicht von Production und Consumtion, es bewirkt, dass der Arbeiter am Betrage seines Lohnes betrogen wird und dass der Fortschritt im Wohlsein sich für ihn verwandelt in einen unaufhörlichen Fortschritt im Elende. Es bewirkt endlich, dass alle Begriffe der Gerechtigkeit im Handel umgekehrt werden u. s. w.

Der Staat in wirthschaftlicher Beziehung soll sich wenigstens nach Proudhon in einem Ausgleiche zwischen Patriciat und Proletariat erschöpfen, seine Massregeln, wie Steuern sollen in erster Linie ein Gegenmittel gegen die Uebermacht und den Uebermuth des Monopols sein; allein auch diese Institution verfehlt ihre Wirkung, indem die Steuern, statt von den Besitzenden fast ausschliesslich von den Nichtbesitzenden gezahlt werden, indem das Heer, Gericht, Polizei, Schulen, Spitäler, Armen-Zufluchts- und Zuchthäuser, öffentliche Aemter, selbst die Religion, kurz alles, was die Gesellschaft einrichtet zur Vertheidigung, Emancipation und Erleichterung des Proletariates, zunächst vom Proletarier bezahlt und unterhalten, dann aber gegen den Proletarier gerichtet wird oder für ihn verloren geht. Es wäre müssig zu wiederholen, was Proudhon über die segensreichen und zugleich verhängnissvollen Folgen sowohl der Handelsfreiheit als ihres Gegentheiles sagt. Wer kennt nicht die Argumente, welche von Politikern und Gelehrten auch heute noch in der unentschiedenen Controverse für und wider geführt werden.

In diesem „System der Widersprüche" nun, in diesen Antinomien der Gesellschaft glaubt Proudhon das Gesetz der socialen Bewegung entdeckt zu haben, während er in der That nur den sehr negativen Beweis erbracht hatte, — was er allerdings kaum zugegeben hätte — dass es im wirthschaftlichen Leben, ebensowenig wie im Recht, ein Absolutes gebe, dass Nutzen und Schaden Relationen sind, welche mit dem Wesen der Dinge nichts gemein haben, dass es ebensowenig angehe mit den Einen, die bestehende gesellschaftliche Ordnung als die beste aller möglichen Welten hinzustellen, als in irgend einer wirthschaftlichen Institution — heisse sie, wie immer — die sociale Panacee erblicken und auf den breiten Rücken eines anderen alle Schuld einer bösen Zeit wälzen zu wollen, wie es die Anderen thun. Man könnte eine solche „Erkenntnis" leicht trivial finden und Neigung zu einem überlegenen Lächeln empfinden, wenn zur Ermittelung solcher Thatsachen nichts Geringeres als die Kant-Hegel'sche Antinomielehre hierbei bemüht wird. Allein vielleicht ist eben dieses Lächeln die Rechtfertigung Proudhons, der für eine scheinbar triviale Thatsache einen heissen und nicht immer siegreichen Kampf auszufechten hatte. Vergessen wir nicht, wie hilflos die Zeit, in der er lebte, in allen Fragen der Gesellschaft vom casuistischen Schlendrian zum gleichwillkürlichen Dogmatismus: vom extremen Individualismus zum Communismus, von dem Standpunkt des absoluten laisser faire zu dem autoritärsten Standpunkte hin- und hergeworfen wurde. Diese zwei Welten — welche hier nicht zum erstenmale aneinander prallten, — in scharfer Abgrenzung einander gegenübergestellt zu haben, ist bei allen den zugestandenen Mängeln und Irrthümern ein unbestreitbares Verdienst der „Contradictions" und wird diesem Buche, dem Carl Marx, eine beissende Gegenschrift*) gewidmet hat, für alle Zeiten den Werth einer der bedeutendsten, grundlegensten

---

*) Misère de la Philosophie. Paris 1847. Deutsch von E. Bernstein und K. Kautzky. „Das Elend der Philosophie". Antwort auf Proudhons Philosophie des Elends. Mit Vorwort und Noten v. Fr. Engels. Stuttgart 1892, 2. Auflage.

culturphilosophischen Werke sichern. Allerdings ist das Haupt-Resultat der langwierigen Untersuchungen im Hinblick auf den Zweck, den Proudhon vor Augen hatte, bei Lichte besehen gleich Null. Wohl hat Proudhon sich bemüht auf seinem dialectischem Wege auch zu einer Lösung der Widersprüche und zu einem positiven Ziele zu gelangen, allein auch diese Lösung, welche das sociale Heilmittel an die Hand geben sollte, ist ihrem philosophischen Gewande entkleidet, eine so allgemeine und unbestimmte Anweisung an die Zahlstelle des socialen Glücks, dass sie von dieser wohl niemals effectuirt werden dürfte.

„Ich habe gezeigt" — sagt Proudhon am Schluss der „Contradictions" — „wie die Gesellschaft von Formel zu Formel, von Institution zu Institution jenes Gleichgewicht sucht, das ihr entschlüpft, und bei jedem Versuche stets in gleichem Verhältniss ihren Luxus und ihre Noth wachsen lässt. Da das Gleichgewicht nicht hat erreicht werden können, so bleibt nur von einer vollständigen Lösung Etwas zu hoffen, welche die Theorien synthetisch verbindet und der Arbeit ihre Wirksamkeit und jedem ihrer Organe seine Macht wiedergiebt. Bis dahin knüpft sich der Pauperismus so unbezwinglich an die Arbeit, und die Noth an den Müssiggang, und alle unsere Beschuldigungen der Vorsehung beweisen nur unsere Schwäche". Diese Lösung des grossen Problems unseres Jahrhundertes durch die synthetische Vereinigung der wirthschaftlichen und gesellschaftlichen Antithesen oder, wie es Proudhon an anderer Stelle nennt, „durch eine wissenschaftliche, gesetzliche, unsterbliche, unentreissbare Combination" ist gewiss eine schöne und edle Philosophie. Allein es lässt sich nicht verkennen, dass damit Proudhon, der in allen Werken so zornentbrannt gegen die Utopisten zu Felde zog, nichtsdestoweniger selbst nur eine Utopie geschaffen hatte, allerdings nicht insofern, als er wie andere die Menschen mit Gewalt in ein ideales Prokrustesbett pressen, aber doch auch, indem er das Leben in eine ideale Form giessen wollte, ohne für sich wenigstens wie Jene die Gewalt anrufen und zur Verwirklichung seiner Idee den Schrecken organisiren zu dürfen.

* * *

Wie sich Proudhon von dem Schablonen-Socialismus seiner Zeit nichts destoweniger durch die Auffassung unterschied, welche er dem Pauperismus entgegenbrachte, so wich von diesem auch der Weg ab, den er zur Beseitigung des Pauperismus einzuschlagen empfahl. Wohl acceptirte auch er den Satz, dass das Elend nur dadurch zu beseitigen sei, dass der Arbeiter den vollen Ertrag seiner Arbeit erhalte, und dass die sociale Reform demnach in einer Organisation der Arbeit bestehen müsse. Hierin war er mit Louis Blanc ganz eines Sinnes, aber auch nur hierin; denn während Louis Blanc für die Organisation der Arbeit die volle Autorität der Gesellschaft in Anspruch nahm, verlangte sie Proudhon mit Umgehung jeder Staatsintervention auf Grund der freien Initiative des Volkes. An dieser Wegscheidung sollten sich Anarchismus und autoritärer Socialismus nun ein für allemal trennen, um sich fürder nicht mehr anders als im heftigsten Widerstreite zu begegnen. Dies war der Ausgangspunkt der anarchistischen Anschauungen Proudhons. Die Erfahrungen der vom socialen Standpunkte vollständig missglückten Revolution von 1848 mochten wohl wesentlich mit diese Anschauungen Proudhons bestimmt haben. Proudhon hatte an den Ereignissen dieses denkwürdigen Jahres als Redacteur des Peuple, als Repräsentant des Seine-Departements und sonst noch thätig theilgenommen und glaubte die Fruchtlosigkeit aller Versuche die sociale Frage zu lösen und die Früchte der Revolution zu ernten eben darin gefunden zu haben, dass die Revolution von oben statt von unten gemacht wurde, dass man das revolutionäre Princip zur Macht brachte und es so durch sich selbst aufhob. In letzter Linie geht aber die Opposition Proudhons zu Blanc doch wieder auf die oben dargelegte Grundanschauung zurück.

Die Gesellschaft ist, wie Proudhon in den „Contradictions" ausführt und in den 1849 im Gefängniss von St. Pelagie geschriebenen „Bekenntnissen eines Revolutionärs" auch auf das Politische anwendet, wesentlich dialectischer Natur und beruht auf Gegensätzen, die alle in einander fliessen und deren System unendlich ist. Die Lösung des socialen Problems aber sieht er darin, dass man die verschiedenen Ausdrücke des Problems nicht mehr in Widerspruch, sondern in ihrer „dialectischen Entwicklung" setzt, so dass z. B. das Recht auf Arbeit, auf Credit, auf Beistand, Rechte deren Realisirung unter einer antagonistischen Gesetzgebung unmöglich oder gefährlich sei, allmählig aus einem bereits feststehenden, realisirten, unzweifelhaften Rechte resultiren und dass sie statt sich gegenseitig Steine des Anstosses zu sein, in ihrer gegenseitigen Verbindung ihre dauerndsten Garantien finden. Nachdem die Garantien aber in den Institutionen selbst liegen sollen, wäre die staatliche Autorität zur Durchführung dieser Revolution weder nöthig noch berechtigt.

Warum wäre eine Revolution von oben unmöglich?

Die Antinomie auf das Politische angewandt, lautet: Freiheit und Ordnung. Die erstere wird verwirklicht durch die Revolution, die letztere durch die Regierung. Es enthält also einen Widerspruch in sich, dass die Regierung jemals revolutionär sein könne und zwar aus dem ganz einfachen Grunde, weil sie Regierung ist. Die Gesellschaft allein, die von Intelligenz durchdrungene Masse könne sich selbst revolutioniren, weil sie allein auf vernünftige Weise ihren freien Willen darlegen, das Geheimniss ihrer Bestimmung und ihres Ursprungs analysiren und entwickeln, ihren Glauben und ihre Philosophie verändern kann.

„Die Regierungen sind die Geisseln Gottes, eingeführt, um die Welt in Zucht und Ordnung zu halten. Und Ihr verlangt, dass sie sich selbst vernichten, die Freiheit schaffen und Revolutionen machen? Das ist unmöglich. Alle Revolutionen, seit der Salbung des ersten Königs bis zur Erklärung der Menschenrechte, sind frei durch den Volksgeist vollzogen worden. Die Regierungen haben sie immer gehindert, unterdrückt und zu Boden geworfen. Sie haben niemals revolutionirt. Ihre Aufgabe ist es nicht, die Bewegung hervorzubringen, sondern sie zurückzuhalten. Und selbst wenn sie — was sich widerspricht — die revolutionäre Wissenschaft, die sociale Wissenschaft besässen, so können sie dieselbe nicht anwenden, sie wären dazu auch berechtigt. Sie müssten vorher ihre Wissenschaft in das Volk übergehen lassen, um die Zustimmung der Bürger zu erhalten und das hiesse, das Wesen der Autorität und der Macht verkennen."

Folgt hieraus, dass die Organisation der Arbeit durch die Staatsgewalt — wie sie Fourier, Louis Blanc und deren nähere und entferntere Gesinnungsfreunde anstrebten — eine Illusion sei, und dass diese durchgreifende Revolution nur durch die Initiative der Masse selbst — „durch die Uebereinstimmung der Bürger, durch die Erfahrung der Arbeiter, durch den Fortschritt und die Verbreitung der Aufklärung" gemacht werden könne.

Wir haben die gähnende Kluft hier blosgelegt, welche zwischen Proudhon und dem staatlichen Socialismus seiner Zeit liegt, über welche es keine Brücke giebt. Sehen wir, wie sich aus dieser Voraussetzung allmählich und consequent das entwickelt hat, was Proudhon selbst die An — archie genannt hat.

Die Socialisten haben die Parole ausgegeben, die politische Revolution sei das Mittel, die sociale Revolution der Zweck. Proudhon hat den Satz auf den Kopf gestellt und die sociale Revolution als Mittel, die politische Revolution als Zweck hingestellt, weshalb es ein grosses Unrecht ist, wenn man gerade ihn immer blos als Nationalökonomen betrachtet, während er doch in erster Linie Socialpolitiker war. Die Socialisten haben als letztes Ziel der Revolution den Wohlstand Aller, den Genuss hingestellt, für Proudhon ist das Princip der Revolution die Freiheit, d. h.:

1., politische Befreiung durch die Organisation des allgemeinen Stimmrechtes, durch die unabhängige Centralisation der socialen Functionen, durch die beständige, unaufhörliche Revision der Constitution; — 2., industrielle Befreiung durch die gegenseitige Garantie des Credits und Absatzes.

„Mit anderen Worten: Keine Regierung des Menschen durch den Menschen mehr, vermittelst der Anhäufung der Gewalten — keine Ausbeutung des Menschen durch den Menschen mehr, vermittelst der Anhäufung der Capitalien."

* * *

Den Fehler jeder politischen oder socialen Constitution — möge sie auch das Werk des politischen oder socialen Radicalismus sein — das was die Conflicte herbeiführt und in der Gesellschaft den Antagonismus erzeugt, glaubt Proudhon darin sehen zu müssen, dass einerseits die Theilung der Gewalten oder besser gesagt der Functionen schlecht durchgeführt und unvollständig, andererseits die Centralisation unzureichend ist. Die nothwendige Folge hiervon sei, dass die Gesammtmacht ohne Thätigkeit und der „allgemeine Gedanke" oder das allgemeine Stimmrecht ohne Uebung ist. Man müsse also die Theilung vollenden und noch mehr centralisieren, dem allgemeinen Simmrechte seine Praerogative und mithin dem Volke die Energie, die Thätigkeit wiedergeben, welche ihm fehlt.

Die Art und Weise, wie sich Proudhon diese Constituierung der Gesellschaft durch die Initiative der Massen und durch die Organisation des Suffrage universel vorstellte, können wir nicht besser und einleuchtender wiedergeben, als mit den Worten und Beispielen, die er selbst in den ‚Confessions‘ zur Verdollmetschung seiner Anschauungen gebraucht. Er sagt:

„Seit vielen Jahrhunderten ist die geistliche Macht nach der überlieferten Verfassung von der weltlichen Macht getrennt gewesen. Ich bemerke beiläufig, dass das politische Princip der Theilung der Gewalten oder Functionen dasselbe ist, wie das ökonomische Princip der Theilung der Industriezweige oder der Theilung der Arbeit. Hier sehen wir schon die Identität der politischen und socialen Constitution hindurchschimmern. Nun sage ich aber, dass die Theilung der beiden Gewalten, der geistlichen und weltlichen, niemals vollständig gewesen ist; dass mithin ihre Centralisation zum grossen Nachtheil für die kirchliche Administration wie für die Gläubigen niemals hinreichend war. Eine vollständige Theilung würde stattfinden, wenn die weltliche Macht sich gar nicht in die religiösen Feierlichkeiten, in die Administration der Sacramente, in die Regierung der Kirchspiele und namentlich gar nicht mehr in die Ernennung der Bischöfe mischte. Es würde sodann eine noch grössere Centralisation und folglich noch regelmässigere Regierung stattfinden, wenn in jedem Kirchspiel das Volk das Recht hätte, seine Pfarrer und Kaplane selbst zu wählen, sowie auch gar keine anzunehmen; wenn die Priester in jeder Diöcese ihren Bischof wählten, wenn die Versammlung der Bischöfe allein die religiösen Angelegenheiten, den Unterricht in der Theologie und den Cultus regulierten. Durch diese Theilung würde der Clerus aufhören in der Hand der politischen Gewalt ein Werkzeug der Tyrannei gegen das Volk zu sein; und durch diese Anwendung des allgemeinen Stimmrechtes würde die in sich selbst centralisierte Kirchenregierung ihre Eingebungen vom Volk und nicht von der Staatsregierung oder vom Papste erhalten; sie würde beständig mit den Bedürfnissen der Gesellschaft und mit dem sittlichen und geistigen Zustand der Bürger sich in Harmonie befinden. Um also zur organischen, ökonomischen und socialen Wahrheit zurückzukehren, ist es nötig: 1) die constitutionelle Gewaltanhäufung abzuschaffen, indem man dem Staate die Ernennung der Bischöfe entzieht und das Geistliche und Weltliche ein für allemal voneinander trennt; 2) die Kirche in sich selbst durch ein System der Wahlabstufungen zu centralisieren; 3) der Kirchengewalt, wie allen anderen Staatsgewalten das Stimmrecht als Grundlage zu geben. Durch dieses System ist das, was heute „Regierung" ist, nichts weiter mehr als Verwaltung. Und man wird begreifen, dass, wenn es möglich ist, das ganze Land in allen weltlichen Angelegenheiten nach den Grundlagen zu organisieren, welche wir eben für seine geistliche Organisation angegeben haben, die vollkommenste Ordnung, die kräftigste Centralisation existieren würde, ohne dass es etwas von dem gäbe, was wir jetzt constituierte Autorität einer Regierung nennen.

„Ein ander Beispiel: Ehemals zählte man ausser der legislativen und executiven Gewalt noch eine dritte, die richterliche Gewalt. Es war dies eine Aufhebung des trennenden Dualismus, ein erster Schritt gegen die vollständige Trennung der politischen Functionen, wie der Industriezweige. Die gerichtlichen Functionen, mit ihren verschiedenen Specialitäten, ihrer Hierarchie, ihrer Unabsetzbarkeit, ihrer Vereinigung in ein einziges Ministerium zeugen unzweideutig von ihrer bevorzugten Stellung und ihrem Streben nach Centralisation. Aber diese Functionen stammen nicht aus dem Volke, an dem sie geübt werden; sie stehen alle zur Verfügung der Executivgewalt; sie sind nicht dem Lande durch die Wahl, sondern der Regierung, dem Präsidenten oder Fürsten durch die Ernennung subordiniert. Die Folgen davon sind, dass die Mitglieder des Volkes, welche gerichtet werden, ihren vermeintlich natürlichen Richtern wie die Pfarrkinder ihren Pfarrern in die Hände gegeben sind, dass das Volk den Magistraten wie eine Erbschaft angehört, dass die Parteien des Richters wegen und nicht der Richter der Parteien wegen da ist. Wendet das allgemeine Stimmrecht und das System der Wahlabstufungen auf die gerichtlichen, wie auf die kirchlichen Functionen an, hebt die Unabsetzbarkeit auf, welche die Entsagung des Wahlrechts ist, entzieht dem Staate jede Thätigkeit, jeden Einfluss auf den Richterstand; lasst diese in sich selbst und für sich centralisierte Ordnung einzig und allein aus dem Volke entstehen, und ihr habt der Staatsgewalt ihr mächtigstes Werkzeug zur Tyrannei entzogen. Ihr habt aus der Justiz ein Princip der Freiheit und der Ordnung gemacht, und wofern Ihr nicht voraussetzt, dass das Volk, von dem vermittelst des allgemeinen Stimmrechtes alle Gewalt ausgehen soll, mit sich selbst in Widerspruch ist, dass es, was es in der Religion will, nicht auch in der Justiz will und umgekehrt, seid versichert, dass die Theilung der Gewalten keinen Conflict erzeugen kann. Ihr könnt dreist das Princip aufstellen, dass Theilung und Gleichgewicht in Zukunft synonym sein werden.

„Ich gehe zu einem andern Gegenstande über, zu dem Militärwesen. Den Bürgern kommt es zu, ihre Militärchefs in ihrer Abstufung zu ernennen, indem sie einfache Soldaten und Nationalgardisten zu den untern Graden, die Officiere zu den höheren Graden befördern. So organisiert, bewahrt die Armee ihre bürgerlichen Gefühle. Es gibt dann nicht mehr eine Nation in der Nation, ein Vaterland im Vaterland, eine Art wandernder Colonie, wo der Bürger unter die Soldaten eingebürgert, sich gegen sein eignes Land schlagen lernt. Die Nation selbst, in ihrer Kraft und Jugend centralisiert, kann unabhängig von der Staatsgewalt, gleichwie jedes Gericht oder jede Polizei die öffentliche Macht im Namen des Gesetzes requirieren, nicht aber sie commandieren oder über sie disponieren. Im Fall eines Krieges ist die Armee nur der Nationalvertretung und den Anführern, welche diese ihr bezeichnet, Gehorsam schuldig.

„Es ist klar, dass damit über die Nothwendigkeit und Wesentlichkeit dieser grossen Manifestationen des socialen Gedankens ganz und gar kein Vortheil abgegeben ist und dass, wenn wir uns an das Urtheil des Volkes halten wollen, welches allein competent ist, über die Wichtigkeit und Dauer seiner Institutionen zu bestimmen, wir nichts Besseres zu thun haben, als sie, wie eben gesagt, demokratisch zu constituiren. — Ich fahre fort:

„Die Gesellschaften haben zu allen Zeiten das Bedürfnis empfunden, ihren Handel und ihre Industrie gegen fremde Einfuhr zu beschützen; die Macht oder die Function, welche in jedem Lande die einheimische Arbeit beschützt und ihr den nationalen Markt garantirt, ist der Zoll. Ich will hier in keiner Weise über die Moralität oder Unmoralität, die Nützlichkeit oder den Schaden des Zolles sprechen. Ich nehme ihn, wie die Gesellschaft mir ihn darbietet, und beschränke mich darauf, ihn aus dem Gesichtspunkte der Constitution der Gewalten zu prüfen. Das Zollwesen ist schon dadurch, dass es existirt, eine centralisirte Function. Sein Ursprung, wie seine Thätigkeit, schliesst jede Idee der Zertheilung und Zerstückelung aus. Wie geschieht es aber, dass diese Function, welche speciell in das Gebiet der Kaufleute und Industriellen gehört und ausschliesslich von der Autorität der Handelskammern ausgeht, noch zum Staate gehört? Wer kann besser wissen, als die Industrie selbst, worin und in welchem Grade sie Schutz nöthig hat, worin der im Voraus zu erhebende Ersatz bestehen muss, welche Producte Prämien und Aufmunterungen verdienen? Und, was den Zolldienst selbst anbelangt, ist da nicht augenscheinlich, dass es den Interessenten zukommt, die Kosten desselben zu berechnen und der Regierung nicht geziemt, daraus eine Quelle von Emolumenten für ihre Creaturen zu machen, wie sie sich aus dem Differentialzoll ein Einkommen für ihre Verschwendungen verschafft?

„Ausser den Ministerien für Cultus, Justiz, des Krieges und des internationalen Handels schafft die Regierung noch andere: die Ministerien für Ackerbau, öffentliche Arbeiten, öffentlichen Unterricht und endlich für Alles dieses noch, um Alles dies zu bezahlen, das Ministerium der Finanzen. Unsere angebliche Theilung von Gewalten ist nur eine Anhäufung aller Gewalten, unsere Centralisation ist eine Absorbirung. Denkt Ihr denn nicht, dass die bereits alle in ihren Gemeinden und Comitéen organisirten Ackerbauer sehr wohl ihre Centralisation bewerkstelligen und ihre allgemeinen Interessen leiten könnten, ohne dass dies durch den Staat verrichtet werden muss? Dass die Kaufleute, Fabrikanten, Ackerbauer, Industriellen jeder Art, welche in ihren Handelskammern ihre Bücher offen vorliegen haben, auf gleiche Weise ohne Hilfe des Staates, ohne ihr Heil von dem guten Willen desselben oder ihren Ruin von seiner Unerfahrenheit abzuwarten, auf eigene Kosten selbst eine Centraladministration organisiren, ihre Angelegenheiten in Generalversammlungen debattiren, mit anderen Administrationen correspondiren, ohne das Vidi des Präsidenten der Republik abzuwarten alle nützlichen Beschlüsse fassen und sodann die Ausführung ihres Wollens Einem unter sich anvertrauen könnten, der von seinen Arbeitsgenossen gewählt, Minister sein würde? Dass die öffentlichen Arbeiten, welche alle dem Ackerbau, die Industrie und den Handel oder die Departements, und Communen betreffen, in Zukunft an die Local- und Centraladministrationen, welche daran ein Interesse haben, vertheilt werden und eben sowenig wie die Armee, der Zoll, das Monopol eine besondere Corporation ganz in den Händen des Staats bilden müssen, ist klar, oder soll der Staat seine Hierarchie, seine Privilegien, sein Ministerium haben, so dass er mit Bergbau, Canälen, Eisenbahnen Handel treiben, an der Börse spielen, in Actien speculiren, Pachtgesellschaften von 99 Jahren gestatten und die Bauten von Strassen, Brücken, Dämmen, Wasserstollen, Ausgrabungen, Schleussen etc. einer Legion von Unternehmern, Speculanten, Wucherern, Sittenverderbern und Leuteschindern überlassen kann, welche vom öffentlichen Vermögen, von der Ausbeutung der Handwerker und Tagelöhner, und von den Dummheiten des Staates leben?

„Glaubt man nicht, dass der öffentliche Unterricht eben so gut universalisirt, administrirt, regiert, die Lehrer, Professoren, Rectoren und Inspectoren eben so gut ausgewählt werden, das Studiensystem ebenso vollkommen mit den Sitten und Interessen in Einklang stehen würde, wenn die Municipal- und Generalräthe das Geschäft hätten, die Lehrer anzustellen, während die Universität ihnen nur Diplome zu ertheilen hätte, wenn in dem öffentlichen Unterricht, wie in der militärischen Laufbahn der Dienst in den untern Graden für die Promotion zu den höhern gefordert würde, wenn jeder Grosswürdenträger der Universität die Function eines Elementarlehrers und Studienaufsehers hätte durchmachen müssen?

„Glaubt man, dass dieses vollkommene demokratische System der Disciplin der Schulen, der Sittlichkeit, der Erziehung, der Würde des Unterrichts, der Ruhe der Familien Eintrag thun würde?"

„Und da der Nerv jeder Administration das Geld ist, da das Budget für das Land, nicht das Land für das Budget gemacht wird, da die Steuern jedes Jahr frei von den Volksvertretern bewilligt werden müssen, da dies das ursprüngliche, unveräusserliche Recht des Volkes unter der Monarchie wie unter der Republik ist, da das Land in die Ausgaben und Einnahmen erst willigen muss, bevor sie von der Regierung angeordnet werden können; findet man da nicht, dass die Consequenz aus dieser finanziellen Initiative, welche formell den Bürgern von allen unsern Constitutionen zuerkannt ist, darin bestehen wird, dass der Finanzminister, mit einem Worte diese ganze fiscalische Organisation, dem Lande und nicht dem Fürsten gehört; dass sie direct von denjenigen abhängt, welche das Budget bezahlen, nicht von denen, welche es verzehren, dass es unendlich weniger Missbräuche in der Verwaltung des öffentlichen Schatzes, weniger Verschleuderungen, Deficits geben würde, wenn der Staat ebensowenig die Verfügung über die öffentlichen Finanzen, wie über den Cultus, die Justiz, die Armee, die Zölle, die öffentlichen Arbeiten und den öffentlichen Unterricht hätte?

„Man gruppire sodann die Vorstände dieser verschiedenen Administrationszweige, und man hat einen „Ministerrath", eine „Executivgewalt", welche alsdann sehr gut als Staatsrath dienen kann. Man setze über Alles dieses eine grosse Jury, Legislatur oder Nationalversammlung, welche direct vom gesammten Lande ernannt und beauftragt wird, nicht etwa die Minister zu ernennen, denn diese erhalten ihr Amt von ihren speciellen Committenten, sondern die Rechnungen durchzusehen, Gesetze zu machen, das Budget zu bestimmen, die Differenzen unter den Administrationen zu entscheiden, nachdem sie den Bericht des öffentlichen Ministeriums oder des Ministers des Innern gehört hat, auf welchem sich in Zukunft die ganze Regierung reduciren wird; und man hat eine Centralisation, welche noch um so stärker sein wird, je mehr man die Brennpunkte vervielfältigt. Man hat eine Verantwortlichkeit, welche um so wahrhafter ist, als die Trennung unter den Gewalten schärfer abgegrenzt ist: man hat eine Constitution, die zugleich politisch und social ist." — —

Hier haben wir das Bild der künftigen Gesellschaft, wie sie sich Proudhon dachte, wenn die Principien der Demokratie und vor allem das allgemeine Stimmrecht eine Wahrheit sein würden — das berühmte Foederativprincip Proudhons, ein Erbstück der genialsten politischen Partei aller Zeiten, der Girondisten, consequent und theilweise nicht ohne tiefes realpolitisches Verständniss ausgebaut. Man kann nicht leugnen, dass das foederative Princip, wie es hier Proudhon aufstellt, die Integration der socialen Kraft bedeutet, die uns in ihrer Differencirung bald als Sonder- bald als Gemeininteresse, bald als Individualismus, bald als Altruismus entgegentritt. Sonach würde der Foederalismus nichts als die politische Uebersetzung jenes von uns früher gebrauchten physikalischen Bildes von der Resultirenden aus mehreren Componenten sein, ein Bild, welches nicht nur dem Geiste Proudhons entspricht, sondern sich auch in seiner Sprache häufig findet. Proudhon war von der

Realität des Collectivwesens völlig durchdrungen, er sah sie durchaus im physikalischen und physiologischen Lichte, so dass das ihm geläufige Wort von der Resultirenden bei ihm mehr als ein Bild ist. Proudhon überragte in dieser Hinsicht alle Socialphilosophen seiner Zeit an Einsicht und eilte den Bahnbrechern der modernen Sociologie voraus. Allein Proudhon trat in Widerspruch mit sich selbst und gab sein Verdienst preis, indem er aus einem socialen Gesetze eine absolute Form machen wollte, indem er den wissenschaftlichen Standpunkt, den er einmal erklommen, wieder preisgab und in das Dogma zurückstürzte. Wenn man die Gesellschaft mechanisch auffasst, wie es Proudhon gethan, oder wenn man, wie er, die Gesetze ihrer Bewegung wenigstens theilweise erkannt zu haben meint, dann erschöpft sich alle weitere Politik in einer experimentellen Geltendmachung der betreffenden Gesetze. Irgend einen Punkt der geahnten Entwickelung aber in der Idee zu anticipiren und als ein gesellschaftlich Absolutes hinzustellen ist eine mit der einmal eingeschlagenen exacten Methode unvereinbarliche Spintisirerei. Mit einfachen Worten: Proudhons Foederalismus ist ein realpolitisches Princip, sein Anarchismus ein Dogma, im besten Falle eine Hypothese, die nicht einmal rein logisch aus dem ersten herzustellen ist, denn es ist nicht wahr, was Proudhon*) behauptet, dass die Idee des Vertrags die der Herrschaft ausschliesst.

* * *

Wenn Proudhon die Gesellschaft mechanisch auffasst, so ist zu erwarten, dass er dieselben Gesetze, die er in der politischen Constitution wirken sah, auch im wirthschaftlichen Leben wieder suchen und wieder finden wird. Und das ist auch der Fall. „Der Vertrag löst alle Probleme", nur heisst der Vertrag im wirthschaftlichen Leben für ihn Tausch. „Der sociale Vertrag", sagt er,**) „ist dem Wesen nach gleich dem Tauschvertrag". Deshalb ist der Angelpunkt seines wirthschaftlichen Systems auch wirklich der Tausch geworden. Proudhon — dessen Zweiseelentheorie wir nun schon kennen — versetzte aber diesen rein empirischen Begriff mit einem moralischen Elemente, indem er zur Voraussetzung des Tausches die Gleichheit und Gerechtigkeit machte. Die wirthschaftliche Freiheit — so raisonirt er beiläufig — ist der freie Tausch; frei ist nur ein Handel, welcher die Aequivalenz der Werthe, also Gleichheit und Gerechtigkeit zur Voraussetzung hat. dies setzt wieder eine gerechte Abwägung und Constituirung der

---
*) Idée générale de la Révolution p. 124.
**) Ebendaselbst p. 127.

Werthe voraus, eine gegenseitige Abwägung (balance) aller wirthschaftlichen und socialen Kräfte. Was ist also wirthschaftliche Freiheit? Gleichheit und Gerechtigkeit! Und was ist das Gegentheil, das Hindernis dieser Principien? Die Ungleichheit, Ungerechtigkeit, die Sclaverei, welche das Eigenthum heisst. Hier liegt der Grund, warum Proudhons Eigenthumslehre im Mittelpunkte seines Systems — das sie doch lange nicht erschöpft — steht, warum er von diesem Gegenstand ausging, zu ihm stets wiederkehrte. Hier hat man auch schon klar und deutlich den Grund all seiner maass- und endlosen Verirrungen auf ökonomischem Gebiete, den wunden Punkt dieses gewiss gross und edel veranlagten Geistes.

Wie wir schon gelegentlich der ‚Contradictions' bemerkt, hat Proudhon nicht das Eigenthum an sich mit dem grossen Banne belegt, sondern dasselbe zu veredeln und mit den Ansprüchen der Gerechtigkeit und Gleichheit in Uebereinstimmung zu bringen versucht, indem aus dem Eigenthum, welches heute ein jus utendi et abutendi re ist, das Recht auf die Materie beseitigt, das ewige Heimfallsrecht gestrichen werden sollte. Nur einem solchen „Gewalteigenthum" galt das ominöse La propriété c'est le vol. Dieses Eigenthum (propriété, dominium) sollte ersetzt werden durch den individuellen Besitz (possession individuelle), wobei man sich aber hüten muss, den Gegensatz zwischen Eigenthum und Besitz im juridischen Sinne aufzufassen.

Proudhon suchte in seinem ersten grösseren Werke, das vorwiegend kritischer Natur ist, den negativen Beweis zu liefern, dass das Eigenthum unmöglich sei, indem er alle für dasselbe ins Feld geführten Beweise so drehte, dass sie statt die Berechtigung des Eigenthums darzuthun, vielmehr auf die Forderung der Gleichheit hinaus liefen. Man hat sehr unrecht gethan, diese dialectische Jonglerie immer als die Quintessenz des Proudhon'schen Systems auszugeben. Ein Beweis, wie der von Proudhon hier angetretene, ist nicht nur logisch ganz unzulässig, man kann auch nicht einmal sagen, dass der sonst so accurate Proudhon sich dieses Kunststücklein gerade sehr schwer gemacht hat. Er sucht sich einerseits Vertheidiger des Eigenthums heraus, die nicht besonders schwer zu widerlegen sind, andererseits ist auch das Kunststück nicht immer gelungen. Es will natürlich nicht viel besagen, wenn er mit seiner gewandten Klinge spielend die alten natur- und gottesrechtlichen Argumente für das Eigenthum durchbohrt; er stiess da ohnedies nur nach Leichen. Bei der Bekämpfung lebenskräftiger Argumente, wie es die Arbeitstheorie ist, bleibt, wie gesagt, der Erfolg aus.

Durch die Arbeit soll das Eigenthum nicht zu erklären sein, weil 1. die Erde nicht angeeignet werden kann, 2. die Arbeit zur Gleichheit führt, und im Recht der Gerechtigkeit die Arbeit im Gegentheil das Eigenthum vernichtet.

Der Satz, dass das Eigenthum, scil. das Recht auch auf die Materie des angeeigneten Dinges nicht durch die Arbeit erzeugt werden kann, weil die Erde nicht angeeignet werden könne, ist zum mindesten eine petitio principii oder eine Tautologie. Aber sehen wir davon ab! Nehmen wir auch an, dass die Erde wirklich nicht angeeignet werden könne; so giebt es doch noch immer ein Eigenthum, welches mit Grund und Boden nichts zu thun hat. Es geht nicht an, immer nur, wie es Proudhon thut, vom Grundeigenthum zu sprechen. Das mobile Eigenthum (an Waffen, Geräthen, Schmuck, Thieren etc.) geht seiner Entstehung nach dem immobilen, das sich erst sehr spät nach seinem Muster bildete, voran und ist durchaus Arbeitseigenthum; also nicht nur das Eigenthum, sondern nicht einmal das Entstehen des Eigenthumsbegriffes im Menschen ist vom Standpunkte der empirischen Socialgeschichte anders zu erklären, als durch die Arbeit.

Wenn einer unserer feinsinnigsten Denker Recht hat mit dem Satze, „Der Mensch hat zwischen sich und der Thierwelt das Werkzeug gesetzt" so folgt daraus unmittelbar der andere Satz: Der Mensch hat zwischen sich und dem Thiere das Eigenthum gesetzt. Das Thier bringt es wohl zur Familie; denn wenn diese auch auf einem Gedanken beruht, so muss es doch kein bewusster sein. Das Eigenthum setzt einen bestimmten, für die primitive Menschheit sogar sehr bedeutenden geistigen Fonds voraus, subjectiv ein bereits zum Durchbruch gelangtes Ich-Bewusstsein, objectiv eine gewisse Fähigkeit, auch die entfernteren Consequenzen einer Handlung ermessen zu können; denn nur im Hinblick auf ein ausgesprochenes Sonderbewusstsein und auf die erkannte Zweckmässigkeit und weitere Verwendbarkeit eines Gegenstandes hat das Verlangen nach Sonderbesitz einen Sinn. Beide geistigen Voraussetzungen sind in der Thierwelt nirgend erfüllt. Es braucht kaum hervorgehoben zu werden, dass sich die Arbeit im technischen Sinne naturgemäss und allmählig aus der physiologischen Arbeit und der körperlichen Function entwickelt hat, d. h. dass auch zwischen dem natürlichen Werkzeug und dem künstlichen ein Hiatus sich nicht befindet.

Espinas[*] sagt: „Jedes lebende Wesen, wie einsiedlerisch es auch

---

[*] Die thierischen Gesellschaften von A. Espinas. Deutsch von W. Schlösser. Braunschweig 1879. p. 33 ff.

leben mag, kann im Nothfalle sich eine Umhüllung bauen und das ist der Beginn des Kunsttriebes, falls dieser nicht in der Bildung des Organismus selbt sich findet. Ganz abgesehen von den tubicolen Anneliden, den Muscheln und steinbohrenden Mollusken, den Weberraupen und endlich den Spinnen bieten uns auch die nichtsocialen Hymenopteren unter vielen anderen Insecten Beispiele einer sehr künstlichen Verwerthung der Materie. Ebenso unbestreitbar ist es aber, dass seit dem Auftreten der Gesellschaften, deren Zweck die Brutpflege ist, der Kunsttrieb einen schnellen Aufschwung nimmt und unerwartete Wunder hervorbringt. Hier verzichtet er entschieden auf sein gewohnheitliches Verfahren um neue anzunehmen. Bis jetzt haben die niederen Thiere das Material zu ihrem Zufluchtsorte und ihren Werkzeugen (sc. den natürlichen) zum grossen Theil ihrem eigenen Körper entnommen, jenes war eine Verlängerung des ihn hervorbringenden Organismus, dieses, wie das der Spinne nur eine Erweiterung des Thieres, welches den Mittelpunkt bildet. Die Erzeugnisse der socialen Kunsttriebe dagegen sind aus Stoffen erbaut, welche der Substanz des Künstlers immer fremder sind und äusserlich durch immer ausschliesslicher mechanische Mittel verarbeitet werden. Daraus folgt, dass der lebende Körper nicht mehr so unmittelbar an der Erhaltung seines Werkes interessirt ist; dass er diesen Bau fast ins Unendliche abändern und wieder aufbauen kann; kurz, dass dieser vom Organ immer mehr zu einem Werkzeuge wird. Das war das unausbleibliche Resultat des animalen Lebens, welches wesentlich übertragungsfähig und einen Verkehr mehrerer getrennter Wesen voraussetzend, nothwendig über die äussere Materie sich erheben oder sie den Zwecken des Lebens gemäss organisiren musste. Haben wir aber nun seine Wirkungen als von denen des physiologischen Lebens durchaus verschieden aufzufassen? Wenn man bedenkt, dass unmerkliche Uebergänge die das Organ erzeugende unbewusste Arbeit mit der das Werkzeug hervorbringenden bewussten Arbeit verbinden, so scheint dem nicht so. Genau gesagt, ist die Wachsscheibe in der die Bienenlarven ihrer täglichen Nahrung warten für jedes Individuum des Stockes äusserlich, für die ganze Gesellschaft aber innerlich, da diese, ein einziges Bewusstsein, eine Collectivindividualität bildet. Die Seele des Stockes ist gewissermassen eine gemeinschaftliche Function, sein Körper gewissermassen ein gemeinschaftlicher Apparat; der eine ist nur die materielle Uebersetzung der anderen, und das Werkzeug erzählt die Function ebenso treu, wie das Organ. Man kann sogar noch weiter gehen und behaupten, dass das Werkzeug im vollen Sinne des Wortes Organ sei; denn es dient einer für die Genossenschaft vitalen Function und diese ist allen Veränderungen ausgesetzt, zieht aus jedem Wachsthum Nutzen, welches die Umstände ihr zuführen."

Die thierische Arbeit entfernt sich also auch in ihrer höchsten Entwicklung von der rein physiologischen Function nur dadurch, dass das Thier von seinem Werkzeug, von dem Product seiner Arbeit, immer selbstständiger, unabhängiger wird. Man beachte z. B. den Fortschritt, der sich in der Reihe: Muschelschaale, Spinnwebe, Bienenwabe, Vogelnest, Maulwurfsbau etc. kundgiebt. Die fortschreitende Differencirung der Arbeitsproducte hält hier gleichen Schritt mit der fortschreitenden Individualisirung der Arbeiter und mit der wachsenden materiellen Unabhängigkeit des Körpers von dem Producte. Muschelschaale, Gespinnst und Wabe sind noch aus Secreten des Körpers erzeugt, aber während die Muschel von ihrer Schaale untrennbar ist, kann die Spinne, wenigstens ohne unmittelbaren Schaden zu nehmen von ihrem Gespinnst entfernt werden; noch weiter ist die Emancipation der Biene von ihrem Zellenbau gediehen. Vogelnest oder Maulwurfsbau sind bereits durch die Bearbeitung dem Körper fremder Stoffe entstanden, ersteres manchmal noch unter Zuhilfenahme von Leibessecreten. In beiden Fällen ist auch das Thier fast vollkommen von seinem Product emancipirt. Immerhin ist auch das complicirteste Product thierischer Arbeit in einem untrennbaren Zusammenhange mit dem Körper des Arbeiters; noch grösser ist aber die Untrennbarkeit des Thieres von seinem Werkzeuge selbst und eine vollständige Emancipation ist innerhalb des Thierreichs nirgends erfolgt.

Aber auch beim Menschaffen hat sich der Uebergang zum Instrumente, zum künstlichen und vom eigenen Körper vollkommen unabhängigen Arbeitsproduct, das wieder Werkzeug wird, nur sehr langsam vollzogen. Das geht schon aus der Thatsache hervor, wie langsam die Menschen noch in der Vervollkommnung der einmal erfundenen Instrumente vorschritten. Von dem Benehmen des Vogels, der die Nuss mit dem Schnabel aufhackt oder des Eichhörnchens, das sie mit dem Zahne zernagt, bis zu dem des Menschen, der, um eine Nuss zu öffnen sich eines in der Nähe liegenden Steines bedient, ist nur ein Schritt, und doch war mit ihm das Schicksal des genus homo besiegelt. Die Verwendung natürlicher Gegenstände, Steine, Stöcke zu den Zwecken des täglichen Lebens, zur Abwehr von Thieren und Menschen, zur Jagd, zum Abschlagen von Früchten u. s. w. wurde aber gewiss nicht sofort Brauch. Es währte sehr lange, ehe diese Verwendung eine allgemeine und auch bewusste wurde, und das war erst möglich, als man sich aus zahlreichen

Erfahrungen der Vortheile solcher Gegenstände klar geworden. Noch länger währte es, ehe man unter den natürlich gebotenen Gegenständen eine Wahl zu treffen, den spitzeren, schärferen, härteren Stein von einem minder verwendbaren zu unterscheiden verstand. Erfahrungen und Enttäuschungen unmessbarer Zeiträume gehörten vielleicht dazu, um das Zweckbewusstsein bis zu diesem Grade zu fördern. War dies aber einmal geschehen, konnte der Mensch einmal über die Zweckmässigkeit der ihm von der Natur gebotenen Werkzeuge urtheilen, so war damit ein weiterer und innerhalb dieser Entwicklungsreihe wieder der bedeutendste Fortschritt gegeben. An die natürliche Auswahl schliesst sich unmittelbar die künstliche. Das Bedürfnis nach passenden und zweckmässigen Werkzeugen wurde allgemeiner, es wurde grösser, es wurde damit aber auch schwerer zu befriedigen, da die Natur keineswegs so freigebig mit dergleichen Gegenständen war und — wie sich herausstellte — nur sehr wenige Körper alle jene Eigenschaften vereinten, die man bisher als erforderlich oder zweckmässig erkannt hatte. Nun hatten aber besser veranlagte Individuen noch andere Erfahrungen gemacht: sie hatten beim Aufklopfen einer Nuss z. B. den Klopfstein zerschlagen und bemerkt, dass die Splitter an den Bruchkanten grössere Schärfe und Spitzigkeit als die natürlich gebotenen besassen; oder sie hatten den Splitter eines vom Blitz zerschmetterten Baumes gefunden und dessen grössere Härte und Widerstandsfähigkeit erprobt. Was lag unter dem Drucke der Noth näher, als jene Processe, durch welche die natürlich gebotenen Stücke brauchbarer wurden, absichtlich herbeizuführen: den Stein zu zerschlagen, das Holz anzubrennen u. s. w.

Damit war das künstliche Werkzeug endlich gegeben und aller kommende Fortschritt war eigentlich eine Kleinigkeit gegenüber der bisher durchlaufenen Entwickelung. Die Wunder der modernen Technik sind eine Spielerei gegenüber der Schwierigkeit, unter welcher der Menschaffe zum ersten Steinkelt gelangte. Die drückendste Noth des primitiven Lebens, der erbittertste Wettbewerb um die Bedingungen des Daseins und die Concentrierung der reichsten Geistesgaben gehörte dazu, um den Blick der nativen Menschen auf die entfernteren Folgen einer Handlung, einer Eigenschaft zu lenken. Dass dieser Blick immer mehr geschärft wurde, je mehr das einmal erfundene Werkzeug sich als unzureichend herausstellte und in der Anpassung an die verschiedensten Arbeiten sich immer mehr differencierte, liegt auf der Hand. Die entscheidende That geschah jedoch in dem Momente, wo der Menschaffe zum erstenmale die natürlichen Gegenstände mechanisch bearbeitete, denn damit war er in die Lage gesetzt, die Natur rationell, nach Willkür und

Bedürfnis auszubeuten, sich von den beschränkenden Existenzbedingungen des Locals und des Klimas zu emancipieren, jene Fesseln der Einseitigkeit zu brechen, die auf allem Thierischen lasten. Man muss die Schwierigkeiten voll und ganz erwägen, unter denen der primitive Mensch sich die ersten Werkzeuge beschaffte, man muss sich aber noch mehr die unabsehbaren Vortheile vergegenwärtigen, die aus dem Besitze, die Nachtheile, die aus dem Mangel eines Werkzeuges hervorgingen, um sofort einzusehen, dass der Mensch ein lebhaftes Interesse daran hatte, die von ihm erzeugten Gegenstände auch dauernd in seiner Hand zu erhalten. Wenn der Unerfahrene sich anfangs unbedacht des mühselig erzeugten Schatzes nach dem Gebrauche wieder begab, so dürfte ihn bald das wieder erwachende Bedürfnis und die Mühsal neuerlicher Erzeugung eines besseren belehrt haben. Dadurch dass er das Werkzeug keinem Anderen überliess, gewann er nicht nur einen collosalen Vorsprung in der Befriedigung seiner Bedürfnisse, sondern auch einen socialen Vorsprung in seiner Herde. Man bedurfte seiner, man bewunderte ihn, man fürchtete ihn oder schmeichelte ihm, man sucht ihm vielleicht auch seinen Schatz abzunehmen, er musste ihn gegen andere vertheidigen, und alles dies festigte immer mehr das Verlangen, den Gegenstand immer und ausschliesslich für sich zu behalten. Der Begriff des Eigenthums blitzte in des Menschen Seele auf. Aus dem Schweisse der Arbeit spross es empor, die menschliche Cultur nahm mit dem Eigenthum ihren Anfang und nicht mit der Gleichheit.

Wir bedurften dieses etwas langen Excurses, um den logischen Finessen Proudhons, welche heute mehr Verführungskraft zu besitzen scheinen als je, positive Thatsachen entgegenstellen zu können. Die Frage, ob der Erzeuger eines Steinkeltes sein bloser Nutzniesser (possessor) oder sein wirklicher Eigenthümer und Herr war, ob er auch das Recht über die Materie hatte, erscheint nach dem Gesagten einfach kindisch. Das Eigenthum, welches durchaus Arbeitseigenthum war, trat sofort als solches, als dominium und nicht erst als possesio auf; es kam gar niemandem die Idee, daran zu zweifeln oder zu glauben. Nun meint Proudhon allerdings, die allgemeine Zustimmung könne das Eigenthum nicht rechtfertigen, weil die allgemeine Zustimmung zu einer Ungerechtigkeit nicht den Grund der Gerechtigkeit bilden könne. Allein abgesehen davon, dass die der Gesellschaft angeblich immanente Gerechtigkeit eine freie Dichtung Proudhons u. a. früherer oder späterer Utopisten ist*).

---

*) Proudhon läugnet, dass die Arbeit ein Kampf sei. Gott, sagt der Gegner alles Religiösen, Gott hat zum ersten Menschen gesprochen: „Im Schweisse deines Angesichtes wirst du dir dein Brod verdienen", er hat aber nicht gesagt: „Du wirst

gehört dieser Satz vielleicht in die Metaphysik oder Ethik, nicht aber in die empirische Gesellschaftswissenschaft. Der, welcher sich die Krone aufsetzt und dem alle zustimmen, ist wirklicher König und wenn er tausendmal durch ein Meer von Blut zum Throne gewatet. Die Frage weder eine politische noch Qualification seiner Handlungsweise ist aber nach der moralischen eine juridische, sondern eine rein ethische. Die Beantwortung dieser Frage, präjudiciert für das Leben oder für die Gesellschaft rein nichts, und die Geschichte kennt genug Fälle, dass eine vom moralischen Standpunkte nicht gutzuheissende That für die Gesellschaft zum Segen ausgeschlagen ist.

Die Meinung, dass der agrarische Communismus, die Dorfgemeinde die primitivste Form des Eigenthums und die natürliche Form der Gesellschaft sei, ist also ganz unhaltbar. Fürs erste weil „natürlich" nicht in dem Sinne genommen werden darf, dass damit eine unabänderliche Norm, etwas Fixes zu verstehen sei, während doch in Wirklichkeit, natürlich „sich entwickelnd", also im eminentesten Sinne veränderlich heisst. Fürs zweite, weil der Clancommunismus keineswegs ein so primitiver Zustand ist, als die Socialisten seit Rousseau sammt und sonders glauben und glauben machen wollen, ist ihm vielmehr ein Zustand vorausgegangen, in welchem dem Menschen nur das mobile Eigenthum u. z. als jus utendi atque abutendi re bekannt war. Man hat Völker gefunden, welche sehr mangelhafte Religionsbegriffe besassen, welche die Familie auch nicht im weitesten Umfange des Begriffes kennen, dagegen hat man noch kein Volk gefunden, dem der Begriff des Eigenthums nicht bekannt wäre. Allerdings handelt es sich hier nur um den Besitz von Waffen, Schmuckgegenständen u. s. w. Grundbesitz u. z. als Communalbesitz hat sich nur bei einem verhältnismässig geringen Theile der Naturvölker gefunden und bezeichnet einen sehr vorgeschrittenen culturellen Standpunkt. So wenig dieser Zustand aber der „natürliche" κάτ' ἐξοχήν ist, so wenig ist er, ein besonders sittlicher und gerechter. Wir wissen heute genau, dass überall mit der Entstehung des communistischen Grundeigenthums die Einführung der Sclaverei untrennbar verbunden war und dass eines ohne das andere gar nicht denkbar ist. Nun gar aber dem Collectivbesitze der primitiven Gesellschaft auch

<hr />

deinem Nächsten dein Brod abdisputiren". Eine Seite später muss Proudhon selbst zugeben: Que la vie est un combat, aber dieser Kampf, setzt er rasch hinzu, ist kein Kampf des Menschen gegen den Menschen, sondern der Menschen gegen die Natur. Um seine moralische Weltordnung aufrecht zu erhalten, unterscheidet er zwischen Menschheit und Natur and richtet so sein ganzes System, welches auf der natürlichen Einheit alles Lebens aufgebaut ist zu Grunde.

noch die Egalité andichten wollen, ist die grösste Verunstaltung der Geschichte. So viele Thatsachen wir aus der wirklichen, nicht blos erträumten oder erdichteten Urgeschichte des Eigenthums anführen würden, so viele Argumente wären dies gegen die Behauptung Proudhons. Eben so wenig ist seine ökonomische Argumentation haltbar. Die Arbeit soll zur Gleichheit führen. Jede Arbeit ist nach Proudhon die Wirkung einer Collectivkraft, welche gleich ist der Resultierenden aus den Kräften der einzelnen Individuen, welche die Arbeitsgruppe bilden. Folglich ist das Arbeitsproduct Eigenthum der Collectivgemeinde und jeder Arbeiter hat daran gleichen Antheil. Das ist so in Kurzem die Argumentation, welche aus einer vielleicht richtigen Voraussetzung jedenfalls grundfalsche Schlüsse zieht. Proudhon gibt folgendes Beispiel: „Zweihundert Grenadiere haben in einigen Stunden den Obelisken von Luxor auf seinen Sockel gebracht: man glaubt doch nicht, dass ein Mensch in zweihundert Tagen die gleiche Arbeit vollbracht hätte? Die Collectivkraft ist grösser als die Summe der Einzelkräfte und Einzelleistungen. Daher hat der Capitalist nicht nach Gerechtigkeit die Arbeiter entlohnt, wenn er so oft den Lohn eines Tages bezahlt, als er täglich Arbeiter beschäftigt."

Man sieht Proudhon geht hier von der Annahme aus, dass der Werth eines Arbeitsproductes eine festgestellte constituirte und festzustellende Grösse sei, wie schon John Gray und Rodbertus vor ihm gelehrt; denn nur, wenn dies der Fall wäre, liesse sich genau sagen, wie gross der Antheil ist, der einem Arbeiter gebührt. In der That liegt das Charakteristische der Proudhonschen Wertlehre in dem Trachten nach Feststellung und Fixirung der Werthe, d. h. im dialectischen Jargon: nach der synthetischen Lösung des Antinomie von Nutz- und Tauschwert, in welcher unser wirtschaftliches Leben einherschwankt. Angebot und Nachfrage, sonst als die den Wert regelnden und bestimmenden Factoren betrachtet, sind für ihn nur Formen, welche dazu dienen, den Nutzwerth und den Tauschwerth einander gegenüberzustellen und ihre Vermittelung zu veranlassen. Aus der Gerechtigkeit, welche die Stütze der Gesellschaft sein soll, schliesst er die Nothwendigkeit, aus der allgemeinen Gesetzmässigkeit des Lebens die Möglichkeit einer Feststellung der Werthe. Auch dieser festgestellte Werth wird eine variable Grösse sein, eine Verhältnisziffer ähnlich dem Index, welcher bei einem chemischen Elemente das Mischungsverhältnis angibt, „allein dieser Werth wird darum nicht minder und stets streng bestimmt sein. Es ändert sich der Werth, aber das Gesetz der Werthe ist unwandelbar; ja noch mehr, dass der Werth einer Aenderung fähig ist, rührt nur daher, dass er einem Gesetze unterworfen ist, dessen Princip wesentlich beweglich ist, denn es ist die Arbeit, gemessen durch die Zeit." (Contradictions I. Werthlehre). Der Werth ist also „in Betracht gezogen innerhalb der Gesellschaft, welche vermöge der Theilung der Arbeit und des Austausches die Producenten untereinander bilden, das Verhältnis der Proportionalität der Producte, welche den Reichthum ausmachen und was man im besonderen den Werth eines Productes nennt, ist eine Formel, die in Münzzeichen die Proportion dieses Productes im allgemeinen Reichthum anzeigt."

Sehen wir von der moralischen Weltordnung ab, die auch hier wieder an der Fertigstellung dieser doppelsinnigen Definition mitgeholfen hat. Wie wird diese Formel „die in Münzzeichen die Proportion des Productes im allgemeinen Reichthum anzeigt" berechnet? Proudhon hat sich immer nur auf die Verwirklichung der Idee durch die factische Circulation der Werthe einerseits, auf die Gesetzmässigkeit der Natur andererseits berufen. Auf den Punkt der „Verwirklichung" kommen wir noch zu sprechen. Die Gesetzmässigkeit des Lebens ist aber ein ebenso algebraischer Ausdruck, wie die „Proportionalität des Productes". Beide seien unbestritten. Was folgt daraus? Ist mir doch auch die ballistische Formel für den Weg und die Endgeschwindigkeit eines Geschützprojectils genau bekannt; werde ich mich jetzt vor jeder Kugel schützen können, indem ich ihrer Flugbahn ausweiche? Die statistische Methode als Mittel in die allgemeine Formel besondere Werthe einzusetzen, hat Proudhon selbst als unrichtig ausgeschlossen[*]). Die Sache macht sich von selbst. Die Gesellschaft geht von selbst: laissez aller laissez faire! Bleibt alles beim Alten. Zu diesem Uebelstande kommt noch, dass bezüglich der beiden Begriffe Arbeitszeit und Werth der Arbeit bei Proudhon grosse Verwirrung herrscht.

„Adam Smith nimmt zum Massstab des Werthes bald die zur Herstellung einer Waare nothwendige Arbeitszeit, bald den Werth der Arbeit", sagt Marx in seiner berühmten Streitschrift gegen Proudhon.[**]) „Ricardo hat diesen Irrthum aufgedeckt, indem er die Verschiedenheit dieser beiden Messungsarten klar nachwies. Proudhon übertreibt noch den Irrthum von Adam Smith, indem er zwei Dinge identificiert, die jener nur nebeneinander gebraucht. Um das rechte Verhältnis zu finden, nach welchem die Arbeiter an den Producten Theil haben sollen, oder

---

[*]) Widersprüche. 1. Band 2. Capitel. p. 99.
[**]) Das Elend der Philosophie. Antwort auf Proudhons „Philosophie des Elends". Deutsch von E. Bernstein und K. Kautsky. Mit Vorwort und Noten von Friedrich Engels. 2. Auflage. Stuttgart 1892.

mit anderen Worten, um den relativen Werth der Arbeit zu bestimmen, sucht Proudhon einen Massstab für den relativen Werth der Waaren. Um den Massstab für den relativen Werth der Waaren zu bestimmen, weiss er nichts Besseres auszuklügeln, als uns als Aequivalent für eine gewisse Menge von Arbeit die Summe der durch sie geschaffenen Producte hinzustellen, was vermuthen lässt, dass die ganze Gesellschaft aus nichts als Arbeitern besteht, die als Lohn ihr eigenes Product bekommen. In zweiter Linie behauptet er die Gleichwertigkeit der Arbeitstage der verschiedenen Arbeiter als Thatsache, mit einem Worte, er sucht den Massstab für den relativen Werth der Waaren, um zu gleicher Entlohnung der Arbeiter zu gelangen, und nimmt die Gleichheit der Löhne als bereits fertige Thatsache hin, um sich auf die Suche nach dem relativen Werth der Waaren zu machen."

Kehren wir zu „qu'est ce que la propriété" zurück, so finden wir diese Verwirrung der Begriffe entscheidend für den missglückten Versuch, zu beweisen, dass die Arbeit die Gleichheit schaffen und das Eigenthum vernichten müsse. Auch hier wird die Gleichheit der Arbeitstage decretiert und darum die Gleichheit der Löhne gefordert. Sofort wird dieser Werktag aber in ein Tagewerk verwandelt (tâche sociale journalière). „Nehmen wir an", sagt er,*) „dieses sociale Tagewerk betrage

---

*) Wie alle Egalisierversuche in Bezug auf Entlohnung der Arbeit, scheitert auch der Proudhons an der geistigen, künstlerischen und wissenschaftlichen Arbeit. Allein Proudhon ist nicht so leicht abgeschreckt. Er findet das Exempel sogar höchst einfach. Sagen wir, ein Dichter, Zola, schreibt ein Buch, Lourdes; der Werth dieses Buches ist ausgedrückt durch den Lohn so vieler Arbeitstage, als Zola brauchte (m $\times$ a) und die „Spesen", (s) welche bei seiner Reise nach Lourdes, zur Anschaffung von Büchern u. s. w. aufliefen, also m a + s. Wenn nun die Gesellschaft, die diesen Roman erwirbt, b Mitglieder zählt, so kommt, da das Werk Eigenthum des Collectivkörpers ist, als Preis des Buches heraus $p = \frac{m a + s}{b}$
Proudhon rechnet: Lohn sammt Spesen 50000 Francs, so dass bei einer Bevölkerung von 1 Million das Buch einen wirklichen Werth von 5 centimes repräsentirt (Qu'est ce que la propriété III). In der That, wenn man irgend eine Hypothese persifliren wollte, man hätte kein besseres Beispiel wählen können. Wie wenn — abgesehen von allem anderen — voraussichtlich nur 10000 Personen — ohnedies eine stattliche Zahl — das Buch kaufen werden, was wird da geschehen? Wird man in der „Anarchie" die andern 99000 zwingen, ein Buch, das sie nicht mögen, zu kaufen oder doch zu zahlen? Oder wird Herr Zola seine Arbeitszeit von drei Jahren Summa Summarum mit 500 Francs (der Spesen zu geschweigen) berechnet bekommen, während doch der gewöhnliche Arbeiter ohne Fähigkeit für ein halbes Jahr eben soviel erhält? Oder endlich wird man, mit der Möglichkeit, dass blos 1 pCt. der Menschen das Buch kaufen dürfte, rechnend bereits den Preis statt auf

2 Quadratdekameter, welche zu bebauen, zu jäten oder zu ernten wären, und der mittlere Durchschnitt der hierzu nöthigen Zeit betrage 7 Stunden. Der eine Arbeiter wird in 6 Stunden, der andere in 8 Stunden damit zu Ende kommen, die allermeisten werden 7 Stunden arbeiten; aber so lange jeder die von ihm geforderte Arbeitsmenge leistet, verdient er gleichen Lohn wie alle anderen, mag er wie lange daran immer gearbeitet haben." Hier hat sich die Arbeitszeit unversehens in eine Arbeitsquantität verändert und der Lohn wird nach Massgabe gleicher Arbeitsleistungen nicht mehr nach Massgabe gleicher Arbeitszeiten erfolgen. Proudhon sucht hier den Ausweg, dass er sagt: der fähigere Arbeiter, der sein Tagewerk in 6 Stunden vollendet, solle nicht das Recht haben unter dem Vorwande grösserer Kraft und Thätigkeit das Tagewerk eines minder fähigen Arbeiters zu usurpieren und ihm so Arbeit und Brod zu rauben; es sei genug Vortheil, den er aus seiner grösseren Befähigung zieht, dass ihm durch diese Abkürzung der Arbeitszeit grössere Gelegenheit geboten wird, an seiner eigenen persönlichen und culturellen Vollendung zu arbeiten, sich zu vergnügen u. s. w. Allein auch aus diesem letzten Zufluchts-Winkel muss Proudhon noch heraus, indem sich ihm die Frage entgegenstellt, was wird sein, wenn jemand blos die Hälfte seines Tagewerkes leisten wird wollen. Proudhon sagt: „Ruhig Blut. Offenbar genügt dem Manne auch die Hälfte des Lohnes. Worüber sollte er sich beklagen, wenn er nach der Arbeit, die er geleistet, entlohnt wird? und was geniert es die anderen? In diesem Sinne, ist es recht und billig das Wort anzuwenden, „à chacun selon ses œuvres! — C'est la loi de l'égalité."*)

Das ist der Rückzug auf allen Linien. Proudhon, welcher die Gleichheit aller Arbeitstage decretirt und zur Grundlage seiner Werthlehre gemacht hatte, muss nun die Abhängigkeit des Lohnes von der Arbeitsleistung zugeben und den Satz Saint-Simons, à chacun selon ses œuvres, den zu widerlegen er ausgezogen war, dennoch, wenn auch widerstrebend zugeben. Er hätte noch weiter gehen und sagen müssen: „Wenn aber einer überhaupt keine Arbeit vollbringen will, was geschieht dann? Nun, offenbar braucht der Mann keinen Lohn; was kümmert das die anderen? c'est la loi de l'égalité!"

Wo bleibt da die „Gleichheit", zu der angeblich die Arbeit führt, und ferner, wie steht es um die Unmöglichkeit, durch die Arbeit das

$\frac{m\,a + s}{b}$ auf 100 $\frac{m\,a + s}{b}$ = 5 Francs ansetzen? Wo aber bleibt dann der constituirte Werth, das Prinzip der Gleichheit und die abgewogene Production?

*) Qu'est ce que la propriété p. 102.

Eigenthum zu beweisen? Was Proudhon sonst noch unternimmt, um die „Unmöglichkeit des Eigenthums" zu beweisen, ist dialectisches Degengeklimper, das kaum jemand ernst nimmt. Proudhon kritisirt eben nicht bestehende Verhältnisse, sondern beweist, dass unter seinen idealen Voraussetzungen — welche nähmlich das Eigenthum ohnedies ausschliessen — das Eigenthum unmöglich sei.

Das vermeintliche Resultat seines Buches fasst er in der Hegel'schen Formel zusammen: „Der Communismus, die erste Form und die erste Bestimmung der Gesellschaft ist der erste Terminus der socialen Entwicklung, die These; das Eigenthum, das contradictorische Gegentheil des Communismus, bildet den zweiten Terminus, die Antithese; bleibt der dritte Terminus, die Synthese, zu bestimmen und wir haben die gesuchte Lösung. Diese Synthese resultirt aber nothwendigerweise aus der Verbesserung der These durch die Antithese. Es ist also nöthig ihre Besonderheiten genau zu prüfen und das auszuscheiden, was sie der Societät feindliches in sich schliessen. Die beiden Reste werden in ihrer Vereinigung die wahre Form der menschlichen Vergesellung bilden."*)

Carl Marx, welcher sich über die Dialectik Proudhons unendlich lustig machte, hat nachher auf fast dieselbe Weise den Haupttrumpf gegen die capitalistische Productionsweise auszuspielen vermeint, mit dem Hegel'schen Satze von der Negation der Negation nähmlich. Wenn sich beide damit ausredeten, dass sie ausser dem dialectischen auch noch einen historisch-ökonomischen Beweis für ihre Behauptungen erbracht hätten, so ist darauf zu erwidern, dass ein historischer Beweis für den synthetischen Eigenthumsbegriff Proudhons oder für die durch die Negation der Negation herbeigeführte Productionsweise Marx' überhaupt nicht zu erbringen ist, da die Geschichte sich nur mit Vergangenem oder Gegenwärtigem befasst, derlei Zustände aber in der Zukunft liegen und aus den vorausgegangenen oder gegenwärtigen Zuständen eben nur auf dialectischem Wege geschlossen, als Hypothese angenommen werden können. Dieser Standpunkt eint Proudhon und Carl Marx, die Anarchisten und die Socialdemokraten: sie nennen sich gegenseitig Utopisten, und haben beide Recht.

* * *

Proudhon hat in seinem Buche über das Eigenthum die im Titel aufgeworfene Frage Qu'est ce que la propriété nicht so beantwortet,

---

*) Qu'est ce que la propriété. p. 202.

wie er es am Eingange versprach. Aus dem dort mit grossem Eclat aufgeführten Apercu „La propriété c'est le voi", auf welches er nach seiner Angabe wenigstens stolzer war, als hätte er alle Millionen Rothschilds besessen, aus diesem Paradoxon sollte man schliessen und schliesst auch heute die grosse Menge, die Proudhon nicht kennt, gewöhnlich, er sei ein Feind des Eigenthums überhaupt. Das ist aber gar nicht der Fall. „Was ich seit 1840 suchte, indem ich das Eigenthum definirte", — sagte er viel später*) — „das was ich heute will, das ist — ich habe es bis zum Ueberdruss wiederholt — nicht die Abschaffung des Eigenthums. Es hiesse mit Plato, Rousseau, Louis Blanc und anderen Gegnern des Eigenthums in den Communismus fallen, gegen den ich mit allen Kräften protestire. Das was ich für das Eigenthum fordere ist eine — Wage". Proudhon hat aber zeitlebens nicht das Missverständniss zerstreuen können, das er in seiner ersten Schrift müssig durch ein geistreiches Paradoxon auf seine Lehre herabbeschworen. Wir sagen müssig, denn die Schlussantwort, welche Proudhon auf die Frage „Was ist das Eigenthum" giebt, ist auch schon in seiner ersten Schrift nicht mehr la propriété c'est le vol — sondern la propriété c'est la liberté; nur war die Aufbietung des grossen wissenschaftlichen Apparates eine ganz überflüssige, weil mit dem Hauptzwecke des Buches ganz ausser Zusammenhang stehend. Proudhon hätte das angebliche Schlussresultat, die zehn Gebote seiner wirthschaftlichen Lehre ebenso gut an den Anfang stellen können, denn sie sind auf speculativem, nicht auf wissenschaftlichem Wege erschlossen. Dieser Dekalog lautet:

1. „Der individuelle Besitz ist die Grundbedingung des socialen Lebens; eine fünftausendjährige Geschichte des Eigenthums beweist es; das Eigenthum ist der Selbstmord der Gesellschaft. Der Besitz ist das Recht, das Eigenthum ist wider alles Recht. Unterdrücket das Eigenthum und erhaltet den Besitz und ihr werdet durch diese einzige principielle Aenderung Alles, Gesetze, Regierung, Oekonomie, Staatseinrichtungen verändern, ihr werdet das Böse von der Erde verscheuchen.

2. „Da das Recht der Occupation gleich für Alle ist, wechselt der Besitz wie die Zahl der Besitzer; Eigenthum kann sich so keines mehr bilden.

3. „Da das Ergebnis der Arbeit somit für die Gesammtheit das gleiche bleibt, fällt das Eigenthum, welches durch Ausbeutung anderer und Pachtzins entsteht, weg.

---

*) Justice. T. I. p. 302.

4. „Da jede menschliche Arbeit nothwendigerweise aus einer Collectivkraft entspringt, wird jedes Eigenthum ebenfalls collectiv und untheilbar; präcise gesprochen, die Arbeit vernichtet das Eigenthum.

5. „Da jede Befähigung zu irgend einer Beschäftigung, ebenso ein jedes Arbeitsinstrument und Capital, Collectiveigenthum ist, ist die Ungleichheit der Behandlung und der Güter, welche sich auf die Ungleichheit der Fähigkeiten beruft, eine Ungerechtigkeit und ein Diebstahl.

6. „Der Handel hat zur nothwendigen Voraussetzung die Freiheit der Crontrahenten und die Aequivalenz der ausgetauschten Producte; da aber der Werth bestimmt ist durch die Summe der Zeit und des Aufwandes, die ein jedes Product kostet, und da die Freiheit unverletzlich ist, bleiben die Arbeiter nothwendigerweise gleich im Lohne, wie an Rechten und Pflichten.

7. Producte werden nur wieder gegen Producte verkauft; da aber die Voraussetzung jedes Handels die Gleichheit der Producte ist, ist der Profit unmöglich und ungerecht. Achtet dieses oberste und elementarste Wirthschaftsprincip, und der Pauperismus, der Luxus, die Knechtschaft, das Laster, das Verbrechen, der Hunger werden aus unserer Mitte verschwinden.

8. „Die Menschen sind auch schon vor ihrer vollen Einwilligung associirt durch das physische und mathematische Gesetz der Production: die Gleichheit der äusseren Lebensbedingungen ist also eine Forderung der Gerechtigkeit des socialen Rechtes, des strengen Rechtes; Freundschaft, Achtung, Anerkennung, Bewunderung fallen allein in das Gebiet der Billigkeit oder Verhältnissmässigkeit (tombent seules dans le droit équitable ou proportionnel).

9. „Die freie Association, die Freiheit, die sich darauf beschränkt, die Gleichheit in den Productionsmitteln und die Aequivalenz in den Tauschartikeln zum Ausdruck zu bringen, ist die einzig mögliche, die einzig gerechte, die einzig wahre Form der Gesellschaft.

10. „Die Politik ist die Wissenschaft von der Freiheit; die Herrschaft des Menschen über den Mensch, unter welchem Namen immer sie sich verberge, ist Knechtschaft; die höchste Vollendung der Gesellschaft findet sich in der Vereinigung von Ordnung und Herrschaftslosigkeit (Anarchie)."

Wir wollen aus diesem Dekalog des collectivistischen Anarchismus nur ein Dogma das siebente herausgreifen; weil es einen Cardinalirrthum Proudhons enthält, der stets fortzeugend Irrthum musste gebären: „Producte werden wieder nur gegen Producte verkauft; da aber die Voraussetzung jedes Handels die Gleichheit der Producte ist, ist der

Profit unmöglich und ungerecht." Mit diesem Grundsatz soll die Frage des Pauperismus und alles Bösen gelöst werden und in der That hat Proudhon auch seine Verwirklichungsversuche auf diesem Satze aufgebaut. Dass die Voraussetzung jedes Handels die Gleichheit der Producte in einem anderen als den durch Angebot und Nachfrage bestimmten Sinne sei, ist unwahr; nun lässt aber Proudhon eine solche Gleichheit überhaupt nicht als solche gelten, er versteht darunter die Aequivalenz, die Gleichheit der Werthe, die wieder durch die Arbeitszeit bestimmt sind, und sonach macht er zur Voraussetzung eines freien Handels, dass nur Producte, welche gleiche Arbeitszeiten repräsentiren, ausgetauscht werden, also ein Hut, zu dessen Verfertigung 6 Stunden nöthig waren, gegen ein Gedicht, welches in der gleichen Zeit vollendet wurde. Springt schon das Unrichtige dieser Annahme grell in die Augen, was soll man erst zu der Umdrehung dieses Satzes sagen, dass nähmlich gleichwerthige Producte, d. h. solche, welche gleiche Arbeitszeiten repräsentiren, auch jederzeit an Zahlungsstatt angenommen werden müssten, wie heute das Geld. Proudhon schrieb eben die Fähigkeit des Geldes zum allgemeinen Tauschmittel dem vermeintlichen Umstande zu, dass sein Werth „constituirt", festgestellt sei und schloss daraus, dass in demselben Momente, wo der Werth der übrigen Waaren gleichfalls constituirt wäre, sie dieselbe Fähigkeit wie das Geld bekommen würden, dass man also jederzeit für eine Uhr, die drei Tagewerke representirt zwei paar Stiefel, die in der gleichen Zeit gefertigt wurden, werde eintauschen können. Und um nun das ökonomische und logische Wirrsal voll zu machen, dreht Proudhon die Geschichte noch einmal um, macht den „gerechten" freien Austausch der Producte, die Circulation der Werthe zum Ausgangspunkt der Constituirung der Werthe und somit zum Grundstein seines Reiches der Gerechtigkeit, Freiheit und Gleichheit, in welcher die wirtschaftlichen Kräfte ihr freies Spiel üben.

Circuliren die Werthe selbst, so stellen sie sich auch selbst fest, dann gibt es erst einen gerechten Handel, ein Profit ist unmöglich, also auch Capitalansammlung und Eigenthum; da alle in gleichem Masse an der Production wie am Consum theilhaben, werden die Gegenstände immer dort sein, wo man ihrer bedarf, wird man ihrer dort bedürfen, wo sie sind, Nachfrage und Angebot werden sich decken, Nutzwerth und Tauschwerth gleichen sich aus, der Werth ist constituirt, der Kreis (der allerdings ein circulus vitiosus ist) ist geschlossen. Grund und Boden, wie alle Mittel der Arbeit sind Collectivbesitz. Jeder wird den vollen Ertrag seiner Arbeit geniessen, Reichthümer wird aber niemand aufstapeln können, weil der Profit in jeder Form unmöglich ist. Die Menschen werden sich durch freie Wahl zu productiven „Gruppen" zusammenthun, welche wieder in unmittelbaren Verkehr zu einander treten und ihre Producte nach Bedarf ohne Gewinn austauschen werden. Gemeinsame Interessen werden durch Collegien von Experten, welche von den Mitgliedern der Gruppen mittelst des allgemeinen Stimmrechts gewählt werden, berathen werden. Die Summe aller dieser Collegien, welche vollständig autonom sind, bildet die einzig vorhandene und einzig mögliche Administration. Regierungen werden überflüssig, da das wirthschaftliche Leben das politische vollkommen aufsaugen muss. Da es kein Eigenthum und keine Unterschiede von Reich und Arm geben wird, wird es auch keine Herrschaft der Menschen über den Menschen, keine Verbrecher u. s. w. geben, Civil- und Strafrecht, Militarismus und Bureaukratie werden überflüssig und fallen von selbst hinweg. Es wird trotz der Anarchie oder eben ob derselben die höchste, natürliche Ordnung herrschen.

In der That wenn je etwas den Namen Ideal verdiente, so ist es diese Gesellschaftsreform Proudhons, welcher er selbst den Namen „Mutualismus" gegeben hatte*). Er ahnte und merkte es nicht, dass er weiter nichts als die abstracte Formel der bestehenden Verhältnisse,

---

*) In der 1864 erschienen Abhandlung über die politische Mündigkeit der Arbeiterclasse erklärt er den Namen folgendermassen: „Das Wort mutuel, mutualité, mutuation, das gleichbedeutend ist mit Gegenseitigkeit, kommt vom lateinischen mutuum, welches (Verbrauchs-) Darlehen und in einem weiteren Sinne Tausch bedeutet. Man weiss, dass beim Verbrauchsdarlehen der geliehene Gegenstand vom Entleihenden consumirt wird, der nur ein Gleichwerthiges, sei es derselben Art, sei es unter irgend einer anderen Form zurückgibt. Angenommen, dass der Darleiher seinerseits Entlehnender wird, so hat man ein gegenseitiges Darlehen und in Folge dessen einen Tausch. Dienst um Dienst, Producte um Producte, Darlehen um Darlehen, Versicherung für Versicherung, Credit für Credit, Bürgschaft für Bürgschaft, Sicherheit für Sicherheit u. s. w. Das ist das Gesetz: es ist eine Art umgekehrter Anwendung des antiken Vergeltungsrechtes: Auge um Auge, Zahn um Zahn, Leben um Leben, seine Uebertragung aus dem Criminalrecht und der rohen Praxis der Blutrache auf das ökonomische Recht, die Werke der Arbeit und die guten Leistungen der freien Brüderlichkeit. Aus diesem ergeben sich alle Institutionen des Mutualismus: gegenseitige Versicherungen, gegenseitiger Credit, gegenseitige Unterstützungen, gegenseitiger Unterricht, sowie gegenseitige Verbürgung des Absatzes, des Tausches, der guten Beschaffenheit und des gerechten Preises der Waaren u. s. w. Das ist es, woraus der Mutualismus, mit Hilfe gewisser Institutionen ein Staatsprincip, ein Staatsgesetz, ich möchte sogar sagen, eine Staatsreligion machen will, deren Praxis den Bürgern so leicht wird, wie sie ihnen vortheilhaft ist, die weder Polizei, noch Unterdrückung, noch Zwang erheischt und in keinem Fall für irgend Jemand eine Ursache der Täuschung und des Ruins werden kann."

die allgemeinste Fassung der liberalen Wirtschaftsordnung geliefert hatte. Genau so wie es Proudhon in seinem Zukunftsreiche will, geht es auch bei uns her, nur greifen in das Spiel der grossen ökonomischen Kräfte auch einige geringfügige Reibungsfactoren, Ausdehnungscoefficienten, Derivationen u. s. w. ein, welche er — wenn er mit der naturwissenschaftlichen Methode betraut gewesen wäre — als „Correctur" zu seiner Weltformel hinzugesetzt hätte. Die bestehende Welt verhält sich zu der seinigen, wie ein Dreieck zu dem Dreieck schlechtweg. Mag ein Dreieck, welches weder stumpf- noch spitz- noch rechtwinklig, weder gleichschenkelig, noch ungleichschenkelig, noch gleichseitig ist, dessen Seiten und Winkel an keine Grössenausmasse gebunden sind, immerhin ein wirkliches Dreieck sein und keinen Widerspruch in sich schliessen — was von Proudhons Reich der Gerechtigkeit nicht gilt — zu zeichnen ja selbst nur vorzustellen ist aber dieses Dreieck nicht; das ist der alte Streit der Nominalisten und Realisten, ein längst überwundener Scholasticismus, auf die Probleme der modernen Gesellschaft angewendet und einer Widerlegung gar nicht werth — am allerwenigsten aber eines Mannes würdig, der einmal mit richtigem Blick die Realität der menschlichen Gesellschaft erkannt und zum Leitmotiv seines Denkens gemacht hatte.

* * *

Zweimal stand Proudhon vor der verlockenden Aussicht, seine chiliastischen Träume selbst der Erfüllung zuführen zu können.

Das erstemal war in der Zeit der Revolution. Im Februar 1849 gründete er die Volksbank (Banque du Peuple)*), welche die Initiative der freien wirthschaftlichen Organisation ergreifen sollte und nach Proudhons Erwartungen die freie Gesellschaft herbeigeführt hätte, wenn nicht im entscheidenden Moment Proudhon wegen eines politischen Vergehens auf drei Jahre nach St. Pélagie geschickt und somit die Bank zur Liquidation gezwungen worden wäre. Die zweite Gelegenheit

---

*) In einer während des Jahres 1849 erschienenen Broschüre „Organisation du crédit et de la circulation" fasste er kurz seine Anschauungen über den ökonomischen Fortschritt zusammen: progressive Reduction des Zinsfusses, des Profites, der Renten, Steuern und Löhne. Auf diesem Wege habe sich bis jetzt jeder Fortschritt vollzogen, auf diesem Wege werde er sich auch vollenden. Jene Arbeiter, welche die Steigerung der Löhne verlangen, verfolgen reactionäre Ziele und, wenn auch unwissentlich das Gegentheil ihres Interesses. Nachdem Proudhons Représentant du Peuple die Statuten der Tauschbank veröffentlicht hatte, versuchte er es in zahlreichen Artikeln den Mechanismus und die Nothwendigkeit derselben begreiflich zu machen. Diese Artikel sind zu einem Buch vereinigt unter dem Titel erschienen: Résumé de la question sociale. Banque d'échange.

bot sich dem Socialreformer im Jahre 1855. Napoleon hatte Gutachten verlangt, wie das Palais de l'Industrie, in welcher die Pariser Weltausstellung stattgefunden hatte, nach Schluss derselben zu einem gemeinnützigen Unternehmen verwendet werden könnte; unter denen, an welche solche Anfragen gestellt wurden, sehen wir auch Proudhon, und dieser beantwortet die Frage mit einem Project einer permanenten Ausstellung*) und ihrer Leitung durch eine Gesellschaft, welches so ziemlich von den gleichen Gesichtspunkten ausging wie die Volksbank. Das Project wurde natürlich unbeachtet gelassen, und Proudhon trug aus dieser neuen Enttäuschung nur Ekel und tiefe Entmuthigung davon.

Die Volksbank — wie auch ihre nachmalige 2. Auflage, die Gesellschaft der permanenten Ausstellung — sollte nach der Hegel'schen Ausdrucksweise Proudhons auf der Identität der Commanditäre und ihrer Clienten aufbauen. Die an der Volksbank theilnehmenden Producenten sollten ihre Erzeugnisse bei der Bank abliefern, welche durch Taxatoren die Preise dieser Waaren controllieren und feststellen liess, wobei aber nur die auf die Herstellung verwandte Arbeitszeit und die Auslagen berechnet werden sollten; auf Gewinn wurde verzichtet, da die Bank nicht auf eigene Rechnung arbeiten sollte. Der Lieferant erhielt für seine Waaren Tauschbons, für die er dann wieder von der Bank andere Gegenstände entnehmen konnte. Indem die Bank ausserdem ihren Kunden unentgeltlich Darlehen gewährte, sollte Geld und Zins fallen, der Verkehr sich allmählich nur noch mit den Bons der Bank vollziehen und so die von Proudhon geträumte Harmonie des socialen Verkehres eintreten.

Die Gesellschaft der permanenten Ausstellung sollte eine nach jeder Richtung hin vervollkommnete, erweiterte und vertiefte Neuauflage der Banque du peuple sein; da die Commandit dieser Gesellschaft sich aus Producenten zusammensetzte und ihr Zweck vor allem die Flüssigmachung und der Verkauf der Producte sein sollte, so sollte daher die Subscription zur Bildung des Capitals nicht wie bei anderen Gesellschaften blos in Geld, sondern etwa zu neun Zehnteln in Producten erfolgen, welche von der Gesellschaft verkauft und deren Erträgniss dann den Actionären gutgebucht wird. Da der Staat als Garant für die Zinsen dieser Actien eintreten sollte, so meinte Proudhon, dass dieselben wirkliches Geld werden müssten, Rententitel, die nur durch die

---

*) Die Denkschrift erschien erst im Nachlasse Proudhons und ist in mustergiltiger deutscher Uebersetzung abgedruckt in den „Studien über Proudhon" von D. A. Mülberger. Stuttgart 1891.

Vernichtung der Waarendepots der Gesellschaft ihren Werth verlieren könnten. Unter Deckung der Waaren, die bei ihr hinterlegt wurden oder deren Verkauf sie betreiben sollte, so wie der Wechsel, die ihr zur Discontirung übergeben wurden, sollte die Gesellschaft neben dem Gelde, über das sie verfügte, allgemeine Tauschbons (bons généraux d'échange) ausgeben, welche die von ihr magazinirten und realisirten Waaren repräsentiren und das Anrecht auf den gleichen Werth an Waaren geben sollte, den der Inhaber nach Belieben aus den Magazinen entnehmen könnte. Diese Bons sollten das circulirende Geld der Gesellschaft sein und von ihr bei allen Waarenzahlungen und Billetumsätzen an Zahlungsstatt angenommen werden. Das circulirende Papier der Gesellschaft, von ihr auf pari gehalten, sollte dank seiner Fähigkeit, bei jedem Vorzeig in Geld oder Waaren der Gesellschaft vorgelegt zu werden, der grosse Hebel ihrer Operationen und das unwiderstehliche Werkzeug ihrer Macht werden. Die Gesellschaft sollte Bank- und Commissionsgeschäfte aller Art besorgen, Credit in Geld und Waaren gewähren, Industrie, Handel und Landwirthschaft unterstützen.

Alle der Gesellschaft überlassenen Objecte, Gold und Silber inbegriffen und insbesondere alle Artikel ihrer Bilanz sollten von einem immer veränderlichen Tausch-Tarif geleitet sein, dessen Zweck die Sicherung des Gleichgewichts der Werthe sein sollte. „Folglich wird jede Hausse im Tausche eines Artikels von einer äquivalenten Baisse des Tausches eines oder mehrerer Artikel balancirt sein, wenn man die existirende Totalsumme ins Auge fasst, ein Zehntel in Schwankungen nach oben oder unten zugegeben. Die zeitlichen Differenzen der Balance werden in eine besondere Buchführung der Balance eingetragen, die sich schliesslich von einer Periode zur anderen ausgleichen sollte".

So das Project, und sein Urheber giebt dazu folgendes Beispiel: Da die Gesellschaft keinen Handel auf eigene Rechnung treibt, Producte nicht selbst erwirbt und besitzt, also nicht auf Hausse und Baisse Gelder verliert, so ist sie in der Dirigirung der Curse nur von der Absicht geleitet, den einen durch den anderen zu mässigen, eine immerwährende und tägliche Compensirung zu schaffen. Wenn also die Nachfrage sich auf ein Product wirft, während sie bei einem oder mehreren anderen nachlässt, so erhöht die Gesellschaft um vier Prozent den Preis des ersteren und erniedrigt zugleich um die Quantität etc. gleich der vorhergehenden, den Preis der anderen derart, dass die Compensirung so exact, wie möglich ist. Weil es schwierig ist, diese mathematische Genauigkeit zu erreichen, wird ein gewisser Spielraum eingeräumt, der, von einer Periode zur andern sich wieder compensirend, niemals das

Haben der Gesellschaft treffen kann. Nehmen wir beispielsweise an, dass das Gold in der Baisse ist d. h. mehr angeboten, während das Silber in der Hausse oder mehr gefragt ist: die Gesellschaft wird, da sie ihre Werthe mit ihren eigenen Scheinen discontirt, 100 Francs ihres Geldes gegen 105 Francs Gold = 100 Francs Silber geben, oder, um mich genauer auszudrücken, gegen ein Gewicht Gold, das nur ein Zwanzigstel höher ist als 5 Zwanzigfrancsstücke, und ein Gewicht Silber, das nur ein Zwanzigstel niedriger ist als 20 Fünffrancsstücke d. h. herumgehen. Aus dieser Compensation erwächst der Gesellschaft kein Gewinn; sie ist nur mit ihrem eigenen Gelde dazwischen getreten, um das Gleichgewicht wieder herzustellen.

Von diesem durch die Gesellschaft besorgten Compensationsprocess, der sich im gleichen Maasse auf alle Producte, Rohstoffe, Nahrungsmittel etc. beziehen sollte, erhoffte Proudhon jene vielbesprochene und vielverheissende Sicherstellung der Werthe, indem alle Producte sozusagen monetisirt, zu Geld gemacht und den höchsten Grad der Circulationsfähigkeit erhalten würden. Filialen der Gesellschaft über ganz Frankreich, und eine vollständig öffentliche Gebahrung sollten das System vervollständigen, welches die Organisation und Centralisation des Tausches der Producte gegen die Producte nach der Formel von J. B. Say mit möglichst wenig Geld, möglichst wenig Zwischenträgern, möglichst wenig Kosten und zum ausschliesslichen Nutzen der Producenten und Consumenten bezwecken sollte.

Es braucht wohl kaum erst hervorgehoben zu werden, dass das Aufkommen und Gedeihen dieser Institutionen mit der Richtigkeit der Annahme vom constituirten Werthe und von der Monetisirung aller Producte stehen oder fallen musste. Die Gegner Proudhons wollten wissen, dass ihm angesichts dieser Erkenntniss seine plötzliche Verhaftung und Ueberführung nach St. Pelagie — wodurch er aller Verantwortung für die Liquidation der Gesellschaft enthoben wurde — garnicht so unerwünscht gewesen sei. Dem widerspricht allerdings wieder der später erneute Versuch das Project der Volksbank zu verwirklichen. Ueberhaupt fehlt uns aller Grund, die bona fides Proudhons in Zweifel zu ziehen, dagegen ist die vermeintliche Originalität dieser Proudhon'schen Idee um so anfechtbarer, denn sie erinnert im Wesentlichen allzu lebhaft an das vom Staate nach „Constituirung" des Werthes ausgegebene „Arbeitspapiergeld" des Rodbertus, mit dem Proudhon auch sonst sehr viele wirthschaftliche Berührungspunkte hat. Noch mehr Aehnlichkeit haben Proudhons Projecte mit den „Boards of trade", wie sie

Bray sich ein Decennium vor Entstehung der „Volksbank" gedacht hatte und mit John Gray's Centralbank.

* *

Proudhon hat in späteren Jahren nicht nur äusserlich und dem Zwange oder der Klugheit folgend, auf eine unmittelbare Realisirung seiner Absichten verzichtet, sondern auch bei sich die Ueberzeugung gefasst und derselben in dem 1852 erschienenen Werke über die Föderationen (du principe fédératif) Ausdruck gegeben, dass die geordnete Anarchie ein Ideal und als solche nie zu verwirklichen sei, dass ihr aber die menschliche Gesellschaft nichtsdestoweniger zuzustreben habe, auf dem Wege der föderativen Organisation, wie sie in früheren Schriften Proudhon gezeichnet hatte. Auch in diesem, der politischen Agitation entrückten Stadium seiner geistigen Reife der geschworene Feind und directe Gegenfüssler der Communisten, will er nicht durch die allgemeine Verelendung, sondern durch die allgemeine Vollendung und Entwicklung das grosse Problem der besten Gesellschaftsordnung gelöst sehen, nicht durch Revolution, — von welcher er nichts als Ekel und Enttäuschung davongetragen hatte — sondern durch Evolution. Wenn die Ideen sich erheben werden, pflegte er zu sagen, dann werden sich die Pflastersteine von selbst erheben, wenn die Regierungen so unklug sein sollten, dies abzuwarten.

Mit wahrem Seherblick hat Proudhon die Thatsache geahnt, dass auch in der menschlichen Gesellschaft alles Entwicklung ist; mit einer Klarheit wie keiner vor ihm, nur sehr wenige nach ihm hat er immer und immer wieder den organischen Charakter der menschlichen Gesellschaft und die natürliche Continuität zwischen thierischer und menschlicher Gesellschaft betont, und darin liegt seine Grösse, die ihm durch keinen seiner vielen Irrthümer geschmälert werden soll. Aber indem er so mit einem Fusse den damals eben erst von seinem Columbus betretenen Boden einer neuen Erkenntnis berührte, haftete er mit dem anderen noch auf dem Standpunkt der socialen Philosophie der vorangehenden Jahrhunderte, konnte er sich weder äusserlich noch innerlich von ihren grundlosen Annahmen eines Gesellschaftsvertrages, absoluter Menschenrechte, einer moralischen Weltordnung und derentsprechenden ethischen Staatszielen losringen, und hierin liegt ein Widerspruch, an dem dieser bedeutende Geist Schiffbruch litt. Wenn man einmal die menschliche Gesellschaft, wie es Proudhon gethan hat, als ein Reales, als Naturproduct annimmt, das sich nach den Gesetzen der übrigen Natur bewegt und entwickelt, dann hat man ein für alle mal darauf verzichtet, ihr eine speculativ festgestellte Marschroute zu geben, von ihr zu verlangen, dass sie sich nach irgend einem — wie immer wohl gemeinten — Wegziele hinbewege. Der Züchter kann allenfalls bei seinen Tauben oder Hühnern eine gewisse Gefiederspielart oder Kropfform mit Absicht hervorbringen, er kann aber die Taube nicht in ein Huhn verwandeln. Das erstere, die künstlische Zuchtwahl, ist das einzige was der Mensch pour corriger la nature entgegen dem freien Gang der natürlichen Entwicklung thun kann. Es ist nicht so geringfügig, als man auf den ersten Blick zu glauben geneigt sein dürfte. Das letztere gehört in die Kategorie der Ovidischen Metamorphosen und der utopistischen Gesellschaftsphilosophie, wie sie mit Plato beginnt und aller menschlichen Voraussicht nach noch lange kein Ende haben wird. Proudhon wollte beides, Wasser und Feuer mit einander vereinen. Wie alle Utopisten verlangte er — der zeitlebens in seinen zahllosen Schriften so viel die Utopisten ironisirt und widerlegt — das Menschengeschlecht möge sich umwandeln, um dann übereinstimmend seine Ideen über die Gesellschaft zu acceptiren.

Denn dass die Menschen von heute für eine wahre Demokratie, d. h. Anarchie nicht tauglich seien, das zuzugeben, war er ehrlich genug. „Nichts ist im Grunde weniger demokratisch als das Volk", sagte er gelegentlich, und er gibt sich nicht der leisesten Illusion über dessen sclavischen, autoritätslüsternen Sinn hin. Ebendeshalb, meinte er, müsste die „Demokratie" in „Demopädie" verwandelt und zunächst durch Erziehung eine vollständigen Umwandlung des Volksgeistes bewirkt werden. Allein, dass auch mit Hilfe der Demokratie das Volk nicht reif für die reine Demokratie recte Anarchie werden wird, dafür können wir Proudhon eine Autorität — die wenigstens er nicht anzweifelte — anführen, nämlich ihn selbst. In einer Anwandlung von Pessimismus sagte er einst: „Ich habe zu bemerken geglaubt — möge die Philosophie es mir verzeihen — dass, je mehr sich in uns die Vernunft entwickelt, desto mehr auch die Leidenschaft, wenn sie sich entfesselt, brutal wird. Es scheint alsdann, dass der Engel und das zweifüssige Thier, deren innige Vereinigung unsere menschliche Natur ausmacht, statt ihre Attribute zu vermischen nur mit einander in Gesellschaft leben. Wenn der Fortschritt uns dahin führt, wozu nützt er dann?" Das sind üble Aussichten für die grosse moralische Revolution, auf welche Proudhon immer mehr alle seine Hoffnung beschränkte.

Proudhon hat die verschiedenste Beurtheilung gefunden: Die einen haben ihn wie einen obscuren Pamphletisten behandelt. Louis Blanc nennt ihn einen Klopffechter, Laveleye hält ihn in einer Geschichte des Socialismus überhaupt nicht anderer Erwähnung werth, als dass er seine Ideen „Träumereien eines rasenden Narren" nennt*), Carl Marx spricht dem Manne Geist und Kenntnisse ab, viele haben ihn für einen jesuitischen Heuchler erklärt und wieder andere, seine Anhänger und Vertreter zum grössten Manne des Jahrhunderts gemacht. Ludwig Pfau nannte ihn den schärfsten Denker, den Frankreich seit Descartes hervorbrachte!"**) Das Schauspiel ist nicht eben neu. Im Grunde gehört heute wenig Muth und Witz dazu, mit einer Pauschalverurtheilung des „Vaters des Anarchismus" sich den Beifall einer unwissenden Menge, die von Proudhons Gedankengang keine Ahnung hat, zu erwerben. „Die Gerechtigkeit muss für Alle sein, selbst für Louis Napoleon", rief Proudhon zum grossen Erstaunen orbis et urbis nach dem Staatsstreiche, und wir wollen sittlich nicht tiefer stehen als „der Vater des Anarchismus" und schreiben, allen Schwachmüthigen zum Trotz: „Die Gerechtigkeit muss für alle sein, selbst für Proudhon!"

Der gewöhnlichste Vorwurf, der Proudhon gemacht wird, ist der, dass er widerspruchsvoll und verworren sei. Der Vorwurf wird zumeist von Leuten gemacht, die von Proudhon nichts mehr wissen als das Paradoxon „Eigenthum ist Diebstahl" und nach diesem, nicht einmal von Proudhon herrührenden Worte die Classe: „widerspruchsvoll und confus" geben.

Proudhon hat sehr klar sein Ziel vor Augen gesehen, unentwegt und geraden Schrittes demselben zugestrebt und bei aller Mannigfaltigkeit der Entwicklung, in der er seine Ideen während eines Vierteljahrhunderts der Welt gepredigt, nie ein Lötchen von dem Inhalte derselben verrathen. Der Widerspruch, an dem seine Werke krankten, lag tiefer. Er lag in der Form seines Denkens und zum Theil in der Zeit, der er angehörte. An die Grenzscheide zweier Epochen der Gesellschaftswissenschaft und der Gesellschaftsformen selbst gestellt, deren eine durch das Dogma, das andere durch die Induction gekennzeichnet ist, hatte er nicht die Kraft, mit der einen vollständig zu brechen und sich der andern vollständig zu ergeben. Sein ganzes Leben und Denken war ein einziger Kampf gegen das Dogma in jeder Gestalt. Er kämpfte gegen den socialen Utopismus, wie gegen den religiösen Dogmatismus, er kämpfte gegen den Dogmatismus des Eigenthums, wie gegen den der politischen Autorität, er suchte den Socialismus auf streng wissenschaftlichem, realistischem Wege umzugestalten und von allen dogmatisch-

---

*) Laveleye, Emile de: Der Socialismus der Gegenwart. Deutsch von Chr. Jasper. Halle a. S.
**) Ludwig Pfau. Proudhon und die Franzosen. Werke 6 Bd. Stuttgart, Leipzig, Berlin 1886.

religiösen Schlacken zu reinigen — und setzte an die Spitze seines Systemes genau wie Jean Jacque das Dogma: L'homme est né libre und an den Schluss desselben die teleologische Phrase von der sittlichen Gesellschaftsordnung, zwei Behauptungen, welche aus der Erfahrung nie zu erweisen sind und aller Erfahrung eher widersprechen.

In geradezu rührender Weise tritt dieser innere Zwiespalt in dem Hauptwerk seiner letzten Periode in der „Justice dans le Revolution et dans l'Église" hervor, in welcher sich Proudhon just bemüht, die beiden fremden Welten in ihrer ganzen Unnahbarkeit zu trennen, ohne zu ahnen, dass er selbst zwischen beiden schwebe.

Nachdem er als consequenter Idealist alle äussere Gewalt, alle Autorität verneint hatte und nichtsdestoweniger als Realist die Gesellschaft als die unerlässliche Bedingung des menschlichen Lebens und der Civilisation aufrecht erhalten hatte, sucht er, um im gleichen Maasse die Anarchie und die Gesellschaft retten zu können, nach einem neuen Bande zwischen den freigewordenen Individuen und findet dieses in einer inneren Nothwendigkeit, in einer inneren Autorität, in einem Princip, das auf den Willen wie eine Macht wirkt und ihn im Sinne des Gemeininteresses unabhängig von dem Anspruche des Sonderinteresses bestimmt (qui agisse sur la volonté comme une force et la détermine dans le sens de l'intéret général, independament de toute considération d'intérêt propre.)

So gelangte denn der Mann, der alles Absolute und Aprioristische von sich gewiesen hatte, weil er zugleich eine rein empirische Grundlegung der socialen Wissenschaft für die Quelle aller Immoralität erklärte, gleichwohl zu der Annahme einer „eingeboreuen, immanenten" Gerechtigkeit als oberstes Princip der Gesellschaft, die er mit der Willkür eines Katechismenschreibers für „die erste und wesentlichste unserer Fähigkeiten (la première et la plus essentielle de nos facultés: une faculté souveraine pour cela même la plus difficile à connaître, la faculté de sentir et d'affirmer notre dignité, par conséquent de la vouloir et de la défendre, aussi bien en la personne d'autrui qu'en notre propre personne) erklärte.

Wie Proudhon, trotzdem er stets den Utopismus bekämpfte, doch in den Cardinalfehler der Utopisten verfallen ist, so theilte er schliesslich auch das Schicksal desselben August Comte, auf den er zeitlebens ziemlich geringschätzig herabgeblickt hatte. Beide waren von der geschworenen Gegnerschaft gegen jede speculative Grundlegung der Gesellschaftslehre ausgegangen, beide haben schliesslich — um die vor ihnen in lauter Einzelwesen zerfallende Welt vor der vollständigen

Atomisirung zu wahren — zu einem Deus ex machina gegriffen. Bei Comte heisst er: Liebe, bei Proudhon: Gerechtigkeit. Die Unterscheidung beider ist etwas für Kinder. Den alle Fährlichkeiten überwindenden Standpunkt der Entwicklung, der mechanischen Auffassung ahnten beide, ohne ihm jene Rolle einzuräumen, die ihm zukommt. Man kann ruhig sagen, dass Proudhon im lebendigen Zusammenhange mit der Entwicklungslehre einer der bedeutendsten Sociologen geworden wäre. Er hatte einen unendlich scharfen Blick für die geheimsten Regungen der gesellschaftlichen Seele, aber er glaubte sich ihr in ihrer natürlichen Nacktheit nicht liebend nähern zu dürfen und degradirte sie daher, nachdem er ihre höchste Realität beschworen, zu einer platonischen Idee. Das war eine Kronosthat, deren Fluch nicht von seinem Denken wich.

Dazu kam wohl noch ein sehr lückenhaftes und flüchtiges nationalökonomisches Wissen, welches ihm die practische Durchführbarkeit seiner Ideen allerdings im rosigsten Lichte erscheinen liess, ihn aber einem grundgelehrten Haus wie Carl Marx gegenüber in die kläglichste Position versetzte.

Einer der gewöhnlichsten Vorwürfe, der Proudhon gemacht wird und der zum Theil auch seine Person trifft, bezieht sich auf seine Stellung zu Napoleon III. In dem „kleinen politischen Katechismus", der sich in der „Justice" findet und den wir als die Quintessenz der Proudhon'schen Gesammtanschauungen im Anhange in deutscher Uebersetzung geben — beantwortet Proudhon die Frage, ob sich die Anarchie mit dem dynastischen Princip vertrage, folgendermassen: „Es steht fest, dass Frankreich bis jetzt nicht der Meinung war, dass Freiheit und Dynastie unvereinbare Begriffe seien. Indem die alte Monarchie die Generalstaaten einberief, entzündete sie die Revolution. Die Constitution von 1791, die Verfassungen von 1819 und 1830 zeigen von dem Verlangen des Landes, das monarchische Princip mit der Demokratie zu versöhnen. Die Popularität des ersten Kaiserreiches war ein Argument mehr für die Möglichkeit dieser Voraussetzung, das Volk glaubte in ihm alle Vorurtheile zu finden, man versöhnte scheinbar die Ueberlieferung mit dem Fortschritte. Man befriedigte so die Gewohnheit der Unterordnung unter eine Herrschaft und das Bedürfniss nach Einigkeit; man beschwor die Gefahr einer Präsidentschaft, Dictatur oder Oligarchie. Als im Jahre 1830 Lafayette die neue Ordnung der Dinge als „eine Monarchie umgeben von republicanischen Einrichtungen" definirte, begriff er die Identität der politischen und ökonomischen Ordnung. Indem die wahre Republik in dem Gleichgewichte der Kräfte und Leistungen besteht, gefiel man sich darin, eine neue Dynastie die

Wage halten und die Gerechtigkeit garantiren, zu sehen. Endlich bestätigen das Beispiel Englands, wiewohl dort die Gleichheit unbekannt ist und die neuen constitutionellen Staaten diese Theorie. Ohne Zweifel hat die Verbindung des dynastischen Princips mit dem der Freiheit und Gleichheit in Frankreich nicht jene Frucht gezeitigt, die man erwartete; aber das war die Schuld des gouvernementalen Fatalismus; der Irrthum war hier so gut auf Seite des Fürsten, wie des Volkes. Obgleich sich die dynastischen Parteien seit 1848 wenig revolutionsfreundlich gezeigt haben, die Macht der Verhältnisse wird sie wohl wieder dorthin bringen, und wie Frankreich in allen Lagen des Glücks es immer geliebt hat, sich ein Oberhaupt zu geben, und seine Einheit durch ein Symbol zu kennzeichnen, so wäre es vielleicht Uebertreibung, die Möglichkeit einer Wiedereinsetzung der Dynastie auch jetzt zu leugnen. Wir haben Republicaner sagen hören: „Der wird mein Herr sein, der den Purpur der Gleichheit entfalten wird" und die so sprechen, bilden weder den kleinsten noch den mindest intelligenten Theil; es ist auch wahr, dass sie nicht die Dictatur wünschen. Immerhin muss man zugeben, dass die Symptome einer Restauration in der nächsten Zukunft fehlen, und das, was uns annehmen lässt, dass das dynastische Princip zu mindestens vertagt ist, wenn es überhaupt diese Prüfungsjahre besteht, das ist die Thatsache, dass die Prätendenten und ihre Ratgeber kein Herz für die Sache haben. „„Nach ihnen, meine Herren!"" scheinen sie den Demokraten zuzurufen. Allein es wird nach der Demokratie den Dynastischen kaum viel übrig bleiben aufzulesen, oder das ökonomische Gleichgewicht wäre falsch. Non datur regnum aut imperium in oeconomia".

Dieser gewiss mässige und vernünftige Standpunkt, welcher von der Anschauung ausgeht, dass in einer organischen Gesellschaft die Willkür eines Einzelnen unmöglich den Gang der socialen Function hemmen oder stören könnte, dass der König oder Kaiser sonach höchstens ein Symbol sein könne, liegt auch dem Buche „Die sociale Revolution" etc. zu Grunde. Proudhon sah auch im Staatsstreiche vom 2. December nur eine Etappe der grossen socialen Revolution, die Erscheinungsform eines nach der Richtung des socialen Ausgleiches strebenden, wenn auch vielleicht sich irrenden Volkswillens und forderte Louis Napoleon, dessen Staatsstreich er vorausgesagt und ungeschehen verurtheilt, zu verhüten gesucht hatte, nun auf, sich der öffentlichen Meinung würdig zu zeigen, das ihm vom Schicksal und vom französischen Volke angebotene Mandat auch in dem Sinne, wie es übergeben worden war, zu benutzen.*)

---
*) Man darf nicht vergessen, dass das Volk, in Louis Napoleon, den „socialen Kaiser" erwartete und dass sich dieser auch früher gern auf denselben hinausgespielt

Proudhon glaubte wohl schon als er die „Sociale Revolution" schrieb, nicht gar fest an den guten Willen Napoleons, eine solche Mission, wie er sie ihm zuschrieb, auf sich zu nehmen. Die Sprache des Buches ist jedenfalls eine sehr reservirte; von einer Verhimmlung des Staatsstreichlers keine Spur.

Nichtsdestoweniger hat man letztere als die Absicht Proudhons, die frühzeitige Entlassung desselben aus dem Kerker, — in welchem das Büchlein geschrieben wurde — als die unmittelbare Wirkung, als den Dank des Kaisers und so Proudhon selbst als käuflichen Erfolgsdiener hinstellen wollen. Das entspricht den Thatsachen nicht. Proudhon hat seine Haft in St. Pelagie fast bis auf Tag und Stunde abgesessen und das Benehmen, welches die Behörden seinen Schriften gegenüber nachher zeigten, spricht nicht dafür, dass zwischen Proudhon und Napoleon irgendwelches — wenn auch nur stillschweigend geschlossenes — Verhältniss bestand. Proudhon konnte schreiben, was er wollte, es wurde confiscirt, vergeblich bewarb er sich um die Concession, eine Zeitung herausgeben zu dürfen, seine „Justice", ein Buch, das nicht mehr das Ungestüm seiner Jugend besass, trug ihm neuerlich 3 Jahre Kerker ein, denen er nur durch schleunige Flucht nach Belgien entging, und bei der allgemeinen Amnestie im Jahre 1859 wurde er ganz besonders von dieser Wohlthat ausgenommen. Als ihm dann der Kaiser im Jahre 1861 durch einen besonderen Gnadenact die Rückkehr in die Heimath vor der Zeit gestattete, lehnte Proudhon diese Gnade stolz ab, so sehr es ihn nach Paris zog und kehrte erst nach Ablauf seiner Frist, Ende 1863, dorthin heim. Das sind zu mindestens keine Beweise dafür, dass sich der Verfasser von Qu'est ce que la propriété von dem Mann des 2. December habe erkaufen lassen.

Proudhon sollte nicht lange mehr die Luft der Heimath athmen. Gebrochen von den Mühsalen der Verfolgung starb er nach langem Siechthum am 19. Juni 1865 in den Armen seiner Frau, die gleich ihm dem Arbeiterstande angehört und mit der er ein Leben voll Eintracht und Liebe geführt hatte.

---

hatte. Vergl. seine Schrift von der „Tilgung des Pauperismus". Werke deutsch von R. V. Richard. Leipzig 1857. Bd. II.

Drittes Capitel.

Max Stirner, die deutschen Proudhonisten.

„Ich hab meine Sach auf Nichts gestellt." (Stirner)

In der ersten Hälfte der Vierziger Jahre, fast um die gleiche Zeit, aber vollkommen unabhängig von einander, standen diesseits und jenseits des Rheines zwei Männer auf, welche in einer von den bisher beliebten Schablonen der Revolution ganz abweichenden Weise eine neue Revolution predigten, vor welcher damals auch die muthigsten Herzen und stärksten Geister zurückbebten. Beide waren von dem „königlich preussischen Hofphilosophen" Hegel ausgegangen und in grundverschiedenen Richtungen gewandelt; beide trafen sich aber am Endpunkte ihrer Reise wieder, in der einstimmigen Ablehnung aller bisherigen politischen und ökonomischen Doctrinen, in der grundsätzlichen Bekämpfung jeder bestehenden und geplanten Organisation der Gesellschaft auf Grund irgend welchen Rechtszwanges und in dem Verlangen nach freier Organisation auf alleiniger Grundlage von Conventionalregeln — in dem Verlangen nach der „Anarchie".

Das gleichzeitige Auftreten Proudhons und Stirners, wie ihre vielfach grundsätzliche Verschiedenheit ist bedeutsam genug. Der erste Umstand macht wohl die Erscheinung zu einer symptomatischen und erhebt sie über alle vorausgesetzte und muthmassliche Zufälligkeit; Stirner und Proudhon stützen und halten sich so gegenseitig, bei all' ihrer Unabhängigkeit von einander, bei all' ihrer Verschiedenheit. Was diese betrifft, so lässt sich nicht verkennen, dass sie in allererster Linie auf das grundverschiedene Milieu, in welchem beide Schriftsteller aufwuchsen zurückzuführen sind.

Ludwig Pfau hat in einem geistreichen Essay die litterarische Eigenart Proudhons aus dem Charakter des Gaulois, aus dem französischen Milieu abzuleiten gewusst. Aber auch über das rein Litterarische hinaus trägt Proudhon alle Vorzüge und Schwächen seines Volkes und seiner Zeit zur Schau; er theilte mit allen Franzosen ihre geringe Eignung zum wahren Kriticismus, aber auch ihre Unzertrennbarkeit vom Strome des practischen Lebens; und so ist denn vor Allem in den Jugendwerken Proudhons ein starker agitatorischer Zug fühlbar. L. Pfau erklärt es als eine specifische Eigenart der französischen Nation bei all dem notorischen Sinne für Freiheit, „die eigene widerspenstige Persönlichkeit disciplinieren und dem gemeinschaftlichen Interesse unterordnen" zu können, und darin liegt wohl auch der Grund, warum Proudhon, obwohl ein begeisterter Anwalt der persönlichen Freiheit, dieselbe nie bis zur Zerschellung der Collectiveinheit, bis zur Aufopferung des Gesellschaftsbegriffes überhaupt getrieben wissen wollte. Stirner ist der deutsche Denker, der von der unbändigen Flut seiner Gedanken weitab von den Pfaden des Lebens und der Wirklichkeit in ein nebelhaftes Wolkenkukuksheim geschleudert wird, wo er thatsächlich als „Einziger" haust, weil ihm niemand folgen kann. Von irgend einer agitatorischen Absicht ist in Stirners Buch keine Spur. Soweit in demselben die politischen Parteien erwähnt werden, treten sie doch nicht als solche, sondern als blose Correlate gewisser philosophischer Geistesrichtungen auf. Von der Politik hält sich Stirner ängstlich fern, ein gewisser Ekel vor derselben ist im „Einzigen" unverkennbar. Alle Parteien haben doch für ihn nur das Gemeinsame, dass sie allesammt und sonders ausser ihm liegende Begriffe, Ideen zu verwirklichen streben, gleichgültig ob diese Gott, Staat oder Menschheit heissen. Und ebenso verhält sich Stirner den philosophischen Richtungen seiner und früherer Zeiten gegenüber. Er sieht sie allesammt in den grossen Ocean der Allgemeinheit, des Absoluten, der Nichtichheit auslaufen. Der Unterschied zwischen dem heiligen Augustinus und L. Feuerbach ist für ihn ein rein oberflächlicher, kein wesentlicher, denn des Letzteren „Mensch" ist ihm genau so fremd, wie des Ersteren „Gott". So steht Stirner der Politik, wie der Philosophie seiner Zeit feindselig, abgeneigt bis zum Ekel gegenüber, eben darum ein echter Sohn dieser Zeit und seines Landes.

Auf den philosophischen Aufschwung, auf die speculativen „Gründerjahre" am Beginn des Jahrhunderts war eine arge Ernüchterung, auf die überschwänglichen Erwartungen, die man in die Philosophie gesetzt eine ebenso überschwängliche Enttäuschung, auf den metaphysischen Uebergenuss ein moralischer Katzenjammer gefolgt, der nicht so ganz unzutreffend durch das Motto bezeichnet wurde, das Schopenhauer der ganz zeitgemässen Philosophie Feuerbach's spottweise gab,

Edite, bibite collegiales!
Post multa saecula
Pocula nulla.

Fast ebenso war die Stimmung der vierziger Jahre in politischer Hinsicht. Die nationale Begeisterung der Freiheitskriege und die an die Niederwerfung des Corsen geknüpften sanguinischen Hoffnungen hatten gleich den durch das Sturmleuten der Julitage neuerweckten Erwartungen — kläglichen Schiffbruch erlitten. Das rührende Vertrauen, welches eine politisch leider nur allzunaive Nation in ihre Fürsten gesetzt hatte, war schmählich enttäuscht, missbraucht, verhöhnt worden. Alle Träume von Einigung und Freiheit schienen auf lange hinaus vertagt, die in der Nation leider nur zu stark verbreitete Lakaiennatur feierte Orgien und die franken Seelen standen voll Ekel abseits. Je kühner der geistige Aufschwung an der Schwelle zweier Jahrhunderte gewesen, desto schwerer lastete nun in den vierziger Jahren die Apathie auf den Gemüthern. Je voller ehedem die Seelen von quellenden und stürmenden Idealen, Wünschen, unklarem Sehnen aller Art gewesen, desto leerer waren sie jetzt und nicht blos Stirner konnte mit Recht seinem „Einzigen" den Spruch

„Ich hab' mein Sach' auf Nichts gestellt"

als Motto mitgeben, er war der Wahlspruch des damaligen Deutschland überhaupt. Und noch in Einem ist Stirner im Gegensatz zu Proudhon der Typus seines Volkes. Er ist geradezu das ausgewachsenste Exemplar jenes Deutschen, dem jener stolze und opferfreudige Ausblick auf das Leben der Gesammtheit, jenes Gefühl der Untrennbarkeit der Einzelnen vom Volkskörper — wie sie den Franzosen kennzeichnen — abgeht, der zu allen Zeiten an einem alles vernichtenden Separatismus krankte; er ist der typische Repräsentant jener Nation, welcher ihre besten Söhne die Fähigkeit eine Nation zu sein abgesprochen haben, die aber dafür mehr bedeutende Individualitäten aufzuweisen im Stande ist, alle dermaligen Culturnationen zusammengenommen.

* * *

Caspar Schmidt, — dies der eigentliche Name Stirners*) — war am 25. October 1806 zu Bayreuth geboren, und wandte sich, wie Strauss, Feuerbach, Bruno Bauer u. a. Geistesverwandte seiner Zeit den theologischen und philosophischen Studien zu. Nach Vollendung derselben wirkte er in der bescheidenen Stellung eines Lehrers am Gymnasium und an einer — Töchterschule in Berlin. 1844 erschien unter dem Pseudonym Max Stirner der „Einzige und sein Eigenthum", mit der unter diesen Verhältnissen rührenden Widmung „Meinem Liebchen Marie Döhnhardt." Das Buch blitzte meteorgleich auf, machte kurze Zeit

---

*) Stirners Hauptwerk „Der Einzige und sein Eigenthum". Leipzig 1845 hat einen, mit einer guten Einführung von Paul Lauterbach versehenen Neudruck im Verlag von Ph. Reclam in Leipzig erfahren. Die Literatur über Stirner beschränkt sich fast ausschliesslich auf einige eingestreute Bemerkungen in grösseren Werken, die nicht immer gerade sehr zutreffend sind. J. H. Mackay soll an einer Biographie Stirners arbeiten. Die Monographie von Robert Schellwien: „Max Stirner und Friedrich Nietzsche, Erscheinungen des modernen Geistes und das Wesen des Menschen." Leipzig 1892, ist für unsere Zwecke ziemlich werthlos.

viel von sich reden, um dann auf Decennien hinaus in Vergessenheit zu sinken, bis die anwachsende anarchistische Strömung der Jetztzeit wieder auf dasselbe zurückgriff. Eine nach dem Jahre 1848 geschriebene „Geschichte der Reaction" wird als eine gute Geschichtsdarstellung geschätzt; ausserdem besorgte Caspar Schmidt noch Uebersetzungen von Say, Adam Smith und anderen englischen Nationalökonomen. Am 26. Juni 1856 endete sein an äussern Ereignissen armes, an Noth und Bitterkeit reiches Leben. Das ist alles, was wir von der Person des Mannes wissen, der das Wesen des Persönlichen ins Titanenhafte und Welterdrückende erhoben hatte.

Stirner geht von der durch uns bereits am Eingang dieser Schrift auf ihre Giltigkeit hin ins rechte Licht gesetzten Thatsache aus, dass die bisherige Entwickelung des Menschen und seiner Gesellschaft sich in entschieden individualistischer Richtung bewegt und vorwiegend in der allmählichen Emancipation des Einzelnen von der Herrschaft allgemeiner Ideen und ihrer dem Leben angehöriger Correlate, in der Wiederkehr des Ich zu sich selbst bestanden habe. Aus der Schule Fichtes und Hegels hervorgegangen, trieb er den diesen eigenen individualistischen Zug bis hart an die Grenze der Carikatur, legte er förmlich eine Reincultur des Ich-Gedankens an, ängstlich bedacht, denselben nicht sich wieder zur metaphysischen Seifenblase verflüchten und aus seiner psychologischen und practischen Sphäre heraustreten zu lassen. Im Gegentheil scheint Stirner mit einem fühlbaren Anklang an den Positivismus eher geneigt, gerade die Einzelheiten des Lebens wie der Wahrnehmung als das Reale, als das einzig Existenzberechtigte zu betrachten. Alles Begriffliche und Allgemeine ist secundär, ein Werk der Einzelnen, das zum Objecte gemachte Subject, ein Geschöpf, das von dem Schöpfer allerdings allzumeist als das einzig und wahrhaft Reale, als der höchste Endzweck, als das Heilige angesehen und verehrt wird. In der Entstehung dieser Verallgemeinerung, wie in der Emancipation von demselben, will Stirner nun den Gang der fortschreitenden Cultur erkennen.

Die Alten blieben bei Verallgemeinerungen niederer Ordnung stehen; sie lebten in dem Gefühle, dass die Welt und die weltlichen Verhältnisse (z. B. die natürlichen Blutbande) das Wahre seien, vor dem ihr ohnmächtiges Ich sich beugen müsse. Der Mensch der antiken Weltstellung lebte ganz im Banne der Anschauung und daher haftete auch all seinen allgemeinen Begriffe, der höchsten Typus derselben, Platos Ideen nicht ausgeschlossen, ein Charakter starker Sinnlichkeit an.

Das Christenthum ging mit seinen Verallgemeinerungen nur weiter hinauf und hinaus aus der Grenze des Sinnlichen; die Begriffe wurden in demselben Masse geistiger, körperloser, je allgemeiner sie wurden. Das Alterthum suchte den wahren Lebensgenuss, Genuss des Lebens das Christenthum das wahre Leben, das Alterthum vollendete Sinnlichkeit, das Christenthum vollendete Sittlichkeit, Vergeisterung, ersteres ein seliges Diesseits, letzteres ein seliges Jenseits, das Alterthum stellte als oberstes moralisches Fundament den Staat, das weltliche Gesetz, das Christenthum, Gott, das unvergängliche, ewige Gesetz auf u. s. w. Die antike Welt war nicht über die Herrschaft des formellen Verstandes (die Sophisten) hinaus gekommen, das Christenthum setzte das „Herz" an die Stelle des Verstandes, die Herzensbildung an die der einseitigen Verstandesbildung. Nichts destoweniger ist dies nach Stirner, wie schon erwähnt, derselbe Process, die Objectivirung des eigenen Ichs, das aus sich heraustritt und sich für ein Fremdes, Höherstrebendes hält, die unbewusste Selbstvergötterung.

Auch in der Reformation will Stirner weiter nichts als eine Fortsetzung desselben Processes erkennen. Bis in die die Reformation vorbereitende Zeit hinein lag der als heidnisch verpönte Verstand unter der Herrschaft der Dogmen gefangen; kurz vor der Reformation hiess es aber „wenn nur das Herz christlich gesinnt bleibt, so mag der Verstand immerhin seine Lust geniessen." Aber die Reformation machte endlich mit dem Herzen selber Ernst, und seitdem sind die Herzen zusehends unchristlicher geworden. Indem man mit Luther anfing, sich die Sache zu Herzen zu nehmen, musste dieser Schritt der Reformation dahin führen, dass auch das Herz von der schweren Last der Christlichkeit erleichtert wird. Das Herz von Tag zu Tag unchristlicher, verliert den Inhalt, mit welchem es sich beschäftigt, bis zuletzt ihm nichts als die leere Herzlichkeit übrig bleibt, die allgemeine Menschenliebe, die Liebe des Menschen, das Freiheitsbewusstsein." Es braucht wohl kaum erwähnt zu werden, dass diese Geschichtsauffassung eine ganz gezwungene und schiefe ist. Wem braucht es denn erst gesagt zu werden, dass die Reformation vielleicht die grösste historische That zu Gunsten des Individuums war, indem sie dieses, von der mächtigsten aller Autoritäten, von der Allgewalt des römischen Dogmas befreite. Mit der Reformation nahm die bewusste Freiheitsbewegung ihren ersten gewaltigen Anlauf.

Aber Stirner stellt den antiken Staatscult, den christlichen Gottescult und den modernen Cult der Menschlichkeit und Freiheit ganz auf dieselbe Stufe: Gespenster, Spuk, Sparren, Besessenheit ist ihm eines wie das andere, und das gleiche sucht er von den Begriffen, Wahrheit, Recht, Sittlichkeit, Eigenthum, Liebe u. s. w. von den sogenannten geheiligten Grundlagen der menschlichen Gemeinschaft darzulegen. Sie alle sind Spukgebilde unseres eigenen Geistes, Geschöpfe des eigenen Ich, vor welchen sich der Schöpfer in der Ohnmacht der Unwissenheit beugt, die er als etwas Unabänderliches, Ewiges, als etwas Heiliges betrachtet, zu welchem jede Regung der schöpferischen Idee als Egoismus in Gegensatz gestellt wird.

„Die geistlichen Menschen haben sich etwas in den Kopf gesetzt, was realisirt werden soll. Sie haben Begriffe von Liebe, Güte u. dergl., die sie verwirklicht sehen möchten; Darum wollen sie ein Reich der Liebe auf Erden möchten, worin Keiner mehr aus Eigennutz, sondern Jeder aus Liebe handelt. Die Liebe soll herrschen. Was sie sich in den Kopf gesetzt haben, wie soll man das anders nennen als — fixe Idee? Es „spukt ja in ihrem Kopfe". Der beklemmendste Spuk ist der Mensch. Man denke des Sprichwortes: „Der Weg zum Verderben ist mit guten Vorsätzen gepflastert". Der Vorsatz, die Menschlichkeit ganz in sich zu verwirklichen, ganz Mensch zu werden, ist von so verderblicher Art; dahin gehören die Vorsätze, gut, edel, liebevoll u. s. w. zu werden".

Die Herrschaft der Idee, gleichgiltig, ob der religiösen, ob der humanen, ob der sittlichen ist für Stirner „Pfaffenthum". Der Philanthropismus ist eine himmlische, geistige, eine — pfäffische Liebe. Der Mensch muss in uns hergestellt werden, und gingen wir armen Teufel darüber auch zu Grunde. Es ist derselbe pfäffische Grundsatz, wie jener berühmte fiat justitia, pereat mundus: Mensch und Gerechtigkeit sind Ideen, Gespenster, denen zu Liebe alles geopfert wird. Wer für den Menschen schwärmt, der lässt, soweit seine Schwärmerei sich erstreckt, die Personen ausser acht und schwimmt in einem idealen heiligen Interesse. Der Mensch ist ja keine Person, sondern eine Ideal, ein Spuk".

Aller Fortschritt der öffentlichen Meinung, alle Emancipation des menschlichen Geistes, wie er sich bisher vollzog, ist demnach für Stirner die verlorenste Mühe, eine gewöhnliche Coulissenverschiebung. Sowie das Christenthum die Menschheit nicht nur nicht aus dem Bann des alterthümlichen Spukes befreite, sondern den Spuk eher verstärkte, vermehrte, so hat die Reformation die Fessel des Menschen nicht um Haaresbreite gelüftet. „Weil der Protestantismus die mittelalterliche Hierarchie knickte, konnte die Meinung Wurzel fassen, es sei die Hierarchie überhaupt durch ihn gebrochen worden, und gänzlich übersehen werden, dass es gerade eine Reformation war also eine Auffrischung der veralteten Hierarchie. Jene mittelalterliche war nur eine schwächliche Hierarchie gewesen, da sie alle mögliche Barbarei der Personen unbezwungen neben sich hergehen lassen musste, und erst die Reformation stählte die Kraft der Hierarchie. Wenn Bruno Bauer meint: „Wie die Reformation hauptsächlich die abstracte Losreissung des religiösen Principes von Kunst, Staat und Wissenschaft, also die Befreiung desselben von jenen Mächten war, mit denen es sich im Alterthum der Kirche und in der Hierarchie des Mittelalters verbunden hatte, so sind auch die theologischen und kirchlichen Richtungen, welche aus der Reformation hervorgingen nur die consequente Durchführung dieser Abstraktion des religiösen Princips von den andern Mächten der Menschheit" — so sehe Ich gerade in dem Gegentheil das Richtige und meine die Geisterherrschaft oder Geisterfreiheit — was auf Eins hinauskommt — sei nie zuvor so umfassend und allmächtig gewesen, weil die jetzige, statt das religiöse Princip von Kunst, Staat und Wissenschaft loszureissen, vielmehr diese ganz aus der Weltlichkeit in das „Reich des Geistes" erhob und religiös machte.

Aus dem gleichen Gesichtspunkte betrachtet er die ganze mit der Reformation eingeleitete Geistesrichtung:

„Wie kann man" — sagt er — „von der neueren Philosophie und Zeit behaupten wollen, sie habe es zur Freiheit gebracht, da sie Uns von der Gewalt der Gegenständlichkeit nicht befreite? Oder bin Ich etwa frei von Despoten, wenn Ich mich zwar vor dem persönlichen Machthaber nicht fürchte, aber vor jeder Verletzung der Pietät, welche Ich ihm zu schulden wähne? Nicht anders verhält es sich mit der neueren Zeit. Sie verwandelt nur die existirenden Objecte, den wirklichen Gewalthaber u. s. w. in vorgestellte, d. h. in Begriffe, vor denen der alte Respect sich nicht nur nicht verlor, sondern an Intensität zunahm. Schlug man auch Gott und dem Teufel in ihrer vormaligen crassen Wirklichkeit ein Schnippchen, so widmete man nur um so grössere Aufmerksamkeit ihren Begriffen. „Den Bösen sind sie los, das Böse ist geblieben". Den bestehenden Staat zu revoltiren, die bestehenden Gesetze umzustürzen, trug man wenig Bedenken, da man einmal entschlossen war, sich von dem Vorhandenen und Handgreiflichen nicht länger imponiren zu lassen; allein gegen den Begriff der Staaten zu sündigen, dem Begriffe des Gesetzes sich nicht zu unterwerfen, wer hätte das gewagt? So blieb man „Staatsbürger" und ein „gesetzlicher", loyaler Mensch; ja man dünkte sich nur um so gesetzlicher zu sein, je rationalistischer man das vorige mangelhafte Gesetz abschaffte, um dem „Geiste des Gesetzes" zu huldigen. In alle dem hatten nur die Objecte eine Umgestaltung erlitten, waren aber in ihrer Uebermacht und Oberhoheit verblieben: kurz man steckte noch in Gehorsam und Besessenheit, lebte in der Reflexion, und hatte einen Gegenstand, auf welchen man reflectirte, den man respectirte und vor dem man Ehrfurcht und Furcht empfand. Man hatte nichts anderes gethan, als dass man die Dinge in Vorstellungen von den Dingen, in Gedanken und Begriffe verwandelte, und die Abhängigkeit um so inniger und unauflöslicher wurde. So hält es z. B. nicht schwer von den Geboten der Eltern sich zu emancipiren, oder den Ermahnungen des Onkels und der Tante, der Bitte des Bruders und der Schwester sich zu entziehen; allein der aufgekündigte Gehorsam fährt einem leicht in's Gewissen, und je weniger man auch den einzelnen Zumuthungen nachgiebt, weil man sie rationalistisch aus eigener Vernunft für unvernünftig erkennt, desto gewissenhafter hält man die Pietät, die Familienliebe fest, und vergiebt sich um so schwerer eine Versündigung gegen die Vorstellung, welche man von der Familienliebe und der Pietätspflicht gefasst hat. Von der Abhängigkeit gegen die existirende Familie erlöst, fällt man in die bindendere Abhängigkeit von dem Familienbegriffe, man wird vom Familiengeist beherrscht. — Und diese zu einem Gedanken, einer Vorstellung verinnerlichte und entsinnlichte Familie gilt nun als das „Heilige", dessen Despotie noch zehnmal ärger ist, weil sie in meinem Gewissen rumort. Diese Despotie wird nur gebrochen, wenn auch die vorgestellte Familie Mir zu einem Nichts wird. Aehnlich wie mit der Familie verhält sich's mit der Sittlichkeit. Von der Sitte sagt sich mancher los, von der Vorstellung „Sittlichkeit" sehr schwer. Die Sittlichkeit ist die „Idee" der Sitte, ihre geistige Macht, ihre Macht über die Gewissen: dagegen die Sitte zu materiell ist, um den Geist zu beherrschen, und einen „geistigen" Menschen, einen sogenannten Unabhängigen, einen „Freigeist" nicht fesselt.

Der Mensch strebt nach Selbständigkeit, nach der Überwältigung alles dessen, was nicht ein Ich ist, meint Stirner, wie verträgt sich dies aber mit dieser eben characterisirten Gebietserweiterung und Praevalanz des Geistes, der Idee? Heute ist der Mensch weniger frei als früher; durch den Liberalismus wurden nur andere Begriffe aufs Tapet gebracht, nämlich statt der göttlichen menschliche, statt der kirchlichen staatliche, statt der gläubigen wissenschaftliche, oder allgemeine statt der rohen Sätze und Satzungen wirkliche Begriffe und ewige Gesetze.

In der Emancipationsbewegung der neueren Zeit unterscheidet Stirner drei verschiedene Abarten, den politischen, den socialen und den humanen Liberalismus.

Der politische Liberalismus gipfelt nach Stirner in dem Gedanken, dass der Staat alles in allem, der wahre Mensch sei, und dass des

Einzelnen Menschenrecht darin bestehe, ein Staatsbürger zu sein. Der politische Liberalismus vernichtete die Rechtsungleichheit der feudalen Zeit und zerschlug die Fessel der Knechtschaft, welche in jener Zeit ein Mensch dem anderen, der Bevorzugte dem minder Bevorzugten zu tragen gezwungen, er hob alle Sonderinteressen und Privilegien auf, allein er schuf keineswegs die Freiheit: er machte nur den einen vom anderen unabhängig, frei, alle aber zu den unbedingtesten Sclaven des Staates. Auf den Staat häufte er alle Macht, alles Recht, der Einzelne ist nur als Staatsbürger etwas, hat nur jenes Recht, das ihm der Staat gibt. Der politische Liberalismus schuf nach Stirner ein freies Volk, keinen freien Einzelnen. Die absolute Monarchie hat nur ihren Namen gewechselt, früher hiess sie König, jetzt Volk, Staat, Nation.

„Politische Freiheit sagt dies, dass die Polis, der Staat, frei ist, Religionsfreiheit dies, dass die Religion frei ist, wie Gewissensfreiheit dies bedeutet, dass das Gewissen frei ist; also nicht, dass Ich vom Staate, von der Religion, vom Gewissen frei, oder dass ich das los bin. Sie bedeutet nicht meine Freiheit, sondern die Freiheit einer mich beherrschenden und bezwingenden Macht; sie bedeutet, dass einer meiner Zwingherrn, wie Staat, Religion, Gewissen frei sind. Staat, Religion, Gewissen, diese Zwingherrn machen mich zum Sclaven und ihre Freiheit ist meine Sclaverei." — „Ist das Princip dies, dass nur die Sache den Menschen beherrschen soll, nähmlich die Sache der Sittlichkeit, die Sache der Gesetzlichkeit u. s. w., so darf auch keinerlei persönliche Verkürzung des Einen durch den Andern autorisiert werden d. h. es muss freie Concurrenz stattfinden. Nur durch die Sache kann Einer den Andern verkürzen, der Reiche z. B. den Unbemittelten durch das Geld, eine Sache — als Person nicht. Es gibt fortan nur Eine Herrschaft, die Herrschaft des Staats; persönlich ist Keiner mehr ein Herr des Andern. Aber dem Staate gelten auch alle seine Kinder ganz gleich, „bürgerliche oder politische Gleichheit", und sie mögen selbst zusehen, wie sie miteinander fertig werden; sie mögen concurrieren. Freie Concurrenz bedeutet nichts Anderes, als dass Jeder gegen den Andern auftreten, sich geltend machen, kämpfen kann."

An dieser Stelle, (an welcher Stirner keineswegs das nächstliegende, den wirthschaftlichen Individualismus, erkennen will), zweigt vom politischen der sociale Liberalismus (das was wir heute Socialdemokratie, communistischen Socialismus nennen) ab. Mit nicht genug zu bewundernder Geschicklichkeit bringt es Stirner zu wege, diese beiden so gegensätzlichen Richtungen für wesensgleich und letztere blos für die consequente Ausgestaltung des Ersteren hinzustellen.

„Die Freiheit des Menschen ist im politischen Liberalismus die Freiheit von Personen, von persönlicher Herrschaft, vom Herrn; Sicherung jeder einzelnen Person gegen andere Personen, persönliche Freiheit. Es hat keiner etwas zu befehlen, das Gesetz allein befiehlt. Aber sind die Personen auch gleich geworden, so doch nicht ihr Besitzthum. Und doch braucht der Arme den Reichen, der Reiche den Armen, jener das Geld des Reichen, dieser die Arbeit des Armen. Also es braucht Keiner den Andern als Person: aber er braucht ihn als Gebenden, mithin als einen, der etwas zu geben hat, als Inhaber oder Besitzer. Was er also hat, das macht den Mann. Und im Haben oder an Habe sind die Leute ungleich. Folglich, so schliesst der sociale Liberalismus, muss Keiner haben, wie dem politischen Liberalismus zufolge Keiner befehlen sollte, d. h. wie hier der Staat allein die Befehle erhielt, so nun die Gesellschaft allein die Habe." — Wie im politischen Liberalismus, der Staat die Quelle alles Rechtes ist und der Einzelne nur soviel hievon geniesst als ihm der Staat gibt, so wird der sociale Staat, jetzt Gesellschaft genannt, auch noch der alleinige Herr allen Besitzes und der Einzelne soll nur soviel haben, als ihm die Gesellschaft theilnehmen lässt. „Vor dem höchsten Gebieter" — sagt Stirner in seiner knorrigen Sprache, — „dem alleinigen Befehlshaber, waren wir alle gleich geworden, gleiche Personen, d. h. Nullen. Vor dem höchsten Eigenthümer werden wir alle gleiche Lumpe. Für jetzt ist noch Einer in der Schätzung des Andern ein „Lump", oder „Habenichts"; dann aber hört diese Schätzung auf, wir sind allzumal Lumpen und die Gesammtmasse der communistischen Gesellschaft können wir blos „Lumpengesindel" nennen."

Das was endlich Stirner unter dem Namen „humaner Liberalismus" den beiden genannten Richtungen als dritte an die Seite stellt hat mit den politischen und materiellen Verhältnissen des Menschen überhaupt nichts zu thun, und ist der philosophische Liberalismus Feuerbachs, welcher die Freiheit der Meinung in demselben Masse wie ihre Vorgänger die Freiheit der Person statuiert. „In der menschlichen Gesellschaft, welche der Humane verheisst" sagt Stirner, „soll überhaupt nichts Anerkennung finden, was Einer oder der Andere „Besonderes" hat, nichts Wert haben, was den Charakter des „Privaten" trägt. Auf diese Weise rundet sich der Kreis des Liberalismus, der an dem Menschen sein gutes, an dem Egoisten und allem Privaten sein böses Princip, an jenem seinen Gott, an diesem seinen Teufel hat, vollständig ab, und verlor im „Staate" die besondere oder private Person ihren Werth (kein persönliches Vorrecht), büsst in der „Arbeiter- oder Lumpen-Gesellschaft" das besondere (private) Eigentum seine Anerkennung ein, so wird in der „menschlichen Gesellschaft" alles Besondere oder Private ausser Betracht kommen, und wenn die „reine Kritik" ihre schwere Arbeit vollführt haben wird, dann wird man wissen, was alles privat ist, und was man „in seines Nichts durchbohrendem Gefühle" wird — stehen lassen müsse." Der politische Liberalismus regelte die Verhältnisse von Macht und Recht, der sociale will die vom Eigenthum und Arbeit regeln, der humane stellt die ethischen Grundsätze der modernen Gesellschaft fest.

* * *

Wie man sieht, erkennt jedoch Stirner die Strebungen und Errungenschaften aller dieser Richtungen — denen wir die vollständige Umwälzung Europas im letzten Jahrhundert zuschreiben — nicht an, sondern ist im Gegentheile bereit, in ihnen eher eine Verschärfung der Knechtschaft zu erblicken, in welcher die freien Iche gehalten werden. Je geistiger, je interessanter, je hehrer, desto heiliger werden die Ideen für die Menschen, desto grösser ist der Respect für dieselben, desto geringer ihnen gegenüber die Freiheit des Ichs. Da nun aber diese Ideen, blose Schöpfungen des eigenen Geistes, Fictionen, irreale Grössen sind, bedeuten alle durch den Liberalismus angebahnten „Fortschritte" für Stirner nichts als zunehmende Selbsttäuschungen, zunehmenden Rückschritt. Der wahre Fortschritt kann für ihn, das liegt auf der Hand, nur in der vollkommenen Emancipation des Ichs von dieser Begriffsherrschaft in dem Triumphe der Eigenheit liegen. „Denn die Eigenheit ist die Schöpferin von Allem, wie schon längst die Genialität (eine bestimmte Eigenheit), die stets Originalität ist, als die Schöpferin neuer weltgeschichtlicher Productionen angesehen wird! — Die Freiheit lehrt uns: Macht Euch los, entledigt Euch alles Lästigen; sie lehrt Euch nicht, wer Ihr selbst seid. Los! los! so tönt ihr Losungswort, und Ihr, begierig ihrem Rufe folgend, werdet Euch selbst sogar los, „verleugnet Euch selbst." Die Eigenheit aber ruft Euch zu Euch selbst zurück, sie spricht: „Komm zu Dir!" Unter der Ägide der Freiheit werdet Ihr Vielerlei los, aber Neues beklemmt Euch wieder: den Bösen seid Ihr los, das Böse ist geblieben. Als Eigene seid ihr wirklich Alles los, und was Euch anhaftet, das habt Ihr angenommen. Das ist eure Wahl und euer Belieben. Der Eigene ist der geborene Freie, der Freie von Haus aus. Der Freie dagegen wird der Freiheitssüchtige, der Träumer, der Schwärmer." Die Freiheit ist nur möglich neben der Macht, sie zu erringen und zu erhalten, diese Macht ist aber immer nur bei dem Einzelnen, bei dem Eigenen. „Meine Macht ist mein Eigenthum, Meine Macht gibt Mir Eigenthum, Meine Macht bin Ich selbst und bin durch sie mein Eigenthum."

Das ist in nuce Stirners positive Lehre.

Recht ist Gewalt. Macht. „Was du zu sein die Macht hast, dazu hast du das Recht. Ich leite alles Recht und alle Berechtigung aus Mir her; denn Ich bin zu allem berechtigt, dessen Ich mächtig bin. Ich bin berechtigt, Zeus, Jehova, Gott u. s. w. zu stürzen, wenn Ich kann; kann Ich's nicht, so werden diese Götter stets gegen Mich im Rechte und in der Macht bleiben, Ich aber werde Mich vor ihrem Rechte und ihrer Macht fürchten in ohnmächtiger „Gottesfurcht", werde ihre Gebote halten und in Allem, was Ich nach ihrem Rechte thue, Recht zu thun glauben, wie die russischen Grenzwächter sich für berechtigt halten, die entrinnenden Verdächtigen todt zu schiessen, indem sie „auf höhere Autorität", d. h. mit Recht morden. Ich aber bin durch Mich berechtigt zu morden, wenn Ich Mir's selbst nicht verbiete, wenn Ich Mich selbst nicht vor'm Morde als vor einem „Unrecht" fürchte. Ich bin nur zu dem nicht berechtigt, was Ich nicht mit freiem Muthe thue, d. h., wozu Ich Mich nicht berechtige. Ich entscheide, ob in Mir das Recht ist, ausser Mir giebt es kein Recht. Ist es Mir recht, so ist es Recht. Möglich, dass es darum den Anderen noch nicht recht ist, das ist ihre Sorge, nicht meine, sie mögen sich wehren. Und wäre etwas der ganzen Welt nicht recht, Mir aber wäre es recht, d. h. Ich wollte es, so früge Ich nach der ganzen Welt nichts. So macht es Jeder, der sich zu schätzen weiss und Jeder in dem Grade, als er Egoist ist, denn Gewalt geht vor Recht und zwar mit vollem Recht."

Alles bestehende Recht ist fremdes Recht: mein Recht, das kann mir Niemand geben, weder Gott, noch die Vernunft, noch die Natur oder der Staat u. s. w.; ob Ich Recht habe oder nicht, darüber giebt es nur einen Richter, und das bin Ich, andere können höchstens urtheilen und richten, ob sie meinem Rechte beistimmen und ob es auch für sie als Recht besteht. Gesetz ist der Wille der herrschenden Macht in einer Gesellschaft. Jeder Staat ist eine Despotie, gleichgiltig, ob diese herrschende Gewalt Einer oder Viele oder Alle sind.

Er bliebe aber auch dann eine Despotie, wenn sich z. B. in der Volksversammlung wirklich der Gesammtwille, d. h. der Einzelwille Aller, und somit auch ich den meinen vollkommen übereinstimmend ausgesprochen hätte; wenn dann dieser Wille Gesetz wird, so werde ich morgen doch durch das gebunden, was ich gestern gewollt, dann bin ich also Knecht, wenn auch Knecht meiner selbst. Wie lässt sich dies ändern? „Nur dadurch, dass Ich keine Pflicht anerkenne, d. h. Mich nicht binde oder binden lasse. Habe Ich keine Pflicht, so kenne Ich auch kein Gesetz." Dem Recht geht das Unrecht, der Gesetzlichkeit das Verbrechen zur Seite. Das zügellose „Ich" Stirners ist der nieaufhörende Verbrecher im Staate, nur wer sein „Ich" verleugnet, wer „Selbstverleugnung" übt, ist dem Staate angenehm. Mit dem Recht müsste also auch das Verbrechen verschwinden.

„In heftiger Bewegung schwankt der Streit um das Recht des Eigenthums. Die Communisten behaupten: Die Erde gehört rechtlich Demjenigen, der sie bebaut, und die Producte derselben Denjenigen, die hervorbringen. Ich meine, sie gehört dem, der sie zu nehmen weiss, oder der sie sich nicht nehmen, sich nicht darum bringen lässt. Eignet er sie sich an, so gehört ihm nicht bloss die Erde, sondern auch das Recht dazu. Dies ist das egoistische Recht, d. h. Mir ist's so recht, dann ist es Recht." Wie sehr Stirner von Proudhon abweicht, zeigt sich in der Eigenthumsfrage am Grellsten. Proudhon hat das Eigenthum negirt, weil es sich nicht mit der Gerechtigkeit verträgt. Stirner leugnet die Gerechtigkeit und fordert das Eigenthum auf Grund des Occupationsrechtes. Proudhon erklärte das Eigenthum für Diebstahl. Stirner stellte den Satz ganz auf den Kopf und antwortet auf die Frage: „Was ist mein Eigenthum?" — „Nichts, als was in meiner Gewalt ist!" — „Zu welchem Eigenthum bin ich berechtigt?" — „Zu jedem, zu welchem ich mich — ermächtige. Das Eigenthumsrecht gebe Ich Mir, indem Ich Mir Eigenthum nehme, oder Mir die Macht des Eigenthümers, die Vollmacht, die Ermächtigung gebe."

Die Occupationstheorie tritt uns hier in ihrer ganzen Brutalität entgegen. Nichtsdestoweniger schrickt hier selbst Stirner vor der äussersten Consequenz zurück, vor dem Gedanken, dass man sich seiner Habe täglich und stündlich werde mit dem Knüppel in der Faust wehren müssen, und er ist daher geneigt, die Concession einer freiwilligen Organisation zu machen. „Gelangen die Menschen dahin", sagt er, „dass sie den Respect vor dem Eigenthum verlieren, so wird Jeder Eigenthum haben, wie alle Sclaven freie Menschen werden, sobald sie den Herrn als Herrn nicht mehr achten. Vereine werden dann auch in dieser Sache die Mittel des Einzelnen multipliciren und sein angefochtenes Eigenthum sicher stellen. Nach der Meinung der Communisten soll die Gemeinde Eigenthümerin sein. Umgekehrt, Ich bin der Eigenthümer und verständige Mich nur mit Anderen über mein Eigenthum. Macht Mir's die Gemeinde nicht recht, so empöre Ich Mich gegen sie und vertheidige mein Eigenthum. Ich bin Eigenthümer, aber das Eigenthum ist nicht heilig."

Ebensowenig wie in der Eigenthumsfrage acceptirt Stirner die Selbstregulation der Gesellschaft in dem Punkte, wo es sich handelt, den Arbeitern für ihre Arbeit die völlige Entlohnung zu erzielen. „Sie sollen auf sich halten und nach dem Staate nichts fragen!" giebt er zur Antwort. Nur auf eine dritte sehr schwierige Frage bleibt der gründliche Mann die Antwort so gut wie schuldig. Den Pauperismus erklärt er für die „Werthlosigkeit Meiner", wenn Ich Mich nicht verwerthen kann; ich kann demnach den Pauperismus nur los werden, wenn Ich als „Ich" mich verwerthe, wenn Ich Mir selbst Werth gebe und meinen Preis selbst mache. Alle „Pöbelbeglückungsversuche" und „Schwanenverbrüderungen", die aus dem Princip der Liebe entspringen, müssten scheitern, denn nur aus dem Egoismus könne dem Pöbel Hilfe kommen und diese Hilfe müsse und werde er sich selbst leisten." Die Eigenthumsfrage lässt sich nicht so gesetzlich lösen, als die Socialisten, ja selbst die Communisten träumen. Sie wird nur gelöst durch den Krieg Aller gegen Alle. Die Armen werden nur frei und Eigenthümer, wenn sie sich — empören, emporschwingen, erheben. Schenke ihnen noch so viel, sie werden doch immer mehr haben wollen; denn sie wollen nichts Geringeres, als dass endlich — nichts mehr geschenkt werde. Man wird fragen: Wie wird's dann aber werden, wenn die Besitzlosen sich ermannen? Welcher Art soll dann die Ausgleichung werden? Ebensogut könnte man verlangen, dass Ich einem Kinde die Nativität stellen soll. Was ein Sclave thun wird, sobald er die Fesseln zerbrochen, das muss man — erwarten."

Schritt für Schritt entfernt sich Stirner von Proudhon, dieser verlangt für die Einrichtung eines Paradieses „eine Wage", Stirner setzt das Princip der natürlichen Zuchtwahl als den obersten und einzigen Herrscher auf socialem Gebiete ein. Der Kampf ums Dasein, den Proudhon im wirthschaftlichen Leben anzuerkennen sich so sträubte, tritt hier mit aller Brutalität in seine Rechte. „Selbstverwerthung des Ichs" ist für Stirner der Schlüssel zur Lösung der Probleme der Arbeit, des Vermögens und des Pauperismus. Keine Gütertheilung und keine Organisation der Arbeit! Für Proudhon ist jede Arbeit das Resultat einer Collectivkraft, für Stirner sind die werthvollsten Arbeiten Werke „Einziger" (Künstler, Gelehrter u. s. w.) und der Werth derselben ist immer nur vom egoistischen Standpunkte zu bestimmen.

Auf die Frage, ob das Geld unter Egoisten beizubehalten oder abzuschaffen sei, antwortet er: Wisst Ihr ein besseres Tauschmittel, immerhin! doch wird es wieder ein „Geld" sein. Nicht das Geld thut Euch Schaden, sondern euer Unvermögen, es zu nehmen. Lasst euer Vermögen wirken, nehmt Euch zusammen, und es wird an Geld — an eurem Gelde, dem Gelde e u r e s Gepräges — nicht fehlen. Arbeiten aber, das nenne ich nicht „euer Vermögen wirken lassen." Die nur „Arbeit suchen und tüchtig arbeiten wollen", bereiten sich selbst die unausbleibliche Arbeitslosigkeit. Das, was wir heute „freie Concurrenz" nennen, lässt Stirner nicht als „frei" gelten, da nicht Jedem die Mittel zum Concurrieren zu Gebote stehen. „Die Concurrenz aufheben heisst nicht so viel als die Zunft begünstigen. Der Unterschied ist dieser: In der Zunft ist das Backen u. s. w. Sache der Zünftigen; in der Concurrenz Sache der beliebig Wetteifernden; im Vereine derer, welche Gebackenes brauchen, also meine, deine Sache, weder Sache des Zünftigen noch des concessionierten Bäckers, sondern Sache der Vereinten."

Zum zweitenmale tritt uns hier die Idee eines Vereins entgegen, ohne dass sich Stirner genau über den Charakter desselben ausliesse. Nur noch an einer Stelle kommt er auf den Begriff des Vereins überhaupt zu sprechen. Er sagt: „Die Auflösung der Gesellschaft ist der Verkehr oder Verein. Allerdings entsteht auch durch Verein eine Gesellschaft, aber nur wie durch einen Gedanken eine fixe Idee entsteht, dadurch nämlich, dass aus dem Gedanken die Energie des Gedankens, das Denken selbst, die rastlose Zurücknahme aller sich verfertigenden Gedanken verschwindet. Hat sich ein Verein zur Gesellschaft krystallisiert, so hat er aufgehört, eine Vereinigung zu sein, denn Vereinigung ist ein unaufhörliches Sich-Vereinigen, er ist zu einem Vereinigtsein geworden, zum Stillstand gekommen, zur Fixheit ausgeartet, er ist — tot als Verein, ist der Leichnam des Vereins und der Vereinigung d. h. er ist Gesellschaft, Gemeinschaft. Ein sprechendes Exempel dieser Art liefert die Partei."

Stirner gibt zu, dass der Verein nicht bestehen könne, ohne dass die Freiheit auf allerlei Art beschränkt werde. Allein absolute Freiheit ist ja eben nur ein Ideal, ein' Spuk, und der Zweck des Vereins ist nicht Freiheit, die er im Gegentheil der Eigenheit opfert, aber auch nur der Eigenheit. Der Verein ist mein Geschöpf, mein Werkzeug, mir heilig, nicht eine geistige Macht über meinem Geiste und er beugt nicht mich, sondern ich beuge ihn und mache ihn mir zu nutze. „Wie Ich nicht ein Sclave meiner Maximen sein mag, sondern sie ohne alle Garantie meiner steten Kritik blossstelle und gar keine Bürgschaft für ihren Bestand zulasse, so und noch weniger verpflichte Ich Mich für meine Zukunft dem Verein und verschwöre ihm meine Seele, sondern Ich bin und bleibe Mir mehr als Staat, Kirche, Gott u. s. w., folglich auch unendlich mehr als der Verein."

Wie wir in diesem losen, stets lösbaren Vertrag — obgleich es Stirner selbst nicht sagt — jenen Verein wieder erkennen dürfen, welchem er früher die Mission zugeschrieben, „das angefochtene Eigenthum sicher zu stellen", die Verhältnisse der Production und Consumtion zu ordnen und mithin auch die Rolle zugedacht, eine gewisse Einheit des Zahlmittels zu beschaffen, so haben wir in diesem „Verein von Egoisten", wie ihn sein Vater nannte, den ganzen Schatz von positiven Gedanken, die Stirners Buch birgt und vermöge seiner ganzen Anlage bergen kann. Denn wer nur eine Grösse gelten lässt und mit 1 operirt, alles Nicht - I als nicht existent betrachtet, der kann keine Combinationen. auf denen doch das Leben beruht, anstellen, ohne mit seinem Grundsatze selbst in heillosen Conflict zu gerathen, und das ist Stirner widerfahren, trotzdem sein „Verein von Egoisten" so vag und imaginär ausgefallen war.

Da Stirner zugestehen muss, dass der Verein nicht bestehen könne, ohne dass die Freiheit auf allerlei Art beschränkt werde, erklärte er — weil er den Verein nun doch einmal braucht — die „absolute Freiheit" für einen Spuk und für das Gegentheil der „Eigenheit", auf die alles ankommt. Allein, wer soll das glauben? Stirner hat sich wohl eine ganz eigenthümliche „absolute Freiheit" zurecht gelegt, um sie in Gegensatz zur „Eigenheit" stellen zu können. Ansonsten ist Freiheit eben die Möglichkeit, seiner „Eigenheit" leben, ein „Einziger", wie ihn Stirner gedacht hat sein zu können. Freiheit ist Abwesenheit jedweden fremden Einflusses, man mag es nun exoterisch oder esoterisch nehmen, und Stirner hat durch sein ganzes Buch nichts anderes gethan als von dem „Ich" alles losgeschält, was von fremden Zwange auf ihm haftete, er hat es zum „Einzigen" gemacht, indem er es von allem Fremden mit rücksichtsloser Consequenz — befreite. Er hat diese Befreiung als das Endziel aller Cultur geschildert, und zum Schluss stellt sich heraus, dass die ganze Geschichte mit dem Einzigen ein Schwindel war, denn der „Verein" schliesst die „absolute Eigenheit" aus, so gut wie die „absolute Freiheit", weil beides identisch ist.

Stirner hat freilich von einer „absoluten" Freiheit gesprochen, um sie als Spuk hinstellen zu können, und dagegen nur von einer Eigenheit. Nun schliesst der Verein eben wirklich nicht die Eigenheit und Freiheit, sondern nur die absolute Eigenheit aus. Aber eine „absolute Eigenheit" darf Stirner nicht zugeben, weil diese dann eben auch zum „Spuk", „Gespenst", zur „Besessenheit" und „fixen Idee" würde. Allein zugegeben oder nicht. Was ist der Stirner-Einzige anders als eine Idee, als ein Absolutes? Stirner war ausgegangen, Feuerbachs „Menschen" als eine rückständige idealistische Velleität todtzuschlagen, und als Prometheus einen neuen Menschen, den „Unmenschen" zu bilden, in dem zum Mikrokosmus vollendeten und als solcher vollkommen in sich abgeschlossenen, unabhängigen „Ich". Das ist in der That nicht der Unmensch, sondern der Uebermensch Prometheus selbst, die Idee des Menschen, die er bei Feuerbach bekämpfte. „Gewalt" — sagte er gelegentlich einmal in dem Buche „geht vor Recht und zwar — mit Recht". Das ist präcise das logische Schema nach welchem das ganze Buch gearbeitet ist. Fort mit allem Absoluten! Die Eigenheit geht vor jeder Idee und zwar weil sie die absolute Idee des Herrn Hegel, des Vielgeschmähten ist.

Aber sehen wir von diesem fundamentalen Widerspruch ab! Nehmen wir an er bestände nicht und alle übrigen philosophischen Voraussetzungen Stirners wären unbestreitbar, d. h. Gott, Menschheit, Gesellschaft, Recht, Staat, Familie kunterbunt in eine Kategorie geworfen — wären bloss Abstractionen, Schöpfungen meines „Ich". Was folgt daraus? Dass diese Begriffe, nun, da sie ihren absoluten Charakter verloren, überhaupt keine zulässigen Factoren in der Organisation des Lebens mehr seien? Ja, wenn man blos das Absolute für berechtigt hält; aber Stirner will ja alles Absolute aus den letzten Positionen vertreiben. Und folgt weiters aus dem Umstand, dass einer dieser Factoren seinen zwingenden Einfluss auf die Menschheit verloren hat, auch schon, dass allen übrigen — weil sie gleichfalls nicht absolut sind — ebenso jede practische Bedeutung abzusprechen wäre? Im concreten Falle stellt sich die Frage so: 1. Hat die Gottheitsidee, dadurch dass sie ihres absoluten Charakters entkleidet und in ihrer rein empirischen Entstehungsweise erkannt worden ist, auch ihre practische Bedeutung verloren? und 2. wenn der Rechtsbegriff zugegebenermassen ebensowenig wie der Gottheitsbegriff ein absoluter ist, folgt daraus, dass der Rechtszwang practisch auf dieselbe Stufe zu setzen ist, wie der Gewissenszwang? Was den ersteren Punkt betrifft, bin ich wohl im Hinblick auf die eingehende Behandlung dieser Fragen seitens der aufgeklärten Culturforschung, jedweder Antwort enthoben. Die zweite Frage möchte ich einem professionellen Juristen zur Beantwortung vorlegen, welcher die Natur des Rechtes kennt und zugleich den besten Willen hat, dem Anarchisten Stirner gerecht zu werden.

Dr. Rudolf Stammler*) sagt, nachdem er gezeigt, dass sich die Nothwendigkeit des Rechtszwanges für das menschliche Zusammenleben

---

*) Dr. Rud. Stammler. Die Theorie des Anarchismus. Berlin 1894 S. 42 f.

a priori nicht nachweisen lasse: „Es ist die Theorie des Anarchismus, welche uns besonders dringlich auf einen Gedankengang führen muss, der seither in der rechtsphilosophischen Literatur nirgends hervorgetreten ist, ob er gleich in allgemein gültiger Art die Unentbehrlichkeit des rechtlichen Zwanges an sich und die Berechtigung der juristischen Organisation als solche begreiflich macht. Denn das Gegenstück zu unserer Rechtsordnung, die Art des socialen Lebens, wie sie dem Anarchismus als Ideal und Zielpunkt vorschwebt ist die Vereinigung und Ordnung des Menschen in frei gebildeten Genossenschaften und lediglich unter Conventionalregeln. Mag dem einzelnen Anarchisten der Verein von Egoisten als Postulat vorschweben oder brüderlicher Communismus sein Wunsch sein — immer bestimme ein jeglicher selbst über seine Zugehörigkeit zu bestimmter Gemeinschaft. Er gehe frei die Convention ein und löse sie in eigener Entschliessung wieder — die vertragsmässige Uebereinkunft ist es, die ihn bindet, so lange sie besteht, die er allererst eingehen muss und die er in unbedingter Schrankenlosigkeit jederzeit durch neue Willenserklärung ausser Kraft setzen kann. Danach ist deutlich, dass diejenige Art ordnender Organisation, die den Kern der Theorie des Anarchismus abgiebt, doch nur für solche Menschen möglich ist, die zur vertragsmässigen Vereinigung mit anderen thatsächliche Fähigkeit besitzen. Der Handlungsunfähige, wie wir Juristen sagen, das kleine Kind, der Geistesgestörte, der schwer Kranke und gänzlich Altersschwache, sie alle wären von geregelter Organisation und allem socialen Leben vollständig ausgeschlossen. Denn sobald man beispielsweise den Säugling in die Gemeinschaft ohne weiteres aufnähme und deren Regeln unterwürfe, hätte man ja sofort den Rechtszwang wieder eingeführt und eine Herrschaft über einen Menschen ausgeübt, ohne dass diese regelnden Normen auf dessen Zustimmung in ihrem Geltungsanspruche gegründet wären. Die anarchistische Organisation des gesellschaftlichen Daseins des Menschen ist also darin verfehlt, dass sie nur einigen bestimmten, empirisch besonders qualificierten Menschen zugänglich ist und anderen Menschen, denen die genannten Eigenschaften fehlen, verschlossen bleibt. Ich deduciere mithin die Nothwendigkeit des rechtlichen Zwanges nicht daraus, dass es den Kleinen und Schwachen sonst „schlecht ergehen" würde; denn dieses kann ich im voraus und allgemein feststehend gar nicht wissen. Ich leite auch nicht die berechtigte Existenz einer Rechtsordnung davon ab, dass nur unter einer solchen die „wahre" Freiheit jedes einzelnen gedeihen könne, dessen Sphäre vor unerwünschtem Eindringen Dritter nun vollauf seither gestellt wäre; das wäre nach geschichtlichen Daten ganz unberechtigt und würde aus dem formellen Rechtszwange an und für sich noch ganz und gar nicht folgen. Ich gründe vielmehr das Recht des Rechtes in seinem formellen Bestande auf die Erwägung, dass die rechtliche Organisation die einzige ist, welche allen Menschen ohne Unterschied besonderer zufälliger Eigenschaften offen steht. Organisieren heisst: unter Regeln vereinigen. Eine solche Regulierung menschlichen Verhaltens ist Mittel zum Zweck, ein Instrument im Dienste der Verfolgung des Endzweckes möglichster Vervollkommung des Menschen. Eine allgemeine Berechtigung kann mithin nur diejenige Regulierung des menschlichen Zusammenlebens beanspruchen, welche in allgemeiner Weise alle Menschen ohne Rücksicht ihrer subjectiven oder verschiedenen Eigenthümlichkeiten umspannen kann. Und das ist allein das Recht. So bleibt auch in einem schlechten Rechte der Rechtszwang an sich genommen als wohl begründet zurück. Seine Existenzberechtigung wird durch etwaige Verwerflichkeit des betreffenden concreten Rechtsinhaltes nicht getilgt oder auch nur berührt: er ist begründet, weil er allein die Möglichkeit der allgemein gültigen, weil allgemein menschlichen Organisation bietet. Darum kann nicht in der Abschaffung des rechtlichen Zwanges als solcher, sondern nur in der Vervollkommnung des geschichtlich überlieferten Rechtes seinem Inhalte nach der sociale Fortschritt gefunden werden."

Mit diesen Ausführungen ist wohl auch der misbräuchlichen Anwendung ausgerenkter Aussprüche eines exacten Forschers wir Ihering der Pass verrannt. Ihering' hat zwar schonungslos dem Rechte seine ideologische Grundlage weggezogen —, das Recht die wohlverstandene Politik der Gewalt u. dgl. genannt, aber niemals die Notwendigkeit des Rechtszwanges geleugnet oder bekämpft, wie es Stirner that. Man könnte ebenso Darwin die Absicht unterschieben, den Menschen zu leugnen, weil er dessen natürliche Abstammung dargethan.

Ebenso wenig geht es an, den Altmeister der Sociologie Spencer für die anarchistische Theorie Stirners auszuspielen, weil auch dieser die rein egoistische Quelle des Rechtes und der gesellschaftlichen Organisation anerkennt. Egoismus und Anarchismus decken sich nicht bei jedem so vollkommen wie bei Stirner. Die Frage ist vor Allem, ob der Egoismus bei dem „Verein von Egoisten" auch wirklich seine Rechnung fände. Ist doch schon wiederholt bemerkt worden, dass wir es auch hier wieder — ähnlich wie bei Proudhon — im Grunde nur mit der consequenten Weiterführung der heutigen auf der freien Concurrenz beruhenden Gesellschaftsordnung zu thun haben. „Verwerthe Dich selbst" ist auch heute schon das oberste wirtschaftliche Princip, und wessen Werth, wessen Eigenheit nur im Wissen liegen wird, das nicht mit einer gehörigen Dosis Weltklugheit verbündet ist, dem wird es vermuthlich auch in der anarchischen besseren Welt so gehen, wie es dem armen Schulmeister Caspar Schmidt in unserer bösen bürgerlichen Welt ergangen, dass er nähmlich am Hungertuche nagen und den Tod als Erlöser begrüssen wird.

* * *

Stirner machte zu seiner Zeit und in seinem Lande keine Schule, man wollte denn den als enragierten Freihändler bekannten National-ökonomen und Publicisten Julius Faucher (1820—1878) in Betracht ziehen, welcher in einer zu Berlin im Jahre 1850 herausgegebenen Zeitung: „Die Abendpost" Stirners Ideen vertrat. Das Blatt wurde natürlich bald unterdrückt, und der einzige Apostel des Stirnerschen Evangeliums verliess bald darauf den Continent, um sich in England practischeren Dingen, als es die Anarchie ist, zuzuwenden, d. h. im Jargon Stirners, sein „Ich" besser zu verwerthen. Wie fremd und anomal der Stirnersche Individualismus selbst den fortgeschrittensten Radicalen des damaligen Deutschland schien, illustriert, recht schön ein von Max Wirth[*]) mitgetheiltes Zwiegespräch, das Faucher, in einem Bierhause, allwo die Linke am Frankfurter Parlamente sich einzustellen pflegte, mit dem starren Republicaner Schlöffel hatte. „Schlöffel liebte es mit seinen radicalen Gesinnungen zu prahlen, wie in jener Zeit überhaupt von Vielen mit Stolz darauf gepocht wurde, möglichst weit links zu stehen. Schlöffel hatte sein Erstaunen darüber ausgedrückt, dass Faucher sich von der politischen Bewegung fernhalte. Weil Sie mir zu weit rechts sind!? war Fauchers Antwort, der die Leute durch Paradoxen zu frappieren liebte. Schlöffel strich seinen langen Bart mit Stolz und entgegnete: „Das sagen Sie zu mir?" „Ja," fuhr Faucher fort, „denn Sie sind ja eingefleischter Republicaner, Sie wollen also noch einen Staat! Ich aber will auch den Staat nicht, folglich bin ich weiter links." Schlöffel hörte diese Paradoxen zum erstenmale und versetzte: „Unsinn, wer kann uns denn vom Staate emancipieren?" — „Das Verbrechen", war Fauchers mit Pathos herausgestossene Replik. Schlöffel drehte sich um und verliess ohne ein weiteres Wort die Kneipe. Die Zurückgebliebenen brachen in lautes Gelächter aus,

---

[*]) Zur Geschichte des Anarchismus. Neue freie Presse No. 10 748 vom 26. Juli 1894.

weil der schroffe stolze Demagog abgeführt war. Keiner aber vermuthete in der Äusserung mehr als einen dialectischen Scherz."

Diese Anekdote zeichnet treffend, welches Verständniss Stirner für seine Ideen fand und wie Faucher so ziemlich der einzige „Einzige" im Kreise der damaligen radicalsten Politiker war.*) Dagegen fanden Proudhons Lehren, welche wieder ihrerseits in Frankreich nicht recht Wurzel fassen konnten, einige Proselyten in den Reihen der radicalen Demokratie und besonders unter den schweizerischen und rheinischen Communisten.

Auf deutschem Boden war Moses Hess der erste, welcher schon 1843, also kurz nach dem Erscheinen von Proudhons sensationellem Buche über das Eigenthum, das von diesem ausgegebene Schlagwort „Anarchie" unerschrocken aufgriff und weiterverbreitete. Im Jahre 1812 zu Bonn geboren, wurde er dem kaufmännischen Stande bestimmt, wendete sich aber später gelehrten Studien, vorwiegend der Hegelschen Philosophie zu und ergriff die Literatenlaufbahn. Im Beginn der Vierziger Jahre trat er in den Schriften „Philosophie der That" und „Socialismus" für ein unklares Programm ein, in welchem sich der Weitling'sche Communismus bunt mit Proudhon'schen Ansichten mischte. Im Jahre 1845 vertrat er seine Ansichten auch in einer Zeitschrift „Gesellschaftsspiegel" (später 1846 unter dem Titel „Die gesellschaftlichen Zustände der civilisierten Welt"), welche die schärfste Tonart des rheinischen Socialismus repräsentirte. Moses Hess starb 1872 in Vergessenheit.

Hess ging über Proudhon hinaus, insofern er die diesem eigenthümliche streng erwogene und abgewogene Organisation der Gesellschaft mit der Forderung durchbrach, dass in der Anarchie nicht nur die Herrschaft im geistigen und socialen Leben, Staat und Kirche, sondern in gleichem Masse jede andere Bestimmung von Aussen aufhören müsse und jede Thätigkeit ausschliesslich durch Selbstbestimmung von innen heraus veranlasst werden könne. Eine Thätigkeit, die nicht aus innerem Antriebe erfolgt sondern aus äusserem, gleichgiltig ob es nun äusserer Zwang, Noth, Hab- oder Genusssucht sei ist unfrei und also eine „Last oder ein Laster". In der Anarchie wird und kann es dergleichen nicht geben. Dort wird jede Arbeit ihren Lohn in sich tragen. Art und Dauer der Arbeit eines jeden Menschen wird ganz von dessen Belieben abhängen (die Einführung einer individuellen Will-

---

*) Es ist charakteristisch, dass auch die gleich zu nennenden deutschen Anhänger Proudhons, wie Grün, Marr u. a. von Stirner sehr geringschätzig urtheilten und an einen Zusammenhang zwischen seiner und der Proudhonschen Anschauung gar nicht dachten.

kür von der Proudhon noch nichts weiss). Die Gesellschaft wird jedem soviel bieten, als er „vernünftigerweise" zu seiner Ausbildung und zur Befriedigung seiner Bedürfnisse braucht. Als Mittel zur Herbeiführung der „Anarchie" bezeichnet Hess die Verbesserung des Erziehungssystems, die Einführung des allgemeinen Stimmrechts und — was Proudhon stets bekämpfte — die Errichtung von Nationalwerkstätten.

In persönlicher freundschaftlicher Beziehung mit Proudhon sowie von dessen Ideen vollkommen erfüllt war Karl Grün. Geboren am 30. September 1817 zu Lüdenscheid in Westfalen, studierte er in Bonn und Berlin, wurde dann Lehrer für die deutsche Sprache am Collegium zu Kolmar, begründete später in Mannheim die radicale „Mannheimer Zeitung" und gieng, als er aus Baden und Bayern verwiesen worden war nach Köln, wo er eine Zeitlang als Vorleser und Journalist thätig war. Während des Winters 1844 auf 1845 hatte er in Paris Proudhon persönlich kennen gelernt und diesem in langen Auseinandersetzungen die Hegelsche Philosophie eingeimpft, wofür er zum Dank Proudhons Ansichten mit nach Deutschland herübernahm. Die Frucht dieses ersten Pariser Aufenthalts war das Werk: „Die sociale Bewegung in Frankreich und Belgien"*) eines der bedeutendsten Schriftwerke des vormärzlichen Socialismus in Deutschland überhaupt, welches in ansprechender Form die socialistischen Anschauungen Frankreichs vor allem die Proudhons dem deutschen Publicum mundgerecht machte. Im Jahr 1849 weilte Grün ein zweitesmal in Paris. Von da nach Deutschland heimgekehrt, wurde er in die Preussische Nationalversammlung gewählt, dann wegen angeblicher Betheiligung am Pfälzer Aufstande verhaftet, nach achtmonatlicher Haft aber 1850 freigesprochen. Grün lebte dann abwechselnd schriftstellerisch thätig in Belgien, Italien, wurde später Lehrer an der Handelsschule in Frankfurt, hielt 1865 bis 1868 Wandervorlesungen in den rheinischen Städten und siedelte 1868 nach Wien über, wo er bis an sein Ende, das im Jahre 1887 eintrat, verweilte.

Auch Grün geht über seinen Lehrer Proudhon hinaus und legte gleich Hess den Keim zu der erst in neuester Zeit ausgereiften Form des communistischen Anarchismus, in dem er das von Proudhon beibehaltene Lohnprincip schroff zurückwies. „Über diesen Berg ist Proudhon nicht hinausgekommen" sagt er; „er ahnt, er sucht, er möchte

---

*) Grün schrieb ausser diesem Hauptwerk und zahlreichen literar- und kunsthistorischen Schriften noch: „Louis Napoleon Bonaparte, die Sphinx auf dem französischen Kaiserthron" (3. Aufl. 1866), „Frankreich vor dem Richterstuhl Europas" (1860), „Italien im Frühjahr 1861" (1961) u. s. w.

gern, er lenkt ein: „„Je mehr die Association sich ausdehnt, je grösser die Zahl der Arbeiter wird, je kleiner die Aufgabe eines Jeden, desto mehr verwischt sich der Unterschied""". Das ist ein mathematisches Verfahren, kein sociales, kein menschliches. Welcher Unterschied soll sich verwischen? Der Unterscied unter den Producenten soll progressiv kleiner werden. Der natürliche Unterschied der Leistungsfähigkeit, den die Gesellschaft durch die sociale Gleichheit der Löhne aufhebt. Predigt die sociale Freiheit der Consumtion, so habt Ihr schon die wahre Gleichheit der Production. Dreht die Sache herum! Seid Ihr so bange vor Mangel an Production? Die neuesten Fortschritte in der Naturwissenschaft können Euch beruhigen. Vielleicht vermöchten die Kinder bis zum 15. Jahre, als Lenker der Maschinen, den ganzen Hausbedarf von heute zu liefern. In Festkleidern, als Spiel zur Zerstreuung. Jeder wird bezahlt nach seinem Product, und das Product eines Jeden ist durch das Recht Aller beschränkt? Nein, nein, keine Beschränkung! Kein Recht Aller wider den Einzelnen! Sondern: Die Consumtion eines Jeden ist garantirt durch die Consumtion Aller. Das Product des Einen wird nicht durch das Product des Andern bezahlt; sondern Jeder zahlt aus dem Gemeinproducte".*) Dieselben Gedanken werden wir, nur bestimmter bei Kropotkin wiederkehren sehen.

Einen eifrigen Jünger fand Proudhon in Wilhelm Marr, der damals in der Schweiz an der Spitze der deutsch-demokratischen Handwerkervereine des „jungen Deutschland" stand. Am 6. Mai 1819 zu Magdeburg geboren, hatte sich Marr ursprünglich dem kaufmännischen Berufe zugewendet, war aber seit seinem Aufenthalte in der Schweiz (1841) davon vollständig abgewichen und auf die politische und schriftstellernde Laufbahn übergetreten. Anfangs dem Weitling'schen Communismus zugethan, stellte er sich später zu diesem in principielle Opposition durch die scharfe Betonung seines individualistischen Standpunktes, den er, der eifrige Anhänger Feuerbachs, aber nicht in der Richtung Stirners, sondern in der Proudhons suchte. Im Verein mit einem gewissen Hermann Döleke suchte Marr diese Ansicht den Schweizer Handwerkervereinen einzubinden. Es war allerdings nur ein sehr negatives Programm. Marr bezeichnet es selbst: „Vernichtung aller herrschenden Begriffe von Religion, Staat und Gesellschaft war das Ziel, welches wir mit vollbewusster Consequenz verfolgten. Döleke nannte es die „Trostlosigkeitstheorie"."**) Im December 1844 gab Marr in Lausanne eine Zeit-

---

*) Die sociale Bewegung in Frankreich und Belgien. Briefe und Studien von Karl Grün, Darmstadt 1845. S. 433 f.

**) Wilhelm Marr: Das junge Deutschland in der Schweiz. Leipzig 1846. S. 135.

schrift „Blätter der Gegenwart für sociales Leben" heraus, welche den literarischen Vertrieb dieser „Trostlosigkeitstheorie" besorgen sollte „Mit rücksichtsloser Consequenz" — sagt Marr selbst*) — „griffen wir nicht nur die bestehenden Institutionen in Staat und Kirche, sondern Staat und Kirche überhaupt an und als ein Ballon d'essai, den wir in der zweiten Nummer in Form eines Artikels über das Tschechsche Attentat losliessen keine weiteren Folgen für uns hatte, stieg unsere Keckheit dergestalt, dass Döleke z. B. offen den Atheismus predigte und das Wort Atheismus geradezu an der Spitze seiner Artikel zu lesen war. Ebenso verfuhr ich mit dem Theil der socialen Kritik, indem ich nach Proudhon's Beispiel die letzte Consequenz der Untersuchung gleich im Anfang derselben den Lesern ins Gesicht warf." Eine Zeitlang schaute die Waadtländische Regierung der Propaganda Marrs zu, im Juli 1845 besorgte sie aber die Einstellung der „Blätter der Gegenwart" und Marr wurde bald darauf ausgewiesen. Damit verlief die Frucht seiner Propaganda in der Schweiz; wir dürfen in den populären Reflexen der Marr'schen Lehre wohl kaum mehr suchen als den deutsch-demokratischen Radicalismus, wie ihn etwa Börne predigte, etwas durchschossen von einigen Proudhonschen Fäden. Diese Nuance war damals durchaus modern, wir können sie an Alfred Meissner, Ludwig Pfau und dem Wiener Stifft, ja an dem in der Mitte der Vierziger Jahre bereits dahingegangenen Börne selbst erkennen; der Zug lag eben in der Zeit — und es bedurfte nicht erst einer Entlehnung von Proudhon.

Wilhelm Marr hat sich, wie bekannt nach mannigfaltigen politischen Wandlungen zuletzt dem Antisemitismus in die Arme geworfen und sich das traurige Verdienst erworben einer der literarischen Väter dieser fragwürdigen Bewegung zu sein. Neuerdings hat er aber auch dieser Gesinnung wieder abgeschworen und als verbitterter, zurückgezogener Mann in Hamburg die schlotternden Sympathien seines Greisenalters wieder den anarchistischen Idealen der Jugend zugewandt.

Marr leitet von der reinen Theorie des Anarchismus zur anarchistischen Agitation, von der älteren grundlegenden, zu der modernen Generation des Anarchismus hinüber. Die auf die Jahre 1848 und 1849 folgende verschärfte Reaction erstickte die spärlichen Keime, welche vordem von der Saat Proudhons und Stirners aufgegangen waren. Erst als in den Sechziger Jahren mit der erwachenden socialdemokratischen Bewegung naturgemäss auch deren Gegensatz der „antiautoritäre Socialis-

---

*) Wilhelm Marr: Das junge Deutschland in der Schweiz. Leipzig 1846. S. 271.

mus" wieder erwachte, gieng man daran, den von Proudhon und Stirner gelegten Bau zu vollenden. Was nach dieser Richtung hin geschehen ist, hat jedoch die Theorie des Anarchismus nicht nur um kein wesentliches Element vermehrt, sondern blos vielfach die Schärfe der Begriffsbegründung verwischt und in die Theorie Elemente eingeführt, welche ihr vollkommen fremd und widersprechend sind und ihr die für alle Theile wohlthätige Möglichkeit, ruhig discutiert zu werden vielfach verkümmert haben. Dieser Unterschied zwischen den älteren und den modernen Theoretikern der Anarchie ist wohl am einfachsten durch den mit Bakunin sich eindrängenden „russischen Einfluss" gekennzeichnet; mit Bakunin beginnt die Theorie der Agitation.

Zweiter Theil.

Der neuere Anarchismus.

Viertes Capitel.

Russische Einflüsse.

> „L'Eglise et l'Etat sont mes deux bêtes noires".
> Bakunin.

In Russland reichen die Spuren anarchistischer Anschauungen bis in die Sturmjahre 1848—1849 zurück. Der Grad des geistigen und materiellen Pauperismus in dem weiten Czarenreiche machte das russische Volk zur Aufnahme und Propaganda politischer Freiheitsideale weniger geeignet als für das Verständnis der in Westeuropa damals selbst erst aufkeimenden socialistischen Doctrinen. Die grosse Bewegung, welche damals ganz Mittel- und Westeuropa erfasste und erbeben liess, zitterte in Russland nur in einigen isolierten Lebenscentren nach und machte sich vorwiegend in geheimen Debattierclubs geltend, welche gierig die Schriften Considerants, Fouriers, Saint-Simons, Blancs und auch Proudhons aufnahmen und weiterverbreiteten.

Der bedeutendsten dieser Gesellschaften, der sogenannten „Petraschewski'schen Verschwörung" wurde eben auch die Lectüre von Proudhons Werken zur Last gelegt. Wie weit dessen Lehren in den Gedankenkreis der Gesellschaft, der u. A. auch Dostojewski angehörte, eingedrungen waren, lässt sich nicht leicht bestimmen, da sich die Genossen Petraschewski's, wie die heutigen Nihilisten, gleichfalls einen gewissen Eklectizismus zurecht gelegt haben mochten. Jedenfalls ist ein Einfluss der anarchistischen Lehren Proudhons auf die Mitglieder der Gesellschaft direct nachweisbar. So hatte ein Mitverschworener, der Gardelieutenant Palma den Entwurf eines Gesetzbuches*) ausgearbeitet, in welchem folgender, ganz vom Geiste des Anarchismus eingegebener Passus auffällt: „Die Haupteigenschaft des Menschen besteht darin, dass derselbe eine Persönlichkeit, d. h. ein mit Vernunft und Freiheit begabtes Wesen ist, das für sich selbst Zweck ist und unter keinen Umständen als Mittel oder als Zweck für andere angesehen werden darf."

---

*) Vorläufer des russischen Nihilismus. Von ***. Deutsche Rundschau 1880.

Aus dem Begriffe der Persönlichkeit ergibt sich der Begriff des Rechtes; ich darf Alles thun, was mir gefällt, weil jede meiner Handlungen das Ergebnis meiner Vernunft ist." Petraschewski selbst pries in einem satyrischen „Fremdwörterbuch", das er unter dem Pseudonym Kirilow herausgegeben hatte, als ein Verdienst des Urchristenthums die Abschaffung des Privat-Eigenthums u. s. w. Die Elementarlehre des Proudhon-Stirner'schen Anarchismus ist hier unschwer zu erkennen.

Trotz des starren Präventivsystems nach 1848 drangen doch die Lehren der französischen und englischen Socialisten auch in dieser Zeit nach Russland ein und wurden von hervorragenden Männern, wie Tschernischevsky, Dobrolinbow, Herzen, Ogarjow u. a. auch weiteren Kreisen vermittelt, und wieder sehen wir hier Proudhons Lehren in erster Linie des Interesses stehen. Diese Lehren drangen tief in die russische Volksseele, selbst bis in die bäuerlichen Kreise. Man muss nicht vergessen, dass für die russischen Bauern, welche geradezu im Dorfcollectivismus leben, die Ideen Proudhons vielleicht verständlicher waren als für einen gebildeten Deutschen oder Franzosen. Es giebt wohl kein Land in der Welt, wo man den Grundsätzen des „föderativen Socialismus," wie ihn Proudhon und später Bakunin lehrte, mehr Verständniss entgegenbrachte, als in Russland, und Bakunin leugnete sogar die Notwendigkeit einer socialistischen Propaganda unter den russischen Bauern, indem er erklärte, dass diese bereits die elementare Erkenntnis desselben besitzen.

Der breite unterirdische Strom des Nihilismus, der aus diesen Anfängen seither zu einer unheimlichen Mächtigkeit angeschwollen heute jeden Fuss breit des russischen Collossalreiches unterfressen hat, entzieht sich hier unserer Betrachtung. Für uns kommen hier nur einzelne Männer in Betracht, welche von der grossen Mutterbewegung getrennt im westlichen Europa als freiwillige oder unfreiwillige Verbannte die Revoltierung ihrer Heimat vorbereiteten. Es könnte überflüssig scheinen, wenn wir hier auf die grosse Rolle hinweisen wollten, welche Russen in den revolutionären Comités aller Länder spielen. Auf keine revolutionäre Richtung haben sie aber einen so unheilvollen Einfluss gewonnen, in keiner sich eine so führende Rolle gesichert, wie in der anarchistischen. Als sich in den Sechziger Jahren neben dem wiedererstehenden politischen Liberalismus auch der Socialismus mit der Organisation der Arbeiterbewegung wieder aufthat, da erwachte auch nach einem einfachen Naturgesetze der extreme Protest gegen die extreme Verheerung durch den Communismus, die anarchistische Doctrin wieder aus der vollständigen Vergessenheit eines Decenniums. Allein der moderne Anarchismus sollte seine Neugeburt in gänzlich geänderten Formen feiern; es waren andere Zeiten und andere Menschen; die philosophierende Periode war vorüber. Stirner war todt, Proudhon dem Tode nahe, an der Wiege des modernen Anarchismus standen — Russen Pathe. Männer von verstiegenem Idealismus, welche durchtränkt von der westlichen Cultur mit kühnem Ungestüm der natürlichen Entwicklung über Äonen voraneilen wollten, haben der Anarchie als dem Reiche der vollendeten freien und sittlichen Persönlichkeit ihr geistiges Dasein gegeben. Diejenigen aber, welche dieser, trotz aller Verstiegenheit, Widersprüche und inneren Unmöglichkeit doch ebenso, wie jegliche andere einseitige Doctrin, berechtigten Lehre die Sanction des Dolches, des Revolvers, des Petroleums und des Dynamits ertheilt haben, das waren weder Franzosen noch Deutsche, sondern halbgeleckte Barbaren des Ostens.

Der ältere Anarchismus steht unter dem Zeichen jenes verstiegenen Idealismus, der die allgemeine Geistesrichtung des civilisierten Westeuropa während der ersten Hälfte dieses Jahrhunderts war. Der moderne Anarchismus der Bakunins, Netschajew, Kropotkin u. a. trägt das Kainszeichen der russischen Halbcultur, deren einziges Ziel nur die brutale Zerstörung alles Bestehenden ist und unter den gegebenen Verhältnissen auch sein kann. Missbehagen und Missvergnügen über wirkliche oder eingebildete Übelstände verbunden mit halsstarrigem Doctrinarismus, der sich zu keinem sacrificio del intelletto bereit findet, mag ja auch die Kinder der westlichen Civilisation zu einer consequenten Verneinung der bestehenden Gesellschaftsordnung führen. Allein von da bis zur factischen Grundstürzung aller gegebenen Verhältnisse ist noch ein weiter Schritt und die wirkliche Absicht, Alles, auch die ungezählten selbst von den theoretischen Anarchisten nicht geleugneten geistigen und materiellen Errungenschaften der Civilisation zu vernichten und auszutilgen, wird stets nur einzelnen degenerierten Individuen kommen können, die sich ihrer eigenen sittlichen, intellectuellen und materiellen Naktheit wegen am liebsten vis-a-vis de rien befänden. Diesen Einzelnen wird jederzeit eine überwältigende Masse gegenüberstehen, die bereit ist das ganze Schwergewicht ihrer culturellen Überlegenheit für eben diese Güter und Garantien des unleugbaren Fortschrittes der Menschheit einzusetzen.

Anders in Russland. Die politischen, wirtschaftlichen, geistigen und sittlichen Verhältnisse dieses weiten Barbarenreiches bieten auch nicht den leisesten Anlass, einen, wenn auch noch so mässigen Zug von Conservatismus aufkommen zu lassen. Was wäre an diesem im

Zeichen des blutrünstigsten und rasenden Despotismus stehenden Leben, an diesen vom primitiven Clanstandpunkte sich kaum erhebenden sozialen Verhältnissen, an diesen verrotteten Zuständen der Ökonomie, der Industrie und des Handels, an diesem unter dem Banner der Orthodoxie und der Polizeiwillkür, der Popen und der Tschinowniks schmachtenden geistigen Leben, was wäre daran überhaupt zu conservieren, zu erhalten, zu verbessern? Oder muss nicht der Wunsch nach einem vollständigen, allseitigen Umsturz, nach gründlicher Hinwegräumung dieser lebens- und entwicklungsunfähigen Verhältnisse als der einzig mögliche Ausweg, als die unumgängliche Voraussetzung jeder möglichen Besserung gelten? Der Russe braucht nicht vor dem Gedanken zurückzuschaudern, dass alles Bestehende wirklich aus dem Leben geschafft werde, er findet nichts, wenn er um sich blickt, was sein Herz zu erhalten wünschte, und je höher in geistiger und sittlicher Beziehung seine Person steht, desto stärker muss begreiflicherweise in ihm dieses „nihilistische" Gefühl werden. Wir Bürger einer bei allen Mängeln doch von der Civilisation reichgesegneten Welt bezeugen unser Verständniss für diese Thatsache unverblümt dadurch, dass wir Thaten einzelner Verzweifelter, die wir unter unseren Verhältnissen streng verurtheilen würden, wenn sie sich in Russland ereignen mit milderem, ja theilnahmsvollem Blicke besehen. In der That ist nichts natürlicher — so beklagenswert es sein mag — als dass unter Verhältnissen, wie in Russland der revolutionäre Radicalismus jenen rein negativen, nihilistischen und jenen meuchlerisch destructiven Charakter annahm, in den verzweifelten Kampf des Einzelnen gegen die ganze Gesellschaft ausartete.

„Bei uns" sagt Stepniak*) ist eine Revolution, oder selbst nur eine Erhebung von einiger Bedeutung gleich jenen in Paris absolut unmöglich. Unsere Städte beherbergen blos ein Zehntel der gesammten Bevölkerung, und die meisten von ihnen sind blos grosse Dörfer Meilen und Meilen von einander entfernt. Die wirklichen Städte, jene beispielsweise von 10000 oder 15000 Einwohnern bilden blos 4 oder 5 % der gesammten Populativen, d. i. beiläufig 3 oder 4 Millionen. Und die Regierung, welche den Befehl über das Militärcontingent des ganzen Volkes d. i. über 1200000 Soldaten führt, kann die 5 oder 6 hervorragenden Städte, die einzigen Plätze, wo überhaupt eine Bewegung möglich wäre in veritable Feldlager umwandeln, was in der That der Fall ist . . . . . . Gegen eine solche Regierung ist jedes Mittel zu-

---

*) Underground Russia. Revolutionary profiles and sketches from life 3. edition London 1890 p 34 f und p 41.

lässig; sie ist nicht länger der Hüter des Willens des Volkes oder einer Volksmajorität. Sie ist die organisierte Ungerechtigkeit, ein Bürger braucht sie nicht mehr zu respectieren, als eine Bande von Strassenräubern. Aber wie diese Camarilla abschütteln, die hinter einen Wald von Bajonetten sich verbirgt? Wie das Land von ihr befreien? Da es absolut unmöglich ist, dieses Hindernis mit Gewalt zu nehmen, wie in anderen glücklicheren Ländern so war eine Seitenbewegung notwendig um auf diese Camarilla sich zu stürzen ehe sie sich ihrer Macht bedienen konnte, welche so in unfruchtbaren Stellungen nutzlos gemacht wurde. Und es erhob sich der Terrorismus. Empfangen in Huss, gesäugt vom Patriotismus und von der Hoffnung wuchs er empor in der electrischen Atmosphäre, erfüllt von dem Enthusiasmus, den eine heroische That erweckte."

Denselben Charakter mussten in Russland auch die anarchistischen Doctrinen annehmen, die vermöge ihrer Natur freundliche und wie wir gesehen frühzeitige Aufnahme fanden und sich practisch dem Nihilismus einverleiben liessen, ohne — was ausdrücklich hervorgehoben werden muss — mit diesem identisch zu sein oder auch nur dessen wesentlichen Bestandtheil zu bilden. In der That finden wir bei reinen Nihilisten und Panslavisten wie Herzen die anarchistische Grundidee ebensogut vorhanden wie bei den Bakunins und Kropotkins, bei welchen der Anarchismus den Panslavismus zurückdrängte. In seinem Buche „Après la tempête", das unter dem Eindruck, der durch die Revolution von 1848 enttäuschten Hoffnungen und Erwartungen entstand, rief Herzen: „Möge alle Welt untergehn! Es lebe das Chaos und die Zerstörung!" und in der fast gleichzeitig erschienenen Schrift „Republique une et indivisible" bekämpfte er auch die republicanische Regierungsform als den „letzten Traum der alten Welt", welcher gleichfalls nicht die Durchführung des grossen Grundgesetzes socialer Gerechtigkeit gelingen werde. Erst wenn dieses eine Wahrheit, wenn das Ende der Menschenfresserei gekommen sein wird, dann wird sich aus den Trümmern dieses verfluchten socialen Gebäudes die wiedergeborene Menschheit frei und glücklich erheben, „der Frühling wird kommen, junges frisches Leben wird auf den Gräbern der Geschlechter grünen, die als Opfer der Ungerechtigkeit gestorben sind, Völker werden sich erheben voller ungeordneter, aber gesunder Kräfte. Ein neuer Band der Weltgeschichte wird beginnen.

Nicht alles was dem Nihilismus an derartigen Ideen innewohnt, muss vom westlichen Anarchismus erborgt sein. Die geistige Befruchtung war vielleicht eine gegenseitige; allein Eines hat der Anarchismus vom Nihilismus zu Geschenk erhalten: die „Propaganda der That" entspringt nicht aus der folgerichtigen Weiterentwicklung der Proudhon-Stirner'schen Idee, sondern lässt sich auf gar keine Weise aus dieser herauspressen, herausklügeln; sie ist vielmehr die Folge der Vermischung jener Ideen mit dem Nihilismus, ein Resultat russischer Verhältnisse. Mit dieser sauberen Verbrämungen erhielt der Westen an der Wende der 60er und 70er Jahre aus russischen Händen den Anarchismus wieder zurück. Bakunin war mit der traurigen Mission betraut, uns dieses Geschenk zu übermitteln, und bezeichnenderweise nimmt in Bakunins Wesen selbst der Anarchismus — wie im Nihilismus selbst — keineswegs jene ausschliesslich dominierende Stellung ein, wie bei Proudhon, an den er sich stark anlehnt.

* * *

Michael Bakunin wurde 1814 zu Torschok im russischen Gouvernement Twer als der Spross einer angesehenen Familie von altem Adel geboren. Ein Oheim Bakunins war unter Katharina II. Gesandter und durch Verschwägerung war er auch mit Murawiew verwandt. Er wurde im Cadettenhause zu Petersburg erzogen und kam 1832 als Portepée-Fähnrich zur Artillerie. Weil er aber nicht zur Garde kam, wie die einen, wie andere sagen, weil er den rohen Terrorismus des Truppenlebens nicht ertragen konnte, nahm er 1838 seinen Abschied und kehrte zunächst ins väterliche Haus zurück, wo er sich wissenschaftlichen Studien hingab. Im Jahre 1841 begab sich Bakunin nach Berlin, das Jahr darauf nach Dresden, wo er sich mit Philosophie und zwar vorwiegend mit der Hegelschen beschäftigte, aber auch von Ruge in die demokratische Bewegung Deutschlands eingeführt wurde. Schon damals gelangte er in einem Aufsatze der „Deutschen Jahrbücher" „Die Reaction in Deutschland" zu dem Schlusse, dass die Demokratie bis zur rücksichtslosen Verneinung alles Positiven und Bestehenden gehen müsse. Von russischen Agenten verfolgt gieng er 1843 nach Paris und von da in die Schweiz, wo er ein thätiges Mitglied der communistisch-socialistischen Bewegung wurde. Jetzt entzog ihm die russische Regierung die Erlaubnis zum weiteren Aufenthalte im Ausland und zog, als er wiederholten Befehlen, in die Heimat zurückzukehren keine Folge leistete, sein namhaftes Vermögen ein. Von Zürich begab sich Bakunin zum zweitenmal nach Paris und lernte Proudhon kennen. Wenn hier auch bereits der Grund zu seinen späteren anarchistischen Anschauungen gelegt wurde, so finden wir ihn vorläufig hier abermals in einem anderen Sinne politisch bethätigt. In einer am Gedächtnistage der Warschauer Revolution (29. November 1847) beim Polenbankette gehaltenen schwungvollen Rede empfahl Bakunin die Verbrüderung Russlands und Polen, um ersteres zu revoltieren. Die russische Regierung verlangte darob seine Auslieferung und setzte einen Preis von 10000 Silberrubel auf seinen Kopf aus. Bakunin entkam trotzdem glücklich nach Brüssel. Nach der Februarrevolution kehrte er nach Paris zurück, begab sich im März nach Berlin und im Juni anlässlich des Slavencongresses nach Prag.

Mit Recht hat man die Frage aufgeworfen, was der Kosmopolit Bakunin bei einer derartigen Veranstaltung des nationalen Chauvinismus, was der ultraradicale Demokrat und geschworene Feind des Czarismus auf dem von der Gunst Nikolaus' begnadeten, von orthodoxen Erzpriestern, von Sendboten slavischer Duodezfürsten und mit russischen Orden behangenen Hofräthen besuchten Slavencongresse zu thun hatte. Als das Prager Schaustück mit einem blutigen Aufstande und dem Bombardement Prags endete, verschwand Bakunin, um bald in Sachsen, bald in Thüringen unter allerlei Verkleidungen aufzutauchen und — wie gut Informierte behaupten*) — beständig darauf bedacht, eine neuerliche Erhebung Prags anzuregen; auch hier gerieth er in Widerspruch mit seiner vormaligen und nachherigen Haltung, denn es konnte ihm unmöglich unbekannt sein, welch traurige Rolle die Czechen der Wiener Demokratie und den ungarischen Emancipationsbestrebungen gegenüber gespielt hatten und noch spielten.

Während des Maiaufstandes 1849 treffen wir Bakunin in Dresden als Mitglied der provisorischen Regierung und an der Vertheidigung der Stadt gegen die preussischen Truppen hervorragend betheiligt. Bakunin tritt hier als Verfechter derselben Sache auf, die er am Prager Congress bekämpft hatte. Nach dem Fall Dresdens gieng er mit der provisorischen Regierung nach Chemnitz, wo er am 10. Mai verhaftet und kriegsrechtlich zum Tode verurtheilt wurde. Das Urtheil wurde aber nicht vollzogen, da Oesterreich seine Auslieferung verlangt hatte. Hier wurde er zu Olmütz gleichfalls zum Tode durch den Strang verurtheilt, Oesterreich gab den Vielbegehrten aber wieder nach Russland weiter, das gleichfalls nach ihm Verlangen trug. Merkwürdigerweise wurde Bakunin durch die Gnade des Czaren von dem auch hier über ihn verhängten Tod befreit, zuerst in der Peter-Paulsfestung dann (1854) auf der Veste Schlüsselburg interniert und 1855 über Verwendung seiner einflussreichen Verwandten nach Sibirien verschickt. Damals gieng in Europa ganz all-

---

*) Karl Blind: „Väter des Anarchismus (Persönliche Erinnerungen)" 4 Feuilletons in der Neuen freien Presse 1894.

gemein das übrigens jeder Begründung entbehrende Gerücht, Bakunin habe sein in drei Staaten verwirktes Leben keineswegs der zufälligen Gnade eines ansonst allzu Ungnädigen verdankt, und das gegen den Revolutionsapostel gehegte Misstrauen bekam neue Nahrung, als es ihm 1861 gelang, aus der Strafcolonie im Amurgebiete zu entweichen und über Japan und Amerika nach Europa zurückzukehren. Heute ist freilich das sonst etwas mysteriöse Gelingen dieser Flucht aufgeklärt. Der Gouverneur am Amur (Murawiew-Amurski) war zufällig ein Vetter des ihm verwandten Murawiew, ausserdem — wenigstens nach Bakunins eigenen Angaben*) — ein geheimer Anhänger der revolutionären Bewegung. Er schien mit Bakunin auf ziemlich vertrautem Fusse gelebt zu haben und gewährte dem Verbannten allerlei Vergünstigungen und Freiheiten; so erhielt Bakunin die Mission, Sibirien zu bereisen, um dessen natürliche Hilfsquellen zu schildern. Auf dieser Reise, im Hafen von Nikolajewsk gelang es ihm, sich einzuschiffen und zu entkommen. Im Jahre 1861 traf er in England ein und liess sich in London nieder, wo er mit den Männern der Internationale in Fühlung trat. Über die Rolle, welche Bakunin hier, wie später, als Agitator für seine anarchistischen Ideen spielte, soll später (anlässlich der Geschichte der Ausbreitung des Anarchismus) die Rede sein.

Als 1863 in Polen der Aufstand ausbrach, gehörte Bakunin zu den Führern der von Stockholm aus von polnischen und russischen Emigranten geplanten Expedition, welche von der baltischen Küste aus Russland revoltieren sollte. Als auch dieses Unternehmen gescheitert war, hielt er sich bald in London bald in Italien auf, der socialistischen Agitation hingegeben, bei jedem günstigen Anlasse entweder als Apostel der anarchistischen Lehre oder als Agitator an der Vorbereitung und Inscenierung der Revolte thätig. Hiervon später! Die letzten Jahre seines Lebens verbrachte er abwechselnd in Genf, Locarno und Bern, wo er am 1. Juli 1876 im Spital starb, nachdem er die Annahme jeglicher Nahrung verweigert und so sein Ende beschleunigt hatte.

Bakunins anarchistische Epoche fällt vorwiegend in das letzte Decennium seines an Irrfahrten aber auch an geistigen Wandlungen reichen

---

*) Es liegt uns über die Periode seines Lebens von 1849—1860 eine Art Selbstbiographie von Bakunins eigener Hand vor in einem Briefe desselben aus Irkutsk (8. Dezember 1860) an Herzen: „Michail Bakunins socialpolitischer Briefwechsel mit Alexander Iw. Herzen und Ogurjow. Mit einer biographischen Einleitung. Beilagen und Erläuterungen von Prof. Michail Dragomanow. Autorisierte Uebersetzung aus dem Russischen von Dr. Boris Minzès, Stuttgart 1895 (Bibl. russischer Denkwürdigkeiten, herausg. von Dr. Th. Schiemann, VI. Bd.). No. 6. S. 29 ff.

Lebens. Seiner wirksamen und rücksichtslosen Agitation hat der Anarchismus seine Neugeburt und Ausbreitung zu danken und auch in seinen Schriften tritt der Denker weit hinter den Agitator zurück. Man könnte Bakunin höchstens den Theoretiker der Praxis nennen; seine schriftstellerische Thätigkeit beschränkte sich auf verstreute Zeitungsartikel und wenige meist fragmentische Broschüren.*) Er hatte Recht, wenn er der Kritik, die ihm darob Vorwürfe machte, erwiderte: „Mein

---

*) Bakunins Schriften sind, soweit es möglich ist dafür einen Nachweis zu erbringen in chronologischer Reihenfolge die nachstehenden: „Schelling und die Offenbarung. Kritik des neuesten Reactionsversuches gegen die freie Philosophie". Leipzig 1842, deutsch, anonym. — „Die Reaction in Deutschland, Fragment eines Franzosen" (unter dem Pseudonym Jules Elizard), Deutsche Jahrbücher 1843. — „Russland, wie es wirklich ist" (Eine Übersetzung von Bakunins französischer Rede, gehalten am 29. November 1847). Mannheim 1848. (Das französische Original nach dem Berichte der „Reform" ist wieder abgedruckt im Briefwechsel u. a. O. Beilage I. S. 275 ff.) — „Aufruf an die Slaven von einem russischen Patrioten Michael Bakunin, Mitglied des Slavencongresses in Prag. Koethen, Selbstverlag des Verfassers. 1848. — A. M. Bakunin. An die russischen, polnischen und alle slavischen Freunde (zuerst in der „Glocke" von 1862, dann als Flugschrift erschienen; im Jahre 1868 neuerlich in Genf aufgelegt). — „Die Volkssache. Romanow, Pugatschew oder Pestel?" von M. Bakunin, London 1862. — Catéchisme de la franc-maçonnerie moderne (Manuscript) 1865 (1867?) — Catéchismes révolutionaires (Manuscript) 1866. — Un dernier mot sur M. Louis Mieroslawski. Genève 1868. — „Fédéralisme, Socialisme et Antithéologisme. Proposition motivée au Comité Central de la Ligue de la Paix et de la Liberté par M. Bakounine; Genève (nach dem hinterlassenen Manuscripte herausgegeben von N. in Michel Bakounine. Oeuvres. Paris 1895). — Aux Compagnons de l'Association Internationale des travailleurs du Locle et de la Chaux-de-Fonds. [(Lettres sur le Patriotisme) aus dem „Progrès" von 1869 gesammelt und neu herausgegeben in der obengenannten Ausgabe der Werke, Fragment]. — Dieu et l'État. Nach dem hinterlassenen Manuscript-Fragment herausgegeben von C. Cafiero und E. Reclus. Genf 1882; wiederholt Paris 1893 mit Portrait, dann auch aufgenommen in die Oeuvres. — „Einige Worte an die jungen Brüder in Russland", Flugschrift, Genf 1869, wieder abgedruckt im Briefwechsel a. a. O. S. 344 ff. — Lettres à un Français; Neuchâtel 1870. — „Les ours de Berne et l'ours de St. Pétersbourgh. Complainte patriotique d'un Suisse humilié et désespéré (anonym) Neuchâtel 1870. — [La révolution social ou la dictature militaire Genève 1871, später unter dem Titel:] „L'Empire Knoutogermanique et la Révolution sociale" Neuchâtel 1871. — La théologie politique de Mazzini et l'Internationale" Ier partie. Neuchâtel 1871. — Staatsthum und Anarchie, russisch 1873 (ohne Ortsangabe), später französich L'Etatisme et l'Anarchie. Zürich 1874. — Bakunins Briefwechsel mit Ruge und Marx ist in den „Deutsch-französischen Jahrbüchern" erschienen. — Der neuen Ausgabe des Briefwechsels mit Ogarjow und Herzen haben wir bereits gedacht, ebenso der Sammelausgabe von Bakunins hinterlassenen Schriften. Der Herausgeber N. verspricht noch eingehendere Studien über Bakunins Leben und Meinungen.

Leben ist selbst ein Fragment." Wo hätte er auf seiner lebenslänglichen Wanderfahrt die ruhige Musse gefunden, Gedanken ruhig zu entwickeln und in einem Werk, wie es etwa Proudhons „Justice" oder Stirners „Einziger" sind, niederzulegen. Dazu fehlte ihm aber auch die Gabe geistiger Vertiefung und ein fest gegründetes Wissen. Sein Styl hat etwas von seiner hinreissenden demagogischen Beredsamkeit, aber auch sein wissenschaftliches Verfahren erinnert an die schwunghafte und wiederholungsreiche, mehr packende als überzeugende Dialectik des Revolutionsredners. Die Pose muss bei ihm überall das Argument ersetzen.

Es heisst Bakunin habe in der Zeit seines Verkehres mit der „Internationale" sich mit der Absicht getragen, seine Ideen in zwei grossen Werken niederzulegen, deren eines die Kritik der bestehenden Einrichtungen des Staates, des Eigenthums, der Religion u. s. w. gebildet hätte, während das andere die Probleme der europäischen Nationen, zumal der slavischen, behandelt und die Lösung derselben durch die sociale Revolution und die Anarchie gezeigt hätte. Es kam aber ganz natürlich zu diesen beiden Werken nicht, und nur ein Nachlass von zahlreichen, fragmentarischen und formlosen Manuscripten, aus dem Zeitraum von 1863—1873 stammend, ist uns davon überliefert worden. Hierher gehören unter Anderem ein „Catechismus der modernen Freimaurerei", die „revolutionären Catechismen", nicht zu verwechseln mit dem späteren Catechismus Netschajew's, der fälschlich Bakunin zugeschrieben wurde; ferner die wortreiche Abhandlung „Foederalismus, Socialismus, Antitheologismus", welche, als ‚Proposition motivée dem Centralcomitée der Friedens- und Freiheitsliga zu Genf zugedacht aber stets unveröffentlicht geblieben, einen kurzen Abklatsch von Proudhons „Justice" darstellt und endlich das bereits im Jahre 1882 von C. Cafiero und Elisée Reclus nach dem Manuscript publicirte Fragment „Dieu et l'État," welches sich den Anschein gab, als wollte es die philosophische Grundlage von Bakunins Anarchismus legen.

Dieses Bruchstück, in welchem sich Bakunin auf den grossen Materialisten und Darwinisten hinausspielt, hebt mit einer Hegeliade an. Der Mensch ist thierischen Ursprunges; jede Entwicklung geht von der „Animalität" des Menschen aus und strebt die Negation desselben die Humanität an. Die Animalität ist der Ausgangspunkt, die Humanität, ihr Gegensatz der Endpunkt der Entwicklung. Der erste Mensch, der Pithecoanthropus zeichnete sich nach Bakunin durch zwei Gaben vor anderen Affen aus: durch die Fähigkeit zu denken und durch die, sich zu empören. Bakunin unterscheidet demnach drei Elemente alles Lebens 1. die Animalität, 2. den Gedanken und 3. die Empörung. Der ersten entspricht die Social- und Privat-Ökonomie, dem zweiten die Wissenschaft, der letzten die Freiheit. Nachdem Bakunin diese sonderbaren Kategorien aufgestellt hat, kümmert er sich im ganzen Buche nicht mehr um sie, weiss er nichts mehr aus ihnen zu machen; es war nichts als Rabulisterei, eine schöne philosophische Pose, Sand in die Augen. Er geht weiter und behauptet jetzt, den „Idealismus der Mazzini, Michelet, Quinet und Stuart Mill (sic!!!)" in den Grund bohren zu wollen. Auch von dieser angekündigten Widerlegung des Mill'schen Idealismus merkt man in dem Fragmente begreiflicherweise weiter nichts. Dasselbe beschränkt sich darauf, einen ziemlich seichten Abklatsch der Proudhon'schen Gegenüberstellung von réligion und révolution zu geben.

„Die Idee Gottes" sagt unser Mann „schliesst die Abdication der menschlichen Vernunft und Gerechtigkeit in sich; sie ist die entschiedenste Verneinung der menschlichen Freiheit und führt notwendigerweise zur Knechtung des Menschen, so in der Theorie wie in der Praxis." — „Die Freiheit des Menschen besteht einzig und allein darin, dass er den natürlichen Gesetzen folgt, weil er sie selbst als solche anerkannt hat und nicht weil sie ihm von Aussen durch einen fremden Willen auferlegt werden, sei dieser ein göttlicher oder menschlicher, ein collectiver oder individueller". — „Wir weisen jede Legislation, jede Autorität und jeden privilegierten, patentierten, officiellen und legalen Einfluss, auch wenn er aus dem allgemeinen Wahlrechte hervorgegangen ist zurück, zumal, da er nur einer herrschenden und ausbeutenden Minorität gegen die Interessen der grossen geknechteten Mehrzahl zu Gute kommen könnte" u. s. w.

Schon hier in diesen theilweisen Wiederholungen der Proudhon'schen Anschauungen sehen wir Bakunin in einem wesentlichen Punkte, in der Frage des allgemeinen Wahlrechts weit über Proudhon hinausgehen. Proudhon hatte gerade in der „Organisation des allgemeinen Wahlrechts" die einzig mögliche Weise der Verwirklichung erblickt. Bakunin weist diesen Weg zurück, und wie später noch zu berichten war diese Frage auch der hauptsächlichste Stein des Anstosses bei seinen Auseinandersetzungen mit der Internationale. Aber in einem viel weitergehendem, viel einschneiderem Punkte geht Bakunin über Proudhon hinaus, oder besser hinter Proudhon zurück.

Dieser setzte immer mehr alle seine Hoffnungen auf die Verallgemeinerung der Wissenschaft, die Demokratie sollte in eine Dämopädie verwandelt werden und so allmählich von selbst zur Anarchie führen. Bakunin wirft der Wissenschaft dasselbe Anathem zu, wie der Religion;

auch sie knechtet den Menschen. „Was ich predige" sagt er in der citierten Schrift", das ist bis zu einem gewissen Grade die Auflehnung des Lebens gegen die Wissenschaft oder besser gegen die Herrschaft der Wissenschaft, nicht um die Wissenschaft auszurotten — das wäre ein Verbrechen laesae humanitatis, wohl aber, um sie an ihren Platz zurückzuführen, so zwar, dass sie denselben gar nicht mehr verlassen sollte." — „Der einzige Beruf der Wissenschaft ist, den Weg zu beleuchten; schaffen aber kann nur allein das Leben in seiner vollen Wirksamkeit, wenn es von allen Fesseln der Herrschaft und der Doctrin befreit ist." Er meint zwar auch, dass die Wissenschaft ein Gemeingut Aller werden müsse, aber die Frage, ob sich solange, bis dies der Fall ist die Menschen etwa doch den Vorschriften der Wissenschaft fügen sollten, beantwortet er mit einem kurzen und entschiedenen „Nein, durchaus nicht!"

In diesen zwei Abweichungen von Proudhon liegt der wesentliche Unterschied des modernen vom älteren Anarchismus. Bakunin weist den Vorschlag, die Zustände allmählig durch einen politischen Umgestaltungsprocess mittelst des allgemeinen Wahlrechts der Anarchie zuzuführen, ebenso von sich, wie die allmähliche Erziehung des Menschengeschlechts für diese Gesellschaftsform durch die Wissenschaft. Keine Evolution, sondern Empörung, Revolution u. z. sogleich, heute schon soll die Anarchie installirt werden, die Anarchie in dem Sinne der Entfesselung alles dessen, was man heute die bösen Leidenschaften nennt und der Vernichtung desjenigen, was in derselben Sprache „öffentliche Ordnung" heisst. Alles übrige wird sich von selbst finden.

Auf Schilderungen der Zukunftsgesellschaft liess sich Bakunin klugerweise nicht ein: „Alles Gerede über die Zukunft ist sträflich, denn es hindert die reine Zerstörung und hemmt den Lauf der Revolution." Seine Ansichten über das nächstliegende Ziel nach der allgemeinen Expropriirung und Abschaffung aller Gewalten lehnen sich fast ausschliesslich an Proudhons Anschauungen an und gehen höchstens insofern noch über diese hinaus, als Bakunin jene Zusammenfassung der productiven Gruppen zu einem höheren Collectivwesen, in dem Proudhon erst die organische Gesellschaft erblickte, nicht als obligatorisch anerkennt und blos die Gruppe als solche gelten lässt. Wenn sich mehrere solcher localer Gruppen zu einem grösseren Verbande einigen wollen, so könne dies geschehen, doch dürfte daraus für die Einzelnen kein Zwang erwachsen. Der Einfluss Stirners, den Bakunin von den Vierziger Jahren her kannte, dürfte hier massgeblich gewesen sein. Am besten und authentischesten kennzeichnen wir Bakunins Theorie wohl durch jenes Schriftstück, in welchem er sie selbst zusammenfasst in dem Programm der von ihm begründeten Genfer „Alliance de la démocratie socialiste"*), das also lautet:

1. „Die Allianz erklärt sich für atheistisch; sie will die Abschaffung der Gottesdienste, Ersetzung des Glaubens durch die Wissenschaft und der göttlichen Gerechtigkeit durch die menschliche; Abschaffung der Ehe als politische, religiöse, juridische und bürgerliche Einrichtung.

2. Sie will vor Allem die definitive und vollständige Abschaffung der Classen und die politische, wirtschaftliche und sociale Gleichstellung der Individuen beider Geschlechter, und zur Erreichung dieses Zieles verlangt sie vor allem die Abschaffung des Erbrechtes, damit in Zukunft die Nutzniessung gleichmässig dem sei, was ein jeder produciert, und dass, in Gemässheit des vom letzten Arbeitercongress zu Brüssel**) gefassten Beschlusses, das Land, die Arbeitswerkzeuge, sowie jedes andere Capital, indem es Gesammteigenthum der ganzen Gesellschaft wird, nur von den Arbeitern benutzt werden könne d. h. von den landwirtschaftlichen und industriellen Genossenschaften.

3. Sie will für alle Kinder beider Geschlechter, von ihrer Geburt an auf Lebenszeit die Gleichheit der Mittel der Entwicklung, der Erziehung und des Unterrichts auf allen Stufen der Wissenschaft, der Industrie und Künste, überhaupt, dass diese Gleichheit, anfangs nur wirtschaftlich und social, zum Resultat haben wird, mehr und mehr eine grössere natürliche Gleichheit der Individuen herbeizuführen, indem sie alle die künstlichen Ungleichheiten verschwinden lässt, welche historische Producte einer socialen Organisation sind, die ebenso falsch, wie ungerecht ist.

4. Feind jedes Despotismus, keine andere politische Form anerkennend als die republicanische und jede reactionäre Allianz unbedingt verwerfend, weist sie ebenso jedes politische Handeln ab, das nicht unmittelbar und direct auf den Triumph der Sache der Arbeiter gegen das Capital abzielte.

5. Sie erkennt an, dass alle gegenwärtig bestehenden politischen und autoritären Staaten, indem sie sich allmählich auf blosse administrative Functionen des öffentlichen Dienstes in ihren bezüglichen Ländern beschränken, in der universalen Union der

---

*) Vgl. das Capitel: „Die Ausbreitung des Anarchismus."
**) Im Jahre 1868.

freien Associationen, sowohl landwirtschaftlichen als industriellen, aufgehen werden.

6. Da die sociale Frage ihre definitive und wirkliche Lösung nur auf der Basis der universellen und internationalen Solidarität der Arbeiter aller Länder finden kann, so verwirft die Allianz jede auf den sogenannten Patriotismus und die Rivalität der Nationen gegründete Politik.

7. Sie will die universelle Association aller localen Associationen durch die Freiheit."*)

Die Frage, wie dieser anarchistische Gesellschaftszustand, den Bakunin selbst „Amorphismus" nannte herbeizuführen sei, haben Bakunin und seine Anhänger unzweideutig genug durch blutige Thaten, wie der durch den grossen Meister im Jahre 1870 versuchte Lyoner Putsch und die 1873er Ereignisse in Spanien beantwortet.**) Bakunin gab sich selbst gerne den Anschein, als bedauerte er die hier und da notwendig gewordene Gewalt, und hüllte sich in den Schafpelz des Evolutionisten, dem die Anarchie eines Morgens beim Aufstehen als eine vollendete natürliche Thatsache entgegentreten werde. Durch den passiven Widerstand auf politischem und wirtschaftlichem Gebiete, durch die vollständige „Enthaltung von der Politik" und durch den „allgemeinen Streik" soll die Anarchie ganz von selbst aus dem Boden schiessen. Im geeigneten Momente legen alle Arbeiter aller Gewerke eines Landes oder gar der ganzen Welt die Arbeit nieder und zwingen dadurch in längstens einem Monate die besitzenden Classen, entweder freiwillig in die neue Gesellschaftsordnung einzugehen oder auf die Arbeiter loszuschlagen, so dass diese nun das Recht haben sich zu vertheidigen und bei dieser Gelegenheit die ganze alte Gesellschaftsordnung über den Haufen zu schmeissen. Man sieht das Ende vom Liede ist wieder die Gewalt, und es konnte auch nichts anderes sein, nachdem Bakunin jeden Versuch, sich dem idealen Ziel allmählig auf dem Wege des politischen und geistigen Fortschrittes allmählig zu nähern, schroff von sich gewiesen hatte. In dem „Brief an einen Franzosen" bekennt er denn über den wahren Character der von ihm empfohlenen Revolution offen Farbe:

„Freilich werden sich die Dinge Anfangs nicht absolut friedlich abspielen;" meint er, „es wird Kämpfe geben, die öffentliche Ordnung, diese heilige Arche des Bourgeois, wird gestört werden und die ersten

---

*) Testut Oscar: „Die Internationale, ihr Wesen und ihre Bestrebungen."
**) Friedrich Engels: „Die Bakunisten an der Arbeit. Denkschrift über den Aufstand in Spanien im Winter 1873" neuabgedruckt in „Internationales aus dem Volksstaate (1871—75)." Berlin 1894.

Thatsachen, die aus einem solchen Zustand der Dinge hervorgehen werden, können das, was man einen Bürgerkrieg zu nennen beliebt, zur Folge haben. Übrigens fürchten Sie nicht, dass die Bauern sich untereinander auffressen werden; selbst wenn sie anfänglich versuchen wollten, es zu thun, so wird es nicht lange dauern, bis sie sich von der materiellen Unmöglichkeit, auf diesem Wege zu beharren, überzeugen und dann darf man sicher sein, dass sie versuchen werden, sich untereinander zu vertragen, sich zu vergleichen und zu organisieren. Das Bedürfnis zu essen und ihre Familie zu ernähren und infolgedessen die Nothwendigkeit ihre Häuser, ihre Familie und ihr eigenes Leben gegen unvorhergesehene Angriffe zu schützen, alles dies wird sie einzeln zwingen, den Weg gegenseitiger Abmachungen zu betreten. Und ebenso wenig brauchen Sie zu glauben, dass bei diesen ausserhalb aller öffentlichen Bevormundung zu Stande gekommenen Abmachungen die Stärksten und die Reichsten durch die blosse Gewalt der Dinge einen vermögenden Einfluss ausüben werden. Der Reichthum der Reichen wird, sobald er nicht durch juristische Einrichtungen gesichert ist, aufhören, eine Macht zu sein. Was die Schlauesten und Stärksten betrifft, so werden sie durch die Collectivmacht der Masse kleiner und sehr kleiner Bauern unschädlich gemacht werden; desgleichen von den Landproletariern, heute eine dem stummen Leiden anheimgegebene Masse, die aber von der revolutionären Bewegung mit einer unwiderstehlichen Macht werden ausgerüstet werden. Ich behaupte nicht, dass die Landdistricte, die sich so von unten nach oben reorganisieren, mit einem Schlag eine ideale Organisation schaffen werden, die in allen Punkten der unserer Träume entsprechen wird. Davon jedoch bin ich überzeugt, dass dieselbe eine lebendige Organisation und als solche tausendmal der jetzt existierenden überlegen sein wird. Übrigens wird diese neue Organisation, da sie immer der Propaganda der Städte geöffnet bleibt, und nicht mehr durch die juristische Staatssanction befestigt und sozusagen versteinert werden kann, frei fortschreiten und sich in unbestimmter Weise, aber immer lebendig und frei, niemals auf Grund von Decreten und Gesetzen entwickeln und verbessern, bis sie an einen Standpunkt anlangt, der so vernünftig ist, wie wir ihn heutzutage nur erhoffen dürfen."

Aus den Mitteln, diese Revolution herbeizuführen, hat Bakunin ausdrücklich die geheimen Gesellschaften und Complotte ausgeschieden. Das hinderte ihn nicht, sich gelegentlich selbst zum Haupte einer geheimen Gesellschaft, die nach allen Regeln der Verschwörerkunst eingerichtet war, machen zu lassen.

Wir haben bei aller unserer grundsätzlichen Gesinnungsgegnerschaft Männern wie Proudhon und Stirner gegenüber, dennoch bereitwilligst deren unzweifelhafte persönliche Gaben an Geist, Gemüth und Charakter anerkannt und vor Allem die optima fides nicht in Frage zu stellen gewagt. Wir können nicht so von Bakunin sprechen. In dem an inneren und äusseren Wandlungen reichen Leben dieses Berufsrevolutionärs gab es nur allzuviel dunkle Punkte, an welche die üble Nachrede sich zu heften Gelegenheit hatte. Wir sehen in Bakunin nicht jenen wissensdurstigen, aufstrebenden Proletarier in Holzschuhen und in der Blouse, der hinterm Setzkasten mehr für andere als für sich von einer gerechteren Weltordnung träumt und die Gesellschaft selbst zu einem wohlgeordneten Setzkasten mühevoll einrichten möchte; wir sehen in Bakunin nicht jenen schlichten deutschen Schulmeister, der die Gesellschaft mit lauter Promethiden bevölkern möchte, während er selbst hungernd seinem frühen Grabe zuwankt, der sein Evangelium einer die Welt aus ihren Polen renkenden Lehre „seinem Liebchen Marie Dönhardt" widmet, als wäre es ein zärtliches „Tantaratei". — Bakunin steht immer als der commis voyageur der ewigen Revolution in grossartiger Pose vor uns, und aus dem malerisch umgeschlagenen rothen Mantel blinkt uns der Dolch Caserios unheimlich entgegen.

* * *

Man kann nicht von Bakunin scheiden, ohne seines Lieblingsschülers Sergei Netschajew*) flüchtig zu gedenken, obwohl dieser noch weniger als Bakunin reiner Anarchist war, und noch weniger vom russischen Nihilismus loszulösen ist.

Ein Bild des Dioskurenpaares Bakunin-Netschajew ist aber besser als lange Abhandlungen geeignet zu zeigen, was an der Gesammterscheinung des modernen Anarchismus Product westlicher Hyperphilosophie und was an ihm Erbschaft des russischen Nihilismus ist.

---

*) Vgl. über S. Netschajew die Artikel: „Anarchismus" im „Volkslexikon" von Wurm. Bd. I. und im „Handwörterbuch der Staatswissenschaften". Jena 1890. I. Band. Ferner Laveleye, E. v. „Der Socialismus der Gegenwart", deutsch von Chr. Jasper. Halle a. d. S. 1895. Alle diese Darstellungen ruhen aber wieder fast ausschliesslich auf den Angaben der Denkschrift L'Alliance de la Démocratie Socialiste et l'Association internationale des travailleurs — Rapport et documents publiés par ordre du congrès international de la Haye (London und Hambourg 1873), einer höchst einseitigen Parteischrift der Marxisten gegen die Bakunisten, deren thatsächliche Unrichtigkeit bereits in mehreren Punkten festgestellt ist. Wir bedauern es umsomehr uns gleichfalls nur auf dieselbe Quelle beschränken zu müssen.

Sergei Netschajew, der von der nihilistischen Poesie als Apostel und Heiliger Gefeierte wurde 1846 zu Petersburg als der Sohn eines Hofbedienten geboren und war dann Lehrer an einer Kirchspielschule seiner Vaterstadt. 1865 kam er nach Moskau, wo er mit den Schülern der Ackerbau-Akademie in Verbindung trat und eine geheime Verschwörung gründete, die sich „Zum Volksgericht" nannte und angeblich den „russischen Zweig der internationalen Arbeitervereinigung" bildete. Auch in Petersburg und anderwärts trat er als Macher solcher Zweiggesellschaften auf, welche der bakunistischen Richtung der Internationale anhingen und sich hauptsächlich aus der studierenden Jugend recrutirten. In einer späteren (1869) in Gemeinschaft mit seinem Meister Bakunin herausgegebenen Brochüre „Paroles adressées aux étudiants" forderte er die Studenten auf, sich nicht um diese „eitle Wissenschaft", in deren Namen man ihnen die Hände binden wolle, zu kümmern, die Universität zu verlassen und unter das Volk zu gehen.*) Das russische Volk befände sich heute in derselben Lage, wie zu Zeiten Alexis', des Vaters des grossen Peter, als ein Räuberhauptmann Stenka Razin sich an die Spitze eines furchtbaren Aufstandes stellte. Die jungen Leute, welche heute aus ihrem Stande austreten und das Leben des Volkes führen, werden einen unbesiegbaren Collectiv-Stenka-Razin bilden, der sich an die Spitze des Emancipationskampfes stellt und diesen durchführt. Zu diesem Zwecke dürfe man sich aber nicht blos an die Bauern wenden und diese revoltieren, man müsse auch die Räuber herbeirufen. Das Räuberthum sei „eine der ehrenhaftesten Formen des russischen Volkslebens." Der Räuber ist der Held, der Schirmer und Rächer des Volks, der unversöhnliche Feind des Staates und jeder vom Staate gegründeten gesellschaftlichen und bürgerlichen Ordnung, der Kämpfer auf Tod und Leben gegen diese ganze Civilisation der Beamten, Edelleute, Priester und der Krone. Der russische Räuber ist der wahre und einzige Revolutionär, der Revolutionär sans phrase, ohne aus den Büchern geschöpfte Rhetorik, ein unermüdlicher, unversöhnlicher und in der Action unwiderstehlicher Revolutionär, ein socialer und Volksrevolutionär, kein politischer und Classenrevolutionär.

Dies war zugleich das Programm der Gesellschaft „Zum Volksgerichte", wie das Actionsprogramm des Nihilismus überhaupt und von diesem übertragen auf westliche Verhältnisse das Actionsprogramm der anarchistischen Thatpropaganda. Zu gleicher Zeit, wie die „Paroles"

---

*) Der Ausdruck „unter das Volk gehen" ist seither ein bekanntes nihilistisches Schlagwort geworden.

cursierten in den von Netschajew beeinflussten Kreisen noch andere entweder ausschliesslich von ihm, oder von ihm und Bakunin verfasste Schriften, wie die „Formel der revolutionären Frage", „die Principien der Revolution" und die „Publication der Gesellschaft zum Volksgericht", welche insgesammt die „Pandestruction" und den Anarchismus predigten. Die Gegner der Bakunisten behaupten, diese Schriften hätten nur den Zweck verfolgt in ihrem blutrünstigen Tone die aufrichtigen Revolutionäre zu compromittieren und der Polizei Waffen gegen dieselben in die Hände zu geben.

Der ganze Geist Bakunins ist aber in dem revolutionären Katechismus*) niedergelegt, einer ursprünglich chiffrierten Schrift, die erst der Staatsanwalt im Processe Netschajew der Öffentlichkeit zugänglich machte. Es ging früher die Meinung, diese Schrift rühre von Bakunin her, heute ist man sich darüber wohl einig, dass ihr Verfasser Netschajew selbst war.

Der Katechismus, der condensierte revolutionäre Fanatismus, verlangt vom Revolutionär, dass er mit Allem, was ihm lieb und theuer, breche und sich unbekümmert um Gesetz und Sitte, Familie und Staat, Freud und Leid, seiner Aufgabe des vollkommenen Umsturzes widme. „Wenn er in dieser Welt fortlebt, so geschieht es nur, um sie desto sicherer zu vernichten. Ein Revolutionär verachtet jeden Doctrinarismus und entsagt der Wissenschaft dieser Welt, um sie künftigen Generationen zu überlassen; er kennt nur eine einzige Wissenschaft: die Zerstörung. Für sie und nur für sie studiert er Mechanik, Physik, Chemie und selbst Medicin. Zu demselben Zwecke studiert er Tag und Nacht die lebendige Wissenschaft — die Menschen, ihren Character, Stellungen und alle Bedingungen der bestehenden gesellschaftlichen Ordnung in allen erdenklichen Sphären. Der Zweck bleibt immer derselbe: Die möglichst rasche und endgiltige Zerstörung der bestehenden Ordnung" (§§ 2—3). „Für ihn existiert nur ein Genuss, ein Trost, ein Lohn, eine Befriedigung, der Lohn der Revolution. Tag und Nacht darf er nur einen Gedanken, nur einen Zweck haben — die unerbittliche Zerstörung" (§ 6). „Zum Zwecke der unversöhnlichen Zerstörung kann und muss ein Revolutionär oft in Mitte der Gesellschaft leben und sich den Anschein der höchsten Gleichgiltigkeit für das ihn Umgebende geben. Ein Revolutionär darf überall eindringen, in die hohen Gesellschaftskreise, wie in die noblen, in das Gewölbe des Krämers,

---

*) Der Katechismus ist reproduciert in der genannten Denkschrift L'Alliance de la Democratie Socialist. VIII (L'Alliance en Russie; 2. Le Catechisme revolutionnaire) p. 90—95.

wie in die militärische, bureaukratische und literarische Welt, in die „dritte Section" (Geheimpolizei) und selbst in das kaiserliche Schloss" (§ 14). Der Katechismus theilt die Gesellschaft in mehrere Kategorien ein; die Mitglieder der ersten dieser Kategorien sind zum Tode ohne Verzug verurtheilt. „In erster Linie sind jene aus der Welt zu schaffen, welche der revolutionären Organisation und ihrer Thätigkeit am meisten im Wege stehen." (§ 16). Den Mitgliedern der zweiten Kategorie wird „provisorisch" das Leben gelassen „damit sie durch eine Reihe scheusslicher Thaten das Volk zur unermüdlichen Empörung treiben (§ 17). Eine dritte Kategorie, reiche und einflussreiche Leute, müssen für die Revolution ausgebeutet und zu „unseren Sclaven" gemacht werden. Mit einer vierten Kategorie von Strebern, Liberalen verschiedener Nüancen muss man auf Grundlage ihres Programms pactieren, sie einweihen, sie compromitiren und sich ihrer zur Perturbation des Staates bedienen. Die fünfte Kategorie, die Doctrinäre muss man vorwärts stossen und die sechste Classe, die wichtigste bilden die Weiber, für deren Ausnutzung zu Zwecken der Revolution Netschajew ein ausführliches Recept gibt. Es ist die Jesuitentactik in allen Details, welche hier zur Installation der allermoralischesten Weltordnung empfohlen wird.

Der letzte Abschnitt des Katechismus, der von den Pflichten des Bundes (zum Volksgericht) gegen das Volk handelt lautet: „Der Bund hat keinen anderen Zweck, als die vollständige Emancipation und das Glück des Volkes, d. h. der hartarbeitenden Menschheit. Aber von der Ueberzeugung ausgehend, dass diese Emancipation und dieses Glück nur vermittelst einer Alles zerstörenden Volksrevolution erreicht werden können, wird der Bund alle Mittel und Kräfte anwenden, um die Uebel und Leiden zu erhöhen und zu vermehren, die endlich die Geduld des Volkes zerreissen und seinen Massenaufstand anfachen werden." Unter einer volksthümlichen Revolution versteht die Gesellschaft nicht eine Bewegung reglementiert nach den classischen Mustern des Westens, die jederzeit innehält vor dem Eigenthum und vor der überlieferten socialen Ordnung der sogenannten Civilisation und Moralität, die sich bis jetzt darauf beschränkt hat, eine politische Form durch die andere zu ersetzen und höchstens einen sogenannten revolutionären Staat zu gründen. Die einzige Revolution, die dem Volke zum Heil gereichen kann, ist die, welche jeden Staatsbegriff durch und durch vernichtet. Bei diesem Ziel hat der Bund („zum Volksgericht") nicht die Absicht, dem Volke irgend eine von oben kommende Organisation aufzudrängen. Die zukünftige Organisation wird ohne Zweifel aus der Bewegung und dem Leben des Volkes hervorgehen, aber das ist Sache künftiger Generationen. Unsere Arbeit ist die schreckliche, unerbittliche und allgemeine Zerstörung" u. s. w.

Ganz mit den hier niedergelegten Anschauungen stimmt das überein, was Netschajew in den oben erwähnten Schriften über die revolutionäre That sagt: „das Wort", ruft er aus, „hat für uns nur Wert, wenn ihm die That auf dem Fusse folgt. Aber nicht alles ist That, was diesen Namen führt: z. B. ist die bescheidene und zu vorsichtige Organisation geheimer Gesellschaften ohne äussere Kundgebungen in unseren Augen nur ein lächerliches und unerträgliches Kinderspiel. Wir nennen äussere Kundgebungen nur eine Reihe von Handlungen, die positiv irgend etwas, eine Person, eine Sache, ein Verhältnis, das die Volksemancipation hindert, zerstört. Ohne unser Leben zu schonen, müssen wir mit einer Reihe verwegener, ja sinnloser Attentate in das Leben des Volkes einbrechen und ihm den Glauben an seine Macht einflössen, es erwecken, vereinigen und zum Triumphe seiner Sache hinführen."

Man muss die Wendung, welche hier in der Anempfehlung der Gewalt sich vollzog, genau beachten; das Attentat wird nicht mehr empfohlen, weil dadurch direct der Zweck des Umsturzes erreicht werden könnte, sondern indirect als blutige Reclame auf die indolente Masse, welche so durch schreckliche Ereignisse auf die Theorie aufmerksam gemacht werden soll. Das ist der teuflische Grundgedanke der „Propaganda durch die That", welche ein anderer Bakunist, der Mann der Juraföderation Paul Brousse*), das traurige Verdienst hat definiert zu haben. „Thaten" sagt Brousse, „Thaten werden allseitig besprochen, nach der Ursache der Thaten fragen die indifferenten Massen, sie werden aufmerksam auf die neue Lehre und discutieren sie. Sind die Menschen erst einmal soweit, so ist es nicht schwer, Viele von ihnen zu gewinnen." Daher empfahl er Aufruhr und Attentat, nicht um dadurch die bestehende Ordnung zu beseitigen, sondern zum Zwecke der „Propaganda". Brousse hatte den Gedanken, wie wir sehen, nur von Netschajew zu entlehnen. Woher ihn dieser hatte, ist nicht schwer zu sagen. Wie, wenn die Meinung, welche die Autorschaft des Revolutions-Katechismus und der anderen oben genannten Schriften nicht Netschajew, sondern Bakunin selbst zuschreibt, doch gewisse Anhaltspunkte hätte? Allein, wer der Verfasser dieser Schriftstücke ist, ist von nebensächlicher Bedeutung. Netschajew ist Geist vom Geiste seines Meisters und er konnte wohl auch zu diesem sagen:

---

*) Siehe das Capitel über die „Ausbreitung des Anarchismus".

> . . . . . was du ersonnen im Geist,
> Das führ ich aus, das thu' ich.
>
> Und gehn auch Jahre darüber hin,
> Ich raste nicht, bis ich verwandle
> In Wirklichkeit, was du gedacht,
> Du denkst und ich — ich handle.
>
> Du bist der Richter, der Büttel bin ich,
> Und mit dem Gehorsam des Knechtes
> Vollstreck ich das Urtheil, das du gefällt,
> Und ist es ein Ungerechtes.
>
> Dem Consul trug man ein Beil voran
> Zu Rom in alten Tagen;
> Auch du hast deinen Lictor, doch wird
> Das Beil dir nachgetragen.
>
> Ich bin dein Lictor, und ich geh
> Beständig mit dem blanken
> Richterbeile hinter dir — ich bin
> Die That von deinem Gedanken. —

Im Jahr 1869 fand die Thätigkeit Netschajews in Russland ein jähes Ende. Zu seinen vertrautesten Freunden in Moskau gehörte ein gewisser Iwanow, eines der geachtetsten und einflussreichsten Mitglieder des Geheimbundes. Iwanow lebte selbst in asketischer Einsamkeit, gab in freien Stunden den Bauern unentgeltlichen Unterricht, errichtete Hilfskassen für arme Studenten u. s. w. Er glaubte wie ein Fanatiker an die sociale Revolution. Er hatte auch billige Kosthäuser für arme Studenten eingerichtet und diese wurden nun eines Tages — weil Netschajew in ihnen revolutionäre Aufrufe hatte anschlagen lassen — von der Polizei gesperrt und ihre Vorsteher verbannt. In der Verzweiflung darüber wollte Iwanow aus dem Geheimbunde austreten. Da nun Netschajew glaubte, Iwanow könnte das Geheimniss verrathen, lockte er ihn eines Abends im Vereine mit zwei anderen Mitverschworenen Pryow und Nicolajew in einen entlegenen Garten, erschoss ihn und warf den Leichnam in einen Teich. Netschajew flüchtete und entkam glücklich in die Schweiz, wo er im Verein mit Bakunin die oben erwähnte schriftstellerische Thätigkeit entfaltete. Bald jedoch zerwarf er sich wegen einiger Gaunereien, die er an Bakunin verübte, auch mit diesem, zog nach London, gab hier eine Zeitung „Die Gemeinde" heraus, in der er seinen ehemaligen Meister scharf angriff und wurde endlich auf Betreiben Russlands im Jahre 1872 ausgeliefert. Seither hat man von ihm nichts mehr vernommen; Netschajew verschwand wie der Teufel auf der Bühne in einer Versenkung.

Fünftes Capitel:

Peter Kropotkin und seine Schule.

> „Suchet nicht Euer Wohlbefinden und Eure Freiheit auf die Knechtschaft eines andern zu gründen; indem Ihr andere beherrscht, werdet Ihr selbst niemals frei sein! Vermehret Eure Productionskraft, indem Ihr die Natur studiert; Eure Kräfte wachsen tausendfältig, wenn Ihr sie in den Dienst der Menschheit stellt! Befreiet das Individuum, denn ohne die Freiheit des Individuums gibt es auch keine freie Gesellschaft! Setzt, wenn Ihr Euch emancipieren wollt, Eure Hoffnungen auf keinerlei Hilfe von Diesseits oder Jenseits; helfet Euch selbst! Dann müsst Ihr Euch freimachen von allen Euren religiösen und politischen Vorurtheilen! Said freie Menschen und vertraut auf die Natur des freien Menschen; all seine Fehler rühren von der Macht her, die er über Seinesgleichen übt oder unter der er schmachtet."
> P. Kropotkin.

Noch ein dritter Russe, ein Declassierter wie Bakunin, hat auf die Entwickelung des modernen Anarchismus grossen Einfluss genommen, ja — trotzdem er eigentlich nur spärliche neue Lehrbegriffe in denselben eingeführt — im eigentlichen Sinne Schule gemacht. Kropotkin gilt allgemein als Vater des „anarchistischen Communismus", welcher sich selbst ausdrücklich in eine gewisse Gegensätzlichkeit zu dem collectivistisch-evolutionistischen Anarchismus Proudhons wie zu dem individualistischen-philosophischen Anarchismus Stirners setzt. Fortan werden wir die beiden Richtungen des individualistischen und des communistischen Anarchismus gut auseinander halten müssen; sie sind übrigens nicht nur geistig, sondern auch räumlich ziemlich scharf getrennt. Die erstere Richtung scheint mehr den germanischen Racen in Deutschland, England und Amerika eigen, während die romanischen Anarchisten, besonders aber die Franzosen fast ausschliesslich auf die communistische Lehre Kropotkins eingeschworen sind.

Peter Alexandriewitsch Kropotkin entstammt dem königlichen Hause der Ruriks, und in den revolutionären Kreisen Petersburgs pflegte man scherzweise zu sagen, er habe mehr Anrecht auf den russischen Thron, als Czar Alexander II., der blos ein Deutscher sei. Zu Moskau 1842 geboren, war er zuerst bei Hofe Page, dann Offizier bei den Amurkosaken, nachher Kammerherr der Kaiserin. In dieser Athmosphäre wuchs der Mann auf, der heute nicht nur bei dem geistigen Aufbau, sondern auch in der Propaganda der destructivsten Geistesrichtung eine geradezu fieberhafte Thätigkeit entfaltet. Fürst Kropotkin hatte in seiner Jugend auf der Hochschule mathematische Studien gemacht und auf seinen ausgedehnten Reisen, die ihn nach Sibirien und bis nach China führten, sich grosse geographische Kenntnisse angeeignet. Der gefürchtete Anarchist war und ist neben seiner socialistischen Lehr- und Agitationsthätigkeit immer noch als geographischer und geologischer Schriftsteller wirksam und geniest als solcher grosses Ansehen. Auf einer Reise nach der Schweiz und Belgien im Jahre 1872 kam Fürst Kropotkin mit der „Internationale" und speciell mit den Männern der Bakunistischen Richtung in nähere Berührung, und schon ein Jahr später sehen wir ihn in seiner Heimat wegen nihilistischer Umtriebe compromittiert und verhaftet. Drei Jahre verbrachte er auf der Peter-Paulsfestung, wo er jedoch seine wissenschaftlichen Studien fortsetzen durfte.*) Im Jahre 1876 glückte es ihm jedoch von da zu entweichen und in die Schweiz zu gelangen. Hier gab sich Kropotkin jener fieberhaften Thätigkeit im Dienste der neuen Lehre hin, die ihn seither auszeichnet. In Genf schloss er sich sofort den Häuptern der damaligen anarchistischen Agitation dem „Jurassischen Bund"**) an, gründete das Blatt „Révolté", und trug wesentlich zu der grossen Ausbreitung, welche der Bund über die Schweiz und Südfrankreich nahm, bei. Nach einem kurzen Aufenthalt in England sehen wir Kropotkin Anfangs der Achtziger Jahre in Frankreich bald hier bald dort mit der Gründung von Gruppen, Abhaltung von Vorträgen u. s. w. beschäftigt. In den sensationellen Lyoner Anarchistenprocess im Januar 1883 war auch er verwickelt und wegen der von ihm selbst zugestandenen intellectuellen Urheberschaft der blutigen Demonstrationen und Unruhen von Montceau-les-mines und Lyon (1882) zu 5 Jahren Gefängnis verurtheilt. Kropotkin wurde aber schon nach drei Jahren 1886 freigelassen und begab sich nach London, wo er bis vor kurzer Zeit weilte. Die nach der Ermordung Sadi Carnots eingetretene schärfere Beaufsichtigung der Anarchisten scheint ihm London verleidet zu haben, denn sein gegenwärtiger Aufenthalt ist unbekannt.

Kropotkins Anarchismus beruht auf den wissenschaftlichsten und humansten Grundlagen und nimmt die unwissenschaftlichsten und brutalsten Formen an. Für den russischen Sonderling ist die anarchistische Theorie weiter nichts als eine notwendige Anpassung der Gesellschaftswissenschaft an jene moderne Richtung aller anderen Wissenschaften, welche die abstracten Collectivgrössen beiseite lassend, sich dem Individuum zuwendet, wie die Cellulartheorie, das Studium der Molekularkräfte u. s. w. Wie alle grossen Errungenschaften der modernen Wissenschaft daher rühren, dass sie von der unfruchtbaren deductiven

---

*) Vgl. die Biographie Peter Kropotkins (Krapotkine) bei Stepniak, a. a. O. S. 90—101.

**) Siehe das Capitel über die Ausbreitung des Anarchismus.

Methode ablassend, von unten herauf zu bauen begannen, so, will Kropotkin, soll die Gesellschaft neu begründet werden, indem sich alle Macht, alle Realität, jeder Zweck in den Individuen verwirklicht und die Gesellschaft nur synthetisch aus der freien Gruppierung dieser Individuen neuerstehe. Mit unbewusster Selbstironisierung meint Kropotkin, er möchte diese Methode die „synthetische" nennen, wenn nicht Herbert Spencer diesen Namen schon „für ein anderes System" verwendet hätte. Wer aus derlei Voraussetzungen schliessen wollte, der gelehrte Fürst werde etwa ein wissenschaftlich wohlbegründetes System aufbauen, wie es seine älteren Vorläufer versuchten, der würde sich irren. Kropotkin hat mit geringen Ausnahmen nur kleinere Schriften*) dafür aber, in reicher Zahl veröffentlicht, in denen er oft in gesucht trivialem Tone mehr mit Schlagworten als mit Argumenten operiert; ja er spottet gelegentlich über die „weisen und klugen Theoretiker" und stellt eine That höher als tausend Bücher. Derselbe innere Widerspruch zeigt sich bei Kropotkin auch nach einer anderen Richtung. Er ist offenbar Philanthrop vom reinsten Wasser, die allgemeine Menschenbrüderschaft will er begründet sehen, begründet auf dem nach seiner Meinung der Menschheit imanenten Gefühle der Solidarität; bei Lichte besehen haben wir hier Proudhons „Gerechtigkeit", Comtes „Liebe", kurz gesagt, die moralische Weltordnung wieder vor uns, mag auch Kropotkin noch so materialistisch thun, und jede Moral leugnen. Wie will er aber dieser moralischen Weltordnung zum Durchbruch verhelfen? Durch jedes Mittel, das sich schickt, auch durch die blutige Propaganda der That und zuletzt durch die Wiedereinrichtung wahrhaft pithekoanthropischer Zustände, eines Heerdenlebens auf dem Niveau der Feuerländer und Botokuden.

Für Kropotkin besteht die Anarchie 1. in der Befreiung des Producenten von dem Joche des Capitals, in der gemeinsamen Pro-

---

*) Das Hauptwerk Kropotkins ist „La conquête du pain" Paris 1892. (Abdruck des Capitels „l'agricultur" als Broschüre Paris 1892.) Die zahlreichen kleinen Schriften Kropotkins citieren wir in jenen Auflagen, wie sie uns eben vorliegen, ohne für die Richtigkeit der chronologischen Reihenfolge und die Vollzähligkeit der Liste einzustehen: — Les paroles d'un Revolté 1885 — Revolutionäre Regierungen. Übers. aus dem Französischen. Anarchistische Bibliothek Heft 1. — Un siècle d'attente 1789—1889 Paris 1893. — La grand révolution Paris 1893 — Les temps nouveaux (conférence faite à Londre) Paris 1894. — Jeunes gens; 4me édit. Paris 1893 — La loi et l'autorité; 6me édit. Paris 1892. — Les prisons 2me édit Paris 1890. — L'Anarchie dans l'Evolution socialiste; 2me édit. Paris 1892. — Esprit de révolte; 5me édit. Paris 1892 — le Salariat 2me édit. Paris 1892 — La morale anarchiste. 1890 — Anarchist Communion, its basis and principles (republished by permission of the Editor of nineteenth Century) London 1887

duction und dem freien Genuss aller Producte der gemeinsamen Arbeit. 2. in der Befreiung vom gouvernementalen Joche, in der freien Entwicklung der Individuen in ihren Gruppen und der Gruppen in den Föderationen, in der freien Organisation vom Einfachen zum Zusammengesetzten aufsteigend nach den Bedürfnissen und gegenseitigen Bestrebungen und 3. in der Befreiung von der religiösen Moral, und einer freien Moral ohne Verpflichtung und Sanction, aus dem Leben der Gesellschaft selbst hervorgehend und zur Gewohnheit werdend."*)

Das Postulat nach Beseitigung der Staatsautorität ist das bekannte alte Repertoirstück der Anarchisten. Bemerkenswert ist aber, dass Kropotkin den Staat unter Anderem auch deshalb bekämpft, weil er den ihm so oft von anderer Seite zur Last gelegten Grundsatz laisser faire, laisser passer eben nicht zur Wahrheit mache. Kropotkin meint, der Staat handle vielmehr nach dem Princip ne pas laisser faire, ne pas laisser passer und interveniere zu allen Zeiten zu Gunsten des Ausbeuters gegen den Ausgebeuteten.**) Der Staat sei somit eine rein bürgerliche Erfindung (l'ideé bourgeoise), durch und durch morsch und hinfällig, zusammengehalten nur durch die Plage der Gesetze. Alles Gesetz und alle Herrschaft, die parlamentarische inbegriffen, müsse daher von Grund auf beseitigt und durch das „System des Nicht-Regierens" und durch die freie Vereinbarung (la libre entente) ersetzt werden. Kropotkin sieht heute schon überall im öffentlichen, zumal im wirtschaftlichen Leben, Keime dieser freien Vereinbarung, bei welcher die Regierung absolut sich nicht einmischt; das was nun etwa zwei Eisenbahngesellschaften, die ein freies Übereinkommen über den Fahrtarif und Fahrplan treffen im vereinzelten Falle thun, soll die allgemeine Lebensform der neuen Gesellschaft sein.

In dieser Gesellschaft wird nur das Solidaritätsgefühl, welches Kropotkin als eine Art apriorischen Gesellschaftsprincips annimmt, die Handlungen der Menschen bestimmen: „Jedem muss das Recht verbleiben, zu handeln, wie er es für das Beste erachtet, und durchaus muss das Recht der Gesellschaft geleugnet werden, irgend wen, in einer Weise wegen einer gesellschaftlichen That zu strafen." — „Wir fürchten uns nicht ohne Richter und ihre Urtheilssprüche auszukommen" — heisst es in der Schrift „La morale anarchiste" — „Mit Guyau verzichten wir sogar auf alle und jede Billigung der Sittlichkeit oder irgend welche Verpflichtungen zu derselben. Wir scheuen uns nicht, zu erklären: Thue, was Dir gefällt! Verfahre ganz nach Deinem Gutdünken! Denn

---

*) L'Anarchie pag. 26.
**) Les temps nouveaux pag. 46.

wir sind überzeugt, dass die grosse Mehrzahl der Menschen, je nach dem Grade ihrer Aufklärung und der Vollständigkeit, mit der sie sich von den gegenwärtigen Fesseln befreit, stets in einer der Gesellschaft nützlichen Weise handeln werde, — ebenso, wie wir überzeugt sind, dass ein Kind eines Tages auf seinen zwei Füssen und nicht auf allen Vieren gehen wird, weil es eben von Eltern geboren ist, die der Gattung ‚Mensch' angehören!" Der Vergleich hinkt. Es gibt thatsächlich degenerierte Menschenkinder, welche jeder Unterweisung beraubt, sans gêne auf allen Vieren kriechen. Ebehso lahm ist ein anderer Beweis, den Kropotkin — ein grosser Thierfreund — für sein Zukunftsideal aus dem Thierreiche holt. Er hält unter den Thieren Umschau und findet auch hier ein angeborenes Gefühl des Mitleides mit der eigenen Gattung, das in gegenseitiger Hilfeleistung bei Noth und Gefahr zum Ausdruck kommt. Damit will er beweisen, dass auch die Menschen ohne Gesetze und Herrschaft blos aus dem Gefühl der Solidarität das Gleiche ihren Mitmenschen thun würden. An einer späteren Stelle muss er allerdings zugeben, dass es unter den Menschen von jeher eine ungeheuere Anzahl Einzelwesen gibt, die nicht begreifen, dass die Wohlfahrt des einzelnen Mitgliedes und die der Gattung identisch sind. Aber gesetzt, der Mensch wäre genau so wie das Thier, er stünde — nach dem Geiste Kropotkins gesprochen — moralisch genau so hoch wie das Thier. Überwiegt denn aber wirklich im Thierreiche die Zahl der Fälle solidarischen Vorgehens diejenige brutaler Vergewaltigung, blinder Rücksichtslosigkeit, und hat es einen Sinn, die organisierte Solidarität, genannt Staat, abzuschaffen, um an ihre Stelle die unorganisierte, wertlosere zu setzen?

Aber Fürst Kropotkin der scheinbar so grimmige Materialist, ist ein arger Schwärmer, der sich über die Natur des Menschen grossen Selbsttäuschungen hingibt. „Wir wollen nicht beherrscht werden!" sagt er. „Und erklären wir nicht damit, dass wir selbst niemanden zu beherrschen wünschen? Wir wollen nicht betrogen werden, wir möchten immer nur die Wahrheit hören. Erklären wir dadurch nicht, dass wir selbst niemanden täuschen wollen, dass wir stets die Wahrheit nichts als die Wahrheit und die ganze Wahrheit zu sagen versprechen?" Wer erkennt hier nicht das schnurgerade Gegentheil der Thatsachen? Die Anarchisten und besonders jene, deren oberste „Autorität" Kropotkin ist, wollen nicht vergewaltigt werden und vergewaltigen selbst, sie wollen nicht getödtet werden und tödten selbst. Gibt es denn eine schlagendere Widerlegung der anarchistischen Moral?

* * *

Kropotkin hat endgültig mit dem Proudhon'schen Collectivismus gebrochen und an dessen Stelle den anarchistischen Communismus gesetzt. Proudhon und im gewissen Sinne auch noch Bakunin — der sich ja stets einen Collectivisten nannte und gegen den Vorwurf des Communismus wehrte,*) — haben zwar das Eigenthum als Rente, als den aus der Aneignung der Naturkraft gezogenen Profit bekämpft, aber den individuellen Besitz nicht nur nicht verneint, sondern sogar zu verallgemeinern gesucht. Jeder sollte Besitzer werden; nur der Grund und die Arbeitsmittel, welche allen zugänglich sein müssen, können nicht angeeignet werden, sie sind Collectiveigenthum und werden zur Nutzung nach einem Verhältnis aufgetheilt, welches dem Quotienten aus der vorhandenen Bodenmenge, respective den Productionsmitteln einerseits und der Anzahl der Gruppenmitglieder andererseits gleich kommt. Wir haben gesehen, zu welch complicierter Organisation des wirthschaftlichen Lebens dies bei Proudhon führte; allein er vertraute die Erhaltung dieser wirthschaftlichen Ordnung nicht den starken Händen des Staates an, sondern gab sich der Meinung hin, das Leben könnte, einmal ins Gleichgewicht gebracht, nie wieder aus demselben fallen. Wir wollen hier nicht mehr wiederholen, welche Illusion darin liegt. Der sich selbst überlassene Collectivismus müsste sofort wieder in eine Ordnung wirthschaftlicher Ungleichheit entarten und demnach haben jene Collectivisten, welche die Erhaltung des wirthschaftlichen Gleichgewichtes zur Sache des Staats machen, wenigstens den Vorzug der Consequenz für sich. Damit ist aber wieder der anarchistische Grundgedanke dahin.

*) Auf dem Congress der Friedens- und Freiheitsliga zu Bern im Jahre 1869 verwahrte sich Bakunin gegen den Vorwurf communistischer Tendenzen, wie folgt: „Ich verabscheue den Communismus, weil er die Verneinung der Freiheit ist und ich nichts Menschliches begreifen kann ohne die Freiheit. — Ich bin kein Communist, weil der Communismus alle Kräfte der Gesellschaft im Staate concentriert und von ihm absorbieren lässt, weil er nothwendigerweise auf die Centralisation des Eigenthums in den Händen des Staats hinausläuft, während ich vielmehr die Abschaffung des Staates will — die radicale Ausrottung des Autoritätsprincips und der Vormundschaft des Staats, der unter dem Vorwand, die Menschen zu bessern und zu idealisieren, sie bis auf den heutigen Tag geknechtet, unterdrückt, ausgebeutet und verdorben hat. Ich will die Organisation der Gesellschaft und des collectiven und socialen Eigenthums von unten nach oben, durch das Mittel der freien Association und nicht die von oben nach unten durch Vermittlung einer Autorität, sei dieselbe welche immer. Indem ich die Abschaffung des Staats verlange, will ich die Abschaffung des individuell erblichen Eigenthums, das nur eine Einrichtung des Staats, nur eine Folge des Staatsprincips selbst ist. In diesem Sinne bin ich Collectivist und durchaus nicht Communist."

Dieser unheilbare Widerspruch zwischen Anarchismus und Collectivismus bestimmte Kropotkin, mit dem letzteren ganz aufzuräumen und an dessen Stelle an die schon von Hess und Grün aufgeworfenen Fäden anknüpfend den anarchistischen Communismus zu setzen. Er kritisierte in schonungsloser Weise*) jegliches System der Entlohnung, ob es nun nach Saint Simons Grundsatz: „Jedem nach seiner Fähigkeit, jeder Fähigkeit nach ihren Werken", oder nach dem Proudhons: „Jedem nach seinen Kräften, jedem nach seinen Bedürfnissen" aufgebaut ist, und verwirft mit dem Arbeits-Lohn, die Arbeitszeit, den Besitz auch in der Form des Collectivbesitzes und ebenso das Arbeitsgeld (die bons de travail) als andere Formen des Eigenthums, des Capitals und der Ausbeutung. Er bekämpft selbst den Satz von dem vollen Arbeitserträgnis, das jedem Arbeiter werden solle, dieses stärkste Steckenpferd aller Socialisten. „Das wäre die Austilgung der Rasse", sagt er, „wenn die Mutter nicht ihr Leben hingeben wollte, um das der Kinder zu erhalten, wenn der Mensch nicht auch überall dort geben wollte, wo er keine Recompensation erwarten kann."

Das Losungswort Kropotkins, das so eifrig von den Anarchisten romanischer Rasse aufgenommen wurde, lautet dagegen: „Alles gehört Allen!" — (Tout est à tous) — d. h. Niemand ist mehr Besitzer; wenn nach der Revolution alle Güter und Producte expropriert und der Allgemeinheit zurückgegeben sein werden, nimmt sich jeder nach seinem Belieben, nach seinem Bedürfnisse. Das Land wird sich eben so gut jeder aneignen können, wie irgend einen Gegenstand, eine Waare. „Auf einen Haufen alle Lebensmittel und Vertheilung nach den Bedürfnissen eines Jeden" ruft er,**)" freie Wahl vom Haufen in Allem, was vom Überfluss vorhanden ist und die Vertheilung nur bei jenen Gegenständen, welche mangeln könnten. Das ist die Lösung nach dem Wunsche des Volkes." — „Freie Wahl vom Haufen in allen Lebensmitteln, die reichlich vorhanden sind, Auftheilung (rationement) aller jener Dinge, deren Production beschränkt ist, Auftheilung nach den Bedürfnissen mit besonderer Berücksichtigung der Kinder, Greise, überhaupt der Schwachen. Genuss alles dessen nicht in der socialen Abfütterungsanstalt (dans la marmite sociale), sondern daheim im Kreise unserer Familie und Freunde, nach dem individuellen Geschmack — das ist das Ideal der Massen, deren Sprachrohr wir sind."

Es ist interessant zu sehen, wie alle Versuche das individuelle Eigenthum aufzuheben, auch schon dem Begriffe nach wieder zum indi-

*) In „La conquete du pain" und „le salariat".
**) L'Anarchie pag. 13.

viduellen Eigenthum zurückführen, und ein umgestülpter Proudhon könnte nach diesem Grundgedanken ein recht hübsches Gegenstück zu „Qu'est cet que la propriété" schreiben. Kropotkin will zunächst eine allgemeine Exproprierung und dann mag sich jeder nach Belieben nehmen. Wozu aber dann die Exproprierung, die doch nur einen Sinn hat, wenn auf dieselbe eine Auftheilung folgen sollte? Wäre es denn zur Installierung des anarchistischen Communismus nicht einfacher, schlechtweg die Garantie des Eigenthums aufzuheben und dann ruhig zuzusehen, wie sich die Einzelnen einander ihre Habe abjagen? Der Erfolg wäre ganz derselbe, aber es liegt ein begrifflicher Widerspruch darin, erst alle Habe als Gemeinbesitz zu erklären — womit nebenbei die von Kropotkin geleugnete Realität der Gesellschaft als solche anerkannt wird — und dann wieder jedem Einzelnen das Verfügungsrecht über alles zu ertheilen. Stirner blieb wenigstens mit der Logik auf gutem Fusse, indem er erklärte: „Mir gehört Alles!" In der That sind aber die Sätze: „Mir gehört Alles", „Allen gehört Alles", „Mir gehört nichts" und „Allen gehört nichts" vollständig identisch. Der Unterschied aller dieser Auflassungen des Eigenthums nach den Grundsätzen des individualistischen oder des communistischen Anarchismus von den heute bestehenden Eigenthumsverhältnissen reducirt sich darauf, dass bei uns die Garantie des Eigenthums der Staat leistet, während sie in der Anarchie höchstens in der freien Vereinbarung läge, von der „Gruppe" oder vom „Verein der Egoisten" ausgehen würde. Da stehen wir nun wieder vor der rein formellen Frage ob Zwangs- oder Conventionsrecht; an dem individuellen Eigenthum als solchem wäre damit nichts geändert.

Aber die Kropotkin'sche Haufenwirthschaft (la mise au tas — la prise au tas) hat noch ein anderes als dieses logische Häckchen. Ihr genialer Erfinder geht von zwei Annahmen aus, welche ihn als Utopisten reinsten Wassers charakterisieren, nämlich einerseits von der ebenso alten als unrichtigen Annahme einer unerschöpflichen Productivität des Bodens und andererseits von der Hypothese einer der Menschheit innewohnenden Solidarität.

Kropotkin behauptet, schon heute übersteige die Production weitaus die Consumtion, die erstere wachse aber in ungeahnter Progression mit der wissenschaftlichen Einsicht in die Productionsweise und mit der Freiheit der Production. Ein Stück Landes, welches heute von 10 Personen bearbeitet 100 Personen ernährt, würde bei rationeller Wirthschaft 1000 Personen ernähren und bei der allgemeinen Verwendung der Maschinen würden hierzu vielleicht nur 5 Personen nöthig sein.

Also Verminderung der Arbeit und Zunahme der Production bei rationeller Wirthschaft — das ist etwa die Quintessenz der Kropotkin'schen Beweisführung. Die Menschen werden daher minder productive Länder eilig verlassen und die vorzüglichsten und productivsten Landstriche bevölkern und aus diesen bei verhältnismäsig geringer Arbeit einen nie endenden Überfluss schöpfen, die Haufenwirthschaft wird nicht nur möglich, es wird vielleicht noch etwas zu viel da sein. Das Schlaraffenland in wissenschaftlicher Verkleidung, das tausendjährige Reich der Revolution. Hören wir eine Schilderung dieses paradiesischen Zustandes aus dem Munde Kropotkins:

„Sie (die Arbeiter) werden (nach der Revolution) aus der Stadt gehen und auf das Land ziehen. Mit Hilfe der Maschine, welche den Schwächsten unter uns gestatten wird sie zu unterstützen, werden sie die Revolution in die Culturen eines gewesenen Sclaven tragen, wie sie dieselbe in seine Einrichtungen und Ideen getragen. Hier werden sich hunderte von Hectaren mit Glashäusern bedecken und Männer und Weiber werden mit zarten Händen die jungen Pflänzchen bedienen. Dort werden andere hundert von Hectaren mit Dampfmaschinen von den Schollen gereinigt, mit Dünger verbessert und durch Aussprengungen an Boden bereichert. Lachende Schaaren von Arbeitern werden zur Zeit diese Landstriche mit Saaten bedecken, geleitet in ihrer Arbeit und in ihren Versuchen von solchen, welche die Landwirthschaft verstehen, immer aber und alle von dem mächtigen und practischen Geist eines Volkes, das aus langem Schlafe erwacht den weithin strahlenden Leuchtthurm der Menschheit, das Glück Aller vor sich erblickt. Und in zwei oder drei Monaten wird eine frühe Ernte den drückendsten Bedürfnissen abhelfen und ein Volk mit Nahrung versorgen, das nach Jahrhunderten stillen Hoffens endlich seinen Hunger stillen oder nach Appetit wird essen können. Unterdessen wird das volksthümliche Genie, das Genie eines Volkes, das sich empört und seine Bedürfnisse kannte, neue Mittel der Production versuchen, die nur noch der Taufe der Erprobung bedürfen, um allgemein in Verwendung zu kommen. Man wird das Licht — diesen verkannten Factor der Landwirthschaft, der in der Breite von Yakutsk die Gerste in 45 Tagen zur Reife bringt — zu concentrieren und künstlich zu erzeugen suchen und das Licht wird mit der Wärme rivalisieren, das Wachsthum der Pflanzen zu fördern. Ein Monchot der Zukunft wird die Maschine erfinden, welche die Strahlen der Sonne leitet und sie zu arbeiten zwingt, ohne dass es

---

*) La conquête du Pain cap. de l'agriculture.

nothwendig wäre in den Tiefen der Erde nach jener Wärme zu suchen, die in der Kohle schlummert. Man wird versuchen die Bewässerung des Bodens mit Culturen von Mikro-organismen — eine Idee von gestern, die es ermöglichen wird, dem Boden die kleinen lebenden Zellen zuzuführen, welche für die Pflanzen nöthig sind, um die Würzelchen zu speisen und die Bestandtheile des Bodens zu decomponieren und assimilationsfähig zu machen." Kropotkin setzt — uns einer Kritik überhebend — hinzu: „On expérimentra . . . . . mais, n'allons pas plus loin, nous entrerions dans la domaine du roman."

Sehen wir ganz davon ab, ob denn der Satz, dass heute schon die Production die Consumsfähigkeit überwiegt, wirklich so fest steht; die erdrückende Mehrzahl der Nationalökonomen ist entgegengesetzter Meinung. Aber wäre es so, und würde die Production noch mehr steigen, — Kropotkin gibt ja selbst zu, dass die unumgängliche Voraussetzung einer reichlichen Production der rationelle Betrieb sei. Die erste Bedingung einer solchen rationellen Wirthschaft ist aber die feste Organisation. Diese Bedingung ist heute erfüllt, bei Kropotkins Haufenwirthschaft nach dem angegebenen Recepte gäbe es nur Raubbau, und der führt immer zuletzt zur Noth, zum Mangel an Production. — Kropotkin hat dies auch selbst eingesehen, denn sonst wäre ja seine Forderung, jene Producte, deren Erzeugung beschränkt ist und an denen Mangel eintreten könnte, zu vertheilen, die überflüssigste Bemerkung von der Welt. Im Schlaraffenlande gibt es überhaupt keinen Mangel.

Dieses Zugeständniss, dass der Fall doch eintreten könnte, ist jedoch nicht nur ein Rückzug aus dem Lande der Verheissung in die nüchterne Wirklichkeit, es ist auch die Negation der Anarchie. Wo ist die Grenze zwischem dem Überflüssigen und dem Nichtüberflüssigen? Wer wird sie ziehen, und mehr noch — wer wird sie anerkennen? Wer wird die Theilung vornehmen, und wer wird sie respectieren? Jede Herrschaft ist doch vernichtet, niemand zu irgend etwas verpflichtet. Wie wenn ich mich einfach weigere, die von der Theilungscommission gezogenen Grenzen anzuerkennen und mich ihrem Beschlusse zu fügen? Wird man mich zwingen? Dann ist die Anarchie eine Lüge; wird man mich nach meinem Kopfe thun lassen, dann ist die Vertheilung unmöglich und der Communismus eine Lüge.

Aus dieser Zwickmühle hat sich Kropotkin nach berühmten Mustern herauszuwinden versucht, durch die Anrufung eines Deus ex machina. Bei Comte hiess er „Liebe", bei Proudhon „Gerechtigkeit", bei Kropotkin „Solidarität des Menschengeschlechtes". Drei verschiedene Worte, ein und dieselbe Sache: die moralische Weltordnung, ein Dogma, an welches jeder glauben kann, der will. Kropotkin vertröstet uns, wenn nur einmal die grosse Revolution gemacht sein wird, dann werde sich die menschliche Solidarität wie ein Phönix aus den rauchenden Trümmern der alten Ordnung erheben. Wir halten uns nicht für besser und schlechter, als andere Menschen sind. Wir zweifeln aber sehr, ob wir, vor uns einerseits den Mangel andererseits Kropotkins berühmten Haufen, auf die notwendigsten Lebensmittel — und gerade an diesen muss ja zuerst Mangel eintreten, weil sie am meisten begehrt sind — auf den unerlässlichen Bedarf des Lebens verzichten würden aus purem Solidaritätsgefühl mit einem Menschen, der mich im nächsten Augenblick — falls er stärker ist als ich — ungestraft aus meiner Wohnung verjagen, umbringen kann, mein Buch oder mein Bild als das seinige ausgeben darf u. s. w. Diese Art von Communismus wäre nur unter dem Drucke einer despotischen Autorität möglich, wie sie der socialdemokratische Zukunftsstaat unfehlbar besitzen müsste, nie aber durch die libre entente vollständig freier Individuen; freie Menschen im Sinne der Anarchisten werden sich nie egalisieren lassen und haben es nie gethan.

Kropotkin meint aber, ja! Er greift auf den lieben, guten und überaus glücklichen Wilden Rousseaus zurück und erzählt[*]) uns, dass die primitiven Völker, so lange sie sich noch nicht unter irgend eine Herrschaft begeben, sondern in Anarchie leben, ein beneidenswerth glückliches Dasein führen: „Abgesehen von Elementarereignissen, wie rasche Witterungsänderungen, Erdbeben, Eiszeit usw. und abgesehen von Krieg und Einfällen, führen die primitiven Menschen ganz aus eigener Kraft ein reiches Leben nach ihren Wünschen, um den Preis einer minimen Arbeit. Man lese die Schilderungen, welche von den grossen Seefahrern der früheren Jahrhunderte hinterlassen wurden, man lese gewisse moderne Reiseberichte und man wird sehen, dass dort, wo die Gesellschaft noch nicht unter das Joch von Priestern und Kriegern gesunken ist, der Überfluss im Kreise der Wilden herrscht. Wie die geselligen Vögel verbringen sie den Morgen in gemeinsamer Arbeit; sie ruhen gemeinsam und vergnügen sich am Abend. Nichts von den Kümmernissen des Lebens unseres Proletariats in den grossen Industriecentren unserer Zeit! Das Elend kommt erst über sie, wenn sie in die Knechtschaft irgend einer Autorität fallen."

Da haben wir das goldene Zeitalter vor jeder Gesellschaftsordnung, wie wir früher die Schilderung eines goldenen Zeitalters nach dem Sturze dieser Gesellschaftsordnung zu hören bekamen, und das

---
*) Les temps nouveaux pag. 21.

Elend dieser „verfluchten Civilisation" ist nur zu beheben, indem man
sie beseitigt und wieder zu demselbigen Urzustand zurückkehrt. Das
ist ganz genau die Marotte der alten Gesellschaftsvertragstheorie, auf
welche denn auch unsere Anarchisten sammt und sonders nach vielem
wissenschaftlichen Bemühen immer wieder zurückkommen. In der That
ist dieses primitive Paradies, das da Kropotkin schildert ebenso seine
Erfindung, wie jenes anarchistische Zukunftsparadies. Er spricht von
Reisenden früherer Jahrhunderte. Nun, was die ethnographischen
Beobachtungen alter Reisender betrifft, so sind dieselben eine sehr trübe
Quelle. Ehedem war man rasch bei der Hand mit der Erklärung,
dieses oder jenes Volk besitze keine Religion oder lebe in Anarchie.
Der Grund lag darin, dass man die primitiven Formen im Vergleiche
mit den mitgebrachten religiösen oder politischen Begriffen vollkommen
unterschätzte, für 0 hielt. Genaue Beobachtungen haben ergeben, dass
vollständiger Mangel aller religiösen Vorstellungen beim primitiven
Menschen ebenso selten ist, wie vollständiger Mangel jeder gesellschaftlichen und autoritären Organisation. Kropotkin nennt leider die
„gewissen neueren Reisenden" nicht, bei denen er jene Schilderungen
glücklicher, aus der Anarchie fliessender Zustände primitiver Völker
gelesen hat. Unseres Wissens kann man nur bei einer sehr geringen
Anzahl von Völkern wie den Feuerländern, den Eskimos u. s. w. von
einer Anarchie im eigentlichen Sinne sprechen, das Leben dieser Völker
ist aber von dem Traumparadies Kropotkins recht unvortheilhaft verschieden. Man lese die übereinstimmenden Schilderungen, welche Fitzroy, Darwin, Topinard u. A. von den Feuerländern entwarfen, und
man wird sofort von der Meinung abkommen — falls man je dieselbe
gehegt — dass die Feuerländer ein so paradiesisches Dasein führen,
wie der anarchistische Wilde Kropotkins. Es ist vielmehr das Elend
und der Hunger in Permanenz, das hier im Gefolge der Anarchie erscheint, und man gebe nicht ausschliesslich der Unfruchtbarkeit des Landes die
Schuld. Narborough*) sagt von den Feuerländern: „Bestände ein Verlangen nach Cultur, so würde die Waldbedeckung des Landes dem
nicht entgegenstehen, denn an vielen Stellen kommen freie, begraste
Stellen vor, welche sogar häufig von den Schiffern für Reste spanischer
Ackerbauversuche ausgegeben werden." Überhaupt gehen aber die
Aussagen aller Reisender und Ethnographen dahin, dass das Dasein der
sogenannten „Wilden" ein ewiger bitterer Kampf mit der Natur und
untereinander um des Lebens kargste Nothdurft sei und dass, wenn schon

---

*) Cit. bei Ratzel F. Völkerkunde, Leipzig und Wien 1890. II. Bd. S. 668.

nicht der Hunger ein ständiger Gast, doch die Ernährung eine sehr
unregelmässige zwischen Ueberstopfung und langem Fasten wechselnde
sei. Wie schwer bei diesen und selbst noch bei fortgeschritteneren
Naturvölkern das Fortbringen der Kinder ist, beweist die über den
ganzen Erdball verbreitete schreckliche Sitte des Kindermords, welche
keinen anderen Zweck als die künstliche Zuchtwahl im Hinblick auf
die kargen Existenzbedingungen hat. Personen, welche für das communistische Gemeinwesen nur als Magen und nicht als Arbeitskräfte in
Betracht kommen, Greise und Schwache werden bei zahlreichen, sonst
nicht eben unter dem allgemeinen Niveau stehenden Völkern einfach
getödtet, und der Alten- und Elternmord scheint bei den primitiven
Völkern einmal ebenso verbreitet gewesen zu sein wie der Kindermord.
Das sind aber Thatsachen, welche nicht nur der Kropotkinschen Annahme eines goldenen anarchistischen Zeitalters, sondern noch mehr
derjenigen eines dem Menschen innewohnenden Solidaritätsgefühles
widersprechen.

Es erübrigt noch etwas über Kropotkins Stellung zur Propaganda
der That zu bemerken. Man hört oft, dass Kropotkin dieselbe verwerfe. Das widerspricht ganz dem wirklichen Sachverhalte. In der
„Psychologie der Revolution"*) ergreift er ganz entschieden Stellung
zu der Frage, wie die Worte endlich in Wirklichkeit umzusetzen seien:

„Die Antwort ist leicht" — sagt er — „die That, die fortgesetzte
unaufhörlich erneuerte Action der Minorität ist es, welche diese Transformation bewerkstelligt. Der Muth, die Hingebung, die Aufopferung
sind so ansteckend, wie die Feigheit, die Unterwürfigkeit, der Schrecken.
Welche Formen soll die That annehmen? Ach, jede Form, so verschieden,
wie es die Umstände, die Mittel, das Temperament selbst sind. Bald zur
Trauer, bald zum Spotte reizend, aber immer kühn, bald gemeinsam,
bald individuell verachtet sie kein Mittel, das bei der Hand ist, versäumt sie keine Gelegenheit des öffentlichen Lebens, um die Unzufriedenheit zu propagieren und in Worte zu kleiden, um den Hass gegen die
Ausbeuter zu erregen, die Herrschenden lächerlich zu machen, ihre
Schwäche zu zeigen und immer die Kühnheit, den Geist der Empörung
zu erwecken durch die Predigt des Beispieles. Wenn in einem Lande
eine revolutionäre Stimmung erwacht und der Geist der offenen Empörung bereits hinreichend unter den Massen lebt, um in tumultuösen
Strassenkundgebungen, Emeuten und Aufständen auszubrechen — da
ist es allein die „That", durch welche die Minorität dieses Gefühl der

---
*) L'esprit de révolte pag. 7 ff.

Unabhängigkeit und jene Athmosphäre der Kühnheit erzeugen kann, ohne welche sich keine Revolution vollziehen könnte. Herzhafte Männer, die sich nicht mit Worten bescheiden, sondern sie in Thaten umzusetzen streben, reine Charaktere, welchen die That von der Idee untrennbar ist, welche den Kerker, das Exil, den Tod einem Leben im Widerspruch mit ihren Grundsätzen vorziehen, unerschrockene Männer, welche wissen, was man wagen muss, um zu reussieren, das sind die preisgegebenen Posten, welche den Kampf beginnen lange bevor die Massen genügend bewegt sind, um die Fahne des Aufstandes zu entrollen und mit den Waffen in der Hand an die Eroberung ihrer Rechte zu schreiten. Mitten unter Klagen, Redereien, theoretischen Auseinandersetzungen vollzieht sich eine That persönlicher oder gemeinsamer Empörung. Es ist nicht anders möglich, als dass die grosse Menge anfangs gleichgiltig bleibt, gerade jene, welche den Muth der Person oder der Gruppe, die zur Initiative griff, bewundern, werden wahrscheinlich den Weisen und Klugen folgen, welche sich beeilen, diese That als Thorheit zu bezeichnen und von den ‚Narren' und Hitzköpfen zu sprechen, welche alles compromittieren. Diese Weisen und Klugen hatten so gut ausgerechnet, dass ihre Partei, wenn sie langsam ihre Ziele verfolge, in 100, 200, 300 Jahren vielleicht die ganze Welt erobert haben würde und nun mischt sich das Unvorhergesehene hinein. Das Unvorhergesehene ist das, was von jenen Weisen und Klugen nicht vorhergesehen wurde. Wer immer die Geschichte kennt und einen noch so wenig geordneten Verstand sein nennt, weiss vollauf, dass eine theoretische Propaganda der Revolution sich nothwendig in Thaten umsetzen muss, lange bevor die Theoretiker entschieden haben, dass nun die Stunde gekommen sei. Nichtsdestoweniger entrüsten sich die Theoretiker gegen die „Narren", excommunicieren sie, belegen sie mit dem Banne. Aber die Narren finden Sympathie, die Menge des Volkes klatscht im Geheimen ihrer Kühnheit Beifall, und sie finden Nachahmung. In demselben Masse, als die ersten von ihnen die Gefängnisse und das Bagno bevölkern, kommen andere heran, die ihr Werk fortsetzen. Die Thaten des ungesetzmässigen Protestes, der Empörung, der Rache mehren sich. Die Gleichgiltigkeit ist fortan unmöglich. Diejenigen, welche anfangs nur fragten, was die Narren denn eigentlich wollten, sind gezwungen, sich mit ihnen zu beschäftigen, ihre Ideen zu discutieren, für oder wider Partei zu ergreifen. Durch die Thaten, die sich vor der öffentlichen Aufmerksamkeit vollziehen, theilt sich die neue Idee den Köpfen mit und erwirbt Anhänger. Eine solche That macht in einigen Tagen mehr Proselyten als Tausende von Büchern." —

Das ist genau die Ansicht der Bakunisten, nur psychologisch vertieft und begründet.

* * *

Um Kropotkin schaart sich eine grosse Anzahl anarchistischer Schriftsteller, welche in gleichem Sinne wie er an der weiteren Ausarbeitung oder an der Popularisierung seiner anarchistischen Theorie arbeiten. Aus dem Schock unbedeutender Scribenten ragen wieder zwei von einander grundverschiedene Personen hervor, der Gelehrte Elysée Reclus und der Redacteur der „Révolte", Jean Grave.

Jean Jacques Elisée Reclus*) wurde am 15. März 1830 zu Sainte-Foy-la-Grande in der Gironde als Sohn eines protestantischen Pastors geboren. Er war der zweitälteste von zwölf Kindern und lernte schon früh die Noth des Lebens kennen, ein Umstand, der im Verein mit seinem edlen, warm fühlenden Herzen hinreichend seine nachmaligen Anschauungen auf socialem Gebiete erklärt. Er wurde in Rheinpreussen erzogen, bezog dann die protestantische Facultät zu Montaubau in Südfrankreich und hierauf die Universität Berlin, wo er unter Ritter Geographie studierte. Reclus gilt heute als einer der bedeutendsten Geographen und ist der Verfasser der berühmten und vielbewunderten neunzehnbändigen „Nouvelle Géographie universelle" und der grossen populären physischen Geographie „La terre", die auch ins Deutsche übersetzt ist. Die Studienzeit Reclus und auch sein Berliner Aufenthalt fielen in die sturmbewegte Zeit der Revolution 1848 und Reclus nahm gierig die Ideen des politischen und socialen Radicalismus jener Zeit in sich auf. Der Staatsstreich vom 2. Dezember 1851 nötigte ihn daher Frankreich zu verlassen; er flüchtete nach England, besuchte Irland und bereiste dann in der Zeit von 1852—1857 die Vereinigten Staaten von Nordamerika, Centralamerika und Columbien. Nach Paris zurückgekehrt gab er sich eifrig der wissenschaftlichen Bearbeitung seiner Reisestudien hin, nahm aber auch nebenher stets regen Antheil an den socialen und politischen Regungen der Zeit. So war er einer der ersten Schriftsteller in Frankreich, der eifrig für den nordamerikanischen Freiheitskrieg eintrat und Lincoln vertheidigte. Als der amerikanische Gesandte in Paris dem in äusserst bescheidenen Verhältnissen lebenden Gelehrten hierfür seine Anerkennung durch eine beträchtliche Geldsumme ausdrücken wollte, wies Reclus dieses Ansinnen entrüstet zurück. Während

---

*) Vgl. Wolkenhauer: Elisée Reclus. (Globus Bd. LXV. No. 8. Februar 1894.) Reclus anarchistische Schriften sind: „Produit de la terre et de l'industrie" 1885. — „Richesse et Misère". — „Evolution et Revolution", 6me édition Paris 1891 und „A mon frère le paysan; Genève (1894).

der Belagerung von Paris im Jahre 1870 trat Elisée Reclus in die Nationalgarde ein und gehörte auch der von Nadar geleiteten Luftschiffahrtsgesellschaft an, welche Nachrichten von Paris nach ausserhalb zu bringen bestrebt war. Als Mitglied der internationalen Association der Arbeiter veröffentlichte er im „Cri du peuple" zur Zeit des Aufstandes vom 18. März 1871 ein feindseliges Manifest an die Regierung zu Versailles. Auch jetzt noch der aufständischen Nationalgarde angehörend, nahm er an einer Recognoscierung auf dem Plateau von Chatillon teil, bei welcher Gelegenheit er am 5. April gefangen genommen wurde. Das Kriegsgericht in Saint-Germain verurtheilte ihn am 16. November 1871 nach einer siebenmonatlichen Haft in Brest, während der er seinen Mitgefangenen Unterricht in der Mathematik ertheilte, zur Deportation. Dieses Urtheil rief in der gelehrten Welt grosse Bestürzung hervor und von verschiedenen Seiten, namentlich aber von angesehenen englischen Gelehrten und Staatsmännern, unter ihnen Darwin, Wallace, Lord Amberley, wurde der Präsident der französischen Republik angegangen, eine Milderung der Strafe zu veranlassen. In der That verwandelte Thiers am 4. Januar 1872 die Deportation in einfache Verbannung. Reclus begab sich zunächst nach Lugano, verlor hier bald darauf seine junge Frau, die er leidenschaftlich liebte und die ihm in die Verbannung gefolgt war; später ging er nach der Schweiz, wo er sich zu Clarens bei Montreux am Genfersee niederliess, um sich von neuem geographischen und communistischen Studien zu widmen. Im Jahre 1879 kehrte Reclus nach Paris zurück, wurde 1892 als Professor der Geographie nach Brüssel berufen, 1893 aber wegen der anarchistischen Attentate, für die man ihm ganz mit Unrecht eine Mitverantwortung auflud, von diesem Posten wieder entsetzt. Die Studenten verliessen deshalb die Universität und begründeten eine freie Universität, an der Reclus gegenwärtig als Professor wirkt.

Elisée Reclus' Anarchismus ist schon äusserlich nicht nur durch seine intime Freundschaft mit Kropotkin, sondern mehr noch durch seine Zugehörigkeit zu einer „anarchistischen Familie" erklärt, indem auch sein Bruder, der angesehene Anthropologe Elié und mehrere Neffen, sowie deren Frauen begeisterte Anhänger des Anarchismus sind. Während aber die jüngeren Mitglieder der Familie Reclus zur „Propaganda der That" in näheren Beziehungen stehen (der Ingenieur Paul Reclus wird bekanntlich als Mitschuldiger Vaillants verfolgt), sind die älteren, vornehmlich Elisée, gelehrte Träumer, welche mit dem Wahnwitz der Dynamitards nichts gemein haben. „Die Idee des Anarchismus ist schön, ist gross", sagt Elisée, „aber die Missethäter besudeln unsere

Lehre: wer sich Anarchist nennt, sollte es in guter und sanfter Art sein. Es ist eine Täuschung zu glauben, dass man mit Barbarenthaten die anarchistische Idee fördere". Und in dem Vorworte zum letzten Band seiner „Geógraphie universelle" sagt er von seinen Reisen: „Überall habe ich mich zu Hause befunden, in meinem Lande, bei Menschen, meinen Brüdern. Ich habe mich nie durch eine Empfindung hinreissen lassen, es sei denn diejenige der Sympathie und des Respectes für alle Bewohner des grossen Vaterlandes. Auf dieser Kugel, die sich so rasch im Raume dreht, ein Sandkorn inmitten der Unendlichkeit, — lohnt es da der Mühe, sich untereinander zu hassen?" . . . .

Reclus hat keine eigene Lehre, er theilt wohl im Allgemeinen die Anschauungen seines Freundes Kropotkin wenn ihn auch eine grössere wissenschaftliche Einsicht in manchem Punkte auf den Proudhon-Bakunin'schen Collectivismus zurückgreifen liess. Die Haufenwirtschaft scheint wenigstens auf agrarischem Gebiete Reclus für undurchführbar zu halten. Er will eine Auftheilung von Grund und Boden auf die Individuen, Familiengruppen und Gemeinden nach Massgabe der individuellen und collectiven Arbeitskraft erstreben. „In dem Augenblick, als ein Stück Landes jene Raumgrösse überschreitet, welche sie bearbeiten können, sollen sie kein Recht haben das Übermass für sich in Anspruch zu nehmen; es wird einem anderen Arbeiter zur Benutzung zufallen." Der russische Mir schwebt auch ihm als das Vorbild bäuerliche Organisation vor. Nichts ist merkwürdiger als die Vorliebe der Anarchisten von Proudhon und Bakunin bis Reclus für die russische Mirwirtschaft. Es wäre eine dankenswerthe sociologische Arbeit, den fundamentalen Irrthum zu zeigen, der in den modernen Wiederbelebungsversuchen abgestorbener überholter Wirtschaftsformen liegt. Das Streben ist heute ein so allgemeines, dass man sich gar nicht mehr wundern darf, die scheinbar linkeste Partei, die Anarchisten in demselben reactionären Fahrwasser plätschern zu sehen, wie etwa die socialistisch thuenden Römlinge und deren Anhang. Wie einsichtslos dabei vorgegangen wird, sieht man am besten an jenen Leuten, die mit Entrüstung eine Neubelebung der Zünfte zurückweisen, gegen die Neustaffierung des alten Dorfcommunismus aber — der ein viel früheres Entwicklungsstadium bedeutet — nicht gar so viel einzuwenden hätten. Doch sehen wir von dieser hier wegen ihrer Ausdehnung nicht zu erörternden Frage ab. Nur eins. Die Anarchisten pflegen durchwegs zu sagen, die freie wirtschaftliche Organisation werde die Politik, die Autorität und die Herrschaft ganz absorbieren, hinwegsaugen, dass nichts mehr davon übrig bleibt; anderseits pflegen sie den Mir als das

Muster einer solchen Organisation hinzustellen. Wie kommt es denn aber, dass gerade dort, wo der Mir, dieser „gerechte" Dorfcommunismus besteht, dass gerade in Russland einerseits die Hungersnoth nicht ausstirbt,*) andererseits die Czaren-Buraukraten- und Kosakentyrannei in so herrlicher Blüte stehen, und dass gerade die bäuerliche Bevölkerung, die mächtigste Stütze von Väterchens Willkürherrschaft ist?

Es könnte auffällig sein, dass ein Gelehrter von dem Caliber Reclus sich einen so naheliegenden Entwurf nicht selbst macht. Allein Reclus ist ein Typus; wer kennt nicht die auch hier zulande nicht gerade seltene Figur des ernsten Gelehrten voll reinster Liebe und edler Hingebung für die Menschheit, der in seinen Mussestunden Politik treibt? Es ist, als ob sich der Geist von der strengen Zucht des „Professionell" in diesen Mussestunden befreien wollte. Der Mann, der als Arzt, Geograph oder Physiker es nie dulden würde, dass sich subjective Einflüsse in seine Methode einmengten, er macht Politik rein mit dem Gefühle, als gäbe es nicht auch eine Wissenschaft der Politik, die ebenso wie jede andere die Freiheit vom subjectivem Dafürhalten, von Liebe oder Hass als erste Bedingung der Giltigkeit ihrer Sätze ansieht. Reclus, der berühmte Geograph, geht aber als Politiker so weit, die Wertlosigkeit der Nationalökonomie zu leugnen und zu behaupten, jeder Arbeiter wisse mehr, kenne die socialen Gesetze besser als der gelehrte Oekonomist.

---

*) Eine der neuesten Publicationen über Russland schreibt: „Der russische Gemeindeverband mit seinem Gemeindebesitz ist ein Institut, das nicht nur keinen Wohlstand aufkommen lässt, sondern auch mit dem Anwachsen der Bevölkerung notwendig zum Ruin der Bauern und der ganzen Gemeinde führen muss und zwar würden die Verhältnisse wohl auch nicht günstiger liegen, wenn die Bevölkerung nicht ohne jeden Übergang aus der Leibeigenschaft in den Besitz unumschränkter Freiheit gelangt und damit der Verwilderung preisgegeben worden wäre. In anderen Ländern vermag bei einer wirtschaftlichen Krisis wenigstens ein Theil der bäuerlichen Bevölkerung Widerstand zu leisten, während der Besitz des anderen Theiles, wenn auch zu herabgesetzten, der Entwertung des Grund und Bodens entsprechenden Preisen, neue Eigenthümer finden kann, bei denen der ehemals selbständige Bauer als Pächter oder als Knecht ein Unterkommen erhielt. In Russland muss die ganze bäuerliche Bevölkerung allmählig zum Proletariat herabsinken, obgleich bekanntlich gerade der Gemeindeverband nach der Ansicht seiner Anhänger das Entstehen jeglichen Proletariats verhindern müsste. Auf seiner Scholle kann der russische Bauer nicht leben und nicht sterben; er ist gezwungen, anderswo seinen Unterhalt zu suchen, ohne sich jedoch dauernd in der Fremde niederlassen zu können. Die Bevölkerung wird somit fluctuierend, — ein vagabondierendes Proletariat. Die Arbeiterwanderungen, die Suche nach zeitweiligem Erwerb nehmen bereits in Russland von Jahr zu Jahr einen bedenklicheren Umfang an. Ein sehr interessantes Material ist hierüber jüngst im russischen

Andererseits verleiht gerade dieser Umstand dem greisen Gelehrten eine Bedeutung für die anarchistische Theorie, die er nach der Originalität und dem doctrinären Gehalt seiner anarchistischen Schriften nie beanspruchen könnte. Was ist das Schriftchen „Evolution et Révolution" anders, als ein Abklatsch der bekannten anarchistischen Gemeinplätze; aber die edle Persönlichkeit Reclus, die hinter jedem Satze vor uns auftaucht, diese ehrliche Absicht, dieses hohe sittliche Wollen, diese begeisterte Hoffnung, welche auch dem Andersgesinnten die Irrthümer rührend macht, gibt dem Büchlein für die Gläubigen die Bedeutung die der „contrat social" einmal für die Demokraten hatte und macht den Absud zur Quintessenz des anarchistischen Gedankens, in seinen edelsten und reinsten aber auch — und das hängt notwendig damit zusammen — in seiner nebulosesten Gestalt.

* * *

Ein Mann aus ganz anderem Holze ist Jean Grave, die Seele des anarchistischen Hauptorgans, der Pariser „Révolte", welche aus dem früher in Genf erschienenen und dort 1885 unterdrücktem Organ Kropotkins „le Révolté" hervorgegangen ist. Unter der grossen Menge Declassierter, welche ihre Millionen, ihre Wappen und Domänen hingaben, um die Anarchie zu predigen, ist Grave seit Proudhon der

Monatsjournal „Ssewerny Westnik" von A. Karelin veröffentlicht worden. Nach den dort mitgetheilten Daten betrug die Zahl der Bauern, die sich im Jahre 1886 auf mehr als 30 Werst von ihrem Wohnorte entfernten, nicht weniger als 4 951 000. Aus einzelnen Gemeinden wandert zu Zeiten fast die gesammte männliche Bevölkerung aus und es gibt Dörfer, in denen das runde Jahr hindurch kein arbeitsfähiger Mann sich längere Zeit hindurch aufhält. Es ist eine Erscheinung, die sich in fast allen Gebieten des weiten Reiches wiederholt, dass ein nicht unbeträchtlicher Theil der ackerbautreibenden Bevölkerung mit dem spärlichen Betrage der Ernte kaum bis zum Frühling ausreicht; dann zieht der Hunger in die Hütte ein. Die Hausindustrie ist zu wenig lohnend, um hier das Fehlende zu ersetzen. Da treibt die Noth schon früh im Jahre einen grossen Theil, ja oft alle arbeitsfähigen Glieder der Familie, selbst die Frauen hinaus aus dem Dorfe, um in der Ferne Erwerb zu suchen. Characteristisch ist die Thatsache, dass die Zahl der Frauen und Kinder, die alljährlich genötigt sind, Verdienst in der Ferne zu suchen, von Jahr zu Jahr zunimmt. Beispielsweise betrug die Zahl solcher Frauen in einem Kreise des Wjatka'schen Gouvernements
im Jahre 1874 — 2,68%
1883 — 6,46%
1885 — 7,22%
der Gesammtzahl aller arbeitsfähigen Frauen. Häufig setzt sich die ganze Familie in Bewegung und Frauen mit Brustkindern auf dem Arme sind unter den Schaaren wandernder Arbeiter keine seltene Erscheinung". (Westländer A. „Russland vor einem Regime-Wechsel. Stuttgart 1894. S. 28 f.

einzige Proletarier, der an dem theoretischen Ausbau der neuen Lehre in hervorragender Weise mitgearbeitet hat. Er war früher Schuster und dann Typograph, ehe er der Leiter des Pariser Wochenblattes wurde.

Grave ist der Netschajew Kropotkins. Im Jahre 1883 hat er unter dem Pseudonym Jehan Levagre eine Schrift veröffentlicht mit der Bemerkung „Publication du groupe de 5e et 43e arrondissements", in welcher er den Grundsatz aufstellte, dass die öffentliche Propaganda der geheimen Propaganda der That als Brustwehr dienen müsse, dass sie ihr die Mittel der Action, nähmlich Menschen, Gold und Beziehung bieten und überhaupt dazu beitragen müsse, die Thaten ins rechte Licht zu stellen, in dem sie dieselben commentiren." Das ist auch der Sinn, in welchem Grave die „Révolte" leitet. Er ist jeden Zoll breit Mann der That, in den Spalten seiner Zeitung so gut wie in seinen Schriften, zumeist in dem Buche „die sterbende Gesellschaft und die Anarchie"*) (la Société mourante et l'anarchie), die ihrem Verfasser ob ihres aufreizenden Tones im Jahre 1894 eine Verurtheilung zu zwei Jahren Gefängniss eintrug. Dagegen hat Grave in seiner neuesten Schrift, „Die Gesellschaft nach der Revolution"**), sich bemüht, nicht nur den Ton des Theoretikers zu finden, sondern sogar ein positives Bild des anarchistischen Paradieses entworfen. Mit einem recht äusserlichen Aufputz durch die moderne Descendenzlehre und den von ihm wie von allen andern Anarchisten vollkommen missverstandenen H. Spencer drapiert, tritt uns hier die Kropotkin'sche Lehre ohne wesentliche Zuthat, aber knapp und klar entgegen. Grave lässt eine Organisation in der Zukunftsgesellschaft nur in dem Sinne einer freundlichen Uebereinstimmung gelten, die sich vermöge der Interessengemeinschaft zwischen Individuen bildet, welche sich zur gemeinsamen Ausführung eines Werkes gruppieren. Diese Gebilde, welche ganz nach dem Bedürfnisse des Augenblickes zu Stande kommen und auseinandergehen, sind das Um und Auf der socialen Organisation. Von der Gruppe wird die Erzeugung von Schuhen und der Bau weiter Eisenbahntracen ausgehen; es kann wohl eine Cooperation derselben, nicht aber eine Centralisation im Wege von Commissionen, Delegationen oder ähnlichen „parasitären" Institutionen geben. Auch die heikle Frage nach der Stellung des Kindes in der Anarchie löst Grave mit dem ihm

---

*) Jean Grave: La Société mourante et L'Anarchie. Edition complète, préface par O. Mibeau. Imprimée a Londres. Die Originalausgabe ist in Frankreich verboten.

**) La Société au lendemain de la Révolution. 3me é dis. Paris 1893.

eigenen resoluten Optimismus durch die libre entente. Ein Recht auf das Kind giebt es natürlich nicht, da es ja auch höchstens eine „familiäre Gruppe", nicht aber eine Familie geben wird. Wer sein Kind wird pflegen und warten wollen, wird es thun können, wer nicht, der wird schon irgend einen „Kindernarren" finden, der ihm mit Vergnügen die Menschenlast abnimmt, der er zwar das Leben gegeben, die ihm aber in dem Momente, wo zwischen Kind und Mutter die Nabelschnur zerschnitten ist, absolut nichts mehr angeht. Von einer Erziehung kann in der Anarchie selbstverständlich keine Rede sein, weil die Zucht ja Autorität voraussetzt, die Erziehung wird also Sache der „individuellen Initiative" sein. Dagegen wird die Bildung üppig in die Halme schiessen, da jeder den grossen Werth der Bildung sofort einsehen wird u. s. w.

Der innere Widerspruch des Anarchismus kommt nirgends so zum Éclat, als dort, wo es sich um die Kinder, also um die wichtigste Gruppe der „Schwachen" handelt. Wir haben dies schon einmal anlässlich des „Vereins der Egoisten" besprochen. Je detaillierter man diesen Gesellschaftszustand aber auszudenken versucht, desto crasser wird der Widerspruch, der zwischen dem angeblichen Zweck desselben und seinen factischen Folgen hervorsticht. Wozu soll die heutige Gesellschaftsordnung gestürzt und jede mögliche andere auf autoritäter Grundlage ruhende Gesellschaftsordnung unmöglich gemacht werden? Um die Übervortheilung der Schwachen durch die Starken, der Minoritäten durch die Majoritäten, des Einen durch die Andern unmöglich zu machen, dem Individuum seine volle „integrale" Freiheit zu geben. Und was würde in der That die Folge der Anarchie sein? Man denke sich gewissenlose, genusssüchtige, eitle, träge Mütter — und Grave gibt zu, dass es deren auch heute gibt und dass man in Zukunft sie nicht wird nöthigen können, ihre Kinder zu nähren — man denke sich, dass solchen Personen die Pflicht abgenommen würde, für die Kinder ihres Schoosses zu sorgen, sie zu säugen und ihrer zu warten, und dass es dem blossen Zufall und der „Passion" anderer überlassen bleiben soll, ob ein Kind Milch bekomme, ja ob es überhaupt gefüttert und gepflegt werde. Wie viele Kinder werden da zu Grunde gehen? Wie viele „Schwache" aus lauter Wahrung ihrer Individualität der Brutalität Stärkerer zum Opfer fallen? Man komme uns nicht mit der den Menschen eingeborenen „Harmonie", „Solidarität", „Gerechtigkeit", „Liebe" oder wie das Hirngespinnst sonst heissen mag und komme uns noch weniger mit dem von den Anhängern Kropotkins verhiessenen Schlaraffenland, das von Überfluss triefen wird. Beide Voraussetzungen müssten vor allem einmal in ihrer thatsächlichen Existenz bewiesen werden: einstweilen werden sie nur steif und fest behauptet, weil sie in der That nicht zu erweisen sind. Die Natur und das Leben führen eine andere, vielleicht traurigere aber überzeugende Sprache. Die Berufungen auf Darwin und Büchner sind Geflunker. In der Sprache des Darwinismus bedeutet die heutige Gesellschaft und jede andere auf staatlichem Princip ruhende Gesellschaftsform die Milderung des Kampfes ums Dasein, durch die künstliche Zuchtwahl, die Anarchie aber wäre die natürliche Zuchtwahl, stände also in der Entwickelung eine Stufe tiefer. Die Rückkehr zu primitiven längst überwundenen Standpunkten wäre die äussere Erscheinungsform dieser Thatsache; so müssten z. B. die von Grave geschilderten Zustände in der „sexuellen Gruppe" unbedingt jene Erscheinung zeitigen, welche bei allen in voller oder theilweiser Anarchie lebenden Naturvölkern zu dem schrecklichen Brauch des Kinder- und Altenmordes geführt haben. Das wäre also die Wiederkehr zur künstlichen Zuchtwahl in ihrer primitivsten und blutigsten Form. Man will uns alle Irrthümer, alle Schrecknisse, allen Wahnsinn, der mit den Errungenschaften der menschlichen Cultur verknüpft war, noch einmal durchkosten lassen, und dazu wird sich nie eine auch nur respectable Minorität bereit finden. Aber man will das thun, um das Glück Aller (le bonheur de l'humanité) herbeizuführen, um den „Kampf ums Dasein" in einen gemeinsamen „Kampf mit der Natur" umzuwandeln, wie alle Anarchisten von Proudhon bis Grave träumen, und darin liegt das Unfassbare, das unsäglich Widerspruchsvolle.

* * *

Origineller als Reclus und Grave, wenn auch nur origineller, wie der Eklektiker, der verschiedene ältere und neuere Gedankenelemente geistvoll zu etwas Neuem zu verquicken weiss, ist Daniel Saurin, welcher in seiner Schrift „Die Ordnung durch die Anarchie"*) eine philosophische Begründung des Anarchismus versucht. Für Saurin ist die Menschheit etwas Substantielles und Reelles, nicht jenes Tohuwabohu, aus dem auch Reclus die Kropotkin'sche Haufenwelt nicht herausreissen konnte. Nach Saurin setzen den normalen Menschen zwei Elemente zusammen: eine Constante, etwas das durch die Jahrhunderte verharrt und den Raum durchmessend in allen Völkern und Personen wiederkehrt, und eine Variable. Das erstere ist der „Mensch", das letztere das Individuum. Der menschliche Durchschnitt (le minimum humain) tritt in der körperlichen, moralischen und geistigen

---

*) Daniel Saurin „L'ordre par l'Anarchie". Paris 1893.

Gleichheit der Menschen in die Erscheinung, das Individuelle wird durch die Beziehung dieser Constanten zum Millieu bestimmt. Über dem Individuum steht der Mensch und der Mensch schliesst alle Individuen in sich. Die Gesetze eines jeglichen Individuums sind also die Gesetze der Menschheit, das Gesetz der Gesellschaft liegt in uns; die wesentlichen Bedingungen unseres Sein erkennen heisst die wesentliche Form der Gesellschaft erkennen; sie verwirklichen, sein, was man ist, heisst die Realität des Anderen respectieren, heisst „sociabel" sein. In der höchsten Freiheit des Ich liegt also die vollendetste Form der Gesellschaft; menschlicher Gesetze bedarf es hierzu keine. „Wozu die natürlichen Gesetze wiederholen und ihr gewaltiges Gebot durch die lächerliche Sanction der Menschen befestigen wollen? Unsere Zustimmung kann ihnen nichts hinzugeben; ohne dass wir es wissen und wollen, müssen wir ihnen gehorchen." Die Anarchie ist also nicht die Unordnung, sondern die natürlichste Ordnung. „Aus der reellen Gemeinschaft, die uns Individuen verbindet, entspringt das gemeinsame Gesetz, die unwiderrufliche Moral, an welche jedes Sein gebunden ist und das es befolgt, ohne hierdurch die Anarchie zu verleugnen — denn die Anarchie kann unmöglich die unbedingte Losgebundenheit, das unreelle Absolute sein." „Der Mensch steht über dem Individuum, jedenfalls steht er vor dem Individuum und in ihm in der Flucht der Erscheinungen. Ebenso muss die Moral über der Sociologie stehen und den Grund einer Gesellschaft bilden, die nach ewiger Dauer strebt."

Da haben wir post tot discrimina rerum wieder die moralische Weltordnung, auf welche die Worte eines berühmten englischen Gelehrten passen, der von gewissen Moralpolitikern sagte: „Man wird es für absurd halten, zu sagen, die Planeten müssten sich in Kreisen bewegen, weil der Kreis die vollkommenste Figur ist, und doch sind die Dogmen gewisser Politiker just so absurd, wie jene Behauptung."

Als die Karrikatur des Socialrevolutionärs im Unterrocke — vielleicht mit Unrecht — hat Louise Michel*) eine Art typischer Berühmtheit erlangt. Ihre Memoiren zeigen wie Zetkin nachweist, Louise Michel als einen edlen, opfermuthigen, selbstlosen und milden Character: „Wie alle scharf ausgeprägten Characterköpfe leidet auch Louise Michel an den Fehlern ihrer Tugenden. Sie ist muthig bis zur zwecklosen Tollkühnheit, charactervoll bis zum Eigensinn, empfindsam und weich-

---

*) Ihre Schriften „Le livre de misères" und „Prise de Possesion" waren mir nicht zugänglich und hielt ich mich bezüglich dieser Schriftstellerin vorzüglich an Ossip Zetkin's Aufzeichnungen über sie in den „Charakterköpfen aus der französischen Arbeiterbewegung". Berlin 1893, S. 40—48, und an das „Volkslexicon" l. c.

herzig bis zur Sentimentalität. Ihr Idealismus verliert sich oft in den Nebelregionen der Unklarheit und grenzt an Mysticismus, ihre Güte geht in Schwäche über, ihre Vertrauensseligkeit setzt sich in Leichtgläubigkeit um. Aber alle diese Mängel vermögen nicht den Gesammteindruck dieses reinen und edlen Characterbildes zu schwächen, im Gegentheil, sie sind die Schatten, welche die Lichtseiten um so heller und strahlender hervortreten lassen. Ihr Anarchismus, Socialismus oder wie man das Kind sonst nennen mag, hat mit dem modernen wissenschaftlichen Socialismus nichts gemein, als die schonungslose Kritik der heutigen Gesellschaftsform und den hartnäckigen Kampf zu ihrer Umgestaltung und zur Herbeiführung einer den modernen Verhältnissen besser entsprechenden Ordnung der Dinge. Aber ihre Kritik stützt sich auf durchaus andere Argumente; über das zu erreichende Ziel und noch mehr über die anzuwendenden Mittel und Wege ist eine idealistisch unklare Verschwommenheit gebreitet. — Sie kennt wohl die historischen Thatsachen, aber ihr mangelt die Einsicht in den geschichtlichen Gang der Entwickelung und noch weniger besitzt sie ein klares Verständniss der ökonomischen Verhältnisse. Für sie ist eine sociale Umgestaltung nicht das naturnothwendige Product geschichtlicher und ökonomischer Entwicklung, sondern die Forderung eines leidenschaftlichen Gerechtigkeitsgefühles, ein kategorischer Imperativ. Hätte Louise Michel im Mittelalter gelebt, sie wäre sicher die Begründerin eines neuen religiösen Ordens geworden; als Kind des 19. Jahrhunderts, als Atheistin, welche den Ausgleich der Ungerechtigkeiten nicht in ein Jenseits verlegen kann, wurde sie zur Sozialrevolutionärin".

Ihr Lebenslauf zeigt, mit welcher Selbstlosigkeit und Aufopferung Louise Michel ihre Ideen vertrat. 1836 wurde sie auf dem französischen Schloss Broncourt geboren. Sie selbst nennt sich einen „Bastard"; ihre Mutter war ein einfaches Landmädchen, das als vater- und geschwisterlose Waise im Herrenschlosse erzogen und vom Sohn des Besitzers verführt wurde. Die Eltern desselben bestimmten, dass Louisens Mutter und sie im Schlosse blieben — als ein Act der Gerechtigkeit, nicht der Wohltätigkeit. Nach dem Tode der Grosseltern verliess Louise mit ihrer Mutter 1850 das Schloss, machte dann das Lehrerinnenexamen und, da sie dem napoleonischen Staat keinen Amtseid leisten wollte, eröffnete sie in einem Dörfchen eine „freie", d. h. Privatschule, 1856 kam sie als Hilfslehrerin an eine solche in Paris, lebte in äusserst dürftigen Verhältnissen, betheiligte sich in regster Weise an den Maikämpfen der Commune von 1871, wurde gefangen, sollte erschossen werden und wurde am 16. Dezember 1871 zur Verschickung nach Neu-Caledonien verurtheilt, von wo sie 1880 in Folge der allgemeinen Amnestie zurückkehrte, betheiligte sich an der Redaction anarchistischer Zeitungen und wurde 1886 zu fünf Jahren Gefängniss „wegen Aufreizung zur Plünderung" verurtheilt. Nach dreijähriger Haft wurde sie vom Präsidenten begnadigt, „sie betrachtete dies als eine schimpfliche Beleidigung, gegen welche sie heftig protestirte, und die sie durchaus nicht annehmen wollte, so dass sie mit Gewalt aus dem Gefängniss entfernt werden musste. Seitdem lebt sie in London, wo sie an der Spitze einer Organisation „le reveil international des femmes" steht, die eine eigene Zeitung besitzt und eine höchst confuse, herb-altjungferliche Frauenemancipation predigt.

* * *

Um diese Characterköpfe des modernen französischen Anarchismus gruppieren sich eine Unzahl Theoretiker niederen Ranges, theilweise dem literarischen Nachwuchs und der Bohéme angehörend, theilweise gelehrte Häuser, Mitarbeiter der „Révolte", des „Père Peinard", der „Revue Anarchiste", des „L'en dehors" und anderer in Paris, meist nur ein Ephemeridendasein fristender anarchistischer Blätter und Blättchen.*)

Da haben wir G. Etiévant, dessen anarchistische Principienerklärung („Déclarations" Paris 1893), die er anlässlich eines ihm im Jahre 1893 wegen des Dynamitdiebstahles in Soisy-sous-Etiolles gemachten Processes abgab, und welche von den Anarchisten zu den Standard works ihrer Literatur gerechnet werden.

A. Hamon, ein gelehrter Sociologe, hat eine vielverbreitete Brochüre „Les hommes et les théories de l'Anarchie" (Paris 1893) verfasst und bereitet eine grosse „Psychologie der Anarchisten" vor, über welche er jedoch bereits ein kurzes Resumé veröffentlicht hat**). Hamon hat, um sich auf empirischem Wege über die psychologischen Voraussetzungen Kenntniss zu schaffen, aus denen sich die Menschen dem Anarchismus ergeben, eine Enquête veranstaltet und einer gewissen Anzahl von Anarchisten die Frage vorgelegt, wieso und warum sie Anarchisten geworden sind. Die Prüfung der so erlangten Bekenntnisse ergab, dass die wichtigste Eigenart der anarchistischen Geistesbeschaffenheit die Neigung zur Empörung sei, die sich in den verschiedensten Formen, wie Sucht zur Opposition, Kritik und Neuerung (Philoneismus) offenbart,

---

*) Eine verhältnissmässig gute Schilderung der Pariser anarchistischen Presse enthält das sonst sehr oberflächliche Buch F. Dubois, „le péril anarchiste". Deutsch (in geradezu stümperhafter Uebersetzung) von M. Trüdjen. Amsterdam 1894. S. 93—120.

**) Abgedruckt ebendaselbst S. 207—243.

und dass sich diese Neigung mit einer ganz besonderen Freiheitsliebe und starkentwickeltem Individualismus verbinde. „Der Anarchist will frei sein; er hasst Gesetze und Autorität" — alle drei Züge laufen wohl auf einen hinaus; aber die Untersuchungen Hamon's bestätigen vollauf unsere Behauptung, dass der Anarchismus vorwiegend eine Betonung der individuellen und Freiheitsgefühle und durch den blossen Pauperismus nicht hinreichend oder gar nicht zu erklären sei, mit anderen Worten, dass der Anarchismus keine Wirthschafts-, sondern eine politische Frage ist. Mit dieser individualistischen Prädisposition müsse sich aber, meint Hamon, damit ein Anarchist herauskäme, noch ein starkentwickeltes altruistisches Gefühl, eine fanatische Menschenliebe. ein grosser Gerechtigkeitssinn und endlich auch eine besondere logische Schärfe vereinigen. Wir wollen auch das nicht leugnen, haben wir doch gesehen, dass Cosmopolitismus, ein bis zur Hyperexcitation gediehener Gerechtigkeitssinn und eine gewisse Neigung zu dialectischen Kunststücken ein allgemeines Merkmal all der vorangehenden geschilderten Doctrinen war.

Charles Malato (de Corné), von altem italienischen Adel, der Sohn eines Communarden, mit dem er Neu-Caledonien theilte, ist einer der literarischen Hauptvertreter und eifrigsten Männer der Propaganda des Pariser Anarchismus. Er hat ausser einer „Philosophie de l'Anarchie", der Schrift „Revolution chrétienne et révolution sociale" und der vielverbreiteten Brochüre „Le travailleurs des villes aux travailleurs des campagnes (anonym 1888, neuerlich Lyon 1893 u. ö.) in einem langathmigen Tagebuch „De la Commune a l'Anarchie" (Paris 1894) eine Art Hausgeschichte des Pariser Actionsanarchismus seiner Presse, seiner Gruppen, seiner Vertreter von den Doctrinären Kropotkin, Grave u. a. bis zu den reinen Practikern Pini, Ravachol, Vaillant u. s. w. geliefert.

Namen von einigem Klange in der anarchistischen Welt haben ausser diesen noch der ehemalige Leiter von L'en Dehors, Zo d'Axa (eigentlich Gallaud), ein literarischer Abenteurer, der sich schon in allen Parteilagern herumgetrieben hat, Sebastien Faure, der Vater des „Père Peinard" und Verfasser von „Le Machinisme et ses consequences", Bernard Lazare, Octave Mirbeau, Francois Guy, Verfasser von „Les Préjugés et l'Anarchie" (Béziers 1888), Emil Darnaud, Verfasser von „La Société future" (1890), „Mendiants et Vagabonds", „Une revolution a Foix" u. A. Das Programm dieser Männer ist fast ausnahmslos dasjenige Kropotkins, dessen weitere Verwässerung und Popularisirung sie in zahllosen Zeitungsartikeln und Brochüren besorgen. Einige von ihnen wie Faure, Duprat u. A. sind Männer der entschiedenen Action, andere wie Saurin, Mirbeau verurtheilen die Bombe als die blutrünstigste Autorität von Allen.

Literarische Vertreter des individualistischen Anarchismus besitzt Frankreich heute nicht. Ein vereinsamter Anhänger des anarchistischen Collectivismus Proudhons ist Adolphe Bonthous. Er war eine Zeit lang der Geschäftsführer einer anarchistischen Zeitung die in Lyon erschien und trat in manchen Schriften*) als eifriger Collectivist und Gegner der Rente und des Profits auf und verlangte ganz im Style des anarchistischen Agitators die radicale Abschaffung jedweder Autorität. Heute ist Bonthous längst überholt und rechnet sich selbst nicht mehr zu den Anarchisten.

Eifrige Verfechter des anarchistischen Communismus sind endlich die Italiener Carlo Cafiero, der ehemalige Freund Bakunins, der sein grosses Vermögen ganz der anarchistischen Sache opferte, Merlino und Malatesta**), allesammt zugleich Männer der rücksichtslosesten Action, welche die Gefängnisse mehrerer Länder kennen gelernt haben und als heimathslose Revolutionäre durchs Leben irrten und noch irren.

Sechstes Capitel.
Deutschland, England, Amerika.

Nicht nur der agitatorische, sondern auch der theoretische Anarchismus verträgt recht gut eine territoriale Eintheilung. Der anarchistische Communimismus, an den sich wiederum die „Propaganda der That" heftet, scheint eine den romanischen Völkern (Franzosen, Spaniern und Italienern) fast ausschliesslich eigenthümliche Erscheinung zu sein, während die germanischen Völker mehr Neigung zum individualistischen Anarchismus zu haben scheinen. Wenn die territoriale Abgrenzung nicht genau stimmt, so hat man zu bedenken, dass auch die Anschauungen selbst nicht so haarscharf gesondert sind und dass besonders proudhonistische Einschläge den reinen Individualismus, wie ihn einst Stirner proclamirte, höchst selten machen. Der äusserliche Unterschied zwischen Individua-

---

*) „Menace à la bourgeoisie" Lyon 1882 und „La répartition des produits du Travail". Lyon 1881 cf. Garin, „Die Anarchisten", S. 94 ff.

**) Malatestas Dialog „Zwischen Bauern" liegt mir nur in einer französischen Uebersetzung (Entre Paysans traduit; de l'Italien 6me édit. Paris 1892) vor

listen und Communisten ist wohl am schärfsten durch die Verurtheilung der wahnwitzigen Propaganda seitens der ersteren gekennzeichnet, und wohl um jeder unliebsamen Verwechselung mit den Anwälten der Bombe vorzubeugen, lieben es die Theoretiker Deutschlands und Englands, ihren Systemen andere harmlosere Namen, wie Freiland, Antikratismus, Einiges Christenthum, Voluntarismus u. s. w. zu geben. Diesem Umstand mag man es zuschreiben, dass in den die geistige Bewegung ihrer Unterthanen sonst so ängstlich überwachenden Staaten Deutschland und Oesterreich unbehindert die theoretische Propaganda für eine Geistesrichtung betrieben werden kann, die von der Lehrmeinung Kropotkins, wie weiter oben dargethan wurde, thatsächlich nur durch die verschiedene Formulirung des gemeinsamen Axioms verschieden ist.

* * *

Im Beginne der siebziger Jahre trat in Deutschland ein eifriger Verehrer Proudhons, Arthur Mülberger (geboren 1847, seit 1873 practischer Arzt, später Oberamtsarzt in Crailsheim) auf, der in verschiedenen Zeitungs- und Revueartikeln[*)] einzelne Partieen der Proudhon'schen Lehre klar und zutreffend beleuchtete. Mülberger's Schriften haben zwar mehr einen historischen Werth, aber er ist einer der Wenigen, welche über Proudhon nicht blos geschrieben und geurtheilt, sondern ihn auch gründlich studiert haben und kennen. Er ist insoferne, trotz seiner etwas parteimässigen Stellungnahme für Proudhon jedenfalls dessen zuverlässigster und getreuester Interpret.

Von allen modernen Erscheinungen, welche nach der Voraussetzung Proudhon's, dass die volle wirthschaftliche Freiheit, alle politische Autorität absorbieren müsste, die Anarchie auf dem Wege wirthschaftlicher Institutionen einführen möchte, ist unstreitig der Vater der sogenannten „Freilands"-Bewegung der Bedeutendste.

Theodor Hertzka wurde am 13. Juli 1845 zu Budapest geboren, absolvierte die juristischen Studien, worauf er sich der journalistischen Laufbahn zuwandte, auf welcher er es zu dem Rufe eines der glänzendsten Publicisten Wien's brachte. In den siebziger Jahren war Hertzka Redacteur der „Neuen freien Presse" und 1880 gründete er die Wiener „Allgemeine Zeitung" und seit 1889 ist er Herausgeber der „Zeitschrift für Staats- und Volkswirtschaft". Sein im Jahre 1889 erschienenes Buch „Freiland, ein sociales Zukunftsbild" hatte eine ganz

---

[*)] Jetzt gesammelt als: „Studien über Proudhon." Ein Beitrag zum Verständniss der socialen Reform. Stuttgart 1893.

ausserordentliche Wirkung und rief eine Bewegung hervor, welche direct auf die Verwirklichung der dort ausgesprochenen Forderungen und Ideen losarbeitete. Die nach jahrelangen Agitationen mit grossen Geld- und Kraftmitteln ausgerüstete und unter der gespannten Neugierde Europas abgesandte Expedition nach Freiland scheint aber heute, wie kaum anders zu erwarten, gescheitert zu sein.

„Freiland" wie es Hertzka in seinem socialen Romane schildert, ist ein Gemeinwesen, dessen Grundlage schrankenlose Oeffentlichkeit in Verbindung mit ebenso schrankenloser Freiheit ist. Jedermann in ganz Freiland muss jederzeit wissen, an welchen Gütern jeweilig grösserer oder geringerer Bedarf und in welchen Arbeitszweigen grösserer oder geringerer Ertrag vorhanden ist. Ebenso hat in Freiland Jeder das Recht und die Macht, sich, soweit seine Fähigkeiten und Fertigkeiten reichen, den jeweilig rentabelsten Productionszweigen zuzuwenden. Eine sorgfältige Statistik verzeichnet in übersichtlicher und rascher Weise jede Bewegung der Production und des Consums und ebenso wird die Preisbewegung aller Producte zu allgemeiner Kenntnis gebracht. Damit sich jeder aber auf Grund der so erlangten Erkenntnis dem seinen Fähigkeiten angepassten, rentabelsten Productionszweige zuwenden könne, stehen jedem die erforderlichen Productionsmittel und zwar Naturkräfte wie Capitalien zur freien Verfügung, letztere zinslos aber gegen Rückzahlung aus dem Productionsergebnis.

Jeder hat auf den vollen Ertrag seiner Arbeit Anspruch; dies wird durch die freie Association der Arbeiter erreicht. Der Beitritt in jede Association steht Jedermann frei und jeder kann jede Association jederzeit verlassen. Jedes Mitglied hat Anspruch auf einen, seiner Arbeitsleistung entsprechenden Antheil am Nettoertrage der Association. Die Arbeitsleistung wird jedem Mitgliede im Verhältniss der geleisteten Arbeitsstunden berechnet. Die Arbeitsleistung der freigewählten und verantwortlichen Vorsteher oder Directoren wird im Wege einer, mit jedem Einzelnen derselben zu treffenden freien Vereinbarung, einer bestimmten Anzahl täglich geleisteter Arbeitsstunden gleich gesetzt. Der gesellschaftliche Ertrag wird am Schlusse jedes Betriebsjahres berechnet und nach Abzug der Capitalrückzahlungen und der an das freiländische Gemeinwesen zu entrichtenden Abgaben zur Vertheilung gebracht. Die Mitglieder haften für den Fall der Auflösung oder Liquidation der Association nach dem Verhältnisse ihrer Gewinnbetheiligung für die Schulden der Gesellschaft. Dieser Haftbarkeit für die Schulden der Association entspricht im Falle der Auflösung der Anspruch der haftenden Mitglieder an das vorhandene Vermögen. Oberste Behörde der Association ist die Generalversammlung, in welcher jedes Mitglied das gleiche active und passive Wahlrecht besitzt. Die Leitung der gesellschaftlichen Geschäfte ist einem Directorium übertragen, das von der Generalversammlung auf eine bestimmte Zeit gewählt wird, dessen Bestallung jedoch jederzeit widerruflich ist. Ausserdem wählt die Generalversammlung alljährlich einen Aufsichtsrath, der das Gebahren der Geschäftsleitung zu überwachen hat. Es giebt nicht Herren und Knechte, sondern nur freie Arbeiter, es giebt auch keine Eigenthümer, sondern blos Nutzniesser der Associationscapitalien. Die Productionscapitalien sind in Folge dessen ebenso herrenlos wie Grund und Boden.

Ausgedehnteste Oeffentlichkeit aller wirthschaftlichen Vorgänge ist die oberste Voraussetzung des richtigen Functionierens dieser Organisation, welche nur in der Hinwegräumung aller, der freien Bethätigung von weisem Eigennutze geleiteter individueller Willkür im Wege stehender Hindernisse bestehen soll. Es kann und braucht kein Geschäftsgeheimniss zu geben, im Gegentheil ist es das höchste Interesse Aller, jedermanns Arbeitskraft dort verwendet zu sehen, wo die höchsten Erträge für ihn zu erzielen sind. Die Betriebsausweise der Producenten werden daher publiciert, Ein- und Verkauf aller erdenklichen Producte und Handelsartikel Freilands erfolgt in grossen Waarenhallen, deren Leitung und Ueberwachung von gesammtheitswegen geschieht.

Die oberste Verwaltung von Freiland ist zugleich der Banquier der gesammten Bevölkerung. Nicht bloss jede Association, sondern jedermann hat sein Conto in den Büchern der Centralbank, welche alle Incassi, aber auch alle Auszahlungen bis zu den kleinsten herab auf dem Wege eines allumfassenden Clearingsystems besorgt.

Alle Ausgaben des Gemeinwesens werden von allen gemeinsam und von jedem Einzelnen genau nach Massgabe seines Reineinkommens bestritten, zu welchem Zwecke jedem von der Centralbank gleich der entfallende Theilbetrag in Rechnung gestellt und in Abzug gebracht wird.

Die Hauptpost des Freiländischen Ausgabenbudgets bildet der Titel „Versorgungswesen", der sich mit all jenen befasst, denen wegen thatsächlicher Arbeitsunfähigkeit, oder weil sie von der Arbeit entbunden sind, ein Recht auf auskömmlichen Unterhalt eingeräumt ist, allen Frauen, Kindern, Kranken, Invaliden und Männern über 60 Jahren. Dagegen kosten Justiz, Polizei, Militär und Finanzverwaltung in Freiland nichts. Es giebt dort keine bezahlten Richter und Polizeiorgane, noch weniger Soldaten, und die Steuern fliessen, wie man sah, von selbst ein, ja es giebt nicht einmal ein Criminal- oder Civilgesetzbuch. Zur Schlichtung etwa auftauchender Streitigkeiten werden Schiedsrichter gewählt, die einzeln in mündlichem Verfahren ihre Entscheidungen treffen und von denen ein Appell an das Schiedsrichtercollegium offen steht. Sie haben aber alle so gut wie nichts zu thun, denn geraubt und gemordet wird in Freiland nicht, „da geistig und moralisch normal veranlagte Menschen in einem Gemeinrecht, welches alle berechtigten Interessen jedes seiner Mitglieder gleichmässig berücksichtigt, sich unmöglich gewaltsam gegen fremdes Recht vergehen können. Verbrecher werden daher als geistig und moralisch Kranke behandelt.

Wir brauchen wohl nicht erst hervorzuheben, dass wir es hier mit einem Neubelebungsversuche Proudhon'scher Gedanken und Pläne zu thun haben, und dass alles dort gesagte auch zur Kritik „Freilands" gehört. Wenn man heute in überschwänglichen Worten Hertzka's Originalität preist, so beweist das nur, dass man Proudhon, den man doch so gern be- und verurtheilt, nicht gelesen hat, und wenn selbst Erzherzoge dem „Freiland"projecte ihre moralische und finanzielle Unterstützung zu theil werden lassen, so beweist das weiter, wie wenig man heute noch das Wesen des Anarchismus kennt und wie sclavisch man am Worte hängt.

* * *

Eugen Dühring hat in seinen unterschiedlichen Schriften wohl ebenso oft gegen den „Gewaltstaat", wie gegen die „Anarchlerei" gepoltert; er hat sich ebenso oft wegwerfend über die Literatursippe des Anarchismus ausgesprochen, als er in seinem eigens für den Dühring-Cultus herausgegebenen Blättchen*) Anschluss an die von ihm sogenannten „ehrlichen" Anarchisten sucht. Es scheint endlich auch ein Widerspruch wenigstens zwischen der Theorie des Anarchismus und dem Dühring'schen Antisemitismus zu obwalten. Trotzdem gehört Dühring unzweifelhaft unter die Anarchisten und hat sich dagegen auch nie ernsthaft gewehrt. Seine hoffärtigen und schiefen Urtheile über Proudhon, Stirner, Kropotkin — nur Bakunin, den Feind des „Hebräers" Marx lässt er gelten — sind wohl hinreichend aus der ganz beispiellosen Schwäche und Verkleinerungssucht dieses Mannes ohne Herbeiziehung sachlicher Motive zu erklären; Nacht muss es sein, wo seine Sterne strahlen; und nachdem seine Anhänger zumeist nichts als seine Schreibereien gelesen haben, erklärt sich sehr einfach der grosse Einfluss, den der Mann heute besonders auf die deutsche Jugend nimmt, und warum Dühring von gewissen Leuten für die einzige Geistesgrösse seit Socrates, für das unerreichteste Originalgenie gehalten wird, das er doch nach keiner Richtung hin ist.

*) „Der moderne Völkergeist" in Berlin.

So geringschätzig auch Dühring von Proudhon sprechen mag, ist er wenigstens als Socialpolitiker, vielfach auch als Nationalökonom nur eine Verwässerung Proudhons. Im „Modernen Völkergeist" wurde jüngst dem Proudhon'schen Anarchismus die Absicht untergeschoben, nicht nur alle Herrschaft, sondern auch alle Organisation abschaffen zu wollen. Dühring habe diese Einseitigkeit auf den berechtigten Kern zurückgeführt und an Stelle des Anarchismus den „Antikratismus" gesetzt, der die Leitung und Organisation nicht verwerfen, sondern nur alle ungerechte Gewalt, den „Gewaltstaat" beseitigen will. Wir, die wir jetzt Proudhon kennen, wissen, dass das, was da Dühring zugeschrieben wird, genau das ist, was Proudhon als An—archie lehrte, und dass dem grossen Dühring nichts zu thun übrig blieb, als mit einem neuen Worte, das nicht um ein Haar mehr oder weniger sagt als Anarchie, seine halbwüchsigen Schüler zu bluffen. Was Dühring eigenthümlich ist, die sogenannte „Gewalttheorie" ist auch nicht aus grosser Tiefe hergeholt. Er nimmt als Element der Gesellschaft zwei Menschen — aber nicht etwa das sexuelle Paar — sondern die berühmten „zwei Männer" des Herrn Dühring an, von denen der eine den andern unterdrückt, vergewaltigt und dann für sich arbeiten lässt. Diese „zwei Männer" müssen dann alle ökonomischen Functionen und socialen Probleme erklären: die Entstehung der socialen Unterschiede, der politischen Bevorrechtung, des Eigenthums, Capitales, Mehrwerthes, der Ausbeutung u. s. w. Von diesen zwei famosen Männern lässt er sich direct in die Bahnen Proudhons geleiten. „Reichthum" erklärt Dühring, „ist die Herrschaft über Menschen und Dinge." Prondhon würe, obwohl Dühring dasselbe meint wie er, nie so läppisch gewesen, „Herrschaft über Menschen" Reichthum zu nennen, und Engels formulirt den Satz richtiger: „Reichthum ist die Herrschaft über Menschen vermittelst der Herrschaft über Dinge", obwohl er auch so weder im logischen, noch im ökonomischen Sinne den Namen Definition verdient. Dühring braucht aber den zweideutigen Satz, um den Reichthum einestheils als eine berechtigte löbliche Sache (Herrschaft über Dinge), andererseits als „Raub" (Herrschaft über Menschen), als „Gewalteigenthum" hinstellen zu können. Da haben wir dann die jammervolle Verelendung und Vergemeinerung der Proudhon'schen Antinomie: la propriété c'est le vol und la propriété c'est la liberté. Proudhon, natürlich wieder verschlechterten Proudhon, finden wir auch in dem Satze Dührings, dass die Arbeitzeit verschiedener Arbeiter — gleichgiltig ob Canalräumer oder Bildhauer u. s. w. — gleichwerthig sei.

Die „personalistische Socialität" Dührings, wie sie auch anderwärts bei ihrem Schöpfer heisst, ist der Inbegriff von Einrichtungen und Organisationen, vermittelst deren jede Einzelperson durch gemeinsames Zusammenarbeiten und Zusammenstehen mit den anderen ihre gesammten Lebensbedürfnisse und Lebensreize von den niedrigsten bis zu den höchsten befriedigen kann. Die personalistische Socialität ist natürlich antimonarchistisch und gegen alle Standes- und Geburtsvorrechte, sie ist auch „antireligionistisch", denn sie erkennt keine uncontrollierbaren Autoritäten an, sondern allein die reine Naturgesetzmässigkeit. Sie geht von der wirklichen Beschaffenheit der Einzelperson aus, diese ist aber nur aus ihrer Bethätigung zu erkennen und steht nicht etwa durch die Geburt fest. Was also die Wahrnehmung der öffentlichen Angelegenheiten anbetrifft, so werden in die technisch hervorragenden Stellen durch allgemeine und gleiche directe Wahl die Personen zu bringen sein, die durch ihre Thaten Zeugnis abgelegt haben, dass sie die erforderlichen Eigenschaften dazu besitzen. Was jedoch das Antireligionistische anbetrifft, welches für Dühring besonders etwas Antisemitisches ist, so hat an die Stelle aller Religion und alles Religionsartigen die Wirklichkeits- oder Seins-Philosophie Dührings zu treten. — Zu den berechtigten Ansprüchen der Einzelperson, die Dühring reclamiert, gehört nicht nur die körperliche Freiheit und Unverletzlichkeit, sondern auch die wirthschaftliche Unverletzlichkeit. Wie einerseits jede Art persönlicher Sclavenhaltung und Vereinigungs- und Gesellungshemmung unbedingt verworfen werden muss, so ist andrerseits die unbeschränkte Verfügungskraft über die Natur- und Productionsmittel im weitesten Sinne durch entsprechende öffentliche Gesetze derartig einzuschränken, dass niemand von den Naturmitteln ausgeschlossen werden und einem Zustand des Darbens und Hungerns überliefert werden kann. Das Recht auf Arbeit ist überall, ebenso wie die Freizügigkeit, durchzuführen.

Die ökonomischen Ecksteine der „personalistischen Socialität" sind, wie Dührings Riemer*) ausführt, „das Metallgeld als Grundlage aller ökonomischen Beziehungen und das Einzeleigenthum, insbesondere das Capital als nothwendige und unschädliche Grundform für jeden Zustand, der nicht auf Raub und Gewalt gegründet ist. Im Privateigenthum liegt das logisch und mechanisch Nothwendige jeglicher Gesellschaft und darin wurzelt auch Dührings System; seine reformatorischen Wendungen aber sind auf die Ausmerzung dessen gerichtet, was an Bestandtheilen der Ungerechtigkeit, an Raub und Vergewaltigung der Personen

---

*) Döll, Dr. Emil; Eugen Dühring: Etwas von dessen Charakter, Leistungen und reformatorischem Beruf. Leipzig 1893. — Vgl. ausserdem Engels Fr., Herrn Eugen Dühring's Umwälzung der Wissenschaft. 3. Aufl. Stuttgart 1894.

in jene Grundformen eingemischt ist. Um dies herbeizuführen, muss das Princip, nach dem ausschliesslich die bloss wirthschaftliche Mechanik der Werthe freies Spiel haben soll, verworfen und dafür die persönlichen und politischen Urrechte zur Geltung gebracht werden. Dühring hält daher eine Vergesellschaftung der Arbeiter weit über die Strikes hinaus für erforderlich und will die im engeren Sinne politischen Mittel wieder in den Vordergrund gebracht und viel weiter als bisher ausgedehnt wissen. Die parlamentarische Spielerei verwirft er zwar, aber nicht eine ernstgemeinte und demgemäss ehrlich gehandhabte Repräsentirung der Arbeiter. Er huldigt auch nicht der Elendlogik, welche alles Heil von dem immer grösser werdenden Elend erwartet, sondern rechnet mit dem materiellen und geistigen Fortschritt und der Lage der Massen" u. s. w.

Man wird in dem Gesagten unschwer Proudhons Anschauungen und zumal seine Eigenthumslehre wiedererkennen. Und wenn sich auch die Ansichten nicht formell decken und Dühring zumal mit dem Proudhonschen Mutualismus nicht einverstanden ist, so hätte er doch Grund genug gehabt auf den französischen Socialreformer etwas minder hoffärtig und dünkelhaft herabzusehen. Aber er hat ja auch von Stirner nichts gehalten, allein, so sehr auch er und sein Anhang sich dagegen sträuben mag, Dühring's „Personalismus" ist nicht nur genau dasselbe, was Stirner's „Einziger" ist, der grosse Meister von Zehlendorf selbst ist der Stirner-Einzige in seiner widerlichsten Illustration. Auch Stirner, auch Proudhon haben als die unerlässliche Voraussetzung der Abschaffung aller Herrschaft Individuen angenommen, welche sich selbst zu beherrschen imstande sind, d. h. moralische Individuen, also „Personen".

Wenn endlich Dühring die anarchistische Phrase von der Abschaffung aller Herrschaft dadurch scheinbar einzuschränken sucht, dass er sagt, Antikratismus sei die Verneinung aller ungerechten Gewaltübung und Herrschaftsanmassung, so ist dies offenkundige Spiegelfechterei. Herr Dühring wird den Massen sagen, welche Gewalt gerecht und welche ungerecht ist, welche aufrecht zu erhalten ist und welche nicht, und die Massen werden sich beeilen, seinem Wahrspruche zu gehorchen. Herr Dühring, der grosse Leugner aller Metaphysik und apriorischen Begriffsbegründung, stellt auf einmal wie Jean Jacques Rousseau, der „Neuhebräer", einen absoluten Begriff „Gerechtigkeit" hin und modelt die Welt nach diesem Begriffe um. Wer lacht da?

Seine Idiosynkratie gegen die Juden hat Dühring mit der vorstehenden Lehre dadurch zu versöhnen gesucht, dass er auch die Nationen vom Standpunkte des Personalismus unterschied und das

Zusammenleben höherstehender Racen mit tieferstehenden als Hinderniss, ja geradezu als das wichtigste Hinderniss zur Verwirklichung der „personalistischen Socialität" hinstellte.

„Nichts ist leichter als eine kluge Grimasse zu schneiden."

* * *

Wohl die absonderlichste Erscheinung im Kreise der theoretischen Anarchisten überhaupt ist Herr v. Egidy. Wenn es Dühring zusammengebracht hat den Anarchismus mit der brutalsten Judenhetzerei zu verquicken, so ist Herrn v. Egidy das weitaus grössere Kunststück gelungen, den Anarchismus mit einer religiösen Neubildung, „Einiges Christenthum" genannt, und ausserdem noch mit dem Geiste des preussischen Militarismus und Junkerthums zu verquicken, und als der neue Apostel im Jahre 1893 als Reichstagscandidat für das „Einige Christenthum" und für die von dem früheren Hause abgelehnte Militärvorlage auftrat, wusste er an dreitausend Stimmen auf sich zu vereinigen. Das ist eine statistische Ziffer für die Verworrenheit der Begriffe in unseren sogenannten intelligenten Kreisen.

Moriz v. Egidy*) wurde zu Mainz am 29. August 1847 geboren, diente in der preussischen Armee und brachte es bis zum Oberstlieutenant. Später vertauschte er das Bataillonscommando mit einem Apostolate, nachdem er sich durch Selbststudium ein grosses Wissen angeeignet hatte. Sein „Einiges Christenthum" ist als Religion „ohne Dogma und Confession" ein lucus a non lucendo, verdient aber als sociale Erscheinung mit Rücksicht auf die Verhältnisse in Deutschland alle Beachtung.

Das „Einige Christenthum" soll die Vereinigung aller Menschen in der Idee des wahren und „angewendeten" Christenthums sein, das Christenthum im Sinne eines der Gottheit näher gerückten Menschenthums. Die neue Religion legt nur auf das Leben, auf die „gelebte Moral" Wert und Gewicht; die Lehre, das Dogma muss aus dem Spiel bleiben, und so kommt Herr v. Egidy zu dem merkwürdigen Paradoxon „eine Religion ohne Dogma und Confession" ins Leben zu rufen. Der Zweck der Religion ist ein practischer, und in den Dogmen sieht er Formen, deren Wahl dem Einzelnen überlassen bleiben muss, Formen, die nach dem von Egidy an der Spitze aller seiner Erwägungen gestellten Entwickelungsprincipe in ewigem Fluss und Wandel begriffen

---

*) Die hauptsächlichste Quelle für das Studium der Egidy'schen Anschauung ist die Volksschrift: „Einiges Christenthum" Berlin 1893 und die 1894 an dessen Stelle ebendaselbst erschienene Wochenschrift: „Versöhnung".

sind. Was die Religion also bieten kann ist nicht in Dogmen, sondern nur in Gesichtspunkten, nicht in Institutionen, sondern in Directiven auszudrücken. Zu diesem Behufe hat es also auch nicht Noth, dass Egidy's Jünger sich zu einer Kirche vereinigen, das widerspricht sogar dem Geiste dieser Religion; ihr Meister ruft ihnen vielmehr zu: „Nicht organisieren, verwirklichen!" Nicht Parteien, nicht Vereine, nur Personen und Thatmenschen will er, und diese werden, jeder auf seinem Wege die Menschen in das irdische Paradies führen, von dem Egidy mit der Zuversichtlichkeit eines rechten Propheten spricht.

Der heutige Staat ist für Egidy, der sehr vorsichtig zu Werke geht, eben nicht mehr und nicht weniger als ein Glied in der ewigen Kette der Entwickelung, eine Stufe, über die Egidy in ein gottgewolltes Reich der Zukunft blickt, das nicht mehr auf den Säulen der Gewalt und Furcht ruhen wird, welche dem „Gottesbewusstsein widerspricht, in welchem kein Unterschied zwischen Regierten und Regierung bestehen wird. Ueber die Bedenken, dass die Menschen für einen solchen Idealstaat nicht geschaffen sind, setzt er sich leicht hinweg. „Haben wir nur erst gottgewollte Zustände geschaffen, die Menschen dazu werden da sein. Gab es für den Urmenschen ein Paradies, warum soll es für den Culturmenschen keins geben? Wir brauchen es uns nur einzurichten; sind wir dann erst eingezogen, ein zweites Mal wird es nicht zur Vertreibung kommen — wir sind gewarnt. Freilich den „alten" Adam müssen wir draussen lassen." Freilich! Egidy vergisst nur in der Hitze der Begeisterung, dass es nicht so leicht ist, den alten Adam draussen zu lassen und dass seine Annahme von einem paradisischen Urzustande der Menschheit, einem homme sauvage im Sinne des Gesellschaftsvertrages schnurstracks der von ihm bedingungslos herübergenommenen Entwickelungslehre zuwiderläuft. Auch widerspricht er sich selbst, wenn er anfangs behauptet die „gottgewollten Zustände" werden schon die richtigen Menschen zeugen, und nachher meint: Nur keine Sorge um Programm und System, Ausführung und Durchführung. Sind nur erst die rechten Männer da, dann brauchen wir uns um die Verwirklichung nicht zu bekümmern.

Wie man sieht, hat das „Einige Christenthum" nicht nur eine socialistische Seite, sie ist purblanker Socialismus, dessen Grundfeste ein sittliches und intellectuelles Selbstbewusstsein ist. Ein bestimmtes Programm hat Egidy freilich nicht entworfen und konnte es nicht entwerfen; „da wir in diesem Augenblick Alle, ohne jede Ausnahme, einer durchgreifenden Wandlung unseres Innenmenschen unterworfen sind, ist es vernünftiger, wir warten mit den Einzelausarbeitungen bis die Auf-

klärung des Gesammtbewusstseins sich im Wesentlichen vollzogen hat."
Egidy kann also auch in der socialen Frage nur Gesichtspunkte eröffnen,
alles andere dem Einzelnen und der natürlichen Entwickelung überlassend. Eine bestimmte sociale Doctrin ist damit ausgeschlossen.

So sagt er z. B. über die Eigenthumsfrage, dieselbe sei nicht so sehr die „Quelle als vielmehr das folgerichtige Ergebniss der uns noch beherrschenden unreifen Begriffe von Menschenrecht und Menschenpflicht. Mit der sich vollziehenden Wandlung unserer Begriffe überhaupt, mit dem zur Geltunggelangen einer durchaus-gewandelten Lebensanschauung, mit dem Durchbruch der neuen Weltanschauung werden sich auch unsere Vorstellungen über das Eigenthum ändern. Nicht eher; dann aber auch sicher. Diese neue Weltanschauung wird den Verbesserungsbestrebungen überhaupt Richtung und Ziel weisen. Die Neubehandlung der Eigenthumsfrage kann dabei immer nur eines der Ergebnisse der überhaupt-neuen Richtung sein. Ganz gewiss eines der wesentlichsten; aber wir brauchen nicht von vornherein irgend eine der mannigfach angedeuteten Richtungen als bindendes Gesetz anzuerkennen; wie wir denn überhaupt den sogenannten Socialismus, sobald er uns als eine fest umgrenzte Form angeboten wird, allzeit zwar in Erwägung ziehen, nie aber ohne Weiteres als Neugesetz annehmen dürfen."

„An Stelle der Worte ‚Gleichheit' und ‚Freiheit' sage ich: ‚Selbständigkeit' und ‚Unabhängigkeit'. Sie treffen Das, um was es sich für das Individuum handelt, besser; sie vermeiden auch den Vorwurf: unmöglich. Dass auch die Selbständigkeit und Unabhängigkeit durch die Erfordernisse unseres Gemeinsamkeitlebens eine gewisse Einschränkung erfahren, weiss ich recht wohl; sie verführen aber nicht von vornherein zu derart irrigen Begriffen und namentlich nicht zu derart unerfüllbaren Begehrnissen wie das Wort Gleichheit. Das Höchsterreichbare ist doch immer nur, dass wir für das eine Individuum die gleichen, das heisst: ebenso gute, Daseinsgrundlagen schaffen, wie wir sie dem anderen Individuum bieten. Bei der Ungleichheit der Individuen geben aber die gleichen Grundlagen noch keineswegs ein gleiches Ergebniss des Wohlbefindens; die Verarbeitung, die Verwerthung der Grundlagen ist eine individuelle, eine ungleiche. Wir müssten also, um allen Individuen eine wirklich-gleiche Daseinsgrundlage zu geben, diese Grundlagen individuell-ungleich gestalten. Abgesehen von der, in unserer menschlichen Unvollkommenheit begründeten Unmöglichkeit, dieser Anforderung wahrhaft gerecht zu werden, würde auch im nächsten

Moment schon die eben hergestellte Gleichheit nach tausend Richtungen hin sich verschieben."

Egidy ist reiner Anarchist, vielleicht der reinste von Allen, aber er ist jedenfalls auch der Klügste. „Der grösste Fehler am Anarchismus" sagt er, „ist, gegenüber dem Gegner, den er zu überwinden hat, — sein Name. Das geschieht den Vertretern dieser Ideen aber eigentlich ganz recht; warum muss denn Alles genannt werden, und warum müssen gerade Namen gesucht werden, die das Bestehende vernichten, statt Namen zu wählen, die den höchsten Grad der schon anerkannten Werthe andeuten. Warum ‚ohne Herrschaft', warum nicht lieber ‚Selbstzucht', ‚Selbstbeherrschung'. Zucht und Herrschaft sind Werthe, ohne die wir uns ein menschliches Dasein gar nicht vorstellen können. Es kommt eben nur darauf an, wer die Herrschaft über uns ausübt und wer die Zuchtruthe über uns schwingt: ob Andere oder wir selber." Allerdings unterscheidet er zwischen Blut-Anarchisten und Edel-Anarchisten, verdammt die ersteren und schliesst sich den letzteren an. Das behindert aber den merkwürdigen Mann nicht an einer bismärckischen Deutschthümelei, an muckerhaften Vorurtheilen gegen die Juden und vor allem an einem unbegreiflichen Eifer für den preussischen Militarismus und Königsthum.

„Der monarchistische Gedanke an sich", sagt dieser merkwürdigste aller Anarchisten — „steht in keinem Widerspruch mit dem Selbständigkeits- und Unabhängigkeits-Bewusstsein des Einzelnen. Das Verständnis für eine der Mündigkeit des Volkes entsprechende Neugestaltung des monarchischen Gedankens wird den Fürsten nicht fehlen. Der Fürst gehört zum Volke; der Fürst der vorderste des Volkes; der Fürst in möglichst unmittelbarem Verkehr mit dem Volke. Der Fürst weder absoluter Herrscher, noch constitutioneller Regent; aber auch der Fürst eine Persönlichkeit, ein Selbst; mit gleichem Recht, seinen Willen zum Ausdruck zu bringen, wie Jeder im Volke. Keine unklare, zwischen Fürst und Volk geschobene Minister-Verantwortlichkeit. Es giebt keine ‚Krone' als Begriff; es gibt nur einen lebendigen ‚Träger der Krone' — den König, den Fürsten — als verantwortliches Haupt des Volkes. Die heutigen Diener der Krone werden Beauftragte des Volkes." Man vergleiche mit diesen Äusserungen die oben angedeutete Stellung Proudhons zur dynastischen Frage und bedenke, um beiden Männern gerecht zu werden, dass Egidy ebenso wie Proudhon einen Monarchen im Auge hatte, der sich wenigstens mit dem Scheine des „socialen Kaiserthums" zu umgeben weiss. Wenn freilich eines Tages Egidy durch seinen „socialen Fürsten" ähnlich wie Proudhon durch den seinigen enttäuscht werden sollte, so ist übrigens auch nicht zu vergessen, dass der „sociale Fürst" gleichfalls eines Tages von der Königstreue der Egidyaner sehr enttäuscht werden dürfte.

* * *

Einen ehrlichen und aufrichtigen Anarchisten streng individualistischer Richtung besitzt Deutschland in dem naturalisierten Schotten John Henry Mackay (geboren zu Greenwock am 6. Februar 1864). Mit Mackay begegnen wir wieder einem jener vielen Männer, die aus den Gesellschaftssphären, wo man Not und Elend nur dem Namen nach kennt, herabgestiegen sind in die Stätten menschlichen Jammers und sich von hier auf den Fittigen ihrer warmen Seele und poetischen Phantasie wieder erhoben haben in die „Regionen, wo die seligen Götter wohnen" und die Anarchie eigentlich nicht erst begründet zu werden braucht. Mackay ist eine durchaus künstlerische Natur, er ist wie Cafiero Millionär, das will sagen, ein vollkommen unabhängiger Mann. Beide Umstände machen seinen individualistischen Anarchismus erst recht erklärlich.

Sein aufsehenmachender Roman „Die Anarchisten, Culturgemälde aus dem Ende des XIX. Jahrhunderts", welcher 1891*) erschien, ist ein Pendant zu Theodor Hertzkas socialem Romane „Freiland", dem es auch an echt künstlerischem Effecte, wie die Entwicklung des Stirner-Einzigen Auban und ergreifenden Schilderungen, wie die des Whitechapeler Elends nicht nachsteht. Neue Gedankenelemente enthält das Buch nicht; trotzdem hat es als eine gründliche und klare Auseinandersetzung des individualistischen Anarchismus mit dem communistischen auch für die Theorie Bedeutung, während ihm andererseits durch das grelle Impasto der Elendsbilder eine gewisse aufreizende Energie innewohnt, die der Verfasser bestimmt nicht beabsichtigte, da er die Propaganda der That verwirft.

Dass auch in Deutschland, wie in Frankreich, die literarische Bohéme, gewisse „starke Geister" mit Vorliebe sich als Anarchisten und Individualisten, als „Einzige" geben, versteht sich fast von selbst, nur darf man daraus für uns nicht die Pflicht ableiten, uns hier mit Scribenten wie es Pudor, Bruno Wille u. A. sind näher zu befassen. Überhaupt möchten wir warnen, die Grenzen der anarchistischen Theorie allzusehr auszudehnen und dadurch zu verwischen. Unseres Erachtens

---

*) Zürich Verlagsmagazin; eine Volksausgabe ist in Berlin erschienen. Das Buch hat auch eine englische Übersetzung (Boston 1891) und eine französische (Paris 1892) erfahren.

ist es ganz unrichtig, jeden Schriftsteller, der wie etwa Nietzsche einen rein philosophischen Individualismus oder Egoismus predigt, ohne jemals an eine Anwendung auf die Reform der Gesellschaft gedacht zu haben,*) für einen theoretischen Anarchisten zu erklären. Wohin sollte das führen? Andere**) zählen gar Ibsen zu den Theoretikern des Anarchismus, weil er in einem Briefe an Brandes ausruft: „Der Staat ist der Fluch des Individuums. Der Staat muss fort! Bei dieser Revolution werde ich sein. Man untergrabe den Staatsbegriff, man stelle die Freiwilligkeit und das geistig Verwandte als das einzig Entscheidende für eine Vereinigung auf, das ist der Beginn zu einer Freiheit, die etwas werth ist." Solche Aussprüche können allenfalls die anarchistische Gesinnung des Mannes beweisen, machen ihn aber noch lange nicht zum Lehrer; da hätte man besser eine seiner gewaltigsten Figuren, den Brand citieren sollen, diesen modernen Faust im Geiste Stirners. Allein das ist eine triste Figur, die nicht viel Proselyten für den Individualismus machen wird.

* * *

Wir wollen an dieser Stelle flüchtig dessen gedenken, was Johann Most für die Theorie des Anarchismus bedeutet, obwohl dieser Mann, so verhängnissvoll und unheimlich seine Rolle in der Geschichte des Actionsanarchismus ist, als Theoretiker fast nicht in Betracht kommt

---

*) Der Anarchismus Nietzsches auch nur im philosophischem Sinne ist überhaupt nur ein Märchen. Mit Recht sagt Schellwien a. a. O. (S. 117): „Max Stirner ersetzt die Freiheit durch die Eigenheit, die absolute Geltendmachung des Individuums als solchen, aber er hat uns nicht zu sagen vermocht, wie hieraus etwas Anderes hervorgehen könnte, als die Unterdrückung der schwächeren Individualität durch die stärkere, also ein Zustand, in dem nicht die Eigenheit sondern die brutale Gewalt herrschte. Friedrich Nietzsche zieht dann auch diese Consequenz, er will die Unterdrückung des Schwächeren durch den Stärkeren, er will die aristokratische Herrschaft der Starken, die ihm auch allein die guten sind, er erhebt den ‚Willen zur Macht' zum Weltprincip. Vergleiche hiermit auch die a. a. O. S. 40 ff angeführten Worte Nietzsches: „Das Wesentliche an einer guten und gesunden Aristokratie ist, dass sie sich nicht als Function (sei es des Königthums, sei es des Gemeinwesens), sondern als dessen Sein und höchste Rechtfertigung fühlt, dass sie deshalb mit gutem Gewissen das Opfer einer Unzahl von Menschen hinnimmt, welche um ihretwillen zu unvollständigen Menschen zu Sklaven, zu Werkzeugen herabgedrückt und vermindert werden müssen. — Sich gegenseitig der Verletzung der Gewalt, der Ausbeutung enthalten, seinen Willen dem des Anderen gleichsetzen, dies ist, als Grundprincip der Gesellschaft genommen, Wille zur Verneinung des Lebens, Auflösungs- und Verfalls-Princip." Kann man da wirklich noch von Anarchismus sprechen?

**) Stammler a. a. O. 29.

und — was noch wichtiger ist — nicht einmal reiner Anarchist ist. Johann Most bildet das Mittelglied zwischen der Socialdemokratie, der er früher angehörte, und dem Anarchismus, dem er jetzt seine unheimlichen Fähigkeiten widmet. In der That geht aber Most nicht weiter als die alten und modernen Babeuvisten zu allen Zeiten gingen: die „Entschliessung der Gesellschaft" ist die autoritäre Grenze, die ihn von den communistischen Anarchisten trennt.

Grund und Boden, sowie alles mobile und immobile Kapital soll nach ihm Eigenthum der ganzen Gesellschaft sein, — man sieht auch hier gegenüber Kropotkin eine sehr conservative Auffassung — jedoch den einzelnen, nach dem Princip der libre entente sich bildenden Productionsgruppen zur Benutzung überlassen bleiben. Die industriellen Producte sollen zunächst jenen Organisationen, deren Werk und Geschöpf sie sind, verbleiben — also das Collectiveigenthum in aller Form. Zur Bestimmung des Werthes und Preises werden von der Gesellschaft Sachverständigen-Bureaus — nach Grave eine erzreactionäre weil autoritäre Einrichtung — werden, welche auszurechnen haben, wieviel Arbeit in jeder Waare steckt und welches demnach ihr Werth sei. Der hiernach bestimmte Preis kann nicht überschritten werden, weil die Consumenten zum Zwecke des Einkaufes ebenso freie Gruppen bilden, wie die Producenten. Andere freie Gruppen besorgen die Erziehung der Kinder. Die Ehe ist gleichfalls nichts als freies Uebereinkommen zwischen Mann und Weib, das jederzeit nach Belieben geschlossen oder gelöst werden kann. Gesetze gibt es nicht, sondern nur eine fallweise „Entschliessung der Gesellschaft."

Wenn man Most nach diesen Ansichten unter den Theoretikern des Anarchismus — falls man ihn überhaupt als Anarchisten gelten lassen darf — auf die äusserste Rechte, als Vertreter des äussersten Conservatismus setzen muss, so kann man ihm doch ungestraft das Zeugnis ausstellen, als Theoretiker der Gewalt, als Apostel der wüthendsten Propaganda unerreicht dazustehen. In seinem berüchtigten Journal „Freiheit", wie in zahllosen Brochüren hat Johann Most ein unerschöpfliches Compendium für die Männer der Propaganda geschaffen. Die kleinen Gruppen, welche heute den Anarchismus charakterisieren, sind seine Idee, die Bombentaktik wesentlich sein Verdienst. In der Schrift: „Die wissenschaftliche revolutionäre Kriegskunst und der Dynamitführer" gibt Most ganz genau an, wo man Bomben hinlegen soll, in Kirchen, Palästen und Ball- und Festsälen. Niemals solle mehr als ein Anarchist das Geschäft besorgen, damit im Falle der Entdeckung die Partei so wenig Schaden wie möglich nähme. Das Buch enthält auch ein vollständiges Giftmischer-Lexicon. Dem Leichengift wird der Vorzug gegeben. Gift soll namentlich gegen Policisten, Verräther und Spione angewendet werden u. s. w. Die „Freiheit" ist zum Unterschied von der übrigen meist höchst doctrinären anarchistischen Presse nichts als eine fortgesetzte constante Aufreizung zum Classenkampfe, zu Mord und Brand. „Rottet sie aus, die erbärmliche Brut!" — heisst es in der Freiheit von den Besitzenden — „rottet sie aus, die erbärmliche Brut! so lautet der Refrain eines revolutionären Arbeiterliedes, so wird auch nach gewonnener Schlacht die Executive einer siegreichen Proletarierarmee rufen müssen. Denn einem Revolutionär muss im kritischen Augenblick stets der Richtblock vor Augen schweben. Entweder er schlägt die Köpfe seiner Feinde ab, oder er wird selbst geköpft. Die Wissenschaft gibt uns Mittel an die Hand, welche es ermöglichen, dass man ganz trocken und ruhig die Bestienvertilgung im Grossen zu besorgen vermag." — „Was von der Reptilienbrut nicht über die Klinge springt" — heisst es ein andermal — „bleibt ein Stachel im neuen Gesellschaftskörper; mithin wäre es Dummheit und Verbrechen, wenn man mit dem Parasitengezücht nicht gründlich Kehraus halten wollte" u. s. w. u. s. w.

Dies nur einige Stylproben aus dem Jargon des Actionsanarchismus, dessen classischer Vertreter Johann Most ist; auf seine weit verzweigte Thätigkeit als solcher werden wir an einer geeigneteren Stelle zurückkommen.

* * *

Most, dessen eigentliches anarchistisches Wirken auf englischem Boden spielt, ist sonach auch der Mittelsmann zwischen dem deutschen und englischen Anarchismus.

Einen Theoretiker edleren Styles besitzt England in Auberon Herbert, der wie Bakunin und Kropotkin Sprosse eines edlen Hauses ist. Herbert begann in den Siebziger Jahren als demokratischer Abgeordneter und gibt heute in London ein Blatt „The free Life" heraus, in welchem ein individualistischer Anarchismus ganz eigener Art oder wie Auberon Herbert selbst es nennt „Voluntarismus" gepredigt wird. Er will nicht die constituierte Gesellschaft als solche abgeschafft wissen; sein „freiwilliger Staat" unterscheidet sich von dem heutigen Zwangsstaat aber dadurch, dass es jedem Individuum absolut freisteht, nach Belieben in den Staat ein- oder aus ihm auszutreten.

„Ich verlange", sagt Herbert[*], „dass das Individuum Herr seiner

---

[*] Anarchy and Voluntarism. (The free Life. Vol. II 99. October 1894.)

selbst ist (self owner), der factische Eigner seiner körperlichen und geistigen Fähigkeiten und in Folge dessen auch Eigner alles dessen, was er durch seine Fähigkeiten erwerben kann, vorausgesetzt, dass er seine Mitmenschen als seines gleichen und als Eigner ihrer Fähigkeiten behandelt." „Wenn also das Individuum von Rechtswegen Herr seiner selbst und von Rechtswegen Eigner alles dessen ist, was es mit Hilfe seiner eigenen Fähigkeiten gewonnen hat, dann müssen wir weiterschliessen, dass das Individuum als solches das Recht hat, dasjenige, was sein eigen ist, zu vertheidigen und zwar mit Gewalt gegen Gewalt (wobei unter Gewalt auch jene Formen des Betrugs verstanden sind, welche eigentlich nur ein Aequivalent der Gewalt sind); und da es nun dieses Recht der Vertheidigung durch Gewalt hat, so kann es dasselbe auch einer Körperschaft und Menschen übertragen, die es unternehmen, über die practische Anwendung dieses Rechtes an seiner Statt zu wachen, welche Körperschaft man mit dem conventionellen Ausdruck „Staat" bezeichnen kann." — „Der Staat ist rechtlichen Ursprungs (rightfully born), vorausgesetzt, dass die Individuen die Wahl hatten, ihm ihr Recht der Abwehr zu übertragen und dass kein Individuum gezwungen ist, an ihm — wenn er einmal gebildet ist — theilzunehmen und ihn zu erhalten. In Anbetracht dessen, dass jede Kraft zu gewissen Zwecken in Thätigkeit gesetzt werden muss, muss auch der Staat oder die Kraftsphäre der Gesellschaft, organisiert sein, doch muss jedem Individuum sein natürliches Recht verbleiben, sich dafür zu entscheiden, ob er dem Staat sich anschliessen und ihn erhalten will oder nicht. Wenn nun der Staat als Übereinkommen zur Vertheidigung der Selbstherrschaft gegen alle Angriffe, rechtmässig ist, dann sind auch zureichende Gründe vorhanden, eine solche Organisation zu schaffen und die Ausübung der erwähnten Kraft in seine Hände zu legen, statt sie in unseren Händen als Individuum zu behalten." „Ich gebe vollauf zu, dass das Recht der Anwendung von Gewalt zur Abwehr dem Individuum zusteht und von diesem auf den Staat übertragen ist; aber der moralische Druck auf das Individuum, dieses Recht zu übertragen, ist überwiegend. Wer von uns wollte Richter und Strafvollstrecker in seiner eigenen Person sein? Wer könnte wünschen, Lynchjustiz zu üben? Was ist dabei zu gewinnen? Es ist keine Frage des Rechtes, denn, wie wir gesehen haben, kann das Individuum, welches in der Vertheidigung Gewalt anwenden kann, diese Anwendung auch übertragen, und wenn er dies rechtmässig thun kann, ist es nicht hundertmal besser, wenn er dies auch wirklich thut? Ich gebe bereitwilligst zu, dass, wo es sich ausschliesslich um eine Gruppe handelt, auch die Gruppe, als

Sitz des Rechtes, wenn sie will ihre eigene Abwehr organisieren und sich von der allgemeinen Organisation der anderen Gruppen isolieren kann. Aber es geht mir nicht ein, dass die Gruppe sich auch dann absondern könne, wo der Gegenstand direct auch noch andere Gruppen ausser ihr angeht. Ich möchte z. B. einer Gruppe nicht das Recht zugestehen, den Cloakenabzug an einem gewissen Punkte in einen Bach zu leiten — weil dies unmittelbar das Interesse anderer Gruppen an anderen Punkten des Baches berührt. Die betreffende Gruppe muss zu einem Einverständnis mit den anderen dadurch betroffenen Gruppen kommen, mit andern Worten, in eine gemeinsame Organisation mit den anderen Gruppen eintreten. Oder: Gruppe A beschliesst die Anstifter zum Morde zu bestrafen, während Gruppe B der Meinung ist, man habe sich nicht um Worte, sondern blos um Thaten zu kümmern. Eine solche Verschiedenheit der Anschauungen und des Vorgehens bleiben ohne Belang, solange die Mitglieder der Gruppe A blos untereinander verkehren; angenommen aber, ein Mitglied der Gruppe B würde eine Person anstiften, ein Mitglied der Gruppe A zu ermorden, so ist es doch klar, dass wir vor dem Bruderkrieg zwischen den beiden Gruppen stehen in dem Momente, wo die Gruppe A den Anstifter zu ergreifen und zu bestrafen sucht. Es kommt also dahin, dass in allen Fällen, wo gegen Personen ausserhalb der eigenen Gruppe sowohl als innerhalb derselben Gewalt angewendet werden soll, eine Organisation zwischen den Gruppen (ein Staat) bestehen muss, um die Bedingungen festzustellen, unter welchen Gewalt angewendet werden kann." „Aus diesen Gründen halte ich die reine Anarchie für eine Unmöglichkeit; sie beruht auf einem Missverständnis und ist auf der Vermengung zweier Dinge begründet, die von Natur ganz verschieden sind." „Anarchie ist die Herrschaft des Individuums über sich selbst; aber die Handlungen des Individuums zu seiner Vertheidigung — wie gerecht sie auch immer sein mögen — sind nicht einfach in der Selbstbeherrschung begründet, sondern sind gemischter Natur, indem sie die Beherrschung seiner selbst und die Beherrschung anderer einschliessen. Der Gegenstand der Anarchie ist Selbstregelung, aber wir treten aus der Sphäre der Selbstregelung heraus, sobald wir die Hand ausstrecken, um Gewalt anzuwenden. Der Irrthum, den also die reinen Anarchisten begehen, besteht darin, dass sie die Begriffsbestimmungen von Selbstregelung oder Freiheit auf die Gewalt anwenden. Zwischen Handlungen der Freiheit und Handlungen der Gewalt ist eine Grenzlinie zu ziehen, die beide ewig trennt. Was immer eine Frage des freien Willens betrifft, z. B. die Beförderung von Briefen, alle Verfügungen über die Erziehung, alle

Arbeits- und Capitalsverträge, — so können wir jeder Autorität entbehren, so können wir Anarchisten sein, weil es in diesen nicht für mich oder dich nöthig ist, einen Zwang auszuüben oder gezwungen zu werden. Wir können die Gruppe verlassen, deren Thätigkeit wir nicht billigen, wir können allein als Individuen stehen, wir können streng und ausschliesslich dem Gesetze unserer Natur folgen; aber in dem Momente, wo wir zu Vertheidigungsmassregeln schreiten, zu Handlungen der Einschränkung und Züchtigung, zu Handlungen, welche in die Selbstherrschaft der Anderen eingreifen, ändert sich die ganze Sachlage. In dem Augenblicke, wo man Kraft anwenden muss, muss man auch einen Kraftapparat anwenden; wenn man Gewalt anwenden will, muss es öffentlich verkündet und muss öffentlich übereingekommen werden, unter welchen Bedingungen sie anzuwenden ist, sie muss mit Garantieen umgeben werden u. s. w. Gewalt und unbedingte Freiheit des Individuums oder Anarchie sind unvereinbare Begriffe, und deshalb bin ich Voluntarist, nicht Anarchist — Voluntarist in allen Fragen, wo der Voluntarismus statthaft ist, falle aber in den Staat zurück, wo der Natur der Sache nach eine Organisation nöthig ist."

Im Grunde und practisch genommen, ist diese Begriffsunterscheidung Auberon Herberts ein Spiel mit Worten; denn der „freiwillige Staat", aus dem ich jeden Augenblick ausscheiden kann, dem ich meine financielle Unterstützung entziehen kann, wenn ich seine Thätigkeit nicht billige u. s. w., ist im strengsten Falle die Gruppenföderation Proudhons, vielleicht auch nur die practische Weiterbildung des Stirner'schen „Vereines der Egoisten"; jedenfalls zieht Herbert wie dieser es vor das manchesterliche Princip des unbedingten laisser faire in seinem Recht zu belassen, ohne hierzu erst wie Proudhon auf dem dornenvollen Umwege einer complicierten Organisation der Arbeit zu gelangen. Practisch durchgeführt sähe der Voluntarismus dem Anarchismus ähnlich wie ein Ei dem andern. Nichts destoweniger darf man den theoretischen Fortschritt, der sich in der obigen Unterscheidung zeigt, nicht unterschätzen; Herbert nähert sich haarscharf dem Standpunkte der Sociologie, und was ihn noch von diesem trennt ist weniger die consequente Betonung der Vertragstheorie als die unmittelbare Postulierung derselben.

* * *

Ähnlichen Anschauungen, wie die Herberts sind, begegnen wir in Amerika wieder.

Die Spuren anarchistischer Anschauungen in Amerika, gehen bis auf die fünfziger Jahre zurück. Joseph Dejacque, ein im Jahre 1848 compromittierter Anhänger Proudhons gab in New-York während der Jahre 1858—1861 ein Journal („Le libertaire") heraus, in welchem er anfangs den collectivistischen Anarchismus seines Meisters predigte, später aber — also lange vor Kropotkin — zu communistisch-anarchistischen Forderungen überging. Daneben entwickelte sich aber jenseits des Oceans, wie es scheint ziemlich selbständig von Europa, auch eine individualistische Schule, deren Anfänge eigentlich bis in den Beginn des Jahrhunderts zurückgehen. Hier fanden die Ideen einer freien Gesellschaft, wie sie etwa Thompson gedacht und gelehrt hatte, raschen und willigen Eingang und wurden von Männern wie Josiah Warren, Stephen Pearl Andrews, Lysander Spooner u. a. bis zur Idee von der „individuellen Souveränität" ausgebaut, die heute ihren wichtigsten Verfechter in R. B. Tucker, dem Herausgeber des Journals „Liberty" in Boston, hat und wohl dem Herbert'schen „voluntary state" am nächsten steht.

Dritter Theil.

Die Stellung des Anarchismus zur Wissenschaft und Politik.

Siebentes Capitel.

Anarchismus und Sociologie.

(Herbert Spencer.)

Als Vaillant vor seinen Richtern stand, erklärte er u. a. auch Herbert Spencer für einen derjenigen, aus denen er seine anarchistischen Ueberzeugungen geschöpft haben wollte. Die Bezugnahme von Anarchisten auf den greisen Stuhlmeister der Sociologie als auf einen der Ihren ist nicht gerade selten, aber fast noch häufiger ist die Bezeichnung Spencers als Anarchisten von Seite der Socialisten; Leute wie Laveleye, Lafarque und neuerlich Professor Enrico Ferri*) haben es sich beikommen lassen von den individualistischen und anarchistischen Anschauungen Spencers in dem Buche (?) „The Individual versus the State" zu sprechen. Wenn sich der Bombenmann Vaillant einer solchen Unkenntniss von Personen und Sachen erfreute, um ohne Bedenken Spencer als Gesinnungsgenossen bezeichnen zu können, so lässt sich darüber ja nicht viel sagen; wenn dies aber von Männern geschieht, welche als Autoritäten auf dem Gebiete des sogenannten wissenschaftlichen Socialismus gelten, so sieht man nur daraus, mit welch geringer Gewissenhaftigkeit und Wissenschaftlichkeit heute noch immer über ganze Richtungen der socialen Bewegung geurtheilt wird und zwar obendrein von einer Seite, die vor allem an der Herstellung richtiger, präciser Urtheile auf diesem Gebiete interessirt wäre. Denn wer Herbert Spencer zu den Anarchisten zählt, der kennt entweder das Wesen des Anarchismus oder die Anschauungen Spencers nicht, oder beides ist ihm terra incognita.

Was speciell das „Buch" The Individual versus the State**) betrifft,

---

*) E. Ferri. Socialismus und moderne Wissenschaft. Deutsch von Dr. H. Kurella. Leipzig 1895, S. 129.

**) London 1885. Deutsch von Dr. W. Bode: „Von der Freiheit zur Gebundenheit." Volkswirthschaftliche Zeitfragen. Heft 102, Berlin 1891. Den in diesem Capitel geführten Citaten aus Spencers Werken liegen die deutschen Ausgaben u. z. „Die Principien der Sociologie", nach der zweiten englischen Auflage übersetzt von Dr. B. Vetter, Stuttgart 1877--1889 und „Einleitung in das Studium der Sociologie" nach der zweiten Auflage des Originals herausgegeben von Dr. Heinrich Marquardson, Leipzig 1875, zu Grunde.

so ist dies eine 30 weitgedruckte Seiten starke Brochüre, in welcher Spencer allerdings dem Socialismus als einem Streben, die zwangsmässige Organisation der Gesellschaft über Gebühr und auf Unkosten der individuellen Freiheit und bereits errungenen freiwilligen Organisationen zu verstärken, hart an den Leib geht, in welcher aber auch nicht ein einziger anarchistischer Gedanke zu finden ist, man wollte denn die blose Gegnerschaft gegen die totale Schwadronisirung und Regimentirung des Lebens auch schon als Anarchismus bezeichnen. Nur so nebenher bemerkt, haben wir hier einen prächtigen Zug der Denkfreiheit, wie sie die Socialisten verstehen; in ihrem „freien" Volksstaate würde wohl die Umsturzheulerei und Anarchistenriecherei noch widerlichere Formen annehmen, als unter den heutigen „bourgoisen" Verhältnissen. Und das ist es eben, was Spencer in seinem „Buche" voraussagt.

Spencer beruft sich in dieser Schrift auch auf seine Anschauung über eine mögliche bessere Organisirung der Gesellschaft, wie er sie in den Schriften „The Study of Sociology", „Political Institutions" und anderwärts niedergelegt und, wir glauben der Berufung stattgeben und die Anschauungen Spencers des Eingehenden darlegen zu sollen, nicht um der Person Herbert Spencers willen — wir können ja nicht jeden, der des Anarchismus „verdächtigt" wird, vertheidigen — sondern weil er der bedeutendste Vertreter einer Geistesrichtung ist, welche dereinst berufen sein wird, das entscheidende Wort in der wissenschaftlichen Discussion der sogenannten „socialen Frage" zu sprechen, und weil wir nun endlich einmal klarstellen wollen, was alles Anarchismus ist, es möge sich vermänteln wie es wolle, und was nicht Anarchismus ist, es möge in der Betonung der freien Entwickelung so weit gehen als es wolle.

* * *

Die Quintessenz der Spencer'schen Anschauungen über die Organisation der Gesellschaft — jener Punkt von dem auch das von Ferri missbräuchlich angeführte Schriftchen ausgeht — ist etwa dies: Die Organisation, welche die Vorbedingung jeden gesellschaftlichen Zusammenwirkens bildet, ist sowohl historisch als grundsätzlich genommen nicht einheitlicher Natur, sondern von zweierlei, nach Ursprung und Beschaffenheit wesentlich verschiedener Art. „Die eine entspringt unmittelbar aus der Verfolgung individueller Zwecke und trägt nur indirect zur socialen Wohlfahrt bei; sie entwickelt sich unbewusst und ist nicht zwingender Natur. Die andere, die unmittelbar aus der Verfolgung socialer Zwecke hervorgeht und nur indirect zur individuellen Wohl-

fahrt beiträgt, entwickelt sich bewusst und ist zwingender Natur*)."
Spencer nennt die erste freiwillige Organisation den industriellen Typus,
weil sie überall das Auftauchen industrieller und commercieller Interessen
begleitet, die zweite zwangsweise Organisation aber den kriegerischen
Typus, weil sie eine Folge des Abwehrbedürfnisses der Gesammtheit
nach Aussen ist. Der industrielle Typus Spencers, der auf den individuellen Gefühlen fusst, läuft auf das hinaus, was wir als Vertrag
(Convention) kennen gelernt haben, der kriegerische Typus, der ausschliesslich an die altruistischen Gefühle pocht, führt zum Staat (Status).
Die „sociale Frage", ausschliesslich im ersteren Sinne gelöst, kennen
wir bereits als Anarchie, ausschliesslich durch den zweiten Typus gelöst
als Socialismus im engeren Sinne.

So ausschliessende Gegensätze aber beide Typen dem Begriffe nach
bilden mögen und in den Parteijargon übersetzt auch wirklich bilden,
so wenig schliessen sie sich in der Wirklichkeit aus. Die menschlichen
Gesellschaftsgebilde, die uns in der Gegenwart und Vergangenheit entgegentreten, sind keineswegs reine Typen, sondern zeigen die ver-
schiedenartigsten Abstufungen und Durchdringungen beider Typen;
jenachdem das Bedürfniss der gemeinsamen Abwehr oder die individuellen
Interessen im Vordergrund stehen, wird der kriegerische Typus — der
alles verstaatlichende und reglementirende — oder der industrielle, der
auf die freie Vereinbarung abzielende Zug überwiegen. Die erdrückende
Mehrzahl aller Gesellschaftsgebilde, die modernen Grossstaaten nicht
ausgeschlossen, tragen aus leicht aufzufindenden Gründen noch immer
den kriegerischen Charakter. — Der „Staatsgedanke" lebt mächtig in
ihnen, nur einige der fortgeschrittensten und wegen ihrer ganz besonderen
Verhältnisse weniger vom Krieg bedrohten, dafür aber um so mehr der
Industrie und dem Commerce obliegenden Völker, wie die Engländer,
Amerikaner u. s. w., neigen schon heute mehr zum industriellen Typus.

Welcher der beiden Formen der Vorzug zu geben sei, lässt sich
ganz natürlich nicht a priori bestimmen. Spencer gibt sichtlich dem
industriellen Typus, als einer höheren Form der Entwickelung den Vorzug und er meint, dass dieser in einer mehr oder minder fernen Zukunft zur dauernden Herrschaft gelangen werde.**) Allein er anerkennt
auch — wie nicht anders denkbar, dass die militaristische zwangsweise
Organisation in der Vergangenheit und Gegenwart nur höchst selten
entbehrlich gewesen und dass sie auch für die Zukunft für die gesellschaftliche Entwickelung nach Massgabe der örtlichen Verhältnisse noch

*) Principien, Bd. III, S. 447.
**) Principien III. § 577.

vielfach unentbehrlich sein wird und dass sonach eine universelle Durchführung des vertragsmässigen Zusammenwirkens, wie es sich die Anarchisten vorstellen, gar nicht denkbar sei weil bei socialen Organismen so gut, wie bei Einzelorganismen die Entwickelung höherer Formen keineswegs die Ausrottung aller niederen nach sich zieht. Vermisst man schon hier einen der wesentlichsten Züge der anarchistischen Lehre, den absoluten Character, so schrumpft der Anarchismus Spencer noch mehr in sich zusammen, wenn man dem industriellen Typus, wie er sich ihn in seiner Vollendung vorstellt, etwas näher tritt.

„Während die Erfordernisse des industriellen Typus eine despotische Obergewalt einfach ausschliessen, verlangen sie andererseits als einzig zweckentsprechendes Mittel zur Durchführung der überhaupt erforderlichen gemeinschaftlichen Thätigkeiten eine Versammlung von Vertretern, welche den Willen des Ganzen zum Ausdruck bringen können. Die Aufgabe dieses controllierenden Agens, die man im allgemeinen als Rechtspflege bezeichnen kann, besteht im einzelnen darin, dass es darauf zu sehen hat, dass jeder Bürger weder mehr noch weniger Vortheile erlange, als seine Thätigkeit ihm normaler Weise gewährt. Und damit ist denn auch die öffentliche Thätigkeit, welche irgend eine künstliche Vertheilung des Ertrages zu stande bringen soll, von selbst ausgeschlossen. Nachdem das dem Militarismus eigenthümliche Regime das „Status" verschwunden ist, tritt das Regime des Vertrages an seine Stelle und findet immer allgemeinere Anerkennung, und dieser verbietet jegliche Störung des Wechselverhältnisses zwischen Arbeitsleistung und Ertrag durch die willkürliche Vertheilung. Von einem anderen Standpunkt betrachtet, zeichnet sich der industrielle Typus vor dem kriegerischen dadurch aus, dass er nicht zugleich positiv und negativ, sondern nur in negativem Sinne regulierend wirkt."[*]) In dieser wie immer weitgehenden Einschränkung des Wirkungskreises der constituierten Gesellschaft liegt immer noch eine scharfe Grenzmarke gegenüber selbst den conservativsten Formen des Anarchismus, wie es Proudhons förderalistisch-naturalistische Gesellschaft oder Auberon Herberts „freiwilliger Staat" ist. Denn Spencer anerkennt selbst noch für die vollendetste Form seiner Gesellschaft die Nothwendigkeit einer Rechtspflege, er spricht von einem wenn auch gewähltem Staatsoberhaupte,[**]) er will die Entwickelung im eingeschlagenen Wege des Repräsentativsystems — das die Anarchisten principiell abweisen — fortgeführt sehen und unter Umständen sogar an dem Zweikammer-

*) Principien III. § 575.
**) Principien § 578. S. 768.

princip*) festgehalten wissen. „Denn welch' hohen Grad der Entwicklung auch eine industrielle Gesellschaft erreicht haben mag, sie kann doch niemals den Unterschied zwischen Höher- und Niedrigerstehenden, den Unterschied zwischen Regierenden und Regierten beseitigen. Alle die neuen Vorkehrungen und Verbesserungen, welche die kommenden Jahrhunderte im Betrieb der Industrie einführen mögen, müssen doch den Gegensatz bestehen lassen, zwischen solchen, deren Character und Fähigkeiten sie auf eine höhere Stufe erheben und solchen, die in einer niederen Sphäre bleiben. Selbst wenn jede Art der Erzeugung und Vertheilung von Gütern schliesslich nur noch durch Körperschaften von zusammenwirkenden Arbeitern ausgeführt würde, wie es ja für einige wenige heute schon bis zu gewissem Grade geschieht, so müssten doch alle solchen Körperschaften ihre obersten Leiter und ihre Verwaltungsausschüsse haben. Es könnte dann ein Senat entweder aus einem Wahlkörper hervorgehen, der natürlich nicht von einer mit dauernden Privilegien ausgestatteten Classe, sondern von einer Gruppe gebildet würde, die etwa alle Leiter der industriellen Verbände umschlösse, oder aber aus einer Wählerschaft, welche sonstwie aus allen in der Verwaltung thätigen Personen bestände; und zuletzt könnte er vielleicht so zusammengesetzt werden, dass er die Vertreter sämmtlicher leitenden Personen umfasste zum Unterschied von der zweiten Kammer, den Vertretern der geleiteten Personen."

Im Uebrigen weist Spencer selbst diesen Deductionen über eine möglichst günstige Zukunftsorganisation keinerlei dogmatische Verbindlichkeit bei; er betont vielmehr ausdrücklich, dass verschiedene Organisationen möglich seien, mittelst derer die allgemeine Uebereinstimmung der Gesammtheit in den Empfindungen und Ansichten sich geltend machen, zur Thätigkeit gelangen könnte, und es sei vielmehr eine Frage der Zweckmässigkeit als des Principes, welche der verschiedenen möglichen Organisationen schliesslich angenommen werde.**)

* * *

So unbegreiflich es scheinen mag, wie Spencer mit derlei Anschauungen zu den Anarchisten gerechnet wird und zwar von Menschen, welche die moralische Verpflichtung hätten Spencer sowohl als die Anarchisten zu kennen, es ist doch geschehen. Desshalb sehen wir uns auch dessen vor, dass man von den verschiedensten Seiten den

---

*) Ebendas. S. 770.
**) Ebendas. S. 766 ff.

Mangel an Radicalismus, wie er sich in obigen Anschauungen bemerkbar macht, weniger als eine nothwendige Frucht der ersten Voraussetzungen, denn vielmehr die Folge persönlicher Eigenschaften, mangelnden Muthes, die letzten Consequenzen zu ziehen, Opportunismus u. s. w. betrachten werde. Wir möchten daher in aller Kürze die tiefgreifenden Unterschiede markieren, welche den rein sociologischen Standpunkt Spencers von dem unwissenschaftlichen der Anarchisten trennen.

Man mag es als ziemlich gleichgültig betrachten, ob jemand die Gesellschaft als ein Naturding oder als ein Gedankending, als etwas Reales und Concretes oder als einen Begriff zu behandeln gewöhnt ist, und doch geht die Tragweite dieser ersten Annahme weit, weit über den Werth einer akademischen, scholastischen Zänkerei hinaus. Von dem einen dieser Standpunkte führt zum andern keine Brücke, und eine ebensolche Kluft trennt die Folgerungen, die aus den ersten Annahmen gezogen werden. Ist die Gesellschaft ein Ding, etwas Wirkliches, wie das Individuum, dann unterliegt es denselben Gesetzen, wie die übrige Natur, sie verändert und entwickelt sich, wird und vergeht wie diese. Ist die Gesellschaft hingegen ein blosser Begriff, dann steht und fällt sie mit mir, mit meinem Willen, sie zu setzen und zu verneinen. In der That, wenn die Gesellschaft gar nichts ist, als ein Begriff, mein Kind, was hindert mich, sie, sobald ich ihre Nichtigkeit erkannt habe, über Bord zu werfen, da sie nichts mehr für mich taugt? Habe ichs nicht mit Gott genau so gethan, als ich ihn als ein blosses Werk meines Geistes und obendrein als ein für mich nicht mehr nöthiges, ja vielleicht sogar schädliches erkannt hatte? Man erinnere sich hier gefälligst an Stirners Argumentation, die nur dadurch möglich war, dass er die Gesellschaft genau auf dieselbe Stufe wie Gott setzte, d. h. zum blossen Begriffe machte. Besteht dagegen die Gesellschaft auch abgesehen von mir, von meinem Denken über sie, dann wird sie sich auch ohne Rücksicht auf meine persönlichen Meinungen, Anschauungen, Begriffe und Wünsche entwickeln. Mit anderen Worten: Ist die Gesellschaft nichts als der Inbegriff gewisser Institutionen, wie Eigenthum, Familie, Religion, Verfassung u. s. w., dann fällt mit deren Heiligkeit, Zweckdienlichkeit und Nützlichkeit die Gesellschaft selbst, dann heisst diese Institutionen negieren, die Gesellschaft selbst negieren. Ist dagegen die Gesellschaft das Aggregat der sie bildenden Individuen, dann sind die genannten Einrichtungen nur Functionen dieses Collectivkörpers, und die Verneinung, Abschaffung dieser Einrichtungen bedeutet allerdings eine Störung, nie aber die Vernichtung der Gesellschaft. Diese ist dann ebensowenig, so lange es Individuen giebt, aus der Welt zu schaffen, wie der Stoff oder die Kraft. Man kann eine Aggregation zerstören und vernichten, aber man wird es nicht hindern können, dass sich die Individuen sofort wieder zu einem anderen Aggregat vereinigen.

Aus diesen beiden divergenten Grundanschauungen folgt dann die endlose Kette von unüberbrückbaren Meinungsverschiedenheiten zwischen Realisten und Idealisten. Für den ersteren ist die Entwickelung ein wesentlich unbewusst sich vollziehender Process, der ausschliesslich durch die jeweiligen Zustände der das Aggregat bildenden Elemente und ihrer Wechselbeziehungen bestimmt ist. Der Idealist spricht zwar auch gern von einer Entwickelung der Gesellschaft, da aber diese nur die Entwickelung eines Begriffes ist, so enthält es keinen Widerspruch, ja es ist nichts als recht und billig, wenn er verlangt, diese Entwickelung solle sich wieder in der Richtung anderer, wie er meint, höher stehender Begriffe vollziehen, deren Verwirklichung eben die Gesellschaft bezwecke. So kommt er zu der Forderung, die Gesellschaft solle die Ideen der Freiheit, Gleichheit u. s. w. verwirklichen. Eine Gesellschaft, welche dies nicht thun will oder dazu ungeeignet ist, kann und soll über Bord geworfen, vernichtet werden.

Wenn man heute so oft die immer weiter um sich greifenden destructiven Meinungen als einen Mangel an Idealismus bezeichnen hört, so kann man sich eines Lächelns über derlei Begriffsverwirrungen nicht enthalten. In der That sind die Socialrevolutionäre von heute und unter diesen ganz besonders wieder die Anarchisten — Idealisten vom reinsten Wasser und zwar nicht blos wegen ihrer nominalistischen Gesellschaftsanschauung, sie sind Idealisten auch im practischen Sinne. Die heutige Gesellschaft ist für sie von Grund aus schlecht und unverbesserlich, weil sie den Ideen von Freiheit und Gleichheit nicht entspricht. Die Schuld daran liegt aber nicht in den Menschen als solchen, ihren natürlichen Anlagen und Mängeln, sondern in der Gesellschaft, d. h. — da diese nichts als ein Begriff ist — in den fehlerhaften Begriffen, in den Vorurtheilen, welche die Menschen von dem Werth der Gesellschaft haben. Die Menschen an und für sich sind gut, edel, von den brüderlichsten Gefühlen und nicht nur das, sie sind arbeitsam und fleissig aus innerem Beruf (Philoneismus); verdorben hat sie aber blos die Gesellschaft. Diese Annahmen haben wir bei allen Anarchisten getroffen, sie sind die unerlässliche Voraussetzung für deren Zukunftsideale einer freien, gerechten und brüderlichen Gesellschaftsform, sie sind aber die nothwendige Folge der ersten Annahme, der idealistischen Auffassung der Gesellschaft selbst, die gleichfalls allen Anarchisten gemeinsam ist, mit alleiniger Ausnahme Proudhons, dessen Besonderheiten und Widersprüche wir an seiner Stelle bekannt gemacht haben.

Herbert Spencer und mit ihm die sociologische Schule überhaupt kann natürlich auch die Folgen aus einer von ihnen nicht getheilten Annahme nicht acceptieren. Das vergleichende Studium über das primitive Volksleben, die wissenschaftliche Anthropologie und die exacte Psychologie lassen gleichmässig jene wohlwollende Auffassung als eine blose Selbsttäuschung erscheinen. Der Philoneismus mag edler und humaner sein, berechtigt ist aber leider nur der Misoneismus. „Im Allgemeinen arbeitet jeder Mensch, um Unannehmlichkeiten zu vermeiden. Den einen treibt die Erfahrung, dass der Hunger weh thut, den andern treibt der Antrieb der Peitsche, die der Sclavenaufseher schwingt. Was er fürchtet, ist entweder die Strafe der Verhältnisse oder die Strafe, die vom Vorgesetzten herrührt."*) Die Arbeit ist der Feind des Menschen, mit ihr ringt er, weil er muss, um leben zu können, sein Leben ist ein ewiger Kampf, aber nicht — wie sämmtliche Anarchisten von Proudhon bis herauf zu Grave sich und anderen einreden wollen — ein gemeinsamer Kampf der Menschen gegen die Natur, sondern auch ein Kampf der Menschen gegeneinander, ein mörderischer Bruderkampf, aus welchem schliesslich nur der Passendste, der Fähigste lebend zurückkehrt (the survival of the fittest). Kurzsichtige Menschen und einseitige Doctrinäre können sich noch immer nicht davon überzeugen, dass in dieser rauhen Thatsache nicht nur nicht das Ende, sondern erst der rechte Anfang einer ungeheuchelten Moral liegt. Und so ists auch in socialer Beziehung. Der Kampf, der Krieg, die Verfolgung steht am Beginn jeder Civilisation und jeder socialen Entwickelung, die endlosen Feindseligkeiten der Menschen unter einander haben die Erde von einem Pol zum andern mit den fähigsten, kräftigsten, entwickelungsfähigsten Menschen bevölkert, der Arbeitsscheu und dem Arbeitshasse des Menschen haben wir die reichen Segnungen der Cultur zu danken und aus dem Sumpfe der Knechtschaft allein konnte die Freiheit emporblühen.

Doch kehren wir noch einmal zu unseren Idealisten zurück.

Nach der gemeinen Ansicht aller Anarchisten liegt die Schuld an unseren die Freiheit und Gleichheit hohnsprechenden Verhältnissen nicht in der natürlichen Beschränkung des Menschen, sondern in den Beschränkungen, die ihm durch die Gesellschaft, d. h. durch seine eigenen fehlerhaften Vorstellungen und Begriffe auferlegt worden. Es gilt da-

---
*) Herbert Spencer „Von der Freiheit zur Gebundenheit." S. 8.

her, die Menschen nur davon zu überzeugen, dass sie sich bisher nur geirrt haben, dass sie in dem Staate ihren Feind statt ihren Schützer und Förderer zu erblicken haben, und die Welt ist umgekehrt comme une omelette, die constituirte Gesellschaft ist vernichtet, die Anarchie hat gesiegt. Die Anarchisten seit Bakunin sind der Meinung, dass es um zum Ziele zu kommen, nicht erst langwieriger Evolutionen, nicht erst einer Erziehung des Menschengeschlechtes für die Anarchie bedürfe, nein, gleich, mit diesen Menschen kann sie installiert werden, es bedarf blos der Kleinigkeit, dass die Menschen sich davon überzeugen. Und darum verachten sie auch jedes politische Mittel, zielt ihre ganze Taktik, die Propaganda der That nicht ausgenommen, nur dahin, die Menschen von der Nichtigkeit der Gesellschaft als solcher, von der Schädlichkeit ihrer Institutionen zu überzeugen. Diese Thatsache ist nur verständlich im Hinblick auf den rein idealistischen Ausgangspunkt, den die Anarchisten nehmen. Derjenige, für den die Gesellschaft ein Wesen, ein Wirkliches ist, kennt eben nur eine Entwickelung, welche jeden Sprung, und vor allem andern den Sprung ins Nichts ausschliesst.

„Ein Grundirrthum" sagt Spencer in der Schrift,*) die von Ferri als Beweis für seine anarchistische Gesinnung geführt wird — „ein Grundirrthum, der sich durch die Denkweise von fast allen politischen und socialen Parteien hindurchzieht, ist der Wahn, dass es sofortige und radicale Heilmittel für die uns bedrückenden Übel gibt. „„Ihr müsst es nur so machen, so wird das Unheil vermieden""", „„Handelt nach meiner Methode und die Noth hört auf""". „„Durch diese und jene Massregel wird der Schaden unzweifelhaft beseitigt""": überall begegnet man solchen Einbildungen oder der von ihnen eingegebenen Handlungsweise. Sie sind aber schlecht begründet. Man kann Ursachen entfernen, welche die Übelstände verschärfen, man kann das eine Übel in ein anderes verwandeln und man kann (es geschieht häufig genug) die Übel noch verschlimmern, indem man an ihnen herumcuriert; eine sofortige Heilung aber ist unmöglich. Im Verlaufe der Jahrtausende ist die Menschheit durch ihre Vermehrung aus jenem ursprünglichen alten Zustande, in welchem sich die kleinen Häuflein von den freiwilligen Gaben der Natur nährten, herausgezwungen worden in einen civilisierten Zustand, in welchem die für so grosse Massen notwendigen Lebensbedürfnisse nur durch unaufhörliche Arbeit gewonnen werden können. Die Menschennatur, die für die letztere Lebensart gebraucht wird, ist weit verschieden von der, welche der ersten angepasst war und es kostet jahrhundertelange Schmerzen, ehe sie sich genügend umgewandelt hat. Eine menschliche Constitution, die sich nicht mehr in

Harmonie mit ihrer Umgebung befindet, ist nothwendig in elender Lage und eine Constitution, wie sie vom primitiven Menschen ererbt ist, harmoniert nicht mit den Verhältnissen, in welche die heute Lebenden sich zu schicken haben. Folglich ist es unmöglich, allsogleich einen allgemein beglückenden socialen Zustand zu schaffen. Eine Menschennatur, die heute noch Europa mit Millionen bewaffneter Krieger bevölkert, eroberungssüchtiger oder rachedürstender, eine Menschennatur, die „christliche" Nationen antreibt, in räuberischen Unternehmungen auf der ganzen Erde zu wetteifern ohne jede Rücksicht auf die Rechte der Eingeborenen — Zehntausende ihrer Priester und Pastoren sind beifällige Zuschauer — eine Menschennatur, die im Verkehr mit schwächeren Rassen über das primitive Rachegebot „Leben um Leben" hinausgeht, und für ein Leben sieben Leben fordert, eine solche Menschennatur, sage ich, kann unter keinen Umständen für ein harmonisches Gemeinwesen reif sein. Die Wurzel einer jeden gutgeordneten socialen Wirksamkeit ist der Gerechtigkeitssinn, der einerseits auf der eigenen persönlichen Freiheit besteht, andererseits die gleiche Freiheit der anderen heilig hält; und dieser Gerechtigkeitssinn ist bisher in sehr unzureichendem Masse vorhanden. Deshalb ist eine weitere, lange Fortsetzung der socialen Disciplin nötig, welche von jedem verlangt, dass er seine eigenen Angelegenheiten besorgt mit gehöriger Rücksicht auf das gleiche Recht anderer, und welche darauf beharrt, dass jeder alle Annehmlichkeiten, die von Natur aus seinen Anstrengungen folgen, geniessen soll und zu gleicher Zeit auch die Unannehmlichkeiten, die auf dieselbe Weise entstehen, nicht anderen Schultern aufbürden darf, sofern diese nicht freiwillig dazu bereit sind. Und deshalb ist es auch unsere Ueberzeugung, dass die Versuche, diese Disciplin zu beseitigen, nicht nur misslingen, sondern schlimmere Uebel erzeugen werden, als die waren, welchen man entgehen wollte."

Wir brauchen Spencer nicht länger in einem Buche über den Anarchismus zu behandeln. Jenen Vertretern des „wissenschaftlichen Socialismus" aber, in gleichem Masse wie jenen Liberalen, welche so rasch mit dem vermeintlichen Anathem „Anarchist" für jeden unbequemen Kritiker ihrer eigenen Meinung bei der Hand sind, möchten wir ans Herz legen, dass der Anarchismus nur durch die freie und rücksichtslose Wissenschaft, nicht aber durch Borniertheit, Hass- und Gewaltmassregeln überwunden werden wird.

Achtes Capitel.

Die Ausbreitung des Anarchismus in Europa.

Man pflegt Bakunin gemeiniglich als den Paulus des modernen Anarchismus hinzustellen. Mag sein. Eine Bedeutung eroberte sich der gewaltthätige Anarchismus erst unter der Gunst späterer Verhältnisse, an denen Bakunin kein Theil hatte; aber die Art Vorfrühling, welche die anarchistische Bewegung Ende der Sechziger und Beginn der Siebziger Jahre erlebte, mag immerhin ein Werk Bakunins genannt werden.

Mit dem Aufkommen der Organisation des Proletariats auf internationaler Grundlage in der zweiten Hälfte der Sechziger Jahre, war es nur zu begreiflich, dass sich ein Theil dieser Organisation auch auf anarchistischer Grundlage vollzog, um so mehr als sich die Gegensätze zur socialdemokratischen Richtung in der Praxis noch keineswegs herausgebildet hatten. Unter den Arbeitern romanischer Zunge nahmen die frei-collectivistischen Lehren Proudhons einen breiten Raum ein, hervorragende Arbeiterblätter, wie die Genfer L'Égalité, der Progrès du Locle u. a. vertraten oft diese Ansichten, und überhaupt war die Schweiz der hauptsächlichste Boden, wo die Arbeiterschaft zur radicaleren Richtung stets hingeneigt hatte. Erinnern wir uns doch einmal an die Handwerkervereine der Vierziger Jahre, an das „junge Deutschland" und den „Lemanbund", die sich von Marr und Döleke in ein, wenn auch noch so seicht anarchistisches Fahrwasser hinüberlenken liessen! Dasselbe Territorium sollte auch für Bakunin das taugliche Operationsfeld werden, nachdem er lange genug nach einem solchen gesucht hatte.

Seit seiner Rückkehr aus dem sibirischen Exil hatte Bakunin sich nach einer Organisation umgesehen, mit deren Hilfe er seine anarchistischen Ideen in That und Agitation, die eigentliche Domäne seines Wesens, umsetzen könnte. Als er nach rastlosen Irrfahrten im Jahr 1867 von Italien in die Schweiz kam, schien es, als sollte dieser Wunsch seiner Erfüllung nahen.

In Genf fand eben der Friedens-Congress statt, der zunächst nur rein philantropische Zwecke verfolgte und von Mitgliedern der verschiedensten Gesellschaftsclassen und Nationen besucht war. Bakunin hoffte diese zum grossen Theil aus Schöngeistern, Doctrinären und Congress-Schwärmern bestehende Gesellschaft leichten Spieles für seine Ideen gewinnen und sich so in ihr einen Hintergrund schaffen zu können. Er trat daher auf dem Congresse auf und hielt eine mit vielem

Beifall angenommene Rede, in welcher er zu dem Schlusse kam, dass der internationale Friede unmöglich sei, so lange nicht das folgende Princip mit allen seinen Schlussfolgerungen angenommen ist: „Jede Nation, ob schwach oder stark, klein oder gross, jede Provinz, jede Gemeinde hat das absolute Recht, frei, autonom zu sein, ihren Interessen und Privatbedürfnissen gemäss zu leben und sich zu verwalten, und in diesem Rechte sind alle Gemeinden, alle Nationen in dem Grade solidarisch, dass man dieses Princip in Bezug auf eine einzige nicht verletzen kann, ohne gleichzeitig alle Uebrigen in Gefahr zu bringen. So lang die jetzigen centralisierten Staaten existieren, ist der allgemeine Friede unmöglich; wir müssen also ihre Zersetzung wünschen, damit auf den Trümmern dieser gewaltsamen Einheiten, die von oben herab durch Despotismus und Eroberung organisiert wurden, freie Einheiten, von unten herauf organisiert sich als freie Föderation von Gemeinden zu Provinzen, von Provinzen zu Nationen und von Nationen zu vereinigten Staaten Europas entwickeln können." In einer anderen Rede desselben Congresses fasste er die Principien, auf denen einzig und allein Friede und Gerechtigkeit beruhen, in Folgendem zusammen: „1. Die Abschaffung alles dessen, was historische und politische Nothwendigkeit des Staates heisst, im Namen jeder grösseren oder kleineren, schwachen oder starken Bevölkerung, sowie im Namen aller Einzelnen, die das volle Recht haben sollen, unabhängig von den Bedürfnissen und Ansprüchen des Staates über sich selbst in voller Freiheit zu verfügen, wobei diese Freiheit nur durch das gleiche Recht der Andern beschränkt werden darf. 2. Aufhebung aller der ewigen Contracte zwischen dem Individuum und der Collectiveinheit, den Associationen, Gebieten, Nationen, mit anderen Worten: es muss jedem Einzelnen das Recht zuerkannt werden, jeden Contract, wenn er auch frei geschlossen ist, zu lösen. 3. Jedem Einzelnen, wie auch jeder Association, Provinz und Nation muss das Recht zuerkannt werden, aus jedwedem Bunde austreten zu dürfen, doch unter der ausdrücklichen Bedingung, dass der ausscheidende Theil nicht durch seine Verbindung mit einer ausländischen Macht die Freiheit und Unabhängigkeit des von ihm zu verlassenden Staates bedrohe."

Obwohl diese Ausführungen des klugen Agitators eine vollständige Wendung der Absichten des Congresses aus dem rein Philanthropischen zum collectivistischen Anarchismus bedeuteten, fanden sie doch bei den zahlreichen radicalen Elementen, die am Congresse theilnahmen, Zustimmung. Bakunin, der sich nun in der Schweiz sesshaft machte, wurde zum permanenten Mitgliede des Central-Comités der neubegründeten, in Bern befindlichen „Friedens- und Freiheitsliga" erwählt, für welche er auch seinen schon erwähnten „motivierten Vorschlag" ausarbeitete. Bakunin war fieberhaft thätig den Bund ganz in das anarchistische Fahrwasser zu bringen. Schon in der Sitzung des Berner Centralcomités machte er in Uebereinstimmung mit Ogarjow, Jukowsky, den Polen Mroczkowski und Zagorski und dem Franzosen Naquet, dem Comité den Vorschlag, ein Programm anzunehmen, wie er es auf dem Genfer Congresse dargelegt hatte. Sodann setzte er im Rahmen des ihm mehr ergebenen Comités einen Beschluss durch, welcher die Angliederung der Liga an die „Internationale Arbeitervereinigung" verlangte. Dieses Ansinnen der Liga wurde aber vom Brüsseler Congress der Internationale zurückgewiesen; war schon dadurch seine Stellung bei den Liguisten sehr compromittiert, so kam dieselbe noch mehr aus der Sicherheitslage, als er dem 1868 in Bern tagenden Congresse der Liga sein socialistisches Programm zur Annahme empfahl. Bakunin blieb in der Minorität, zog sich von dem Congress zurück und begab sich mit einem kleinen Anhang Getreuer, unter denen sich die Brüder Reclus, Albert Richard, der bereits genannte Jukowsky u. a. befanden, nach Genf.

Diese Getreuen waren die Grundsteine der „Alliance de la democratie socialiste", welche sich im Jahre 1868 in Genf bildete, der ersten Vereinigung mit ausgesprochen anarchistischen Tendenzen. Das officielle Programm dieser Alliance haben wir bereits mitgeteilt.*) Es ist eine unwesentliche Aenderung des Proudhon'schen Collectivismus. Die Alliance war ein Verband öffentlicher Vereine, möglichst autonomer Föderationen, wie der jurassische Bund u. a. sie war ähnlich wie die Internationale in ein Central-Comitee und nationale Bureaus gegliedert. Neben dieser Gliederung gieng aber noch eine geheime Organisation einher. Bakunin, der abgesagte Feind aller Verschwörungen in der Theorie, schuf in der Praxis einen Geheimbund nach allen Regeln des Carbonarismus, eine hierarchische Gliederung, die in schlimmstem Widerspruch zu den antiautoritären Tendenzen des Bundes stand. Nach den geheimen Statuten der Alliance kannte diese drei Grade: 1. „Die internationalen Brüder", 100 an der Zahl, die eine Art heiliges Collegium bildeten und die führende Rolle in der nahe erwarteten, unmittelbar bevorstehenden socialen Revolution spielen sollten; ihr Haupt war Bakunin. 2. „Die nationalen Brüder"; sie wurden in jedem Lande durch die internationalen Brüder zur nationalen Association organisiert, sie durften aber nichts von der internationalen Organisation ahnen; endlich 3. die

---

*) Siehe Seite 107 ff.
Zenker, Der Anarchismus.   12

geheime internationale Alliance, das Pendant zur öffentlichen Alliance, welche durch das permanente Central-Comitee functionierte. Wenn die „Alliance" in den ersten Jahren ihres Bestandes rasche Fortschritte machte, sich über die Schweiz, Südfrankreich und grosse Teile von Spanien und Italien rasch ausbreitete und selbst in Belgien und Russland Anhänger erwarb, so war dies gewiss nicht das Verdienst der Geheimbundspielerei der internationalen Brüder. Man wird nicht irre gehen, wenn man vor Allem in dem Anwachsen der ersten anarchistischen Organisation eine natürliche Gegenwirkung auf das starre Regiment des Londoner Generalrates erblickt; zudem enthielt aber der Proudhon'sche Anarchismus, so widersprechend es klingen mag, in mancher Hinsicht eher Elemente der Mässigung in sich und passt sich dem kleinbürgerlichen Gesichtskreise viel schmiegsamer an, als die Tendenzen der Socialdemokratie, welche ein volles Aufgehen im Parteiinteresse und Parteileben fordern. So wie später, finden wir daher auch zur Zeit der Alliance zahlreiche Elemente in den Reihen der Anarchisten, welche gerade dem bessersituiertem Arbeiter- und dem kleinen Mittelstande angehören. Wir sehen daher starke anarchistische Einflüsse selbst im Rahmen der Internationale noch vor der Blütezeit der Alliance. So bildete eine der Glanzpiecen des Brüsseler Congresses (erste Septemberhälfte 1868) ein Referat des Bakunisten Albert Richard, welcher die Gründung einer mutualistischen Credit- und Tauschbank im Sinne Proudhons vorschlug. An der Discussion hierüber beteiligten sich hervorragende Vertreter der anarchistischen Idee wie Eccarius, Tolain und andere. Der Congress begrub indess den eingereichten Statutenentwurf in den Sectionen — die letzte Ehre für Proudhons vielgehetztes Project.

Ganz anderen Einfluss zeigten die Anarchisten aber schon auf dem nächstjährigen Congresse. Inzwischen war die Alliance in die „Internationale" aufgenommen worden. Ein erster Versuch Bakunins, die „Alliance" der grossen internationalen Arbeiter-Association anzugliedern und sich dadurch selbst eine führende Rolle in derselben zu sichern, scheiterte. Der General-Rat, in welchem man den Einfluss des geschickten Agitators offenbar fürchtete, wies im Dezember 1868 eine Association mit der Alliance zurück. Einige Monate später wendete sich die Alliance neuerlich an den Generalrat um Angliederung und erklärte sich bereit, auf alle Bedingungen einzugehen. Hierzu gehörte vor Allem die Auflösung der Alliance als solche und die Eingliederung der Sectionen in die Internationale, sowie die Auflassung der geheimen Organisation. Daraufhin wurden die bakunistischen Sectionen im Juli 1869 für „international" erklärt, obwohl man in London nie an die Einhaltung der gestellten Bedingungen seitens der Alliancisten glaubte. Es bestand nach wie vor nicht nur das Central-Comité, sondern auch die geheime Organisation und Bakunins Oberleitung fort. Wenn sich die Verschmelzung beider Richtungen dennoch vollzog, so geschah dies, weil man sich in diesem Stadium noch gegenseitig brauchte, vielleicht auch fürchtete. Dies ganze Herkommen des Bündnisses aber liess, wie leicht begreiflich, ein besonders einträchtiges Zusammenwirken von Haus aus nicht aufkommen. Dazu gesellten sich dann auch abgesehen von den principiellen Dissonanzen noch eine Reihe secundärer Meinungsverschiedenheiten meist taktischer Natur. Die Marxisten strebten mehr nach Centralisierung der Leitung, die Bakunisten mehr nach Autonomie der einzelnen Sectionen; die Männer des Generalrates empfahlen auf das eifrigste das Suffrage universel als hervorragendstes Mittel zur Agitation für die Zwecke der proletarischen Emancipation; Bakunin wies jede politische Action, sohin auch die Ausübung des Wahlrechtes vollkommen von der Hand, da nach seiner Meinung dasselbe immer nur zu einem Werkzeug der Reaction dienen würde und die Arbeiter sich nur durch Gewalt, nie durch Stimmzettel ihr Recht würden erkämpfen können. Begreiflicherweise bildete sich in Folge solcher Meinungsgegensätze innerhalb der Internationale ein klaffender Gegensatz zwischen den „Bakunisten" und „Marxisten" heraus, der sich schon auf dem nächsten Congress zu Basel 1869 unheilbar verschärfte. Bei diesem Congresse gelang es der Alliance, sich, wenn auch nicht eine verlässliche Majorität, so doch einen stattlichen Einfluss zu schaffen, der hinreichte, dem Congress einen entschieden anarchistischen Charakter zu geben.

An erster Programmstelle machte der belgische Proudhonist de Paepe dem Congress den Vorschlag, zu erklären, 1. dass die Gesellschaft das Recht habe, das individuelle Eigentum des Bodens abzuschaffen und denselben an die Gesamtheit zurückzugeben; 2. dass es notwendig sei, den Boden dem Gesamtbesitz zuzustellen. Albert Richard trat heftig gegen das individuelle Eigentum auf, als die Quelle aller socialen Ungleichheiten und alles Elends. „Entsprungen aus Gewaltthat und widerrechtlicher Besitznahme muss es verschwinden, und der Grundbesitz muss von den föderativ organisierten Communen geregelt werden." Bakunin selbst trat für de Paepes Antrag ein; aber es machte sich — freilich niemandem in ihrer Tragweite bemerkbar — schon damals auch eine Opposition innerhalb der Anarchisten fühlbar. Mehrere ausgesprochene Anarchisten, vor allen Murat und Tolain traten für das individuelle Eigentbum mit Entschiedenheit und Wärme ein. Nichtsdestoweniger wurde der collectivistische Antrag de Paepes mit 54 (resp. 53) gegen 4 Stimmen angenommen.

Nicht den gleichen Erfolg konnten die Bakunisten aber bei der folgenden, das Erbrecht betreffenden Frage erzielen. Hier handelte es sich um eine Bakunin ganz charakteristische Frage. Der Antrag lautete:

„In Anbetracht, dass das Erbrecht, als ein untrennbares Element des individuellen Eigenthums, dazu beiträgt, dass das Grundeigenthum und der sociale Reichthum zu Gunsten einiger Weniger und zum Schaden der Mehrzahl entfremdet werden: dass folglich das Erbrecht den Eintritt des Bodens und des socialen Reichthums ins Gesammteigenthum hindert — dass andererseits das Erbrecht, wie beschränkt auch sein Einwirken sein mag, ein Privilegium bildet, dessen grössere oder geringere Bedeutung die Ungerechtigkeit im Recht nicht aufhebt, und das sociale Recht beständig bedroht — dass ferner das Erbrecht, wo es auch zu Tage tritt, in der politischen, wie der wirtschaftlichen Ordnung, ein wesentliches Element aller Ungleichheiten ist, weil es verhindert, dass die Individuen die nähmlichen Mittel der moralischen und materiellen Entwickelung haben; — in Betracht endlich, dass der Congress sich für das collective Grundeigenthum ausgesprochen hat und dass diese Erklärung der Logik widerspräche, wäre sie nicht verstärkt durch die daraus folgende — erkennt der Congress an, dass das Erbrecht vollständig und von Grund aus abgeschafft werden muss und dass diese Abschaffung eine der unerlässlichsten Bedingungen der Befreiung der Arbeit ist."

Man hätte glauben sollen, dass ein Congress, der ruhigen Blutes sich mit der Abschaffung des individuellen Grundeigenthums einverstanden erklärte, nichts gegen die Negirung eines so „inegalitären" „feudalen" Instituts, wie des Erbrechts, einzuwenden haben werde. Allein es scheint, dass man Bakunin, dessen notorisches „Steckenpferd" der Kampf gegen das Erbrecht war, deutlich einen Absagebrief geben wollte, nachdem man in der weit wichtigeren Frage den Anschauungen seines Anhanges nicht zu widersprechen gewagt hatte. Der Commissionsantrag erhielt blos 32 Stimmen für sich, 23 gegen sich, 17 Delegirte enthielten sich der Abstimmung. Damit fiel der Antrag, für den keine Majorität zu erzielen war, unter den Tisch.

Dieser Verlauf des Baseler Congresses war ganz darnach angethan beide Parteien gegen einander zu verbittern. Der Eclat sollte nicht ausbleiben.

Schon beim romanischen*) Congress zu La Chaux de Fonds am 4. April 1870 erregte die Zulassung der bakuninistischen Sectionen einen wahren Sturm: 21 Delegierte stimmten für die Zulassung, 18 dagegen, welch letztere sich infolge des Beschlusses augenblicklich von dem Congresse zurückzogen. Nichtsdestoweniger siegte auf diesem Congresse eine nichts weniger als bakuninistische Stimmung, indem sich derselbe für die Betheiligung an der Politik und für Aufstellung von Arbeitercandidaturen als Mittel der Agitation erklärte.

Den Tag, wo in Paris die dritte Republik proclamirt wurde (4. September 1870), hielt die Alliance für den richtigen Moment, um die „Hydra der Revolution zu entfesseln". Zunächst in der Schweiz, wo man mittelst Manifesten zur Bildung von Freicorps gegen die Preussen aufrief. Die Manifeste wurden saisiert und damit der „revolutionären Hydra" wenigstens in der Schweiz die Köpfe abgeschlagen. Am 28. September versuchte Bakunin in Lyon einen Aufstand zu organisieren. Albert Richard, Bastelica und Gaspard Blanc setzten ihn ins Werk, der Pöbel wusste sich in den Besitz des Stadthauses zu setzen, Bakunin richtete sich daselbst ein und decretierte die „Vernichtung des Staates". Er hatte vielleicht gehofft, das Beispiel Lyons werde unter den obwaltenden Verhältnissen die anderen Städte mit fortreissen, und diese würden gleichfalls sich als freie Communen, den Staat als abgeschafft erklären. Allein der Staat drang — wie die Gegner der Allianciaten boshaft behaupteten — in der Form von zwei Compagnien bürgerlicher Nationalgarde durch ein Thor, das man zu bewachen vergessen hatte, in Lyon ein, fegte die Anarchisten aus dem Rathssaal, und liess Bakunin in grösster Eile wieder den Weg nach Genf suchen.

Dass dieses Intermezzo, der einzige historische Augenblick der Alliance, nicht dazu beitrug, die Freundschaft zwischen den Bakunisten und Marxisten zu befestigen, lässt sich denken. Die letzteren hatten nun einen passenden Anlass, Bakunin von den Rockschössen zu schütteln und die Anarchisten sich zum Theile unterwürfig zu machen. In der Conferenz zu London (September 1871) wurde den Sectionen des Jura empfohlen, sich dem „romanischen Bund" anzuschliessen, und im Falle sich diese Vereinigung nicht vollziehen sollte, beschloss die Conferenz, hätten die Gebirgssectionen sich als „Jurassischen Bund" zu ver-

---

*) Die ersten Gruppen der „Internationale" in der romanischen Schweiz hatten sich so rasch vermehrt, dass sie sich auf einem Congress zu Genf (1869) in Uebereinstimmung mit der Internationale zu einem eigenen Bunde, der „romanischen Föderation" vereinigten, welcher Alliancisten und Marxisten fast in gleicher Stärke angehörten.

einigen (Féderation jurassienne). Gegen Bakunins Taktik erging sich die Conferenz in einer scharfen Resolution, und mehr noch hatte die Resolution über die Angelegenheit Netschajews ihre Spitze gegen den Führer der Alliance gerichtet.

Bakunin erblickte darin mit Recht eine Kriegserklärung und sein Anhang nahm sie auf. Am 12. November 1871 traten die jurassischen Sectionen zu einem Congresse in Sonvillier zusammen, in welchem sie zwar den Namen „Jurassischer Bund" annahmen, den romanischen Bund aber für aufgelöst erklärten, ansonst gegen die Beschlüsse der Londoner Conferenz, sowie gegen deren Rechtmässigkeit selbst protestierten und an einen allgemeinen Congress appellierten, welcher demnächst zusammentreten sollte.

Zum Austrage kamen die endlosen Zwistigkeiten auf dem 1872 im Haag abgehaltenen Congress, auf welchem Bakunin aus der Internationale ausgeschlossen wurde, worauf sich die anarchistischen Sectionen von den socialdemokratischen endgiltig lossagten und noch im selben Jahre zu St. Imier einen eigenen „Internationalen Arbeitercongress" veranstalteten. Auf demselben wurde ein provisorisches Bündniss der „antiautoritären Socialisten" beschlossen und festgelegt: 1. dass die Vernichtung jeder politischen Macht, die erste Pflicht des Proletariats sei, 2. dass jede Organisation der politischen Macht, auch die provisorische und revolutionäre, nur eine Täuschung und ebenso gefährlich für das Proletariat sei wie alle heute bestehenden Regierungen. Im folgenden Jahre 1873 fand dann ein neuerlicher Congress zu Genf statt, welcher die Gründung einer neuen „Internationale" durchführte, die das Schwergewicht der Machtbefugnisse vollkommen auf die Sectionen verlegte, während das „Bureau" nur dem Commerz der autonomen Verbände und der Information zu dienen hatte.

Zu einer practischen Bedeutung brachte es diese erste internationale anarchistische Organisation nicht; nur der „jurassische Bund" bildete durch fast ein Decennium einen viel gefürchteten Herd des Anarchismus in der romanischen Schweiz und Südfrankreich, ja er wurde die Wiege des Actionsanarchismus überhaupt. „Die Juraföderation", schrieb[*]) Kropotkin im Jahre 1882, hat eine ungeheure Rolle in der Entwickelung der revolutionären Idee gespielt. Wenn man heute von Anarchie spricht wenn es 3000 Anarchisten in Lyon und 5000 im Becken der Rhone, wenn es deren einige Tausend im Süden gibt, so hat die Juraföderation dazu am meisten beigetragen. Freilich muss ich fragen, wie war dies

*) Révolté v. 8. Juli 1882.

möglich? Ist die Anarchie erst zehn Jahr alt in Europa? Offenbar hat uns der Zeitgeist mit sich fortgerissen; aber in einer Gruppe kam dies zuerst zum Ausdruck, in der Juraföderation, der man also das Verdienst zuschreiben muss". Der jurassische Bund war in der That die anarchistische Partei. Das Haupt und die Seele dieses Bundes war der schon genannte Bakunist Paul Brousse, ein eifriger und rücksichtsloser Agitator und gewandter Publicist, der in seinem Blatte „Avantgarde" einer der ersten die „Propaganda der That" predigte. Im December 1878 wurde dieses Blatt von der Schweizer Behörde unterdrückt, weil es die Attentate Hödels und Nobelings gutgeheissen hatte. Brousse selbst wurde verhaftet und von den Geschworenen zu zwei Monaten Gefängniss und zehn Jahren Verweisung verurtheilt; er hat jedoch nach Abbüssung seiner Haft dem Anarchismus vollständig Valet gesagt. An seine Stelle trat nun Kropotkin, der schon am ‚Avantgarde' mit gearbeitet hatte. Derselbe gründete in Genf den „Révolté" und lenkte nun durch eine fieberhafte Thätigkeit das alte Werk Bakunins in die neuen, seither von London gegebenen Bahnen.

Im Jahre 1876 hatten sich die französischen Anarchisten auf dem Congresse zu Lausanne endgiltig von allen Parteien geschieden, indem sie die Pariser Commune als eine andere Form von autoritärer Regierung erklärten. Von ebenso principieller Bedeutung war der 1878 stattgehabte Congress zu Freiburg. Elisée Reclus beantragte eine Commission aufzustellen, welche die folgenden Fragen zu beantworten hatte: 1. Warum sind wir Revolutionäre, 2. warum sind wir Anarchisten, 3. warum sind wir Collectivisten. „Wir sind Revolutionäre", sagte Reclus, „weil wir Gerechtigkeit verlangen. Nie ist ein Fortschritt durch blose friedliche Entwicklung zu verzeichnen gewesen, stets ist derselbe durch eine plötzliche Revolution hervorgerufen worden. Wir sind Anarchisten, und erkennen als solche keinen Herrn an. Nur in der Freiheit liegt die Moral. Wir sind internationale Collectivisten, weil wir einsehen, dass ein Dasein ohne sociale Gruppierung nicht möglich ist." Der Congress nahm Reclus Antrag an und entschied sich principiell: 1. für die gemeinsame Aneignung der socialen Reichthümer; 2. für Abschaffung des Staates in jeder Form, auch in derjenigen einer angeblichen Centralstelle der öffentlichen Verwaltung. Weiter entschied sich der Congress für die theoretische Propaganda, für aufrührerische und revolutionäre Thätigkeit und gegen das allgemeine Stimmrecht, da dieses nicht geeignet sei, die Souveränität des Volkes durchzusetzen.

Auf einem im folgenden Jahre (1879) abgehaltenen Congresse zu Chaux-de-fonds tritt Kropotkin bereits deutlich für die Propaganda der

That ein, und der im gleichen Jahre zu Marseille abgehaltene anarchistische Arbeiter-Congress sprach sich bereits unzweideutig für die allgemeine Expropriation aus. Auf dem nächsten Schweizerischen Anarchisten-Congress im Jahre 1880 verlangte endlich Kropotkin die Bezeichnung „Collectivismus", an der man bisher festgehalten hatte, abzuschaffen, und dieselbe durch „anarchistischen Communismus" zu ersetzen.

Damit ist auch in einem theoretischen Punkte der tiefe Einschnitt gekennzeichnet, der sich um jene Zeit vollzieht. Bis hierher steht der Anarchismus — und man kann wenigstens in dieser seiner ersten Entwicklungsperiode von einer „Partei" sprechen — durchaus im Zeichen des Proudhon'schen Collectivismus. Sein Hauptvertreter ist die „Alliance" und was besser gesagt ist, Michael Bakunin und nachher der „jurassische Bund". Diese Periode ist ausser einigen revolutionären Anläufen frei von Attentaten und Verbrechen. Das alles sollte mit dem Londoner Congress anders werden. Bevor wir aber von diesem sprechen, wird es angezeigt sein, noch den Abzweigungen der Alliancen in Spanien, Italien und anderwärts einen Blick zu schenken.

Die apenninische Halbinsel gehört seit jeher zu den Hauptländern des Anarchismus. Man hat auch hierfür die allzu geringe und allzu mangelhafte Thätigkeit der Polizei verantwortlich gemacht, obwohl die italienische Regierung zu wiederholtenmalen, so in den Jahren 1869, 1876 wie auch neuerlich wieder, alle erdenklichen Verschärfungen der Executivgewalt gegen eine gewisse Erscheinungsform politischer und socialer Leidenschaft forderte und erhielt. Die Polizei allein, ihr Eifer und ihre Lässigkeit, ist auch hier der untergeordnetste Factor der Geschichte. Aber man erinnere sich an das in den zahlreichen Städten Italiens wuchernde Proletariat, seines wirtschaftlichen Elendes und seiner sittlichen Verwahrlosung, man denke an den gerade diesem Volke eigenen Hang zum politischen Verbrecherthum und zur Geheimbündelei, man erinnere sich der Tage des Carbonnarismus, man denke an die „schwarzen Brüder", „Acoltellatori" u. s. w. und man wird finden, dass in Italien, auch abgesehen von der Polizei und ihrer Arbeit noch hinreichend viele andere Gründe dem Aufkommen des Anarchismus günstig waren.

Während der Unabhängigkeitskämpfe fand in Italien, zumal unter der Jugend die allgemein revolutionäre Literatur grossen Absatz, besonders die Werke Herzens und Michael Bakunins, und so kam es denn, dass sich die nationale Idee unversehens mit der socialen und nihilistischen verquickte. Der grosse Antheil, den eine Anzahl italienischer Revolutionäre — vorzüglich Cipriani, seither das Haupt der apenninischen Anarchisten — an der Commune von 1871 genommen, trug wesentlich dazu bei, die socialistische Demagogie in den revolutionären Centren Italiens, in der Romagna und den Marches zu befördern. Die nähere Berührung mit Bakunin sollte entscheidend werden.

In den denkwürdigen Tagen, da die „Internationale" in ihre beiden heterogenen Theile zerfiel, treffen wir bereits den grössten Theil der italienischen Socialisten auf dem bakunistischen Standpunkte, ja die Italiener nahmen sogar noch etwas vor dem Haager Congress Partei für Bakunin gegen die „autoritär-communistischen" Marxisten. Zu einer Bedeutung kam diese erste anarchistische Regung auf der Halbinsel ebensowenig wie allerwärts und ein im April 1877 in der Nähe von Benevent versuchter Putsch, an dessen Spitze Cafiero und Malatesta standen, macht eher einen kindischen und komischen als einen drohenden Eindruck. Er wurde mit einer Hand voll Soldaten niedergeschlagen, Malatesta und Cafiero wurden gefangen genommen, aber freigesprochen. Die verschärften Repressalien, welche sodann die Regierung ausübte, brachten den Anarchismus für einige Zeit in Rückgang.

Auch in Spanien gab es zu Anfang der Siebziger Jahre, wie fast in allen romanischen Ländern eine starke bakunistische Partei, die bis 1873 angeblich bis auf 50 000 Mann angewachsen war. Während der föderalistischen Aufstände machten die Anarchisten mit den Intransigenten gemeinsame Sache und es gelang ihnen, einige Städte vorübergehend in ihre Hand zu bekommen. Die Erfolge entgingen ihnen natürlich immer wieder rasch, nur in Neu-Curtagena wussten sie sich bis 1874 zu halten, bis sie endlich einer regelrechten Belagerung seitens der Regierungstruppen weichen mussten. Die anarchistischen Vereine und Zeitungen wurden unterdrückt und gegen die Anarchisten überhaupt mit der grössten Strenge vorgegangen, was nun aber erst recht diese zur blutigsten Propaganda reizte. Die Anarchisten erklärten, da man sie wie wilde Thiere behandle, wollten auch sie als solche handeln, Tod und Verderben über die Regierung und die ganze bestehende Gesellschaft zu jeder Zeit, an jedem Orte und durch jedes Mittel bringen.

Auch in Belgien gab es im Anfange der Siebziger Jahre einen starken Anhang des Proudhonistischen Anarchismus, der sich später gleich den Schweizern, Italienern und Spaniern an Bakunin anschloss und auf dem Haager Congress die Kerntruppe der Opposition gegen die Marxisten bildete. Das rasche Erstarken der Socialdemokratie in Belgien während der zweiten Hälfte der Siebziger Jahre brachte aber den Anarchismus daselbst fast ganz zum Erlöschen.

* * *

Wenn wir diese erste Periode des Actionsanarchismus, die mit dem Jahre 1880 deutlich abschliesst, kurz charakterisieren wollen, so können wir sie als den Scheidungsprozess zwischen der socialistischen und der anarchistischen Richtung bezeichnen. Carl Marx, welcher schon dem Vater des Anarchismus feindlich entgegengetreten war und auf dessen „Philosophie des Elends" mit der bissigen Erwiderung „Elend der Philosophie" losgeschlagen hatte, merkte die weit grössere Gefahr, welche dem Socialismus durch den geschickten Agitator Bakunin drohte und nahm mit diesem einen Kampf um Leben und Tod auf. Soviel Persönliches auch in diesem Streite gelegen sein mochte, es war schliesslich doch mehr als ein Personenstreit, als der Kampf zweier Streber. Ein tiefer Riss ging mitten durch das Proletariat und theilte dasselbe, den meisten noch unfassbar, in zwei grosse, grundsätzlich unvereinbare Heerlager: die erste Schlacht war geschlagen worden und sie war entschieden zu Ungunsten der Anarchisten ausgefallen. Gegen das Ende der Siebziger Jahre kann man allenthalben, — Frankreich, wo die socialen Parteien überhaupt stark zerklüftet waren, vielleicht einzig ausgenommen — einen merklichen Rückgang des Anarchismus verzeichnen. Es schien, als sollte er nach einer Episodenrolle wieder von der politischen Bühne abtreten.

Es gehört angesichts der Thatsache, dass die Geschichte sowohl des practischen als des theoretischen Anarchismus pur et simple eine Geschichte der heftigsten Opposition gegen die Socialdemokratie innerhalb des eigenen Lagers ist, viel Unkenntnis und viel Unaufrichtigkeit dazu, die anarchistische Propaganda den Socialisten in die Schuhe zu schieben. Es ist unleugbar, dass der Anarchismus nur dort gedeihen kann, wo der Socialismus im Allgemeinen heimisch ist. Das will nicht viel besagen, und es gehört keine übermässige Weisheit dazu, auf die Begründung dieser Erscheinung zu kommen. Das ist aber auch alles. Eine ebenso unbestreitbare Thatsache ist es, dass der Anarchismus nur dort gedeiht, wo die Socialdemokratie schwach, in sich zerfahren und machtlos ist und dass er dauernd erfolglos arbeitet, wo die socialdemokratische Partei stark und einig ist, wie in Deutschland. Alle Versuche, in Deutschland den Anarchismus einzubürgern, scheiterten nicht an den Praeventiv- und Repressivmassregeln der Regierung, sondern an der Macht der socialdemokratischen Partei. In England, wo es eine zielbewusste socialistische Arbeiterbewegung gibt, ist der Anarchismus nur Importwaare geblieben, in Oesterreich bekämpfen sich beide Richtungen seit Jahren heftig und jenachdem die eine anschwillt, muss die andere zurücktreten. In Italien gibt es allerwärts berüchtigte Centren des Actions-Anarchismus in Livorno, Lugo, Forli, Rom und Sicilien. In Mailand und Turin, wo die Socialdemokratie sich nach deutschem Muster eingerichtet hat und im Proletariat grossen Einfluss hat, gibt es fast keine Actionsanarchisten. Dagegen ist Frankreich, wo die socialistische Partei in zahlreiche kleine Fractionen zerbrochen zur Einflusslosigkeit verurtheilt ist, das Hauptland des Anarchismus. Wem aber diese Thatsachen allein nicht genügen, der blicke auf die Anlässe des bedeutsamsten Wendepunktes, den die Geschichte des modernen Anarchismus zu verzeichnen hat, den Londoner Congress von 1881, mit welchem Tage der Actions-Anarchismus sein Gorgonenhaupt erhob, die Propaganda der That officiell als Programm aufgestellt, das Gruppensystem in allen Ländern acceptirt wurde und die Aera jener Schreckensthaten anhob, welche die Gesellschaft, statt sie ihrem Werke der Selbstverbesserung zuzuführen, denselben eher unter dem Druck eines furchtbaren Terrorismus entfremdet. Heute ist es einem Häuflein, das an Zahl kaum einem der berühmten Dutzendnatiönchen Oesterreichs gleichkommt, gelungen, dass die ganze Welt von ihm spricht, dass die Parlamente aller Staaten mit Rücksicht auf dasselbe Gesetze beschliessen und nicht selten mit dem Hiebe, den sie gegen die Anarchisten ausholen, auch die Männer einer natürlichen Evolution treffen.

Und, frägt man sich, mit welchem Tage, durch welche That wurden dem Anarchismus so glückliche Chancen geboten? Dieser Anlass war das deutsche Socialistengesetz. Diese Thatsache steht unbestreitbar fest.

Es war nur eine natürliche Erscheinung, dass im Jahre 1878, als es der deutschen Gewaltpolitik gefiel, durch ein Ausnahmegesetz die legale Agitation der Socialdemokratie theilweise lahmzulegen, sich innerhalb der socialistischen Arbeiterschaft eine radicale Gruppe aufthut, welche geführt von den seither der extremen Richtung zugethanen Agitatoren Most und Hasselmann aus den Ereignissen die Lehre zog, man müsse nun, ausgeschlossen von der gesetzlichen Agitation, alle Kräfte der Vorbereitung der Revolution widmen. Als diese Vorbereitung erklärte Most die Bewaffnung aller Socialisten, energische geheime Agitation zur Aufwiegelung der Massen und vor allem revolutionäre Thaten und Attentate. Diese Agitation sollte von ganz kleinen Gruppen, höchstens 5 Mann, betrieben werden. So wie Bakunin war allerdings auch Most — der sofort aus Berlin ausgewiesen Neujahr 1879 nach London übersiedelte, wo er die „Freiheit" begründete — aus der allgemeinen socialistischen Bewegung hervor- und eine Zeit lang mit ihr gegangen, wie dieser wurde er aber auch von der socialdemokratischen Partei abgeschüttelt und auf das Heftigste bekämpft, als in ihm der Anarchist nackt hervortrat. Die nächste Folge des neuen Most-Hasselmann'schen Programms war die formelle Ausschliessung beider Agitatoren aus der Partei, durch den geheimen Congress zu Wyden bei Ossingen in der Schweiz.

Aber eben wegen der durch das Socialistengesetz bedingten Stimmung vermochte dieser Beschluss die Most-Hasselmann'sche Bewegung keineswegs zu ertödten, vielmehr wuchs von Tag zu Tag Most's Anhang, wozu nicht wenig seine in zündender Demagogensprache geschriebene „Freiheit" beitrug, die sich nun sans gêne ein „anarchistisches Organ" nannte. Als Most nach London kam, wusste er sich rasch die Leitung des damals etwa 1000 Köpfe zählenden „Socialdemocratie Working Mens Club" zu bemächtigen, der sich, nachdem die gemässigten Elemente, unzufrieden mit der neuen Richtung ausgeschieden waren, seiner Majorität nach auf Most's Seite schlug. Aus diesem Anhange bildete Most eine Organisation der „Vereinigten Socialisten", in welcher die Internationale auf radicalster Grundlage wiedererstehen sollte. Der Sitz dieser Organisation sollte London sein, und von dort aus sollte durch ein aus sieben Personen bestehendes Centralcomitée der Anschluss an die revolutionären Vereinigungen des Auslandes gepflogen werden. Neben dieser öffentlichen Organisation schuf Most den geheimen „Propagandisten-Club" welcher eine international-revolutionäre Agitation betreiben und die allgemeine Revolution, die Most für nahe bevorstehend hielt, unmittelbar vorbereiten sollte. Zu diesem Zwecke sollte in jedem Lande ein Comitée gebildet werden, um Gruppen nach nihilistischem Muster zu bilden und gegebenenfalls an die Spitze der Bewegung zu treten. Die Thätigkeit dieser Landesorganisation sollte in dem interational zusammengesetzten Central-Comitée in London vereinigt werden. Das publicistische Organ dieser Organisation sollte die „Freiheit" sein. Der Anhang dieser neuen Richtung wuchs rapid in allen Ländern und bereits im Jahre 1881 konnte eine grosse Demonstration der Most'schen Ideen in dem denkwürdigen „International-revolutionären Congress" in London stattfinden, dessen Zustandekommen vorwiegend der Initiative Mosts und des bekannten Nihilisten Hartmann zuzuschreiben war.

Bereits im April 1881 wurde in Paris ein Vorcongress abgehalten, auf welchem das Vorgehen der „parlamentarischen" Socialisten verworfen wurde, da nur die sociale Revolution Abhilfe schaffen könne; in dem Kampfe gegen die heutige Gesellschaft wurden alle Mittel für erlaubt und gerecht erklärt und in dieser Hinsicht besonders die Verbreitung von Flugschriften, die Aussendung von Emissären und die Anwendung von Sprengmitteln empfohlen. Ein in London lebender Deutscher hatte ein Amendement vorgeschlagen, welches auf die gewaltsame Beseitigung aller Potentaten nach dem am russischen Kaiser gegebenen Beispiele gerichtet war, aber „als vorläufig noch nicht zeitgemäss" abgelehnt wurde. Der auf dieses Prävenire folgende Hauptcongress fand am 14.—19. Juli 1881 in London statt und war von etwa 40 Delegierten, den Vertretern einiger hundert Gruppen besucht. Er fasste folgende Beschlüsse:

„Die gesammten Revolutionäre aller Länder vereinigen sich zu einer „Internationalen socialrevolutionären Arbeiterassociation" zum Zwecke der socialen Revolution. Der Hauptsitz des Bundes ist London, während Nebencomités in Paris, Genf und New-York gebildet werden. An jedem Ort, wo sich Gesinnungsgenossen befinden, sind Sectionen und ein Executivcomité von 3 Personen zu formieren. Die Comités eines Landes unterhalten untereinander und mit dem Hauptcomité durch Vermittlung von Zwischenadressen regelmässige Verbindung behufs fortlaufender Berichterstattung und Information und haben Geld zum Ankauf von Giften und Waffen zu sammeln, sowie Plätze ausfindig zu machen, die sich zum Anlegen von Minen eignen etc. etc. Zur Erreichung des vorgesteckten Zieles, der Vernichtung aller Herrscher, Minister, des Adels, der Geistlichkeit, der hervorragendsten Capitalisten und sonstiger Ausbeuter ist jedes Mittel erlaubt und deshalb vornehmlich dem Studium der Chemie und der Anfertigung von Sprengstoffen, als der wirksamsten Waffen, volle Aufmerksamkeit zuzuwenden. Neben dem Londoner Hauptcomité wird noch ein international zusammengesetztes „Executiv-Comité" und „Auskunftsbureau" eingesetzt, welches die Ausführung der Beschlüsse des Hauptcomités und die Correspondenz zu besorgen hat."

Dieser Congress und die auf demselben gefassten Beschlüsse waren für die Entwicklung des Actions-Anarchismus von verhängnisvoller Tragweite. Das Executiv-Comité trat sogleich in Wirksamkeit und suchte allen Punkten des gestellten Programms mehr als gerecht zu werden, vor Allem aber jede revolutionäre Bewegung, gleichgültig wessen Ursprungs und welcher Tendenz, ob sie auf den russischen Nihilismus, oder das irische Fenierthum zurückgehen mochte, zur Demonstration und zur fieberhaften Agitation zu benutzen. Wie erfolgreich diese Thätigkeit war, bewiesen nur allzusehr die von nun ab nicht mehr aussterbenden Attentate in allen Ländern.

Der Londoner Congress wirkte wie ein Fanal; kaum hatte er sein furchtbares Losungswort ausgegeben, als es an allen Punkten Europas auch schon tausendfaches Echo fand. Der Anarchismus, welchen man todt geglaubt hatte, feierte ein furchtbares Erwachen, und wo er nie gewesen, hob er plötzlich sein Gorgonenhaupt empor. Der Grund ist wohl in erster Linie darin zu suchen, dass all die zahlreichen radical-socialen Elemente, die mit der Taktik der Socialdemokratie gegenüber den Verfolgungen der Regierungen nicht einverstanden waren, sich dem Most'schen Programme anschlossen, ohne im Geringsten zu fragen, welches die anarchistische Theorie sei und ob sie dieselbe theilten. Die beiden Schlagworte, welche der Actions-Anarchismus ausgegeben hatte: Communismus und Anarchie, verfehlten auf die radicalsten und confusesten Elemente ihre alterprobte Wirkung nicht. Der Communismus ist deutsch gesagt der absolute Durchschnitt; und nachdem es eine grosse Menge von Menschen gibt, die in geistiger, moralischer und materieller Hinsicht eben noch unter dem Durchschnitte stehen, so wird der Communismus für diese Elemente jederzeit nicht nur nichts Erschreckendes an sich haben, sondern noch ein höchst wünschenswerthes Eldorado darstellen. Der Collectivismus ist die unpractische Erfindung eines genialen Kopfes, einer mechanischen Erfindung vergleichbar, die aus so vielen Schrauben, Rädern und Federn besteht, dass sie gar nie in Gang geräth. Der Communismus aber ist das billige Auskunftsmittel aller Durchschnittsmenschen; er kann stets auf ein Publicum rechnen, allerdings ist dieses auch darnach. Unter Anarchie verstand der Pöbel natürlich zu allen Zeiten nichts als die eigene Dictatur, und auch dieses Auskunftsmittel hat sonach für die grossen ineruditen Massen stets eine grosse Verlockung für sich. Was aber die auf dem Londoner Congress empfohlene Taktik betrifft, so war sie vollständig dem Begriffsvermögen der Vertreter des dunkelsten Europa angepasst. Die „neue Richtung" konnte also auf Erfolge zählen, besonders nachdem ihr gewandte Agitatoren, wie Kropotkin, Most, Peukert, Gautier u. a. ihre nicht gewöhnlichen Kräfte voll und ganz widmeten. Dieser Erfolg stellte sich überraschend prompt ein.

In Paris war um das Jahr 1880 der Anarchismus fast erloschen, das Organ desselben, die „Révolution sociale" musste eingehen, nachdem der Polizeipräfekt Andrieux, der das Geld hergegeben hatte, aus dem Amte getreten war und damit die Geldquelle versiegte; die Partei war desorganisirt, in der Provinz nicht minder, die Féderation jurassienne dem Erlöschen nahe. Unmittelbar nach dem Londoner Congress constituirte sich in Paris die „Ligue révolutionnaire internationale", die regen Verkehr mit London unterhielt und eine eifrige Agitation entfaltete. In Folge der starken Opposition seitens der übrigen Socialisten blieb diese Ligue aber schwach und brachte es kaum auf einige hundert Mitglieder. Dagegen erstarkte der Anarchismus umsomehr in den grossen

Industriecentren der Provinz. Im Süden gründete sich die „Féderation lyonnaise" und die „Féderation stéphanoise", die besonders seit Kropotkin die Oberleitung übernahm und die unter den übrigen Socialisten herrschenden Zerwürfnisse (siehe Congress von St. Etienne) geschickt auszubeuten verstand, eine erstaunlich rasche Ausbreitung in Lyon — dem Hauptort der Bewegung — St. Étienne, Roanne, Narbonne, Nimes, Bordeaux und anderwärts erhielten. Nach Kropotkins Angabe sollen die Bünde bereits nach Jahresfrist gegen 8000 Mitglieder gezählt haben. In Lyon besassen die Anarchisten ein Organ (es erschien gleich der „Freiheit" unter allen erdenklichen Titeln, um der Polizei zu entgehen), welches offen zum Attentate aufforderte und Recepte zur Bereitung von Sprengstoffen ertheilte.

Die Folgen dieser ungezügelten Agitation liessen nicht auf sich warten. Die erste Veranlassung boten die grossen Strikes, die zu Beginn des Jahres 1882 in Roanne, Bezières, Molieres u. a. Industrieorten Südfrankreichs ausbrachen und von den Anarchisten für ihre Zwecke benutzt wurden. Ein Arbeiter, Fournier, der auf offener Strasse seinen Arbeitsgeber erschoss, wurde in Lyon dadurch geehrt, dass man eine Sammlung einleitete, um ihm einen Ehrenrevolver überreichen zu können. Für das Nationalfest am 14. Juli (1882) plante man für Paris einen grösseren Putsch, zu dessen Veranstaltung auch auswärtige Kräfte aus London verschrieben wurden. Da aber an diesem Tage in Paris eine Truppenrevue stattfand, begnügte man sich, ein Manifest „an die Sclaven der Arbeit" zu erlassen, das mit den Worten schloss: „Keine Feste! Tod den Ausbeutern! Es lebe die sociale Revolution!" Im Herbst 1882 brachen Unruhen in Montceau-les-mines und Lyon aus, wobei bereits Gewaltacte mit Anwendung von Dynamit zu verzeichnen waren. Im kommenden Frühjahr (März 1883) fanden in Paris grosse mit Plünderungen und Dynamitierversuchen verbundene Strassendemonstrationen der „Arbeitslosen" statt, und am 14. Juli kam es zu blutigen Zusammenstössen mit der bewaffneten Macht in Roubaix u. a. Orten, wo man das Volk gegen die Bourgeoisie aufwiegelte, „die sich in Festlichkeiten erging, dieweil sie Louise Michel, die Vorkämpferin des Proletariats, zu einer grausamen Gefängnisstrafe verurtheilt hatte."

Nun glaubte die französische Regierung nicht länger dem Treiben zusehen zu dürfen und suchte sich der Agitatoren zu versichern, was ihr allerdings nicht so leicht gelang. Von den vierzehn, wegen der Unruhen in Montceau-les-mines Angeklagten, wurden nur neun aus untergeordneten Gesichtspunkten zu ein- bis fünfjähriger Haft verurtheilt.

Dagegen wurden im Lyoner Process am 19. Januar 1883 von 66 Angeklagten nur 3 freigesprochen, die übrigen, unter ihnen Kropotkin, sein Anhänger Gautier, ein glänzender Redner und fanatischer Propagandist, Bordas, Bernard u. a. auf Grund des Gesetzes gegen die Internationale vom 14. März 1872 zu Gefängnis im höchsten Ausmasse verurtheilt. Fast alle Angeklagten, zumal Kropotkin gestanden offen die intellectuelle und factische Urheberschaft der in Montceau-les-mines und Lyon verübten Gewaltthaten ein und bekannten sich zum Anarchismus, bestritten aber die Existenz einer internationalen Organisation und protestierten vorher gegen die Anwendung des Gesetzes vom 14. März 1872.

In gleicher Weise gelang es der Regierung sich der Rädelsführer der Pariser Demonstrationen zu versichern und sie ihrer Strafe zuzuführen. Zu gleicher Zeit suchte die Regierung im administrativem Wege der anarchistischen Agitation Einhalt zu thun; allein nichts vermochte mehr die seit dem Londoner Congress in neuen Fluss gebrachte Bewegung zum Stillstand zu bringen. Frankreich ist das Hauptland des Anarchismus, Paris besitzt die führende Presse des Anarchismus, über ganz Frankreich ist ein Netz von Gruppen ausgespannt, hier feierte die Propaganda der That ihre traurigsten Triumpfe, wie die nur allzubekannten Fälle Ravachol, Vaillant, Henry, Caserio beweisen.

Die Schweiz, das Mutterland des Actionsanarchismus macht heute wenig von sich reden. Unmittelbar nach dem Londoner Congresse war es der alte Anarchistenwinkel der Schweiz, die Lemangegend, wo Kropotkin seine regste Agitation entfaltete. Auf dem am 4. Juli 1882 in Lausanne im Beisein von etwa 30 Delegierten abgehaltenen Jahrescongress schätzte Kropotkin die Zahl seines Anhanges schon auf zwei Tausend. Der Lausanner Congress, der sich ganz auf den Standpunkt des Londoner Congresses stellte, traf die Anregung, anlässlich des internationalen Musikfestes in Genf (12.—14. August 1882), daselbst eine geheime internationale Conferenz abzuhalten. — Dieselbe fand auch statt und behandelte vornehmlich die Scheidung der Anarchisten von allen anderen Parteien. In der That hatte sich diese Scheidung natürlich längst vollzogen; der langwierige Streit zwischen den Bakunisten und Marxisten hatte eine vollkommene Trennung zwischen den Socialdemokraten und Anarchisten herbeigeführt; in den letzten Jahren hatten sich von den letzteren auch die blossen Anhänger des Collectivismus, die Possibilisten u. a. Gruppen losgelöst; der Genfer Congress sollte also nur den Act der vollzogenen Individualisierung der neuen Richtung auch äusserlich zum Ausdruck bringen, und es wurde beschlossen, in einem

Manifeste das neue Programm officiell zu verlautbaren. Dieses Manifest lautete:

„Unser Gebieter, das ist unser Feind. Wir Anarchisten, d. h. Männer ohne Vorgesetzte, wir bekämpfen alle Diejenigen, welche sich irgend eine Gewalt angemasst haben, oder sich dieselbe anmassen wollen. Unser Feind ist der Besitzer, welcher den Grund und Boden für sich behält und den Bauer zu seinem Vortheil arbeiten lässt; unser Feind ist der Fabrikant, welcher seine Fabrik mit Lohnsclaven anfüllt; unser Feind ist der monarchistische, der oligarchische, der demokratische, der Arbeiterstaat mit seinen Beamten und seinem Generalstabe von Offizieren, seinen Magistraten und Polizeispionen. Unser Feind ist jeder Gedanke an Autorität, mag man ihn nun den Teufel oder den guten Gott nennen, in deren Namen die Priester solange die braven Leute beherrscht haben. Unser Feind ist das Gesetz, das immer zur Unterdrückung des Schwachen durch den Starken zur Rechtfertigung und Verhimmelung des Verbrechens dient. Aber wenn die Besitzer, die Fabrikanten, die Staatsoberhäupter, die Priester und das Gesetz unsere Feinde sind, so sind wir auch die ihrigen und wir stellen uns ihnen keck gegenüber. Wir wollen den Grund und Boden und die Fabrik vom Grundbesitzer und vom Fabrikanten zurückerobern; wir wollen den Staat vernichten, unter welchem Namen immer er sich verbirgt und wir wollen unsere Freiheit trotz Priester und Gesetz wiedererlangen. Nach Massgabe unserer Kräfte arbeiten wir an der Vernichtung aller gesetzmässigen Einrichtungen und erklären uns mit jedem Menschen solidarisch, der das Gesetz durch einen revolutionären Act verleugnet. Wir verabscheuen alle gesetzlichen Mittel, weil sie die Negation unseres Rechtes sind; wir wollen auch das sogenannte allgemeine Stimmrecht nicht, da wir von unserer persönlichen Souveränität nicht abgeben und uns nicht zu Mitschuldigen der durch unsere angeblichen Mandatare begangenen Verbrechen machen können. Zwischen uns Anarchisten und allen politischen Parteien, ob sie conservativ oder gemässigt heissen, ob sie die Freiheit bekämpfen oder durch Zugeständnisse anerkennen, klafft ein tiefer Abgrund. Wir wollen unsere eigenen Herren bleiben, und derjenige von uns, der ein Oberhaupt oder Anführer zu werden strebt, ist ein Verräther an unserer Sache. Freilich wissen wir, dass die individuelle Freiheit ohne eine Vereinigung mit anderen freien Genossen nicht bestehen kann. Wir leben eben Einer durch die Unterstützung des Andern, das ist das sociale Leben, welches uns geschaffen hat, das ist die Arbeit Aller, welche jedem das Bewusstsein seines Rechtes und die Kraft, dasselbe zu vertheidigen, verleiht. Jedes sociale

Product ist ein Werk der Gesammtheit, auf welches Alle auf gleiche Weise ein Anrecht haben. Denn wir sind Communisten, wir erkennen, dass ohne Vernichtung der patrimonialen, communalen, provinzialen, nationalen Grenzen das Werk immer wieder von Neuem begonnen werden müsste. An uns ist es, das gemeinschaftliche Eigenthum zu erobern und zu vertheidigen und die Regierungen, wie sie auch immer heissen mögen, zu stürzen."

Trotz der starken Repression, welche in Folge der südfranzösischen Vorgänge auch auf die Schweizer Anarchisten — die man mit Recht für betheiligt hielt — ausgeübt wurde, hielten diese doch am 7. bis 9. Juli 1883 ihren Jahrescongress in Chaux de Fonds ab, bei welchem die Errichtung einer internationalen Casse für „die Opfer der reactionären Bourgeoisie" beschlossen, die Nachtheiligkeit einer Union der revolutionären Gruppen vom anarchistischen Standpunkte und die Nothwendigkeit der „Propaganda der That" decretiert wurde.

Die Anfänge des deutschen Anarchismus in der Schweiz stammen aus dem charakteristischen Jahr 1880, wo sich die unter der Einwirkung Mosts vollziehende Spaltung der Socialisten in Deutschland auch in der Schweizer Arbeiterschaft fühlbar machte. Im Sommer 1880 war Most selbst in der Schweiz und es gelang ihm, sich einen kleinen Anhang zu sammeln, der sich schon im October stark genug fühlte, am Genfer See eine Art Gegencongress gegen den Wydener Congress zu veranstalten, um die Beschlüsse desselben für null und nichtig zu erklären. Zugleich wurde die „Freiheit" zum Parteiorgan erhoben. Der Londoner Congress gab der Agitation neue Impulse. Man ging sofort daran, in der Schweiz das dort aufgestellte Programm zu verwirklichen, bildete Gruppen, stellte zwischen diesen durch besondere Correspondenten (Trimardeurs) die Verbindung her, gründete eine Propagandacasse, nahm die Entsendung von Kundschaften nach Deutschland zur gelegentlichen Begehung von Attentaten in Aussicht u. s. w. Infolge der regen Agitation nahmen die anarchistischen Gruppen zumal in der nordöstlichen und französischen Schweiz stätig zu, und als im Jahre 1883 die „Freiheit" nicht mehr in London erscheinen durfte, erschien sie unter der Redaction des nachher in Wien hingerichteten Stellmacher in der Schweiz, bis Most nach Verbüssung seiner Londoner Kerkerhaft mit ihr nach New-York übersiedelte. In dem erwähnten Jahre war das Anwachsen des Anarchismus so stark, dass es dessen Anhängern sogar gelang, mehrfach in den deutschen Arbeitervereinen die Majorität zu erlangen oder diese Vereine zu sprengen. Im August 1883 hielten die Anarchisten in Zürich eine geheime Conferenz ab, die das angenommene Mostsche Gruppensystem für befriedigend erklärte, einen neuen Plan für eine möglichst umfangreiche und sichere Verbreitung anarchistischer Druckschriften ausarbeitete und die Begründung einer geheimen Druckerei in Aussicht nahm. Ueberhaupt bestand die Hauptthätigkeit der Schweizer Anarchisten in der Verschmuggelung anarchistischer Druckschriften nach Deutschland und Oesterreich, während der „jurassische Bund" wieder mehr den Verkehr mit den südfranzösischen Gruppen aufrecht erhielt. Beide Richtungen standen untereinander in freundschaftlichsten Beziehungen.

Der Schweizer Anarchismus führt uns unmittelbar nach Deutschland und Oesterreich. Deutschland kann als das anarchistenreinste Land Europas bezeichnet werden. In den Siebziger Jahren hatte man von der Schweiz her einige Gruppen gegründet und mittelst der in Bern erscheinenden „Arbeiterzeitung", an welcher auch Reinsdorf, ein ehemaliger Setzer und begeisterter Agitator, mitarbeitete, die deutsche Arbeiterschaft im anarchistischen Sinne zu stimmen versucht. Allein bei der Stärke der Socialdemokratie in diesem Lande blieben alle Erfolge der Reinsdorf'schen Agitationskunst aus. Hier vermochte selbst die überlegenere Kraft eines Johann Most nur sehr geringe und vorübergehende Erfolge zu erzielen. Als sich dieser offen zum Anarchismus bekannte und aus der socialdemokratischen Partei ausgeschlossen war, blieb ihm wohl auch in Deutschland ein kleiner Anhang; im deutschen Reiche, zumal in Berlin und Hamburg kamen ein paar Dutzend Gruppen zu Stande, die auf das Most'sche Programm eingeschworen waren; allein ihre Mitgliederzahl überstieg nicht 200 und diese blieben vollständig bedeutungslos.

Umso stärker mochten sich die Wirkungen der über die Schweiz betriebenen Most'schen Agitation in dem classischen Lande der politischen Unreife und Zerfahrenheit in Oesterreich geltend. Heute ist Oesterreich fast anarchistenrein; andere Elemente haben jetzt daselbst die Rolle des im Trüben Fischenden übernommen. Um die Zeit der allallgemeinen anarchistischen Hausse aber, nach dem Londoner Congress, gehörte Oesterreich-Ungarn zu den Hauptländern des Anarchismus. Ein gewesener Zimmermaler Josef Peukert, ein Mann, der es durch Selbstbildung zu nicht geringem Wissen gebracht hatte, der eifrigste Schüler Most's leitete in Wien und Pest die Agitation. Es schossen die Gruppen hervor und die Agitation war so mächtig, dass davon die junge socialdemokratische Partei rasch in Rückgang gerieth. Allerorts entstanden anarchistische Blätter: in Wien die „Zukunft" und die „Delnicke listy", in Reichenberg „der Radicale", in Prag „der Socialist" und „der Communist", in Lemberg die „Praca", in Krakau der „Robotnik", und die aus der Schweiz herübergebrachte „Przedswit". Die Hauptorgane des österreichischen Anarchismus gediehen aber jenseits der Leitha, wo die Pressgesetzgebung mit grösserem Liberalismus gehandhabt wird als im Westen der Monarchie. In Ungarn gab es zahlreiche anarchistische Blätter, die zum Theile, wie der Pester „Socialist" die blutige und schonungsloseste Propaganda predigten. Diese wurde dann in Wien unter Peukerts, Stellmachers und Kammerers Leitung in einer Weise ins Werk gesetzt, dass die Most'sche „Freiheit" — die massenhaft eingeschmuggelt wurde — darüber in Entzücken gerieth. Im Jahre 1881 kam es in anarchistischen Versammlungen bereits zu schweren Thätlichkeiten gegen behördliche Organe. Das Geld zur Agitation verschaffte man sich durch Raub, wie der Process Merstallinger bewies. Die hervorragendsten anarchistischen Wortführer wurden anlässlich dieses im März 1882 durchgeführten Processes in strafrechtliche Untersuchung gezogen, mussten aber — obenan Peukert — freigesprochen werden, was die Zuversicht der Propagandisten nur erhob. Ebenso wenig war es den Socialdemokraten gelungen, sich der rasch anwachsenden Bewegung zu erwehren. Der am 15. und 16. Oktober 1882 in Brünn versammelte „Allgemeine Arbeitertag" ertheilte zwar der anarchistischen Minorität ein offenes Misstrauensvotum, ein Antrag aber, dahinzielend, das Attentat auf Merstallinger als gemeines Verbrechen zu bezeichnen, und die von den Anarchisten gepredigte Taktik mit allen Mitteln als der Socialdemokratie unwürdig zurückzuweisen, sowie alle Anhänger dieser Taktik als Feinde und Verräther des Volkes zu erklären, — dieser Antrag wurde nach erregter Debatte — abgelehnt. Alles dies stärkte natürlich die Zuversicht und Rücksichtslosigkeit der anarchistischen Agitation. Geheime Pressen waren eifrig zur Verbreitung von Brandschriften thätig, welche zur Ermordung von Polizeiorganen aufforderten und die hierzu geeignete Taktik erörterten. Am 26. und 27. Oktober 1883 wurde in einer geheimen Delegiertenconferenz zu Lang-Enzersdorf ein neuer Actionsplan verabredet und beschlossen, mit allen zu Gebote stehenden Mitteln zur That gegen „Ausbeuter und behördliche Organe" zu schreiten, durch solche Acte des Terrorismus die Bevölkerung in fortwährender Aufregung zu erhalten und auf jede Weise die Revolution herbeizuführen. Dieses Programm wurde alsbald in der Ermordung mehrerer Polizeiorgane durchgeführt. Am 15. Dezember 1883 wurde in Floridsdorf der Polizeiconcipist Hlubek ermordet, und die am 23. Juni 1884 erfolgte Verurtheilung des der That überwiesenen Rouget, wurde tags darauf von den Anarchisten mit der Ermordung des Polizeiagenten

Blöch erwidert. Nun schritt die Regierung mit Energie ein. Ueber Wien und Umgebung wurde mittelst Verordnung des Gesammtministeriums vom 30. Jänner 1884 der Ausnahmszustand verhängt — wonach die Art. 8, 9, 10, 12 und 13 St. Gr. G. und die Geschworenengerichte für gewisse Verbrechen und Vergehen zeitweilig suspendirt wurden — und überhaupt auf die Anarchisten die stärkste Repression geübt wurde, so dass es bald mit dem Anarchismus in Oesterreich bergab ging, zumal er bald seine Häupter verlor. Stellmacher und Kammerer wurden justificiert, Peukert entkam nach England, die meisten übrigen Agitatoren sassen hinter Schloss und Riegel, die Zeitungen gingen ein und wurden verboten, die Gruppen aufgelöst. Desgleichen geschah in Ungarn, das ja nur mit der in Oesterreich herrschenden Mode gegangen war; denn daselbst ist die sociale Frage noch keineswegs so weit gediehen und die öffentliche Bewegung noch eine durchaus politische.

Heute beschränkt sich der Anarchismus in Deutschland und Oesterreich auf einen höchst harmlosen Doctrinarismus und man wird gut thun, alle hier und da auftauchenden gegentheiligen Behauptungen mit grosser Reserve hinzunehmen; weder die Verurtheilten des letzten Wiener Anarchistenprocesses, noch die der böhmischen Omladinisten- und Anarchistenprocesse, noch aber die neulich in Deutschland eingezogenen Verdächtigen scheinen auch nur halbwegs bewusste Anarchisten gewesen zu sein oder gar internationale Verbindungen besessen zu haben.

Auch in Belgien machte sich nach dem deutschen Socialistengesetze eine Scheidung der Geister innerhalb der Arbeiterschaft bemerkbar, die dem am Ende der Siebziger Jahre fast erloschenen Anarchismus neues Leben gab. Der „Deutsche Leseverein" in Brüssel spaltete sich in zwei Fractionen, von denen die radicalere vollkommen von den Ideen Mosts erfüllt war und für die Verbreitung der „Freiheit" eifrig agitierte. Da diese radicale Richtung unter den belgischen Socialisten vielfach Anklang fand, so machte sich dieselbe auf dem Brüsseler Congress (1880) bereits merklich geltend. Je mehr sich dann der Conflict zwischen der Most-Hasselmann'schen und Bebel-Liebknecht'schen Richtung verschärfte, desto mehr spitzten sich auch die Gegensätze in der belgischen Arbeiterschaft zu. Die Radicalen vereinigten sich zu einer ‚Union révolutionaire', gründeten zu Verviers ein eigenes Parteiorgan „La Persévérance" und erklärten sich für den Londoner Congress gegen den Churer; für ersteren fanden vorher in Brüssel, Verviers und Cuesmes vorberathende Quartalscongresse statt, auf welchen man sich dahin einigte, die „internationale Arbeiterassociation" auf revolutionärer Grundlage wiederzubeleben und die verschiedenen Gruppen in ihrer Autonomie nicht zu beschränken. Auch ging gerade von diesen Versammlungen der Antrag bezüglich der Anwendung von Sprengstoffen aus, wozu deutsche Mitglieder in Brüssel die Anregung gegeben hatten. Allein trotz der lebhaft betriebenen Agitation, trotz der Gründung der „Ligue républicaine-socialiste", die gegenüber der socialdemokratischen „Ligue réformiste-électorale" die Rührsamkeit der Anarchisten beweisen sollte, machte der Anarchismus in Belgien, wohl hauptsächlich der inneren Zerwürfnisse wegen keine Fortschritte und der für 1882 geplante Jahrescongress kam gar nicht zustande. Die Verhältnisse haben sich auch in den letzten zehn Jahren trotz der lebhaftesten Propaganda in Belgien nicht geändert. Man muss sich hüten, die wiederholten Dynamitattentate, die anlässlich der grossen Strikes in Belgien nicht gerade selten sind, einfach auf das Conto der Anarchisten zu setzen, wenn sich auch bei einzelnen, wie bei der bekannten Dynamitaffaire von Gomshoren bei Brüssel (1883) die anarchistische Hand in dem Spiele nicht verkennen liess.

England, das alte Asyl der politisch Compromittierten hat, obwohl es Bakunin, Kropotkin, Reclus, Most, Peukert, Louise Michel, Cafiero, Malatesta u. a. Häupter des Anarchismus beherbergte und noch beherbergt, obwohl London reich an anarchistischen Clubs und Zeitungen, Meetings und Congressen ist, doch eigentlich keinen autochthonen Actionsanarchismus und bildete zu allen Zeiten vielmehr eine Art Börse oder Stapelplatz für die anarchistischen Ideen, für die tonangebenden Kräfte und die agitatorische Litteratur. Vor allem ist London der Sitz des deutschen Anarchismus; die landesheimische Arbeiterschaft hat sich zu diesen Ideen stets kühl bis ans Herz hinan verhalten, während die Regierung dem tollhäuslerischen Treiben der Anarchisten gegenüber, so lange es sich auf Wort und Schrift beschränkte, das consequenteste laisser faire walten liess. Als es freilich Most in seiner „Freiheit" ein wenig zu arg trieb, liess sie dann die ganze Schwere der englischen Strafgesetzgebung auf ihn fallen und verurteilte ihn einmal zu 16, ein andermal zu 18 Monaten Zwangsarbeit. Mehr aber als diese Strafe verfing der Umstand, dass sich in ganz London kein Drucker mehr zur Herstellung der „Freiheit" bestimmen liess. Grollend verliess daraufhin Most das undankbare Old England und ging in die neue Welt, wo er indes womöglich noch weniger ernst genommen wurde.

Spanien war wohl das einzige Land, wo sich der Anarchismus auch unter den neuen vom Londoner Congress ausgehenden Impulsen im wesentlichen auf den alten collectivistischen Grundlagen erhielt. In Folge der vom Londoner Congress ausgegangenen Anregung beriefen die spanischen Anarchisten nach Barcelona einen Nationalcongress (24./25.

September 1881) ein, auf welchem in Gegenwart von 140 Delegierten ein Programm und Organisationsstatut entworfen und auf Grund dessen eine „Spanische Föderation der internationalen Arbeiterassociation" begründet wurde. Ziel derselben sollte die politische, ökonomische und sociale Emancipation der gesammten arbeitenden Classe durch die Errichtung einer auf collectivistischer Grundlage beruhenden und die unbedingte Autonomie der freien, föderalistisch verbundenen Communen gewährleistenden Gesellschaftsform sein. Als einziges Mittel zur Erreichung dieses Zieles wurde — der gewaltsame Umsturz erklärt. Die auf dem Barcelonaer Congress entworfene Organisation ist wohl ganz im Proudhon'schen Geiste gedacht; die Gliederung der Arbeiter sollte eine doppelte sein, eine gewerkschaftliche und eine territoriale, beide Eintheilungen hatten sich gegenseitig zu ergänzen. Das Grundelement der gewerkschaftlichen Gliederung sollten die einzelnen örtlichen Gruppen (Sectionen) bilden, diese vereinigten sich zu Localverbänden, diese zu Provinzverbänden und diese wieder zu dem Landesverbande, der „Union". Monats-, Quartals- und Jahresconferenzen und diesen entsprechende Comités sollten die beschliessenden, beziehungsweise executiven Organe dieser Verbände bilden. Parallel mit dieser gewerkschaftlichen Gliederung läuft die territoriale, indem die sämmtlichen gewerkschaftlichen Lokalverbände desselben Bezirkes zu einem einheitlichen Localverband, dieser wieder zu Provinzialverbänden, diese zu dem National-Landes-Verband, d. i. zur „Föderation" sich vereinigten, wobei wieder Local-, Provinzial- und Nationalcongresse als beschliessende, Local-, Provinzial- und National-Comités als executive Organe fungierten. Das vom Congress eingesetzte Nationalcomité entfaltete sofort eine rege Agitation, so dass auf dem nächsten Congress zu Sevilla (24.—26. September 1883), dem 254 Delegierte beiwohnten, die Föderation bereits 10 Provinzial-, 200 Localverbände und 632 Sectionen mit 50,000 Mitgliedern zählte. Das in Madrid erscheinende Organ „Revista social" besass angeblich 10,000 Abonnenten, obwohl neben demselben noch mehrere Localblätter erschienen.

Auf dieses rasche Anschwellen der anarchistischen Bewegung in Spanien sollte aber eine Rückstauung folgen, besonders veranlasst durch die verschärften Massregeln, mit welchen die Regierung infolge des von dem andalusischen Geheimbunde „Die schwarze Hand" (mano negra) ausgeübten Terrorismus, auch die Anarchisten verfolgte. Die Untersuchung ergab jedoch nicht den gemuthmassten Zusammenhang zwischen mano negra und Anarchismus und so mussten die massenhaft eingezogenen Anarchisten wieder freigegeben werden. Die „Föderation" selbst hatte jede Gemeinschaft mit dem „heimlichen Treiben jener Meuchelmörder" in Abrede gestellt und auf die Gesetzlichkeit und Oeffentlichkeit ihrer Organisation und Agitation, wie auf ihre behördlich genehmigten Statuten hingewiesen. Der Congress zu Valencia (1883) wiederholte diese Erklärung. Von da ab bewegte sich der spanische Anarchismus in ruhigen Bahnen und erst in den letzten Jahren griff auch er die Gewalt nach französischem Muster wieder auf, wie das Attentat auf Campos, das Verbrechen im Liceo-Theater zu Barcelona u. a. beweisen.

Was endlich Italien betrifft, so erwachte auch hier der Anarchismus Anfangs der achtziger Jahre wie allerwärts zu neuem Leben, und zugleich kam es zu einem endgiltigen Bruche mit den demokratischen Socialisten. Dezember 1886 veranstalteten die Anarchisten zu Chiasso einen geheimen Congress, an dem sich 15 Delegirte oberitalischer Städte betheiligten. Diese bekannten sich zum anarchistischen Communismus, perhorrescierten jede Betheiligung an Wahlen und empfahlen „jede günstige Gelegenheit zu benützen, um die öffentliche Ordnung schwer zu stören". In Uebereinstimmung hiermit betheiligten sich die Italiener durch Cafiero und Malatesta im folgenden Jahre an dem Londoner Congresse. Von dort zurückgekehrt, entfalteten diese beiden Männer eine lebhafte Agitation und eröffneten einen erbitterten Fehdezug gegen die gemässigten Socialisten, besonders als deren Führer Costa ein Mandat ins Parlament annahm, was als Verrath des Proletariats an die Bourgeoisie anzusehen wäre. Im Jahre 1883 wurde Malatesta zu Florenz neuerlich verhaftet und mit mehreren Genossen am 1. Febr. 1884 vom königlichen Gerichtshofe zu mehrjähriger Kerkerstrafe verurtheilt, weil festgestellt wurde, dass bereits in Rom, Florenz und Neapel Gruppen auf Grund des Londoner Programmes gebildet worden waren und dass diese Dynamitattentate geplant und vorbereitet hätten. Als die Hauptstätte des modernen italienischen Anarchismus ist Livorno, das zu Römerzeit ein Verbrecherasyl war, anzusehen. „In Livorno," schreibt ein Kenner der Verhältnisse, „ist die Zahl der Actions-Anarchisten Legion. Die Idee, am „fetten Bürgerthum" den angeborenen Blutdurst zu stillen, musste unter den Nachkömmlingen jenes Sciolla, der zur Zeit des letzten Grossherzogs die berüchtigte Messerbande gründete und 700 Menschen aus dem Leben ins Jenseits beförderte, viele Proselyten werben, wie viele, das sagte uns die politische Ergänzungswahl vom verflossenen März (1894), in welcher 3200 Wähler für den anarchistischen Mörder Merga stimmten." Lugo, die Heimat Legas, Forli und Cesena bilden Hauptcentren des italienischen Anarchismus. Welche Rolle derselbe neuerlich in der internationalen Propaganda spielte, ist allen erinnerlich und durch die Namen Lega, Caserio u. s. w. mehr als hinreichend gekennzeichnet.

* *

Es lässt sich leicht beobachten, dass der Anarchismus, nachdem er Ende der Siebziger Jahre in vollem Rückgange begriffen war, etwa seit dem Jahre 1880 in allen Ländern einen rapiden ungeahnten Aufschwung nahm, der etwa bis zum Jahre 1884 anhielt, worauf eine neuerliche Rückstauung oder doch wenigstens ein Zurücktreten der Propaganda zu beobachten war. Die seit etwa drei Jahren fühlbare verschärfte Kraft, mit welcher der Actionsanarchismus wieder besonders in den romanischen Ländern auftritt, scheint bereits in einem neuen Zeichen zu stehen; es wäre dies die dritte Epoche des Actionsanarchismus. Die vom Londoner Congress datierende Epoche ist noch immer durch einen gewissen parteimässigen Zug (Föderationen; Bündnisse etc.) charakterisiert, der jetzt ganz verblasst ist.

Mit dem Abgange Most's nach Amerika scheint die von ihm geschaffene Centralleitung, wenn von einer solchen bei der vollkommenen Autonomie der Gruppe überhaupt jemals die Rede sein konnte, vollständig ausser Kraft getreten zu sein, und als auf den Congressen in Chicago (1891) und London (1892) Merlino und Malatesta die Motion trafen, es sei neuerlich eine Art Oberleitung der Partei zu creiren, wurde dieser Antrag gestürzt unter Hinweis auf dessen Unverträglichkeit mit dem obersten anarchistischen Grundsatze „Thu, was du willst!" Dort, wo heute von einer „Internationalen Organisation" von einer Partei der Anarchisten und ähnlichen Dingen die Rede ist, hat man sich diese wohl blos in dem sehr weiten Sinne einer vollständig freien Entente zwischen den einzelnen Gruppen vorzustellen.

Alles Schwergewicht liegt heute in der Gruppe, die zudem sehr klein ist und einen höchst fluctuierenden Charakter hat. Je nach Beruf, persönlichen Beziehungen, Aufenthaltsort u. dgl. vereinigen sich fünf, sieben, höchstens ein Dutzend Menschen zu einer Gruppe, um nach einiger Zeit wieder auseinanderzugeben. Untereinander stehen die Gruppen fast nur durch ambulante Mittelspersonen (nach der Gaunersprache Trimardeurs genannt) in Verbindung. Dieser Organisation entspricht vollkommen der rein individuelle Charakter der „Thaten"; die anarchistischen Putsche und Verschwörungen sind ausser Mode; die Attentate der letzten Zeit sind fast ausschliesslich der rein individuellen Initiative entsprungen. Dieser Umstand, sowie die ganze dermalige Organisation der Anarchisten erschwert natürlich wesentlich auch ein summarisches Einschreiten der

Regierungen, was wohl nicht weniger als principielle Rücksichten für die Annahme dieser Taktik seitens der Anarchisten ausschlaggebend gewesen sein mochte.

Ueber die numerische Stärke des Actionsanarchismus liegen verschiedene von Anarchisten und deren Gegnern herrührende Schätzungen vor, die aber allesamt höchst unzuverlässig sind. Kropotkin gab im Jahr 1882 die Zahl der in Lyon lebenden Anarchisten auf 3000, die im Rhonebecken lebenden auf 5000 an und sprach noch von einigen Tausend andern, die in Südfrankreich lebten. Einer von den 66 im Lyoner Process Gefangenen schrieb „Wir sind s ä m m t l i c h gefangen", was denn doch ein zu grosser Unterschied von den 3000 Lyoner Anarchisten Kropotkins ist. Jüngst hat der Pariser ‚Figaro' über die Stärke der Anarchisten angeblich aus authentischer Quelle einige Daten veröffentlicht. Nach diesem Blatte kennt die Sicherheitspolizei in Frankreich etwa 2000 Anarchisten, unter denen sich beiläufig 500 Franzosen und 1500 Ausländer befinden. Das Hauptcontingent dieser fremden Anarchisten bilden die Italiener (45 %), dann folgen die Schweizer (25 %), Deutsche und Russen (je 20 %), Belgier und Oesterreicher (je 5 %), Spanier und Bulgaren (je 2 %) und Mitglieder verschiedener Kleinstaaten. Dieses procentuale Verhältnis hat natürlich nur mit Bezug auf die in Frankreich lebenden oder bekannten Anarchisten einen Sinn; für den internationalen Anhang des Anarchismus kann es nicht gelten. Ueber desselben Stärke besitzen wir bis heute so gut wie keine Kenntnis und wird dieselbe wohl ebenso oft überschätzt als unterschätzt. Wenn dies von Nichtanarchisten geschieht, hat man sich darüber nicht zu wundern, da doch selbst einer der Häupter des Pariser Actionsanarchismus, Emile Gautier, seine vollständige Unkenntnis hierin durch den Ausruf eingestand: „Von uns gibt es einige Tausend in der Welt, vielleicht einige Millionen."

Neuntes Capitel.

Schlussbetrachtungen.

Als vor etwa einem Jahre der italienische Bäckerjunge Caserio zu Lyon den liebens- und ehrenwerthen Präsidenten der französischen Republik erdolchte, vermutlich in der Meinung, er habe durch diese That die Welt von einem Tyrannen befreit, da bemächtigte sich der Oeffentlichkeit eine allenfalls begreifliche, wenn auch gar nicht gerechtfertigte Stimmung, welche sich zu den schärfsten Massregeln gegen jeden des Anarchismus Verdächtigen bereit erklärte. Man verlangte nach einer internationalen Convention gegen die Anarchisten, ein Ansinnen, das die europäische Diplomatie fast einstimmig zurückwies. Die Parlamente erwiesen sich jedoch willfähriger gegenüber dem Drucke der geängstigten öffentlichen Meinung als die Diplomatie. Italien gab seiner Regierung die Vollmacht der administrativen Verschickung aller Verdächtigen und Frankreich beschloss eine Pressnovelle, welche die Freiheit nicht nur der anarchistischen Presse, sondern der Presse überhaupt bedenklich einschränkte. Spanien war diesen Ländern schon vorausgegangen. Deutschland gab sich alle erdenkliche Mühe, Ausnahmegesetze zu bestimmen, obwohl man nicht recht einsieht, was dieses Land „die grienen Beeme angehen." Nur England wies, seinen Traditionen getreu, das Ansinnen des Oberhauses, den Anarchisten mit Ausnahmegesetzen zu begegnen, zurück und der damalige Premier Lord Rosebery erklärte, England reiche mit dem gemeinen Recht und den bestehenden Executivorganen auch den Anarchisten gegenüber vollständig aus.

Die Frage, welcher Staat die richtigere Taktik eingeschlagen habe, scheint auf den ersten Blick äusserst schwierig zu beantworten. Man glaubt im Anarchismus etwas ganz Neues, Niedagewesenes, etwas ganz Ungeheuerliches und Unmenschliches vor sich zu haben, dem gegenüber auch ein ganz ungewöhnliches Verhalten zu beobachten wäre. Um über die Berechtigung dieses Standpunktes urtheilen zu können, muss man im Anarchismus vor allem genau die Theorie von der Propaganda unterscheiden.

Das gemeine Urtheil oder Vorurtheil ist heute mit der anarchistischen Theorie rasch fertig; der geängstigte Besitzer glaubt, dieselbe enthalte nichts als die Aufforderung zu Raub und Mord, der practische Politiker hält die anarchistische Theorie einfach für indiscutabel, weil sie ja doch nicht im Leben durchführbar sei, und selbst die Gelehrten halten — wie wir an Laveleye gesehen haben und durch andere Beispiele weiter belegen könnten — die anarchistischen Theorien einfach für Tollhäusereien und Fieberphantasien überreizter Gehirne.

Sie alle würden sich nicht sehr echauffieren, wenn über die gesamte anarchistische Literatur ein Autodafé veranstaltet und die Autoren in Neu-Caledonien oder Sibirien unschädlich gemacht würden. Solche Urtheile sind zwar recht billig; ob man damit aber für alle Zeiten auskommen wird, ist eine andere Frage.

Dass die Theorie des Anarchismus nicht blos eine systematische Anleitung zu Mord und Raub sei, das brauchen wir wohl jetzt am Schlusse einer erschöpfenden Darstellung der anarchistischen Theorie nicht mehr zu wiederholen. Proudhon und Stirner, diejenigen, welche den Grundstock der Lehre geschaffen haben, predigten nicht einmal die Gewalt. „Sind die Ideen aufgestanden — sagte Proudhon einmal — so stehen die Pflastersteine von selbst auf, wenn anders die Regierung nicht vernünftig genug ist, dies nicht abzuwarten. Ist das nicht der Fall, so hilft Alles nichts." Man wird zugeben, dass dies für einen Revolutionär eine sehr gemässigte Sprache ist. Die Propagandalehre, die seither als ständiger Begleiter zu einer gewissen Form der anarchistischen Theorie hinzugetreten ist, ist aber ein fremdes Element, welches in keinem inneren, nothwendigen Zusammenhang mit den Grundanschauungen der Anarchisten steht. Es ist dies einfach eine russischen Verhältnissen entlehnte Taktik, welche obendrein nur von einem Bruchtheil der Anarchisten — von den communistischen — acceptiert und von den allerwenigsten in ihrer crassesten Form gebilligt wird; es ist die alte Taktik aller revolutionären Parteien aller Zeiten. Die Thaten Jaques Clements, Ravaillacs, Cordays, Sands und Caserios stehen auf einer und derselben Stufe; man wird heute kaum Jemanden finden, welcher die That Sands aus den Anschauungen der „Burschenschaft" oder die Clements aus dem Katholicismus ableiten wird, auch dann nicht, wenn er erfährt, dass Sand von seinen Gesinnungsgenossen wie ein Heiliger verehrt wurde, ebenso die Corday, ebenso Clement, und dass zahlreiche gelehrte Jesuiten wie Sa, Mariana u. A. cum licentia et approbatione Superiorum anknüpfend an Clements Attentat die Frage des Königsmordes in einer Weise erörtern, die einem Netschajew oder Most alle Ehre machen würde.

Ueber die Verbindung von Politik und Criminalität sei es gestattet, einige Bemerkungen eines Specialisten anzuführen:*)

„Die Geschichte ist reich an Beispielen einer Verkuppelung verbrecherischer Bestrebungen mit politischen, wobei bald die politische Leidenschaft, bald die Verbrechernatur das vorherrschende Element bildet. Während der nüchterne Pompeius alle ehrlichen Leute auf seiner Seite hat, haben seine genialen Zeitgenossen Cicero, Caesar, Brutus nur die bösen Elemente zu Anhängern, Existenzen wie Clodius und Catilina, Wollüstlinge und Trunkenbolde wie Antonius, den Bankrotteur Curio, den wahnsinnigen Clelius, den Verschwender Dolabella, der alle Ansprüche seiner Gläubiger durch ein Gesetz zurückweisen will. Die griechischen Klephten, diese tapferen Kämpfer für die Unabhängigkeit ihrer Heimat, waren in Friedenszeiten Räuber; in Italien verwendete

---

*) Lombroso, C. Die Anarchisten. Hamburg 1895. S. 33 ff.

der Papst und die Bourbonen 1860 das Brigantenthum gegen die nationale Partei und ihre Truppen, und auf Seiten Garibaldi's stand in Sicilien die Maffia, wie in Neapel die Liberalen von der Camorra unterstützt wurden. Und diese Alliance mit der Camorra ist noch nicht völlig aufgelöst, wie die Ereignisse in Neapel zur Zeit der jüngsten Wirren im italienischen Parlamente gezeigt haben; es wird damit wohl kaum bald besser werden. Das Verbrecherthum nimmt besonders an den Anfangsstadien von Aufständen und Revolutionen massenhaft Theil, denn zu einer Zeit, wo die Schwachen und Unentschlossenen noch zaudern, überwiegt die impulsive Thatkraft der abnormen und krankhaften Naturen, deren Beispiel dann Epidemien von Ausschreitungen hervorruft.

„Chenu hat in seinen Bemerkungen über die revolutionären Bewegungen Frankreichs vor 1848 gezeigt, dass damals die politische Leidenschaft allmählich zu unverhohlenen verbrecherischen Bestrebungen entartete; so hatten damalige Vorläufer des Anarchismus (?) einen gewissen Coffireau zum Führer, der als wüthender Communist schliesslich den Diebstahl zu einem social-politischen Grundsatz machte, mit seinen Anhängern die Kaufleute ausplünderte, die nach ihrer Meinung nur ihre Kunden betrogen; damit glaubten sie nur gerechtfertigte Repressalien zu üben und zugleich aus den Bestohlenen Unzufriedene zu machen, die sich ihrerseits der Sache der Revolution anschliessen würden. Daneben beschäftigte sich diese Gruppe mit der Herstellung gefälschter Banknoten, was 1847 zu ihrer Entdeckung und schweren Bestrafung durch die Assisen führte, nachdem die eigentlichen Republicaner sich längst von ihnen losgesagt hatten. In England sammelten sich zur Zeit der Verschwörungen gegen Cromwell Räuberbanden in der Umgebung von London und die Zahl der Diebe vervielfältigte sich; die Räuberbanden nahmen einen politischen Anstrich an und fragten die Ueberfallenen, ob sie der Republik einen Treueid geschworen hatten; je nach der Antwort liessen sie sie laufen oder beraubten und misshandelten sie. Zu ihrer Unterdrückung mussten Mannschaften der Armee abgesandt werden, die nicht immer siegreich blieben. Auch als Vorboten der französischen Revolution erschienen Vagabundenhorden, Räuberbanden und Diebsgesellschaften in unerhörter Menge. Mercier berichtet, dass eine Armee von 10000 Strolchen 1789 allmählich sich Paris näherte und in die Stadt eindrang; es war dies das Gesindel, das während der Schreckenszeit den Massenhinrichtungen beiwohnte und später die Fussiladen in Toulon und die Massenertränkungen in Nantes betrieb; zugleich waren die Revolutionstruppen und Revolutionsausschüsse nach der Bezeichnung Meissners, wahre Bandenorganisationen, um ungestraft jede Art Mord, Räuberei und Erpressung zu üben. Die Verbrecher, die während der Revolution gelegentlich gefasst wurden, suchten sich durch den Ruf: A l'aristocrate! zu salvieren; vor Gericht benahmen sie sich in der frechsten Weise und grinsten die Richter an, wenn sie verurtheilt wurden; die festgenommenen Weiber masturbierten am Pranger. 1790 wurden in die Conciergerie nur 490, im Jahre 1791 nicht mehr als 1198 Arrestanten eingeliefert. Ganz ähnliche Dinge spielten sich 1871 im Communeaufstand ab. Unter der in ihren patriotischen Hoffnungen getäuschten, von ruhmlosen Kämpfen entnervten, von Hunger und Alkohol geschwächten Bevölkerung von Paris vermochte sich niemand mehr aufzuraffen, als die unruhigen Elemente, die Declassierten, die Verbrecher, die Verrückten und die Trunkenbolde, die nun der Stadt ihren Willen aufzwangen; dass es diese Elemente waren, zeigt die Hinschlachtung wehrloser Gefangener, die raffinierte Art der Morde der Opfer, die z. B. über eine Mauer springen mussten und dabei erschossen wurden, während andere von Kugeln durchlöchert wurden; so erhielt ein Bürger 69 Kugeln, der Abbé Bengy 62 Bajonettstiche etc."

Man könnte die vorstehenden Beispiele noch leicht vermehren, um zu zeigen, dass die verbrecherische Taktik der Anarchisten durchaus nichts Neues ist. Wenn sie furchtbarer und ungeheuerlicher ist, als es diejenige der religiösen Dissenters der hereinbrechenden Neuzeit oder der politischen „Verbrecher" des Revolutionszeitalters war, so liegt der Grund eben in der Zeit, in der wir leben. Wir meinen, gerade diejenigen, welche alle Fortschritte der modernen Technik, Mechanik, Chemie u. s. w. ausschliesslich dazu verwenden, um die Schrecknisse des organisierten Menschenmordes zu vermehren, um die Furien des Krieges unüberwindlich zu machen, gerade die sollten sich nicht so verwundert darüber stellen, wenn auch die Revolutionäre sich nicht wie ehedem mit einem alten Terzerol begnügen, sondern sich die Errungenschaften der Chemie zu nutze machen. Exempla trahunt. Man mag die anarchistische Propaganda noch so streng beurtheilen, so neu und wunderlich, wie sie den Meisten scheint, ist sie jedenfalls nicht; sie ist ein altes Inventarstück aller Revolutionen, etwas modernisiert, einer neuen Zeit und einer neuen Doctrin angepasst.

Allerdings etwas Neues, wenn man will, ist die anarchisische Lehre selbst; nur meinen wir, ist damit herzlich wenig gesagt, wenn damit blos das Hinausgehen der neuen Forderungen über alle bisher zugestandenen Gesellschaftsneuerungen zum Ausdruck kommen soll.

Mit dieser Trivialität wird man kaum die Anwendung ausnahmsweiser Massregeln, die Durchbrechung des Princips der Duldsamkeit gegenüber allen Meinungen rechtfertigen können. Unsere Anarchisten sind im Grunde nicht einmal so originell; sie sind eine modernisierte Auflage der Chiliasten vor mehr als tausend Jahren und unterscheiden sich von diesen nur, wie sich eben die Geistesverfassung unserer Zeit von derjenigen eines Irenäus unterscheidet. Dieser suchte seine Träumereien durch die Berufung auf die Religion zu rechtfertigen, die Anarchisten berufen sich auf die moderne Wissenschaft. Das ist Alles. Wenn wir aber jene Zeiten, welche die chiliastischen Träumer mit Feuer und Schwert verfolgten, ob ihrer Unduldsamkeit tadelten und als saecula obscura brandmarken, dann dürfen wir auch nicht gegen unsere eigenen Chiliasten zu gleicher Zeit eine womöglich noch starrere Unduldsamkeit zur Schau tragen.

Man sagt aber, dass diese Träumerei, diese anarchistische Theorie an und für sich gefährlicher ist als alle anderen Irrmeinungen vor ihr; sie wolle das Eigenthum aufheben, die Familie zum Hetärismus zurückführen u. s. w. Wir glauben in dem Vorhergehenden klar genug dargethan zu haben, dass im Grunde alle anarchistischen Theorien — sogar die Kropotkins — eher sehr harmlos sind und darauf hinauslaufen, Alles beim Alten zu lassen und nur die dermaligen zwangsweisen Verhältnisse in freiwillige umzuwandeln. Eine grosse Gruppe der Anarchisten, und zwar die äusserste Linke, die reinen Individualisten sind sogar für das individuelle Eigenthum; wie sich dies ohne rechtliche Garantien erhalten liesse, das ist eine Frage für sich; dass die anarchistische Theorie aber viel weniger als die socialdemokratische die bestehenden Lebensformen alterieren will, leuchtet doch ein; denn die letztere fordert apodiktisch das Aufhören der individuellen Wirthschaft und würde ein Zuwiderhandeln als Verbrechen bestrafen, so, wie wir heute etwa den Diebstahl bestrafen. Ebenso ist es mit der Ehe. Die Anarchisten aller Richtungen wünschen die Familien einfach in die „familiäre Gruppe" umgewandelt, d. h. abermals, alles könnte beim Alten bleiben, nur die rechtlichen Garantien und Privilegien, die sich an den Eheact knüpfen, müssten beseitigt werden. Wir wollen, von der Sittlichkeit oder Unsittlichkeit dieser Idee, von ihrer Durchführbarkeit oder Undurchführbarkeit absehen; die Anarchisten gehen in dieser Beziehung nicht einmal über das hinaus, was etwa schon Fichte oder der massvoll liberale Wilhelm v. Humboldt oder auch nur der Dichter der Lucinde, F. A. Schlegel von der natürlichen Ehe gefordert hatte, ein Mann, der ja eher nach dem Geschmack unserer national-christlich-socialen Krautjunker ist; jedenfalls droht auch hier der Socialismus mit einschneidenderen Massnahmen, denn, wenn er gleich die sexuelle Gruppe respectieren würde — was mit Rücksicht auf die künstliche Organisation der Arbeit im socialen Staate zu bezweifeln ist — so würde er doch den Familiencharakter vollkommen durch seine gewaltsamen Eingriffe in die Kindererziehung und Kinderversorgung verwischen u. s. w. Es ist in dieser Beziehung gewiss charakteristisch, dass die autoritären Socialisten selbst den Anarchismus nur als eine neue Form des doctrinären Manchesterliberalismus, als „Kleinbürgereien" u. dgl. verspotten und gegenüber den von ihnen selbst geplanten Reformen als äusserst harmlos darstellen.

Aber ob mehr oder minder gefährlich, darauf kann es bei der Frage um die Discutierbarkeit einer Meinung gar nicht ankommen. Enthält eine Meinung für die Mehrzahl der Gesellschaftsmitglieder brauchbare, nützliche oder nothwendige Elemente, so werden diese verwirklicht werden, ohne Rücksicht, ob daraus einzelnen Formen oder Einrichtungen der heutigen Gesellschaft eine Gefahr erwächst oder nicht. „Umsturzgesetze" können allenfalls die Kritik kranker oder abgelebter Gesellschaftsformen hintanhalten, nicht aber den organischen Entwickelungsgang der Gesellschaft selbst verhindern; dieser wird sich nur statt in einer stufenweisen Evolution in schmerzhaften Katastrophen vollziehen, welche sich durchaus als die Folgen undiscutierter Meinung zeigen. Es wäre mehr als traurig, wenn man derartige Anschauungen heute noch einmal unter Beweis stellen müsste, obwohl unserer Zeit, oder doch wenigstens uns Festländern in der Beurtheilung des Anarchismus alle Ruhe, alle Grundsätze der Duldsamkeit und des Liberalismus abhanden gekommen zu sein scheinen, auf die wir sonst so stolz sind. Man hat mit Recht gesagt, die Gewissensfreiheit müsse nicht blos die Freiheit des Glaubens, sondern ebenso die Freiheit des Unglaubens in sich schliessen. Nun wohl, dann muss das Recht der freien Meinung sich nicht blos auf die Formen des Staates beziehen; es muss mir auch frei stehen, den Staat selbst zu negieren, wie ich Gott läugnen darf. Ohne diese Ausdehnung ist die Freiheit des Gedankens eine Lüge.

Wir fordern daher auch für die anarchistische Doctrin, solange sie nicht zum Verbrechen aufreizt, das Recht der freien Discussion und die Duldsamkeit, welche jeder Meinung gebührt, ganz ohne Rücksicht darauf, ob sie an sich gefährlicher oder wahrscheinlicher und durchführbarer ist als irgend eine andere Meinung, und zwar nicht blos aus principiellen und akademischen Gründen, sondern im wohlerwogenem Interesse der Gesammtheit.

Wir halten die anarchistische Idee, wie jedes andere auf dem Wege der Speculation gewonnene Schema für unrealisierbar, das Gesellschaftsbild Proudhons so gut wie das Platos für eine Utopie, gewiss für keine minder geistreiche Utopie, noch mehr, wir sind der Ueberzeugung, dass aus der fanatischen Verfolgung dieser utopistischen Ideen für die Gesellschaft bereits schwere Complicationen erwachsen sind und vielleicht noch viel schwerere erwachsen werden; und trotzdem gehören wir nicht zu jenen, welche das Auftreten solcher Ideen beklagen oder an eine ernste und bleibende Gefährdung der Gesellschaftsentwicklung durch die anarchistische Idee glauben. Es wäre hier der Ort, ein Capitel über den Wert des Irrthums zu schreiben; wir müssen dies aber den Ethikern überlassen und uns mit dem Hinweis begnügen, dass die Culturentwicklung durchaus nicht in erster Linie von der Wahrheit oder Irrigkeit der herrschenden Ideen abhängt. Das Leben ist eben nicht — wie wir im Verlaufe dieses Buches oft genug den Anarchisten gegenüber betont haben — die Erfüllung philosophischer Träume oder die Verkörperung absoluter Wahrheiten; es würde sich im Gegentheile aus der Geschichte mit grosser Leichtigkeit beweisen lassen, dass vielmehr der Irrthum, der Aber- und Wahnglaube zu allen Zeiten die treibendsten Factoren der menschlichen Entwicklung waren. Wir haben schon gelegentlich der Stirner'schen Anschauungen auf den Cardinalirrthum hingewiesen, der in dem Schlusse liegt, dass nur das absolut Wahre practisch nützlich und zulässig sei. Allerdings hat uns die Philosophie die Unzulänglichkeit aller apriorischen Beweise für die Wahrheit des Gottesbegriffs gelehrt, allerdings hat uns die kritische Wissenschaft den empirischen Ursprung desselben gezeigt, und uns davon in Kenntnis gesetzt, dass unsere Begriffe von Seele, Gott, Jenseits u. s. w. thatsächlich aus den irrigsten und rohesten Deutungsversuchen gewisser physiologischer und psychologischer Erscheinungen hervorgegangen sind: aber wenn der Gottesbegriff auch der grösste Irrthum ist, in dem sich die Menschheit jemals befunden und zum Theile noch befindet, so ist er doch unstreitig auch jener Begriff, aus welchem die Menschheit die grössten Vortheile gezogen hat und theilweise noch zieht. Wir haben diesen Standpunkt gegen die Anarchisten geltend gemacht und nun soll er ihnen auch zu gute kommen, denn wenn es nicht angeht, den Staat deshalb schon über Bord zu werfen, weil, wie Stirner gewiss nicht zuerst entdeckte, derselbe nicht heilig, nicht absolut, nicht im philosophischen Sinn real ist, so darf man auch eine Meinung, nicht blos deshalb schon, weil sie aus Irrthümern entspringt und zu Irrthümern führt, für absolut wertlos und sonach indiscutabel halten.

Der Anarchismus ist gewiss einer der grössten Irrthümer, in denen die Menschheit je befangen war, denn er geht von Voraussetzungen aus und kommt zu Schlüssen, welche der Natur des Menschen und den Thatsachen des Lebens überhaupt stricte widersprechen. Nichtsdestoweniger hat auch er eine Culturmission, mögen ängstliche Gemüther vor dieser Behauptung noch so erschrecken, und zwar keine kleine. Welche diese Mission ist? Die Frage ist in so engem Rahmen wohl schwer zu beantworten, ohne dass nach allen Richtungen hin Missverständnisse entstehen könnten. Das wird aber wohl nach dem Gesagten jeden einleuchten, dass der Anarchismus an der Ueberwindung des Socialismus dereinst mitzuwirken haben wird, wenn auch nicht durch die Anarchie, so doch durch die Freiheit.

Es geht ein militaristischer Zug durch die ganze Welt; die grossen Kriege und Siege der letzten vergangenen Decennien und die dermaligen internationalen Verhältnisse, welche die meisten europäischen Staaten nötigen, „Gewehr bei Fuss" zu stehen, diese Verhältnisse haben einen militaristischen Zug, ein auf Bevormundung und zwangsweise Organisation hinstrebendes Defensivbedürfnis hervorgerufen, das noch verstärkt wird durch ein ähnliches Defensivbedürfnis auf wirtschaftlichem Gebiete, als Folge der vorangegangenen wirtschaftlichen und socialen Erscheinungen. Dieser Zug macht sich in dem allseitigen Bestreben geltend, die Machtsphäre des Staates auf Unkosten des Individuums zu erweitern, und die wirtschaftlichen Probleme auf eine der Heeresorganisation analoge Weise zu lösen. Der Staatssocialismus, der Kathedersocialismus, die christlich-sociale Bewegung beweisen die Simultanität dieses Zeitcharakters in allen Kreisen der heutigen Gesellschaft; die socialdemokratische Partei stellt blos die Stossgruppe dar, deren Impulsen es wohl zunächst zuzuschreiben ist, wenn die Regierungen den Socialismus zu ihrem Programm erheben, wenn ihn die Professoren von den Kathedern herab der heranwachsenden Intelligenz einimpfen, wenn ihn Rom als ein willkommenes Werkzeug zur Auffrischung einer verblichenen Popularität gierig aufgegriffen und zur Sache Petri gemacht hat, und wenn selbst jene Politiker, die sich heute noch liberal nennen, in der Vertheidigung der wirthschaftlichen Freiheit eine Position nach der anderen, oft kampflos preisgeben.

Wir wollen nicht so weit gehen, ein jedes Zugeständnis an die socialistische Geistesrichtung der Zeit, als verdammenswerth und unheilbringend hinzustellen. Nach fast einem Jahrhundert der stets anwachsenden wirtschaftlichen Freiheit, nachdem die alte Gesellschaft mit ihren Ständen und Institutionen durch den Liberalismus vollständig zersetzt und aufgelöst worden, erscheint eine Verschärfung der socialen Disciplin, ein Rallierung der Menschen nach neuen socialen Gesichtspunkten höchst natürlich. Es ist aber ebenso natürlich, dass die Entwicklung nicht einseitig in der eingeschlagenen socialistischen Richtung wird fortschreiten können. Schon heute machen sich die unangenehmsten Erscheinungen sichtbar. Die Staatsgewalt profitiert von der socialistischen Bewegung, die sie als Socialdemokratie bekämpft, zunächst am meisten; das Recht des Individuums tritt in den Hintergrund des Interesses, in der „industriellen Armee" ist, wie in militärischer, der Einzelne nur ein Exemplar, ein Numero; der Freiheitssinn ist aus unserer Zeit fast verschwunden. Die Freiheit wird in ihrer culturellen und civilisatorischen Bedeutung vollständig verkannt, unterschätzt, für eine müssige Träumerei gehalten. Die traurigste Begleiterscheinung des Socialismus ist aber ein geradezu beängstigendes Neuerwachen des religiösen Geistes und aller damit verbundenen Nachtheile. Das „religiöse" Denken hängt, wie ich anderwärts*) ausführlich dargethan, mit einem Zuge nach Bevormundung zusammen, mit einer Zurückstellung des Individuums an zweiter Stelle. In einer Zeit, wo sich der Schwache nur zu sehr von der Unmöglichkeit, sich in dem socialen Wirbelwinde durch sich selbst zu erhalten überzeugt, wo alles nach Anschluss an irgend eine Gemeinschaft sucht, da ist es leicht, religiöse Proselyten zu machen. Wirtschaftlich darniederliegendem Volke kommt man mit religiösem Troste meist gelegen, wie dem Kranken. Man eröffnet ihnen, die da unter der Ungleichheit der socialen Kraft- und Machttheilung so bitter leiden, die Aussicht auf einen dereinstigen ewigen Ausgleich, man verweist diejenigen, die sich beständig nach der Hilfe höherer Mächte umsehen, auf eine höchste Macht. Das muss überzeugen. Die socialistische und die religiöse Weltanschauung sind eines und dasselbe; die erstere ist die Religion des absoluten, unfehlbaren, allmächtigen und allgegenwärtigen Staates. Das Neuerwachen des religiösen Geistes neben dem Anwachsen der socialistischen Parteien ist kein Zufall. Mit der grössten Leichtigkeit ist der Socialismus in die Kutte und Soutane geschlüpft, und wir haben allen Grund zu glauben, dass es mit dieser traurigen Begleiterscheinung noch lange nicht zu Ende ist; die Berücksichtigung der persönlichen Freiheiten wird immer mehr abnehmen, die autoritären, religiösen Richtungen werden zunehmen, das Verständnis für rein geistige Bestrebungen immer mehr schwinden, je mehr die Gesell-

---

*) Mysticismus, Pietismus, Antisemitismus am Ende des neunzehnten Jahrhunderts. Wien 1894 S. 5 f.

schaft das Bestreben haben wird, sich in eine industrielle Kaserne umzuwandeln. Ob das Ende vom Liede der socialdemokratische Volksstaat oder die socialistische absolute Monarchie sein wird, ist nebensächlich. In jedem Falle wird sich, noch ehe es dazu kommt, aus dem Bedürfnisse des Volks selbst heraus eine Gegenwirkung fühlbar machen, welche die Entwicklung wieder in die entgegengesetzte Bahn zu drängen bestrebt sein wird. Der alte unerbittliche Kampf zwischen der Gironde und dem Berge wird aufs Neue entbrennen, und die Stossgruppe in diesem künftigen Kampfe wird der Anarchismus sein, der heute schon die geistigen Waffen hierfür vorbereitet und schärft. Dass die Ueberwindung des Socialismus durch die Einführung der Anarchie erfolgen könnte, das glauben wir nicht, aber sie wird sich im Zeichen der individuellen Freiheit vollziehen. Der centralistische Zug und der coercitive Charakter der Vergesellung, ohne welche der Socialismus nicht den geringsten Erfolg verzeichnen könnte, wird naturnothwendigerweise durch den Föderalismus und die freie Association ersetzt werden. In diesen beiden Merkmalen einer künftigen Reaction gegen den alles verheerenden Socialismus erkennen wir jene beiden Forderungen des theoretischen Anarchismus, die einer Verwirklichung fähig sind und zwar deshalb, weil sie keine Dogmen wie die absolute Freiheit, sondern Wege sind.

Es ist also nicht blos a priori, sondern auch a posteriori einleuchtend, dass man die anarchistische Theorie nicht für unbedingt wertlos halten dürfe, weil sie an sich ein Irrthum und in ihrer Hauptforderung undurchführbar ist. Wir meinen sie enthalte zumindest ebensoviele brauch- und nutzbare Elemente, wie der Socialismus, und wenn sich heute selbst Regierungen, Gelehrte und Bischöfe ungescheut auf die Wege des Socialismus begeben, so kann auch eine Discussion der anarchistischen Theorie durchaus nicht so ruhig von der Hand gewiesen werden.

* * *

Ganz etwas anderes ist es mit der verbrecherischen Propaganda der That. Offenbar hat dieselbe auf irgend eine Duldsamkeit keinen Anspruch. Wenn die Anarchisten ihren Meinungen Verbreitung schaffen wollen, so giebt es hierfür in einer civilisierten Gesellschaft ausreichende Mittel. Das Recht, durch den Mord unschuldiger Kaffeehaus- oder Theaterbesucher seinen Meinungen eine blutige Reclame zu machen, kann gar Niemandem zugestanden werden; noch weniger haben aber die Anarchisten, wenn sie an die Gewalt appellieren, ein Recht, sich zu beklagen, dass man gegen sie wieder mit Gewalt vorgeht. Es ist nichts als billig, dass der Staat gegen die verbrecherische Propaganda nach

Gesetz und Recht vorgehe und dass anarchistische Verbrecher jener Strafe zugeführt werden, welche in dem Lande auf jene That gesetzt ist und wäre es auch die Todesstrafe. In dieser Hinsicht giebt es wohl ausser bei den Anarchisten selbst — die sich das Recht zu tödten einräumen, dem Staate aber dasselbe Recht absprechen — keine Meinungsverschiedenheit.*) Wir hätten zu dem nur zweierlei hinzuzufügen.

Fürs erste hüte man sich auch hier vor Ausnahmemassregeln. Dieselben sind nach keiner Richtung hin gerechtfertigt. So wie das anarchistische Motiv einer That keinen mildernden Umstand bilden darf, so darf es auch keinen erschwerenden bilden. Fürs zweite gebe man sich nicht der eitlen Hoffnung hin, dass man durch eine auch noch so gerechte oder rücksichtslose Verurtheilung anarchistischer Verbrecher werde den Anarchismus selbst oder auch nur dessen criminelle Auswüchse bekämpfen können. Die Strafe kann Fanatikern, die nach den Lorbeeren eines Martyriums lechzen, gegenüber nicht mehr als abschreckendes Motiv, sondern höchstens nur noch als Sühne gelten; man hat in Frankreich in nicht einmal zwei Jahren Ravachol, Henry und Vaillant guillotiniert; das schreckte aber Caserio nicht im geringsten von seiner wahnsinnigen That ab. Zahlreiche anarchistische Attentate sind geradezu als Mittel zum indirecten Selbstmord aufzufassen, eine Form, durch welche die Thäter ihrem Leben ein Ende machen wollen, das ihnen zur Last ist, während ihnen der Muth zum directen Selbstmord abgeht. Lombroso, Krafft-Ebing u. a. führen eine lange Reihe politischer Attentäter auf, welche geradezu als solch indirecte Selbstmörder gelten müssen. Wir werden nicht auf das controverse Gebiet der criminellen Pathologie hinübergreifen, obwohl auch der grosse Antheil pathologischer und besonders geisteskranker Personen am verbrecherischen Actionsanarchismus festzustehen scheint. Auch diesen gegenüber verliert die Strafe ihren repressiven Werth. Alles in Allem genommen, hat man sich einen andern Erfolg, als allenfalls den moralischen, die Rechte der Gesellschaft gewahrt zu haben, von der Bestrafung anarchistischer Verbrecher nicht zu erwarten. Dagegen fassen die Anarchisten die Justification eines der Ihrigen als das stärkste Mittel der Propaganda für den Anarchismus auf, und es lässt sich leider nicht leugnen, dass'der in Folge der Hinrichtung des gemeinen Verbrechers Ravachol betriebene Ravachol-Cultus eine

---

*) Immerhin verdient auch die Meinung Beachtung, welche die anarchistischen Verbrecher lieber in das Irrenhaus als auf die Guillotine verweist. Bemerkenswerthe Gesichtspunkte, trotz der neubuddhistischen Absonderlichkeiten eröffnet in dieser Beziehung das Schriftchen: „Der Anarchismus und seine Heilung von Emanuel. Leipzig 1894.

wesentliche Verstärkung des communistischen Anarchismus zur Folge hatte. Das kann natürlich die Staatsgewalt nicht veranlassen, mit verschränkten Armen den anarchistischen Verbrechen zuzusehen; aber sie muss sich auch nicht der Illusion hingeben, dass sie mittelst der Guillotine die anarchistische Bewegung oder auch nur die anarchistischen Verbrechen beseitigen werde.

Heisst dies, dass die Gesellschaft dem Anarchismus hilflos gegenüber steht? Ja, wenn sie in sich nur die Gewalt zu unterdrücken und nicht die Macht zu überzeugen besitzt; wenn diese Gesellschaft nur durch den Zwang zusammengehalten ist, wie zum Theil die heutige oder wie es noch mehr der sociale Volksstaat sein würde, mit dem Versagen des Zwangsapparates aber auseinanderzufallen droht; wenn der Staat, statt die leider unabänderliche natürliche Ungleichheit seiner Glieder auszugleichen, diese noch durch die Statuierung allerlei neuer Ungleichheiten verschärft und seine Institutionen, vorwiegend die Rechtspflege, als Werkzeuge zur unabänderlichen Conservirung aller dermaligen Gesellschaftsformen mit allen ihren Unvollkommenheiten und Ungerechtigkeiten auffasst. Wenn willkürlich, parteiisch, protectionistisch Recht geübt und Recht gesprochen wird, wenn die Gleichheit vor dem Gesetze von den berufenen Wächtern des Gesetzes selbst misachtet, wenn der Glaube an die Verlässlichkeit der unentbehrlichen autoritären Institutionen durch diese selbst leichtsinnig erschüttert wird, dann ist es kein Wunder, wenn Menschen an der Fähigkeit des Staates Recht zu üben oder Recht zu schützen überhaupt verzweifeln, wenn die Massen, — stets bereit zu verallgemeinern — Recht und Gesetz und Staat und Autorität überhaupt läugnen. Wir haben schon wiederholt darauf hingewiesen, dass der Anarchismus nicht allein durch den Pauperismus zu erklären sei. Der Pauperismus rechtfertigt allenfalls den Socialismus, allein diese antiautoritäre Bewegung, die gerade nicht überall den Namen Anarchismus führt, die aber heute weiter verbreitet ist, als man vielfach glaubt, sie lässt sich nur durch ein gestrichenes Mass von Ungerechtigkeiten und Misbräuchen erklären, welcher sich der bürgerliche Staat besonders gegen die Schwachen täglich und stündlich schuldig macht. Der gemeine Mann erträgt es verhältnismässig leichter, dass sein reicher Mitmensch in der Equipage fährt, während er selbst sich nicht die Tramway zahlen kann, allein dass er von der Gesellschaft jedem beliebigen Gerichtsbüttel als rechtlose Beute preisgegeben wird, während die Gerichte vor Wappen, Titeln und Kutten oft ängstlich Halt machen, das macht ihm das Blut sieden und die Quelle des Unrechts statt in der Function in der Institution als solcher suchen. Wie viele Anarchisten wurden es blos deshalb, weil sie einst das Unglück hatten, des Anarchismus verdächtigt, deshalb schon wie gemeine Verbrecher behandelt worden zu sein? Wie viele wurden Anarchisten, weil sie wegen freier Ansichten von der Gesellschaft geächtet wurden?

Der Anarchismus kann aitiologisch definiert werden als der Unglaube an die Zweckmässigkeit der constituierten Gesellschaft. „Demnach gäbe es nur ein Mittel, mittelst dessen man dem Anarchismus den Boden abgraben könnte. Die Gesellschaft muss ängstlich darüber wachen, dass niemand an ihrer Absicht, gleiches Recht walten zu lassen, zweifelt, die Verzweifelten muss sie aber wieder emporheben und mit allen Mitteln dahin führen, dass sie den verlorenen Glauben an die Gesellschaft wieder bekämen. Eine solche Bewegung, wie es der Anarchismus ist, kann man nicht mit Gewalt und Ungerechtigkeiten, sondern nur durch Freiheit und Gerechtigkeit besiegen.

Anhang.

I. Kleiner politischer Katechismus.

Von

Pierre Joseph Proudhon.

Erste Lection.

Ueber die sociale Macht an sich.

Frage: Jede Erscheinung schliesst ein Wesen in sich: was also macht das Wesen der socialen Macht aus?

Antwort: Es ist die Collectiv-Kraft.

F.: Was nennst Du die collective Kraft?

A.: Jeder Mensch besitzt schon dadurch, dass er lebt, dass er ein Wesen ist, kein Phantom, keine blose Idee, in sich bis zu einem gewissen Grade die Fähigkeit oder Eigentümlichkeit, in dem Augenblick, wo er andern Wesen gegenübergestellt ist, anzuziehen oder angezogen zu werden, zurückzustossen oder zurückgestossen zu werden, sich zu bewegen, zu handeln, zu denken, hervorzubringen, Einflüssen von aussen, vermöge seiner Trägheit, mit allen Mitteln zu widerstehen. Diese Fähigkeit oder Eigenthümlichkeit nennt man Kraft. Die Kraft ist also dem Wesen inhärent, immanent; sie ist ein wesentliches Attribut desselben und zeugt allein von seiner Realität. Denke die Schwerkraft hinweg, und wir sind nicht mehr von der Existenz der Körper überzeugt. Doch, nicht allein die Individuen sind mit Kraft begabt, auch Gemeinwesen haben die ihre. Wir wollen hier blos von menschlichen Gemeinschaften sprechen. Nehmen wir an, dass Individuen, so viel du willst, in irgend einer Art und zu irgend einem Zwecke ihre Kräfte vereinigen; die Resultierende dieser vereinigten Kräfte — was nicht mit ihrer Summe zu verwechseln ist — bildet die Kraft oder das Vermögen der Gruppe.

F.: Gebe mir Beispiele einer solchen Kraft!

A.: Eine Werkstätte, gebildet aus Arbeitern, welche zu einem gewissen Zwecke, nämlich zur Hervorbringung dieses oder jenes Productes sich vereinigen, besitzt als Werkstätte oder Gemeinschaft eine

Kraft, die ihr eigen ist; das geht schon daraus hervor, dass das Product dieser also vereinten Individuen weit überlegen ist der Summe aller der verschiedenen Producte, welche erzeugt worden wären, wenn jene Personen getrennt von einander gearbeitet hätten. Aehnlich besitzen ein Schiff, eine Actiengesellschaft, eine Akademie, ein Orchester, ein Heer, alle anderen Collectivwesen, die mehr oder minder gut organisiert sind, eine synthetische und folglich der Gruppe eigenthümliche Kraft, welche an Qualität und Energie der Summe der Elementarkräfte, die sie bilden, überlegen ist. Uebrigens haben die Wesen, denen wir Individualität zuschreiben, auf keinen anderen Titel Anspruch, als auf den von Collectivwesen, und es sind allezeit Gruppen, welche sich durch gesetzmässige Beziehungen gebildet haben, und in welchen die Kraft — mehr der Anordnung als der Masse proportionell — das Princip der Einheit ist. Daraus schliessen wir, im Gegensatz zur alten Metaphysik: 1. dass, weil jede Kraftäusserung das Product einer Gruppe oder eines Organismus ist, die Intensität und Qualität dieses Vermögens, so gut wie die Gestalt, der Ton, der Geschmack, die Festigkeit u. dgl. zur Bestimmung und Eintheilung der Wesen dienen könne; 2. dass in Folge dessen, weil die Collectivkraft eine ebenso sichere Thatsache ist wie die individuelle Kraft, und sich vollkommen von dieser unterscheidet, die Collectivwesen ebenso real sind wie die Individuen.

F.: Wie wird die Collectivkraft, dieses ontologische, mechanische, industrielle Phänomen, eine politische Macht?

A.: Vor allem kann jede menschliche Gruppe, die Familie, die Werkstatt, die Truppe, als ein socialer Embryo betrachtet werden; in Folge dessen kann die Kraft, die ihr innewohnt, in einem gewissen Maasse die Grundlage der politischen Macht bilden. Aber es ist im allgemeinen nicht die Gruppe, so wie wir sie eben betrachtet haben, aus welcher die Stadt, der Staat erwächst. Der Staat entsteht aus der Vereinigung mehrerer, nach Natur und Gegenstand verschiedener Gruppen, von denen jede zum Zwecke der Ausübung einer speciellen Function und zur Hervorbringung eines besonderen Productes geschaffen wurde, die sich dann unter einem gleichen Interesse und gemeinsamen Gesetze aneinander geschlossen haben. Dies ist ein Collectivwesen höherer Ordnung, wo jede Gruppe, für sich als Individuum genommen, sich bestrebt eine neue Kraft zu bethätigen, die um so viel grösser ist, je zahlreicher die associierten Kräfte sind, je vollendeter ihre Harmonie, je vollständiger der Kraftaufwand seitens der Bürger ist. Kurzum, das, was die Macht in der Gesellschaft hervorbringt und die Realität dieser Gesellschaft selbst ausmacht, ist dieselbe Sache, welche die Kraft in den Körpern, in den organischen wie in den unorganischen erzeugt und ihre Realität ausmacht, nähmlich die Beziehung der Theile zu einander. Nehmen wir eine Gesellschaft an, in welcher jeder Bezug unter den Individuen aufhören, wo jeder sich in vollständiger Isoliertheit auf sich selbst stellen wollte; welche Freundschaft auch diese Menschen früher verbunden hätte, ihre Masse würde nicht mehr einen Organismus bilden, sie würde alle ihre Realität und Kraft verlieren; ähnlich würde ein Körper, dessen Molecüle die Beziehung, welche die Cohäsion bestimmt, verloren haben, bei dem geringsten Anprall in Staub zerfallen.

F.: In der industriellen Gruppe erkennt man die Collectivkraft ohne Schwierigkeit: der Zuwachs der Production zeigt sie deutlich an. Aber an welchem Zeichen erkennt man sie in der politischen Gruppe? Wodurch unterscheidet sie sich von der Kraft der gewöhnlichen Gruppe? Welches ist ihr besonderes Product, und welcher Art sind ihre Wirkungen?

A.: Zu aller Zeit hat der gemeine Mann geglaubt, die Macht der Gesellschaft in der Entfaltung der militärischen Kräfte, in der Errichtung von Denkmälern, in der Ausführung von Arbeiten von öffentlichem Nutzen zu erblicken. Aber es ist nach dem eben Gesagten klar, dass alle diese Dinge, wie grossartig sie auch sein mögen, Wirkungen der einfachen Collectivkraft*) sind: es ändert nichts, ob diese Productivgruppen auf Kosten des Staates unterhalten werden oder von der Neigung eines Fürsten leben, oder ob sie auf eigene Rechnung arbeiten. Nicht da haben wir die Manifestationen der socialen Kraft zu suchen. Die activen Gruppen, welche die Stadt bilden, unterscheiden sich von einander durch die Organisation, wie durch die Idee und ihren Gegenstand; das Verhältnis, welches sie vereint, ist daher nicht so sehr ein Verhältnis der Cooperation als vielmehr ein Verhältnis der Gegenseitigkeit (commutation). Die sociale Kraft wird also einen wesentlich commutativen Charakter haben, sie wird darum nicht minder real sein.

F.: Zeige mir das an Beispielen.

A.: Das Geld: Im Princip und dem Erfolg nach tauschen sich die Producte gegen Producte aus. In der That würde dieser Austausch, die wichtigste Function der Gesellschaft, welche so und so viele Milliarden Francs in Werten, und so und so viele Milliarden Kilogramme

---

*) Proudhon meint hier blos jene Collectivkraft, wie sie eine jede Werkstatt besitzt, wie sie durch das Zusammenwirken verschiedener Individuen erzeugt wird, zum Unterschied von der socialen Kraft, die wieder eine Collectivwirkung verschiedener solcher elementarer Gruppen ist und einen wesentlich commutativen Charakter hat.

an Gewicht in Bewegung setzt, nicht stattfinden ohne jenen gemeinsamen Nenner, der zugleich Product und Zeichen ist und den man Geld nennt. In Frankreich beträgt die Summe des umlaufenden Geldes, wie man glaubt, bei 2 Milliarden Francs, d. i. 10,000,000 kg Silber oder 675,164 kg Gold.*) Mit Rücksicht auf die Waaren, welche durch diesen Apparat in Bewegung gesetzt werden und unter der Voraussetzung, dass alle Geschäfte baar gemacht werden, kann man sagen, dass diese Geldsumme die bewegende Kraft von mehreren hundert Millionen Pferden repräsentirt. Ist es nun etwa das Metall, aus welchen das Geld bereitet wird, welches diese wunderbare Kraft besitzt? Nein! Sie liegt in der öffentlichen Gegenseitigkeit, deren Ausdruck und Unterpfand das Geld ist.

Wechsel: Trotz dieser wunderbaren Macht, welche das Verhältnis der Gegenseitigkeit unter den productiven Gruppen dem Gelde gewährt, genügt dieses noch nicht für die unendliche Masse von Transactionen. Man musste es ergänzen durch eine geistreiche Combination, deren Theorie so bekannt ist, wie diejenige des Geldes. Da die jährliche Production des Landes 12 Milliarden beträgt, kann man, ohne Uebertreibung die Summe der Tausche, welche hiermit eingegangen werden, auf das vierfache, also auf 48 Milliarden veranschlagen. Würden die Geschäfte gegen baar gemacht werden, so wäre hierzu eine Geldsumme von mindestens der halben, wenn nicht von der gleichen Höhe nötig, so dass die Verwendung von Wechseln in Wirklichkeit gleich 20 Milliarden Francs in Silber- oder Goldstücken wirkt. Woher kommt diese Macht? Von dem Verhältnis der Gegenseitigkeit, das die Glieder der Gesellschaft, Gruppen wie Individuen untereinander verbindet.

Die Bank: Der Escompte der Wechsel ist ein Dienst, den sich die einzelnen Banken mit einem entsprechenden Preis bezahlen lassen, für den aber die Bank von Frankreich — die das Privileg besitzt, auf den Inhaber ausgestellte Scheine zu emittieren, welche acceptiert werden müssen — nur ein Salair, das um $2/3$ geringer ist, fordert und es ist bewiesen, dass diese Entlohnung noch um $9/10$ reduciert werden könnte. Ein neues Ersparnis und in Folge dessen eine neue Kraft in Folge der socialen Beziehungen. Denn Ersparung von Kosten bedeutet jedenfalls Verminderung der Trägheit oder der Hindernisse und in Folge dessen Vermehrung der lebendigen Kraft.

Die Rente: Drei Dinge vereinigen sich, um die Rente zu erzeugen: der Boden, die Arbeit und die Gesellschaft. Sehen wir einstweilen von

---

*) Geschrieben im Jahre 1858.

dem Boden ab. Was die Arbeit betrifft, so wissen wir, wie man durch die Arbeitstheilung und die Bildung der Arbeitergruppen die Production vermehrt, wenn die Zahl der Individuen die gleiche bleibt; das ist eine Wirkung der Collectivkraft, von der wir weiter oben gesprochen haben. Aber darauf beschränkt sich der Vortheil dieser Theilung nicht. Je mehr die Gruppen sich und damit die Verhältnisse der Gegenseitigkeit in der Gesellschaft vervielfältigen, desto mehr vergrössert sich die Zahl der Nutzgegenstände und deren Nützlichkeit. Was ist diese Zunahme des Nutzens, welcher — bei gleichbleibender Bodenfläche und Quantität der Arbeitsleistung — aus den Beziehungen der Gruppen zueinander erwächst, anders als die Rente? Also Schaffung des Reichthums, Schaffung der Kraft.

Allgemeine Sicherheit: In einer antagonistischen Bevölkerung — wie sie das Mittelalter besass — hatten es die Reichen leicht, Gehör für ihre Drohungen zu finden, die Gerichte ihre Strafen auszukramen, die Könige und ihre Soldaten ihre Lanzen auf dem Pflaster der Kasernen dröhnen zu lassen; die Sicherheit ist in einer solchen Gesellschaft gleich Null. Das Land bedeckt sich mit Thürmen und Festungen, die ganze Welt bewaffnet und verschanzt sich; Plünderung und Krieg sind an der Tagesordnung. Man beschuldigt die Barbarei der Zeit ob dieser Unordnung, und mit Recht. Aber was ist diese Barbarei, oder vielmehr wodurch entsteht sie? Die Zusammenhangslosigkeit der industriellen Gruppen, die überdies noch spärlich gezählt sind und die Isoliertheit, in der sie leben, wie man an den landwirtschaftlichen Gruppen sieht. Hier tragen also, der Verkehr der Functionen, die Solidarität der Interessen, welche sie schafft, das Gefühl, das die Producenten erlangen, das neue Bewusstsein, das daraus folgt, mehr zur öffentlichen Ordnung bei, als Heer, Polizei und Religion. Wo findet man eine Macht, erhabener und reeller?

Diese Beispiele genügen, um zu erklären, was an sich eine Kraft ist, welche das gesellschaftliche Gemeinwesen zur Erscheinung bringt. Mit Hilfe dieser Macht, umgesetzt in Steuern, verschaffen sich dann die Fürsten ihre Gendarmerie und den ganzen Apparat der Unterdrückung, der ihnen dient, sich zu halten gegen die Angriffe ihrer Rivalen, oft auch gegen die Wünsche der Völker selbst.

F.: Das ändert all die hergebrachten Ideen über den Ursprung, die Natur, die Organisation und die Ausübung der Macht. Wie glaubst du, dass diese Ideen sich hätten allenthalben festsetzen können, wenn wir sie wirklich für falsch halten müssten?

A.: Die Ansicht der Alten über die Natur und den Ursprung der socialen Kraft ist ein Beweis ihrer Wirklichkeit. Die Kraft ist der Gesellschaft immanent, wie die Attraction der Materie, wie die Gerechtigkeit dem Herzen des Menschen. Diese Immanenz der gesellschaftlichen Kraft geht aus dem Begriffe der Gesellschaft selbst hervor, weil es unmöglich ist, dass Einheiten, Atome, Monaden, Molecüle und Personen, welche ein Agglomerat bilden, nicht gemeinsame Beziehungen unterhielten, nicht ein Gemeinwesen bildeten, aus dem eine Kraft quillt. Daraus folgt, dass die Macht in der Gesellschaft, wie die Schwere in den Körpern, das Leben in den Thieren, die Gerechtigkeit im Gewissen, eine Sache sui generis, reell und objectiv ist, die zu leugnen, während man die Gesellschaft setzt, ein Widerspruch ist. Durch seine Macht, das erste und wesentlichste von allen seinen Attributen, legt das gesellschaftliche Wesen Zeugniss ab von seiner Wirklichkeit und seinem Leben; es setzt sich, es tritt in die Erscheinung, mit demselben Rechte und unter denselben Existenzbedingungen, wie die anderen Wesen. Das ist es, was schon die ältesten Völker erkannten, was sie aber unter einer mystischen Formel ausdrückten, indem sie den Ursprung der socialen Macht auf die Götter zurückführten, und ihre Dynastien zu Sprösslingen der Götter machten. Ihre naive Vernunft, verlässlicher als ihre Sinne, wollte nicht zugeben, dass die Gesellschaft, der Staat, dass die Macht, die sich in dieser offenbart, nichts als Abstractionen wären, wenn sie gleich unsichtbar blieben. Und das ist es, was die Philosophen nicht gesehen haben, als sie den Staat aus dem freien Willen des Menschen entstehen liessen, oder besser gesagt aus dem Verzicht auf ihre Freiheit und so vernichteten sie durch ihre Dialectik das, was die Religion mit so vieler Mühe bewerkstelligt hatte.

F.: Eine wesentliche Bedingung der Kraft ist ihre Einheit. Wie wird diese Einheit gesichert sein, wenn die elementaren Gruppen gleichbleiben, wenn keine über die andere ein Uebergewicht besitzen soll? Ja, wenn ein solches Uebergewicht zugestanden würde, kehren wir zum alten System zurück: wozu dient es dann, die Macht auf die Gesellschaft zu beziehen?

A.: Die Verschiedenheit der Functionen in der Gesellschaft führt ebensowenig zur Spaltung oder Vielfältigkeit in der Macht, als die Verschiedenheit der Verrichtungen in der Werkstatt zur Verschiedenheit des endlichen Products führt. Die Kraft ist von Natur eins oder sie ist überhaupt nichts. Statt sie zu schaffen, könnte jede Competition oder jedes Vorrecht, sei es das eines Gliedes, sei es das einer Fraction der Gesellschaft, nur dazu dienen, sie (die Macht) zu vernichten. Hört die Elektricität in einer Batterie auf, einheitlich zu sein, weil diese aus mehreren Elementen zusammengesetzt ist? Ebenso wechselt die Qualität der socialen Macht, steigt oder fällt ihre Intensität nach der Zahl und der Verschiedenheit der Gruppen; ihre Einheit bleibt aber unveränderlich.

F.: Jede Kraft hat eine Richtung; wohin geht die Richtung der socialen Kraft?

A.: Auf alle Welt, will sagen, auf Niemanden. Da die politische Macht aus den Beziehungen mehrerer Kräfte resultiert, sagt die Vernunft vor Allem, dass diese Kräfte einander das Gleichgewicht halten müssen, um regelmässig und harmonisch wirken zu können. Die Gerechtigkeit ihrerseits tritt dazwischen und erklärt, wie sie es in der allgemeinen Oekonomie gethan, dass dieses Gleichgewicht der Kräfte, dem Rechte gemäss verpflichtend für jedes Gewissen ist. Die Direction der socialen Kraft fällt also der Gerechtigkeit zu, so dass die Ordnung im Collectivwesen, wie die Gesundheit oder der Wille im Thiere nicht die Frucht der Initiative eines Einzelnen ist, sondern aus der Organisation resultiert.

F.: Und wer garantirt, dass die Gebote der Gerechtigkeit gehalten werden?

A.: Dasselbe, was uns garantirt, dass der Kaufmann ein Stück Geld anerkennen wird, der Glaube an die Reciprocität, d. h. die Gerechtigkeit selbst. Die Gerechtigkeit ist für die intelligenten und freien Geschöpfe die oberste Ursache ihrer Entschliessungen. Sie braucht blos erklärt und verstanden zu werden, um von aller Welt anerkannt zu werden und zu wirken. Sie ist wirklich, oder das Universum ist blos ein Phantom und die Menschheit ein Scheusal.

F.: Schliesst also die sociale Kraft, so erhaben sie auch sein mag, nicht die Gerechtigkeit in sich?

A.: Nein! ebenso wie das Eigenthum, die Concurrenz und alle wirtschaftlichen Kräfte, sind alle collectiven Kräfte u. z. von Natur, dem Rechte fremd; das liegt im Begriffe der Kraft. Sagen wir indessen, dass, da die Kraft ein Attribut jedes Wesens ist und jede Kraft sich durch die Gruppe ins Unabsehbare vermehren kann, das Bewusstsein des Menschen desto mehr an Energie und die Achtung vor der Gerechtigkeit an Sicherheit zunimmt, je zahlreicher und besser gebildet die Gruppe ist; und das ist die Ursache, warum die Gerechtigkeit in einer civilisierten Gesellschaft, sei sie nun auch verderbt und verknechtet, immer noch mehr heimisch ist als in einer barbarischen.

F.: Was versteht man unter der Theilung der Macht?

A.: Es ist die Einheit der Macht, gesehen durch die Verschiedenheit der Gruppe, die sie bilden. Wenn der Beobachter sich in den Mittelpunkt des Bundes stellt und von da an die Reihe der Gruppen durchläuft, wird ihm die Macht getheilt erscheinen; wenn er die Resultierende der Kräfte in ihrer Wechselwirkung betrachtet, sieht er die Einheit. Jede Theilung ist unmöglich, daher rührt es, dass die Hypothese von den zwei unabhängigen Gewalten, von denen jede eine Welt für sich hat, von der geistigen und der weltlichen Macht, der Natur der Dinge widerspricht, eine Utopie, eine Absurdität ist.

F.: Welches ist das eigentliche Object der socialen Kraft?

A.: Es folgt aus ihrer Definition: die unablässige Vermehrung der Macht des Menschen, seines Reichthums, seines Wohlbefindens durch erhöhte Production.

F.: Wem kommt die Wohlthat der socialen Macht und überhaupt der ganzen collectiven Kraft zu Gute?

A.: Allen, die mitgewirkt haben, sie zu erzeugen, im Verhältnis zu ihrer Leistung.

F.: Welches ist die Grenze der Kraft?

A.: Sie ist von Natur und Bestimmung aus unbegrenzt, wie das Wohlbefinden, wie die Vernunft, der sie dienen soll. Indes versteht man unter Grenze der Macht oder vielmehr der Kräfte, die den Gruppen und Untergruppen, deren Gesammtausdruck sie ist, eigenthümliche Beschränkung. Da jede dieser Gruppen und Untergruppen in der That bis zur äussersten Grenze der socialen Reihe bis zum Individuum, den andern gegenüber in der ihr zufallenden Function die sociale Kraft repräsentiert, so folgt daraus, dass sich die Begrenzung der Kraft oder besser ihre Auftheilung regelmässig unter dem Gesetze der Gerechtigkeit vollzieht; das ist nichts anderes als die Formel für die Zunahme der Freiheit selbst.

F.: Welchen Unterschied machst du zwischen Politik und Oekonomie?

A.: Im Grunde sind sie nur als zwei verschiedene Arten ein und derselben Sache zu betrachten. Man bilde sich nicht ein, dass die Menschen zur Freiheit und zum Wohlergehen etwas anderes als Macht, für die Aufrichtigkeit ihrer Beziehungen etwas anderes als Gerechtigkeit brauchen. Die Oekonomie nimmt diese zwei Bedingungen an. Was könnte die Politik mehr geben? Unter den thatsächlichen Verhältnissen ist die Politik die gewagte und zweideutige Kunst, in einer Gesellschaft Ordnung zu schaffen, wo alle Gesetze der Oekonomie unbekannt sind, jedes Gleichgewicht vernichtet, jede Freiheit unterdrückt, jedes Bewusstsein verschroben, die gesammte Collectivkraft in Monopole verkehrt ist.

Zweite Lection.
Ueber die Aneignung der collectiven Kräfte, und über die Corrumpierung der socialen Macht.

F.: Ist's möglich, dass eine so bedeutsame Erscheinung, wie die Collectivkraft, welche die Grundfragen der Wissenschaft verändert, welche nahezu die Evidenz einer physikalischen Erscheinung besitzt, sich durch so viele Jahrhunderte der Aufmerksamkeit der Philosophen entziehen konnte? Wie haben sich diese solange über eine Sache täuschen können, welche sie, die Vernunft der einen, das persönliche Interesse der anderen, so nahe angeht?

A.: Alles braucht seine Zeit, in der Wissenschaft so gut wie in der Natur. Alles wird aus unendlich kleinen Anfängen, aus einem Keime, der anfangs unsichtbar sich allmählich entwickelt und ins Unendliche strebt, so dass die Beharrlichkeit der Irrthümer im geraden Verhältnis zur Grösse der Wahrheiten steht. Man darf sich also nicht wundern, wenn die sociale Macht, trotz ihrer Realität doch dem Sinne unzugänglich, den ersten Menschen eine Emanation des göttlichen Wesens geschienen und so den würdigen Gegenstand ihrer Religion bildete. Je weniger sie sich durch Analyse Rechenschaft geben konnten, desto lebhafter war bei ihnen das Gefühl; dadurch unterschieden sie sich von den Philosophen, welche später kamen und den Staat zu einer Zwangsjacke für die Freiheit der Bürger, zu einen Gegenstand ihrer Laune, zu einem Nichts machten; kaum dass, auch heute noch, die Oekonomisten der collectiven Kraft auch nur Erwähnung thun. Nach 2000 Jahren des politischen Mysticismus haben wir 2000 Jahre des Nihilismus gehabt; man kann die Lehren, die seit Aristoteles herrschten, nicht anders nennen.

F.: Was war für die Völker und für die Staaten die Folge dieser Verzögerung in der Erkenntnis des Collectivwesens?

A.: Die Enteignung aller collectiven Kräfte und die Corruption der socialen Macht; mit minder harten Worten, eine willkürliche Wirtschaft und eine erkünstelte Constitution der öffentlichen Macht.

F.: Erkläre dich über diese beiden Punkte!

A.: Durch die Constitution der Familie ist der Vater natürlich im Besitze der aus der Familiengruppe resultierenden Kraft und gibt derselben die Direction. Bald wächst diese Kraft durch die Arbeit der Sclaven und Löhner, deren Zahl sie zu vermehren sucht. Die Familie wird zum Tribus: der Vater, im Besitze seiner Würde, sieht um sich die Macht zunehmen, über die er verfügt. Dies ist der Ausgangspunkt und Typus für alle analoge Aneignung. Allüberall wo sich eine Gruppe von Menschen, eine collective Macht bildet, da entsteht ein Patriciat, eine Herrschaft. Mehrere Familien, mehrere Gesellschaften bilden eine Stadt. Bald macht sich die Gegenwart einer obersten Macht fühlbar und wird der Gegenstand des allgemeinen Strebens. Wer wird der Inhaber, der Nutzniesser, das Organ? Für gewöhnlich derjenige unter den Häuptlingen, der in seiner Domäne die meisten Kinder, Eltern, Verbündete, Schutzbefohlene, Sclaven, Besoldete, Heerdentiere, Gelder, Acker hat, der mit einem Wort über die grösste Collectivkraft verfügt. Es ist ein Naturgesetz, dass die stärkste Kraft die schwächeren absorbiert und assimiliert und dass die häusliche Macht ein Rechtstitel auf die politische Macht wird; es gibt also einen Wettbewerb um die Krone nur zwischen den Starken. Man weiss was aus der Dynastie Saul wurde, welche Samuel trotz dem Gesetze gründete, und welche Mühe der König Johann ohne Land hatte, sich am Throne Englands zu erhalten. Er hätte niemals über den Widerstand der Barone triumphiert, ohne die Charte, die er ihnen bewilligte und welche das Fundament der englischen Freiheiten wurde. Um bei der französischen Geschichte zu bleiben, als der Hausmaier Pipin von Herestal oder Hugo der Weise an Mannen und Lehen mächtiger geworden als der König, wurde er zum König erwählt ohne Rücksicht auf die kirchliche Weihe, welche der Suzerain voraus hatte. Als im Jahre 1848 Louis Napoleon zum Präsidenten der Republik gewählt wurde, schrieb ihm das Landvolk ein Vermögen von 20 Milliarden zu. Uebrigens war die Enteignung der Collectivkraft nicht blos eine Folge der Unkenntnis, sie scheint auch ein Mittel zur Erziehung der Völker gewesen zu sein. Um den primitiven Menschen, diesen Wildling für das sociale Leben zu bilden, dazu war sicherlich eine lange Zerreibung (trituration) von Körper und Seele nötig. Da sich die Erziehung der Menschheit durch eine Art gegenseitiger Unterweisung vollzog, so wollte es das Gesetz der Dinge, dass die Lehrer sich gewisser Vorrechte erfreuten. Fortan wird die Gleichheit darin bestehen, dass jeder seinerseits die Meisterschaft wird ausüben können, wie er die Zucht ertragen haben wird.

F.: Was du sagst, zeigt wohl, wie sich die grosse sociale

Enterbung vollzogen hat, wie die Ungleichheit und das
Elend die Wunden der Civilisation geworden sind. Aber wie
erklärst du diese Resignation der Meinungen, diese Unterwerfung der Willen, welche während so langer Perioden
kaum hier und da eine Revolte von Sclaven, Fanatikern, Proletariern erregt?

A.: Die alte Religion der Macht gab bis zu einem gewissen Punkt
Rechenschaft hierüber. Man unterwarf sich der Macht, weil man glaubte,
dass sie von den Göttern komme, mit einem Worte, weil man sie anbetete.
Aber diese Religion besteht nicht mehr. Legitimität der Throne, Recht
der Herren, Göttliches Recht — sind nichts als verhasste Worte, deren
Platz das stolze Princip der Volkssouveränität eingenommen hat. Aber
die Erscheinung ist dieselbe: die Menschen von heute scheinen nicht
weniger bereitwillig sich der Autorität und Ausbeutung eines Einzelnen
zu unterwerfen, als ihre Väter. Ein schlagender Beweis von der Eitelkeit
der theologischen und metaphysischen Theorien, deren Principien sich gegenseitig aufheben oder befestigen können, ohne dass die Thatsachen, für deren
Ursache oder Vorläufer sie gehalten wurden, aufhörten, sich selbst zu
zeugen. Ueber diesen traurigen Gegenstand, aus welchem Misanthropie
und Skepticismus den Nutzen ziehen, die banale Entschuldigung für
soviel Verrath und Feigheit, gibt die Theorie der Collectivkraft eine
völlig befriedigende Antwort, welche besonders die Moralität der Menge
erhebt, indem sie die Unterdrücker und ihrer Mitschuldigen ganz ihrer
Schande überlässt. Durch die Gruppierung der individuellen Kräfte und
durch den Verkehr der Gruppen, bildet die ganze Nation einen Körper;
sie ist ein wirkliches Wesen von höherer Art, dessen Regungen jede
Existenz, jedes Vermögen mit sich führen. Das Individuum ist eingetaucht in die Gesellschaft; es erhebt sich zu solch hoher Macht, von
der es sich nicht trennen könnte, ohne in Nichts zu versinken. Wie
gross auch die Aneignung der Collectivkräfte sei, wie intensiv die
Tyrannei, es steht fest, dass ein Theil des gesellschaftlichen Vortheils
immer für die Masse bleibt, und dass es im Allgemeinen für den Einzelnen stets besser ist, in der Gruppe zu bleiben, als sich von ihr zu
trennen. Es ist also in Wirklichkeit nicht der Ausbeuter, nicht der
Tyrann, dem die Arbeiter und Bürger folgen: die Verführung und
der Terrorismus haben zum wenigsten Theil an der Unterwerfung. Es
ist die sociale Macht, welche sie im Auge haben, die in ihrem Geiste
schlecht definiert ist, ohne welche sie aber nicht bestehen zu können
meinen, die Macht, deren Siegel der Fürst, wer er auch sei, ihnen zeigt,
die im Aufruhr zu brechen, sie zittern. Das ist der Grund, warum es

kein Usurpator der öffentlichen Macht verabsäumt, sein Verbrechen mit dem Vorwand des öffentlichen Wohles zu beschönigen, sich auf den Vater des Vaterlands hinauszuspielen, auf den Erretter der Nation, als ob die Kraft der Gesellschaft von seiner Existenz abhänge, während er für diese nichts als ein Bild, ein Schall, sozusagen eine practische Rücksicht ist. Und so wird er mit derselben Leichtigkeit, mit der er sich erhoben, fallen, an dem Tage, wo seine Gegenwart das grosse Interesse, das zu vertheidigen er vorgab, zu beeinträchtigen scheinen wird. Das ist in letzter Analyse der Grund der Vertreibung aller Regierungen.

F.: Was wird aus den Beziehungen der socialen Macht zur Nation, wenn sie im Principate constituiert, von einer Dynastie angeeignet oder von einer Kaste ausgebeutet wird?

A.: Diese Beziehungen sind vollkommen verkehrt. In der natürlichen Ordnung entspringt die Macht aus der Gesellschaft, ist sie die Resultierende all der besonderen Kräfte, die sich zur allgemeinen Arbeit gruppierten, deren Vertheidigung und Gerechtigkeit. Nach der landläufigen Anschauung, welche durch die Enteignung der Macht den Menschen aufgedrängt wird, ist es die Gesellschaft, die aus der Macht entspringt; diese ist ihr Erzeuger, Schöpfer, Urheber; sie steht über der Gesellschaft, so dass der Fürst vom einfachen Agenten des Gemeinwesens wie es die Wahrheit will, zum Souverain wird, zum obersten Gerichtshalter, wie Gott. Die Folge ist, dass der Fürst, erfüllt von persönlichen Machtgelüsten, statt die sociale Macht zu sichern und zur Entwicklung zu bringen, sich mittelst Truppen, Polizei und Steuern eine persönliche Macht schafft, um jedem Angriff von aussen widerstehen zu können und das Volk nach Belieben zum Gehorsam zu zwingen; das ist jene fürstliche Gewalt, die sich fortan die „Macht" nennen wird.

F.: Wie wird dann die Gerechtigkeit aufgefasst?

A.: Als ein Ausfluss der Macht, was gerade die Negation der Gerechtigkeit bedeutet. In der That! unter normalen Gesellschaftsverhältnissen regiert die Gerechtigkeit die Macht, indem sie aus dem Gleichgewicht und der Vertheilung derselben ein Gesetz macht. Unter dynastischem Regimente beherrscht die Macht die Gerechtigkeit, die ein Attribut, eine Function der Autorität wird. Daher die Unterordnung der Gerechtigkeit unter die Staatsraison, das letzte Wort der alten Politik, der Fluch aller Regierungen, die ihr gefolgt sind, den das Christenthum in keinen Segen verwandelt, indem es noch die Rücksicht auf die ewige Zeit (la raison de salut) hinzufügte. Mögen Fürsten und Pfaffen sich um den Besitz der Macht herumbalgen; weder diese noch jene sind würdig, weil sie alle nicht die Suprematie des Rechtes kennen.

F.: Wie gestalten sich bei diesem System der Usurpation die Beziehungen der Bürger rücksichtlich der Personen, der Dienstleistungen und der Güter?

A.: Wie sich die Gerechtigkeit zur Macht verhält, so auch zur Nation; d. h. wenn die Gerechtigkeit als ein Ausfluss der Macht angesehen wird, gleichgiltig ob göttlicher oder menschlicher, so wird die Macht in allem und für alle auch das Mass des Rechtes, und die Gesellschaft hat, statt auf dem Gleichgewichte der Kräfte zu beruhen, zum Principe die Ungleichheit, d. h. die Negation der Ordnung.

F.: Welches kann nach alledem die sociale und politische Organisation sein?

A.: Es ist leicht, sich darüber Rechenschaft zu geben. Die Collectivkräfte angeeignet, die öffentliche Gewalt zur Apanage gemacht, die Individuen und Familien, schon ungleich durch den Zufall der Natur, noch ungleicher geworden durch die Civilisation, die Gesellschaft in hierarchischer Verfassung, das ist es, was die dynastische Religion und der Eid der Treue gegen die königliche Person besagt. In diesem System ist es nur consequent, wenn sich die Gerechtigkeit oder das, was man so nennt, immer auf die Seite des Stärkeren neigt und von dem Schwächeren abwendet, was in der reinen Willkürherrschaft die Unbeständigkeit selbst bedeutet. Und traurig genug, die ganze Menschheit ist in dieser Beziehung Mitschuldiger des Fürsten, indem der Geist der Gleichheit, der die Gerechtigkeit schafft, im Menschen neutralisiert oder ausgetilgt ist, durch das gegentheilige Vorurtheil, welches die Enteignung der ganzen Collectivkraft unantastbar macht.

F.: Wie verhält sich bei dieser Caricatur von Gerechtigkeit, der Gesellschaft und der Macht, die Einheit?

A.: Die Natur der Dinge erheischt es, dass die Einheit entspringe aus dem Gleichgewicht der Kräfte, das von der Gerechtigkeit dictiert, das herrschende Princip wird und allen Theilnehmern an der öffentlichen Macht die Ordre ertheilt. Jetzt aber wird die Einheit in der Absorbtion aller Fähigkeit, jedes Interesses, jeder Initiative durch den Fürsten, d. h. im gesellschaftlichen Tode bestehen. Und wie die Gesellschaft nicht sterben kann ohne sich der Einheit zu entschlagen, so entsteht ein Antagonismus zwischen Gesellschaft und Macht, der bis zur Katastrophe führen muss.

F.: Bei diesem Stand der Dinge hat die Verminderung der Macht zu allen Zeiten eine Garantie für die Gesellschaft geschienen? Worauf beruht die Reduction?

A.: Abgesehen davon, dass der Fürst Privateigenthum besitzt unter dem Titel von Patrimonien und Domänen, abgesehen davon, dass ihm der Oberbefehl der Armeen, die Einrichtungen der Staaten und die Ernennung der Behörden zusteht, ist es Grundsatz, dass er den Ueberfluss an Aeckern, Bergwerken, Forsten, in Industrie, Banken, Handel und Erziehung, dem freien Genusse, der unbedingten Verfügung, dem zügellosen Wettbewerb oder der umsichtigen Coalition der privilegirten Classen preisgab. Wer im Besitze einer wirthschaftlichen Domäne ist, der glaubt, man achte derselben nicht mehr, er brauche sich in nichts zu mengen. Mit einem Worte, die Preislegung der wirklichen socialen Kraft an eine Kaste von Feudalen, ist das, was man die Grenze der Macht nennt und mit dem schönen Namen der öffentlichen Freiheiten belegt. Wahnwitziges Beginnen, dessen in seinen Folgen keine Regierung Meister bleiben kann, und das endlich einmal ein neuer Gährstoff der Revolution werden muss.

F.: So ist also unter solchen Bedingungen die sociale Kraft gegenstandslos?

A.: Ganz und gar nicht. Die Aufgabe der Kraft ist dann eben die, dieses System der Widersprüche an den Tag zu legen, indem sich durch Ausbeutung von innen und durch Plünderung von aussen beständig die Civilliste des Fürsten und das Einkommen der Grossen vermehrt.

F.: Welches ist das Synonym für die Macht?

A.: Nachdem die künstliche Construction der Macht den Begriff geändert hat, muss die Sprache davon Spuren zeigen; hier wie überall sind die Worte der Schlüssel zur Geschichte. Als Eigenthum des Fürsten, als seine Einrichtung, sein Beruf, sein Metier betrachtet wurde die Macht Staat genannt. Wie die Leute aus dem Volke sagt der König mein Staat oder meine Staaten, für meine Herrschaft, mein Recht. Indem die Revolution die Macht vom Fürsten auf das Land übertrug, hat sie das Wort République, d. i. res publica beibehalten. Insofern man glaubt, dass das Personal der Macht die Nation regiert und ihr Schicksal leite, gibt man diesen Personen und der Macht selbst den Namen Regierung, ein Ausdruck, der ebenso falsch als verführerisch ist. Im Grunde ist die Gesellschaft nicht zu regieren; sie gehorcht nur der Gerechtigkeit oder stirbt. In der That, alle sogenannten Regierungen, liberal oder absolut, haben mit ihrem Rüstzeug an Gesetzen, Vorschriften, Verordnungen, Statuten, Volksbeschlüssen, Reglements und Erlässen niemals irgendwen oder irgendwas regiert. Lebend ganz in ihren Instincten, thätig inmitten unbesiegbarer Nothwendigkeiten, unter dem Drucke von Vorurtheilen und Umständen, die sie nicht begreifen, meist dem Strome der Gesellschaft sich überliefernd, der sie mit der Zeit zerschellt, können sie aus eigener Initiative nicht leicht etwas anderes machen als Unordnung; Beweis dessen, dass sie alle elend untergingen. Wenn man endlich in der Macht jene hohe Würde besitzt, welche sie über jedes Individuum und über jede Gemeinschaft erhebt, nennt man sie „Souverain", ein gefährlicher Ausdruck, von dem zu wünschen ist, dass ihn die Demokratie für die Zukunft aufbewahre. Welches aber auch die Macht des Gemeinwesens sei, sie darf deshalb für den Bürger keine Souveränität bilden. Das würde soviel besagen, als dass eine Maschine, in der sich 100000 Spindeln drehen, der Souverain von 100000 Spinnerinnen, die sie repräsentiert, sei. Wir haben gesagt, die Gerechtigkeit allein befiehlt und herrscht, die Gerechtigkeit, welche die Macht schafft, indem sie aus dem Gleichgewicht der Kräfte eine Pflicht für alle ableitet. Zwischen der Macht und dem Einzelnen gibt es also kein anderes Verhältnis, als das Recht; eine Souveränität gibt es nicht; diese ist die Negation der Gerechtigkeit, sie ist eine Sache der Religion.

Dritte Lection.
Von den Formen der Regierung und ihrer Entwicklung im heidnisch-christlichen Zeitalter.

F.: Sonach wären die Geschichte der Völker und die Revolutionen der Staaten nichts anderes, als das Spiel der ökonomischen Kräfte, welche je nach den Absichten des Fürsten, nach dem Egoismus der Grossen und den Vorurtheilen des Volkes einander widerstreiten oder fördern, übereinstimmen oder verwirren?

A.: So ist es; füge blos hinzu, dass diese Herrschaft der Willkür ihre Grenze haben muss, indem die Gerechtigkeit immer wieder die Gesellschaft ins Gleichgewicht bringt und früher oder später endgiltig den Antagonismus besiegen muss.

F.: Welches sind während dieser langen Periode, die man mit gutem Rechte, in conservativem Stile — revolutionär nennen könnte, die Formen der Macht?

A.: Jenachdem die Regierung als blos Einem, Mehreren oder Allen gehörig erachtet wird, spricht man von Monarchie, Aristokratie oder Demokratie. Oft findet auch ein Compromiss zwischen diesen einfachen Formen statt und dann entsteht eine gemischte Regierung, welche man eben deshalb für dauerhafter hält, die aber nicht besser ist als die anderen. In anderem Sinne nennt man Formen der Regierung die Bedingungen, von denen die Existenz der Macht abhängt. So definiert die Charte von 1830, nachdem sie die Grundsätze des öffentlichen Rechtes festgestellt in einigen Capiteln die Formen der Regierung, d. h. was den König, die Kammern, die Minister, den Richterstand angeht. Der Gedanke, durch ein Document die Bedingungen der Macht zu heiligen, datiert aus grauer Vorzeit. Die Juden führten ihre Verfassung auf Gott zurück, der sie dem Mose gegeben hätte unter dem Namen „Berith", Bund, Vertrag, Testament. Diese Verfassungen beruhen alle auf dem Vorurtheil, dass die Gesellschaft nicht allein für sich gehen könne, da sie in sich keine lebendige Kraft und Harmonie besitzt und, dass sowohl die Macht als die Leitung ihr von oben, durch Vermittelung einer Dynastie, einer Kirche oder einen Senat kommen müsse, weshalb man nicht genug Klugheit bei der Organisation der Macht, der Wahl des Fürsten, der Wahl der Senatoren, zu den Formalitäten der Gesetzgebung, Administration, Rechtsprechung u. s. w. aufwenden könne.

F.: Welche von diesen Regierungsformen ziehst Du vor?

A.: Keine. Abgesehen von dem, was sie von der Natur der Dinge enthalten und was sie zum Spiegel des Volksgeistes macht, sind ihre Fehler dieselben; und das ist es, warum sie sich, wie die Geschichte zeigt, beständig einander vertreiben, ohne dass die Gesellschaft selbst Ruhe finden könnte. Heiligung der Ungleichheit in Folge des Mangels an Gleichgewicht in den wirthschaftlichen Transactionen; Enteignung der Collectivkräfte; Aufrichtung einer Partei-Macht an Stelle der wirklichen Macht der Gesellschaft; Austilgung der Gerechtigkeit durch die Staatsraison; Auslieferung der Leitung an die Willkür des Fürsten im monarchistischen Staate, an die Cabale der Partei in jedem anderen Falle; das beständige Bestreben des Staates, die Gesellschaft zu absorbieren — das sind die Grundlagen, auf welchen in der vorbereitenden Periode die politische Ordnung beruht, das die Namen, welche sie annimmt, das die angeblichen Garantien, die sie gibt.

F.: Nichtsdestoweniger besagt Demokratie die Wiedereinsetzung des Volkes in den Besitz und den Genuss seiner Kräfte; wie kommt es, dass Du die Form der Regierung gleich den andern verdammest?

A.: Insofern die Demokratie sich nicht zum wahren Verständnis der Macht erhoben hat, kann sie, was sie früher gewesen, nur eine Lüge sein, ein schmählicher Uebergang von kurzer Dauer, sei es von der Aristokratie zur Monarchie, sei's von der Monarchie zur Aristokratie. Die Revolution hat dieses Wort hochgehalten wie ein Hoffnungsmal; wir haben seit 70 Jahren daraus ein Schandmal gemacht.

F.: So ist also ohne eine Revolution in den Ideen, jede politische Stabilität, jede gesellschaftliche Moral, jede Freiheit und jedes Glück für den Menschen und Bürger eine Unmöglichkeit?

A.: Es ist nicht blos die Geschichte, die das offenbart, nicht blos Gerechtigkeit und Gleichheit, die dies als ihre unvermeidliche Sanction zeigen, es ist die ökonomische Wissenschaft, die es beweist, je einleuchtender, positiver, realistischer sie ist. Wenn die Collectiv-Kräfte enteignet sind, das sociale Vermögen in fremde Fesseln geschlagen ist, schwankt die Regierung in nahezu regelmässigen Perioden von Demagogie zu Despotismus, vom Despotismus zur Demagogie, Ruin bringend und das Unheil vervielfältigend.

F.: Gibt es für den Philosophen in dieser Studie über die Formation, das Wachsthum und den Verfall der alten Staaten nichts mehr zu holen?

A.: Sie sind, just durch ihren anorganischen Charakter, die Verkündigung des neuen Standes, sozusagen die Embryologie der Revolution. Welchen Fortschritt, welche Ideen schulden wir ihnen nicht? Die Entfaltung der ökonomischen Kräfte, darunter in erster Linie der Collectivkräfte; die Auffindung der socialen Macht im Wechselverkehr aller dieser Kräfte; die Einsicht in die Regierungsformen, verschieden nach Abstammung, Klima, Beschäftigung, der relativen Wichtigkeit der Grundelemente, die sie bilden und welche dazu dienen, in jedem Lande den politischen Schwerpunkt zu bezeichnen; die Idee der allgemeinen Solidarität oder der humanitären Kraft, die sowohl aus dem Streite wie aus der Eintracht der Staaten hervorwächst; die Idee eines Gleichgewichts der wirthschaftlichen und socialen Kräfte, erprobt unter dem Namen des Gleichgewichts der Mächte; Ausarbeitung des Rechtes, eine höhere Auffassung von Menschen und Gesellschaft; eine tiefere Einsicht in die Geschichte, ausgehend von der Physiologie des Collectiv-Wesens, wodurch somit Jahrhunderte einer negativen Civilisation, welche Feindin der Gleichheit war, ebensoviele Jahrhunderte der Affirmation werden, indem sie die Garantie der Kräfte zeigen und das Gleichgewicht nennen — das ist es, was mitten unter Revolution und Kataklysmen der philosophische Gedanke entdeckt; das ist für die künftige Ordnung der Dinge die Frucht socialer Enttäuschungen und Leiden.

F.: Es ist der ewige Friede, den du nach so vielen anderen verkündest; aber glaubst du nicht, dass der Krieg, der seinen Grund in den unermesslichen Abgründen des menschlichen Herzens hat, der Krieg, den alle Religionen predigten, den ein Nichts entzünden kann, wie der Zweikampf, unausweichlich, unbesiegbar sei?

A.: Der Krieg, in welchem der Christ ein Gottesurtheil verehrt, den sogenannte Rationalisten der Ambition der Herrscher und der Leidenschaft der Völker zur Last legen, hat zur Ursache den Mangel an Gleichgewicht unter den wirtschaftlichen Kräften und die Unzulänglichkeit des geschriebenen Rechtes, des bürgerlichen Straf- und Völkerrechtes, das ihnen zur Richtschnur dient. Jedes Volk, bei welchem das wirtschaftliche Gleichgewicht gestört, die producierenden Kräfte in Monopole umgewandelt und die öffentliche Macht dem Gutdünken von Ausbeutern überliefert ist, lebt ipso facto in Krieg mit dem übrigen Theile des menschlichen Geschlechts. Dasselbe Princip der Aufsaugung und der Ungleichheit, das seine politische und ökonomische Verfassung geleitet, drängt es zur Aufsaugung, per fas et nefas, aller Reichthümer des Erdballes, zur Unterjochung aller Völker; es gibt in der Welt keine Wahrheit, die so feststeht. Möge das Gleichgewicht sich bilden, möge die Gerechtigkeit einkehren und jeder Krieg ist unmöglich; es gibt keine Gewalt mehr, die ihn erhielte; es hiesse dies eine Action des Nichts gegen die Wirklichkeit für möglich halten, was ein Widerspruch ist.

F.: Du erklärst alles durch die collectiven Kräfte, durch ihre Verschiedenheit und Ungleichheit, durch ihre Enteignung, durch den Conflict, den dieselbe hervorbringt, durch ihr unmerkliches aber Dank dem Dazukommen der unfehlbaren Gerechtigkeit, siegreiches Streben nach Gleichgewicht. Welchen Einfluss räumst du in den menschlichen Ereignissen, der Initiative des Staatsoberhauptes, seinen Rathgebern, seinem Genie, seiner Tugend und seinen Verbrechen, welchen Antheil, mit einem Worte, dem freien Willen ein?

A.: Ein Prediger war es, der den Ausspruch that: der Mensch denkt und Gott lenkt. Der Mensch ist der absolute Wille, von Haus aus zwar ungeübt, dem aber die Herrschaft über die Erde verheissen ist. Gott ist die sociale Gesetzgebung, die ohne ihr Vorwissen diesen unbändigen Willen erfasst, durch ihren Verkehr mit sich selbst. Die Rolle, welche der Mensch in dem Schauspiel der Geschichte spielt, besteht in der Gewalt, der Spontanität, dem Kampfe, dann in der Anerkennung des Gesetzes, von dem er regiert wird, und das nichts anderes ist als ein Ausgleich der Freiheit, die Gerechtigkeit. Indem das freie Wesen sich selbst begrenzt, erzeugt es das Gesetz, das sofort seine Vorsehung wird; das ist das ganze Geheimnis.

F.: Was ist die Theokratie?

A.: Eine Symbolik der socialen Kraft. — Bei allen Völkern liess das Gefühl dieser Kraft die nationale Religion emporkommen, unter deren Einfluss allmählich die häuslichen Religionen schwanden. Ueberall war Gott diese collective Kraft, personificiert und angebetet unter einem mystischen Namen. Indem so die Religion für die Regierung und die Gerechtigkeit die Grundlage abgab, verlangte es die Logik, dass die Theologie die Seele der Politik wurde, dass in Folge dessen die Kirche an Stelle des Staates trat, der Priester an die der Adeligen und der Oberpriester an die des Kaisers oder des Königs. Das ist die theokratische Idee. Eine Frucht des christlichen Spiritualismus, wartete sie für ihr Auftreten den Tag ab, wo sich alle Völker in einem Glauben vereinigten und wo in den Herzen die Sorge um das Jenseits, die Sorge um das Diesseits überwog. Aber das war der Traum eines Augenblickes; ein Betrug, so bald gescheitert wie gemacht, der ewig im Stadium der Theorie bleiben sollte. Indem die Kirche die Verwirklichung ihres Ideals in den Himmel über und ausserhalb der gesellschaftlichen Gemeine versetzte, verneinte sie die Immanenz einer Kraft in dieser Gemeinschaft ebensogut wie die Immanenz der Gerechtigkeit im Menschen; und diese Kraft, deren einzige Inhaber und Organe die Fürsten blieben, war es, welche die Kirche vertrieb.

F.: Welche Besserung in der Regierung der Völker hat das Christenthum gebracht?

A.: Keine. Es hat blos das Protokoll geändert. Der antike Edelmann, Patrizier, Krieger oder Scheik gründete seine Usurpation auf die Nothwendigkeit, der christliche Adelige auf die Vorsehung. Für den Ersteren war die Ungleichheit ein Werk der Natur, für den letzteren ist sie ein Werk der Gnade. Aber auf der einen wie auf der anderen Seite begünstigt das Königthum, heiligt die Religion das Privileg. Daher wurden die Prätensionen der katholischen Kirche auf Souverainität, ihr Versuch eine Theokratie zu errichten, entschieden von den Fürsten zurückgewiesen und bald selbst von den Theologen aufgegeben. Da kam ein Wandel. Die Scheidung zwischen Geistlichem und Zeitlichem wurde zum Grundsatz des öffentlichen Rechtes; ein neuer Nährstoff der Zwietracht wurde unter die Völker geworfen. Halb heidnisch, halb christlich schleppt sich die Politik ruhmlos dahin. Die Gerechtigkeit wurde mehr denn je geopfert und die Freiheit unterdrückt.

Vierte Lection.
Die Einsetzung der socialen Macht durch die Revolution.

F.: In welcher Form hat sich die Revolution über die Realität der socialen Macht ausgesprochen?

A.: Es gibt keine ausdrückliche Erklärung in dieser Beziehung. Aber ebenso wie die Revolution dem antiken Mysticismus, der die Gerechtigkeit und die Macht in den Himmel verlegt, widerstrebt, ebenso findet sie nicht in dem darauf folgenden Nominalismus ihr Genügen, der aus dem Collectivwesen und aus dem ihm innewohnenden Vermögen, wie aus der Gerechtigkeit, Wort und Begriffe zu machen sucht. Es gibt keine Idee, keine That der Revolution, die sich mit dieser Metaphysik erklären liesse. Alles, was sie hervorbringt, alles, was sie verspricht, wäre ein Luftschloss, eine neue transcendentale Täuschung, wenn man nicht in der Gesellschaft das Vorhandensein einer wirklichen Macht vorraussetzte und in Folge dessen ein reales Etwas, welches diese jedem Geschöpf, jedem Wesen mittheilt. Uebrigens bezieht sich das Stillschweigen der Revolution über die Natur der Macht nur auf die zwei ersten Acte dieses grossen Schauspiels. Sehen wir nicht heute, zumal seit 1848 den vollen Ausbruch revolutionärer Ideen? Und verbinden sich nicht Wissenschaft und Philosophie, um gemeinsam die Hypothese zu beweisen?

F.: Welches sind deine Gründe?

A.: Die Wissenschaft sagt uns, dass jeder Körper eine Zusammensetzung ist, deren letzte Theilchen, aneinander gehalten durch eine Anziehung, durch eine Kraft, keiner Analyse fähig sind. Was ist die Kraft? Sie ist, gleich der Substanz, gleich den Atomen, die sie zusammenhält, eine den Sinnen unzugängliche Sache, welche der menschliche Geist blos durch ihre Kundgebungen und zwar als den Ausdruck eines Verhältnisses erfasst. Das Verhältnis (le rapport), das ists in letzter Analyse, auf was sich jede Erscheinung, jede Wirklichkeit, jede Kraft, jedes Sein zurückführen lässt. Ebenso wie der Begriff des Seins denjenigen der Kraft und des Verhältnisses in sich schliesst, genau so setzt derjenige des Verhältnisses unausweichlich die Kraft und die Substanz, das Werden und Sein voraus, so dass überall, wo der Geist ein Verhältnis wahrnimmt — die Erfahrung kennt nichts anderes — wir von diesem Verhältnisse auf das Vorhandensein einer Kraft und folglich einer Realität schliessen müssen. Die Revolution verneint das göttliche Recht, oder mit anderen Worten, den übernatürlichen Ursprung der socialen Kraft. Das will im Grunde besagen, dass, wenn ein Wesen nicht in sich die Kraft des Seins besitzt, es auch nicht bestehen kann, dass die Macht, welche sich in der Gesellschaft und in menschlichen Verhältnissen offenbart, ihrer Natur nach menschlich ist; folglich, dass das Collectivwesen kein Phantom, keine Abstraction, sondern ein wirkliches Wesen ist. Entgegen dem göttlichen Rechte stellt also die Revolution die Souveränität des Volkes, die Einheit und Untheilbarkeit der Republik auf; Worte ohne Sinn, blos geeignet, nur als Maske für die schrecklichste Tyrannei zu dienen und früher oder später von den Ereignissen Lüge gestraft zu werden, wenn sie sich nicht auf den höheren durch das Wechselverhältnis industrieller Gruppen, gebildeten Organismus und auf das daraus entspringende commutative Vermögen beziehen. Indem die Revolution das bürgerliche sogut wie das politische Recht erneut, legt sie in die Arbeit und nur in die Arbeit die Rechtfertigung des Eigenthums. Sie leugnet, dass das Eigenthum, welches auf dem guten Willen des Menschen gegründet ist und als ein untrennbarer Theil meiner Selbst ausgegeben wird, rechtmässig sei. Darum hat sie die Kirchengüter, die nicht auf Arbeit beruhten, aufgehoben und bis auf weiteres das Beneficium der Priester in ein Gehalt umgewandelt. Was ist aber das Eigenthum, das so von der Arbeit im Gleichgewicht erhalten und vom Rechte legitimirt wird? Die Verwirklichung der individuellen Macht. Aber die sociale Macht entsteht aus der Vereinigung all der persönlichen Kräfte; sie ist also ein Wesen. Die Revolution konnte seine Realität nicht entschiedener behaupten. — Unter der Herrschaft des göttlichen Rechtes ist das Gesetz ein Befehl, es hat nicht seine Begründung im Menschen. Die Revolution ändert nach Montesquieu, einem ihrer Väter diesen Begriff, indem sie das Gesetz als ein Wechselverhältnis der Dinge definirt, und mehr noch als ein Wechselverhältnis der Personen, d. h. der Fähigkeiten und Functionen, welche durch ihre Beiordnung das sociale Wesen erzeugen. Bezüglich der Regierung erklärt die Revolution formell, dass sie nach dem doppelten Grundsatz der Theilung der Mächte und ihrem Gleichgewichte eingerichtet werden müsse. Was die Theilung der Mächte ist? Dasselbe was die Oekonomisten Arbeitstheilung nennen, nichts als eine besondere Betrachtungsweise der Collectivkraft. Was das Gleichgewicht (pondération), das übrigens so wenig verstanden wird, betrifft, kann ich nur sagen, dass es die Existenzbedingung der organischen Wesen ist, für welche Mangel an Gleichgewicht Krankheit und Tod bedeutet. Es wäre nutzlos, an alles das zu erinnern, was seit 1789 mehr oder minder geschickt zur Durchführung dieser revolutionären Ontologie unternommen wurde: administrative Centralisation, Einheit der Maasse und Gewichte, Gründung der Centralschulen, Errichtung der Bank von Frankreich, Fusion der Eisenbahnlinien. Alle diese Unternehmen und wohl noch viele andere beweisen, wie realistisch der Gedanke ist, der unser öffentliches Recht beherrscht. Dank all diesen Ausführungen ist Frankreich ein grosser Organismus geworden, dessen Assimilationsvermögen die ganze Welt anzöge, wenn es nicht daran verhindert würde durch seine Ausbeuter und Beherrscher.

F.: Woher kommt es, dass seit 70 Jahren die Anwendung dieser Ideen so wenig Fortschritte gemacht hat? Wieso haben wir an Stelle des freien Staats, der identisch und gleichbedeutend mit der Gesellschaft selbst ist, den feudalen, königlichen oder kaiserlichen, militärischen oder dictatorischen Staat erhalten?

A.: Das hat zwei Ursachen, die fortab leicht zu schätzen sein werden: Die eine liegt darin, dass das Gleichgewicht der Producte und Dienstleistungen nicht aufgehört hat, ein pium desiderium der Oekonomie zu sein, die andere darin, dass die Appropriation der Collectivkräfte sich in einer Weise entwickelt hat, als wenn sie ein natürliches Recht wäre. Daher die lange Reihe unvermeidlicher Folgen; im Volke Aufrechterhaltung des alten Vorurtheiles von der Ungleichheit der Fähigkeiten und Güter, Bildung einer capitalistischen Feudalität an Stelle der adeligen, Verrohung des kirchlichen Geistes und Rückkehr zu den Practiken des göttlichen Rechtes, in den Regierungen Ersetzung der Abgrenzung der Mächte durch das Schaukelsystem, Concentration bis zum Despotismus, ungeheuerliche Entfaltung der politischen und militärischen Gewalt, Fortsetzung des Macchiavellismus, Vernichtung der Gerechtigkeit durch die Staatsraison und schliesslich eine Revolution nach der anderen.

F.: Was nennt man Schaukelsystem?

A.: Dieses System (la bascule), auch Doctrin genannt, ist in der Politik das, was die Theorie des Malthus in der Oekonomie ist. Wie die Malthusianer das Gleichgewicht der Bevölkerung durch mechanische Beeinflussung der Zeugung herstellen wollen, ebenso bewirken die Doctrinäre das Gleichgewicht der Macht durch Majoritätsbildung, Wahlumtriebe, Corruption, Terrorismus. Die constitutionelle Maschine, so wie man sie seit 1791 arbeiten sah, mit ihren Unterscheidungen von Ober- und Unterhaus, legislativer und executiver Macht, Ober- und Mittelclassen, grossen und kleinen Collegien, verantwortlichen Ministern und unverantwortlichem Königthum war fataler Weise ein solches Schaukelsystem.

F.: Man könnte nicht besser den eigentlichen Gedanken

der Revolution über die Realität des socialen Wesens darlegen. Aber die Revolution ist auch und zwar vor allem anderen die Freiheit; was wird sie in diesem System des Gleichgewichtes?

A.: Diese Frage führt uns auf diejenige von der Abgrenzung der Kräfte zurück, die wir bereits berichtet haben. Ebenso, wie mehrere Menschen, die ihre Bemühungen vereinen, eine Kraft hervorbringen, die an Qualität und Intensität grösser ist als die Summe ihrer einzelnen Kräfte, ebenso erzeugen mehrere Arbeitergruppen, die miteinander in ein Tauschverhältnis treten werden, eine Kraft höherer Ordnung, die wir als die eigentliche sociale Kraft kennen gelernt haben. Damit aber diese sociale Kraft in volle Wirksamkeit trete und die ganze Frucht, die sie ihrer Natur nach verspricht, gebe, müssen die Kräfte und Functionen, aus denen sie zusammengesetzt ist, im Gleichgewicht stehen. Dieses Gleichgewicht kann jedoch nicht das Ergebnis einer willkürlichen Begrenzung sein. Es muss aus der Balance der Kräfte hervorgehen, indem diese aufeinander in aller Freiheit wirken und sich gegenseitig ausgleichen, was voraussetzt, dass die Balance oder das mittlere Verhältnis jeder Kraft bekannt sei und dass alle Welt, Individuen wie Gruppen, es zum Masse des Rechtes macht und sich ihm unterwerfen. So geht die öffentliche Ordnung aus der Vernunft des Bürgers hervor. So stellt sich die gesellschaftliche Souveränität, die uns anfangs als die Resultierende individueller und collectiver Kräfte erschienen, jetzt als der Ausdruck ihrer Freiheit und ihrer Gerechtigkeit dar, die hervorstechendsten Merkmale eines moralischen Wesens. Darum hat die Revolution, nachdem sie das Zunftregiment, die Privilegien der Meisterschaft und die ganze feudale Hierarchie vernichtete, als Grundlage des öffentlichen Rechtes die Handels- und Gewerbefreiheit erklärt; darum hat sie über alle Staatsräthe, Parlamente und Ministerien die Freiheit der Presse, die gemeinsame Controle gesetzt und indem sie das Geschworenengericht einrichtete, die Rechtsprechung des Bürgers über jedes Individuum und jede Sache proclamiert. Die Freiheit war nichts: sie ist alles, seit die Ordnung auf dem Gleichgewichte ruht.

F.: Wenn die Freiheit alles ist, worin besteht dann die Regierung?

A.: Um uns davon einen Begriff zu machen, stellen wir uns auf den Standpunkt des Budgets. Freiheit und Gerechtigkeit streben von Natur aus nach Kostenlosigkeit (gratuité); sie belasten sich sozusagen mit sich selbst. Ebenso wie die Arbeit, der Austausch, der Credit, haben sie sich nur gegen die Parasiten zu vertheidigen, die unter dem

Vorwande sie zu schützen und zu repräsentieren, verschlingen. Was kostet die Handelsfreiheit? Nichts als etwa einen Beitrag für Marktplätze, Hafen, Strassen, Canäle, Eisenbahnen, motiviert durch den grösseren Zudrang von Kaufleuten. Was kostet die Gewerbefreiheit? Die Pressfreiheit? Alle Freiheiten? Nichts, ausser etwa Entrichtungen für Statistiken, Erfindungs- und Befähigungsdiplome, Urheberrechte u. s. w. Mit einem Worte, der alte Staat strebt in seiner absonderlichen Stellung seine Ressorts zu compliciren, was so viel heisst, als seine Kosten unabsehbar zu vermehren: der neue strebt nach seinem liberalen Wesen, seine Kosten beständig herabzusetzen; das ist ihr Unterschied, budgetgemäss ausgedrückt. Es genügt also, um zu einer freien normalen billigen Regierung zu kommen, im wirklichen Budget alle Artikel zu streichen, einzuschränken und zu modificiren, die in einem dem von uns aufgestellten Princip entgegengesetzten Sinne eingetragen sind. Das ist das ganze System: man hat nichts weiter zu thun.

F.: Gebe eine kurze Darstellung des Budgets der Revolution!

A.: Nehmen wir an, dass der Friede von Aussen durch die Föderation der Völker, die Ruhe im Innern durch das Gleichgewicht der Werthe und Leistungen durch die Organisation der Arbeit und durch die Wiedereinsetzung des Volkes in den Besitz seiner Collectivkräfte gesichert sei. Oeffentliche Schuld: — fällt aus. Es schliesst einen Widerspruch in sich, dass in einer Gesellschaft, wo die Leistungen ins Gleichgewicht gebracht, die Güter nivellirt, der Credit auf dem Princip der Mutualität organisirt ist, der Staat Schulden contrahiren könne, als wenn diese Gesellschaft noch über etwas anderes als seine Arbeitswerkzeuge und Producte verfügte. Niemand kann sein eigener Gläubiger anders als durch Arbeit werden. Das, wozu die alte Regierung unfähig ist, wird die neue Demokratie stets thun: sie wird ausserordentliche Ausgaben durch eine ausserordentliche Arbeit decken. Die Gerechtigkeit fordert es, und es wird nicht den vierten Theil dessen kosten, was die Capitalisten fordern. Pensionen: fällt aus. Jede Person, welchen Dienst sie auch verrichten mag, hat die Pflicht zu arbeiten Zeit ihres Lebens, ausser in Fällen der Krankheit, Schwäche oder Krüppelhaftigkeit. In diesem Falle ist ihr Leben gesichert durch das Gesetz der allgemeinen Sicherheit und die Kosten eingetragen in die Rechnung ihrer Corporation. Senat: fällt aus. Das Zweikammersystem hängt mit der Unterscheidung der Classen oder was dasselbe ist, mit der Divergenz der Interessen, gekennzeichnet durch die beiden Worte: Capital und Arbeit, zusammen. In der Demokratie sind diese beiden Interessen eins.

Der Senat, diese thatlose Körperschaft des Kaiserthums hat keine Verwendung mehr in einer Republik. Staatsrath: fällt aus. Der Staatsrath fällt zusammen mit der gesetzgebenden Körperschaft und dem Ministerium. Gesetzgebende Körperschaft oder Repräsentantenversammlung; sie kostet heute beiläufig zwei Millionen. Nehmen wir diese Ziffer an. Zu Seiten der gesetzgebenden Körperschaft wird ein Bureau für historische, juristische, ökonomische, politische, statistische Aufzeichnungen eingerichtet werden, um die Repräsentanten in ihren Arbeiten aufzuklären. Der Cassationshof benützt gleichfalls dieses Amt. Eine Ausgabe, welche der früheren hinzuzufügen ist. Da die öffentliche Schuld consolidirt und lebenslänglich ist und die Kosten der Regierung, der Polizei und des Krieges die unproductivste Post des Budgets sind, nämlich ungefähr eine Milliarde bis 1200 Millionen, kann man nach diesen Angaben schliessen, welche Macht der Ordnung sich in der Freiheit und Gerechtigkeit findet. Ministerium: Die gesetzgebende Macht unterscheidet sich nicht von der executiven. Da die Volksrepräsentanten die erwählten Vorstände der verschiedenen öffentlichen Stellen, industriellen Gruppen, territorialen Körperschaften und Bezirke sind, sind auch alle thatsächlich die wahren Minister. Diese Minister, welche die parlamentarische Monarchie so viele Mühe hatte, in Uebereinstimmung zu bringen, sobald ihre Zahl 7 oder 8 überschritt, bilden jetzt in der Zahl von 250 oder 300, erwählt durch alle Mitglieder ihrer respectiven Körperschaft und beständig zurückrufbar, durch ihre Vereinigung einen Nationalconvent, einen Ministerrath, einen Staatsrath, eine Gesetzgebung, einen souveränen Hof (une cour souveraine). Ihre Uebereinstimmung ist, unbeschadet der Lebhaftigkeit ihrer Berathungen garantiert durch die der Interessen selbst, die sie vertreten.

F.: Und was garantiert die Harmonie dieser Interessen?
A.: Ihre wechselseitige Ausgleichung, haben wir gesagt.
F.: Gehen wir zu dem Budget der einzelnen Ministerien über.

A.: Die Ausgaben der Ministerien sind zweierlei Art, je nachdem sie einen Theil der allgemeinen Kosten bilden, oder auf den speciellen Dienst sich beziehen, dessen Organ der Minister oder Abgeordnete ist. Im ersteren Fall gehören sie auf das Budget des Staates: hierher gehören die Kosten der gesetzgebenden Körper selbst, der öffentlichen Denkmäler u. s. w., im zweiten Falle fallen sie auf die Rechnung der Gruppen, Körperschaften und Bezirke, so die Kosten der Eisenbahnen, das Budget der Communen u. s. w. Nachdem wir diese Unterscheidung getroffen, können wir weitergehen: Justiz: Nachdem die richterliche Hierarchie auf ihre einfachste Formel zurückgeführt, die Geschworenengerichte für die Civilpraxis so gut wie für die Strafrechtpflege organisiert ist, entstehen die Kosten der Justiz nur durch die Besoldung der Richter, welche die Verhöre leiten und das Gesetz anwenden, und durch diejenigen der Organe des öffentlichen Ministeriums, welche die Beobachtung des Gesetzes im ganzen Lande überwachen. Die erstere Post kommt auf die Rechnung der Communen, welche den Richter erwählen, letztere auf das Staatsbudget. Inneres: gehört zum Theil zum öffentlichen Ministerium, das überwacht, aber nicht verwaltet, zum Theil zu den Communen, zum Teil zu anderen Ministerien. Polizei: auf die Rechnung der Bezirke gehörig. Cultus fällt aus. Keine Kirchen, kein Tempel mehr. Die Gerechtigkeit ist die Apotheose der Humanität. Das alte Budget für Culte geht über auf den Sanitätsdienst und den öffentlichen Unterricht. Oeffentlicher Unterricht: theilweise auf die Gemeinderechnung, theilweise auf die Staatsrechnung gehörig. Finanzen: Vereint mit der Centralbank. Steuereinnahmen: Die Schaffung öffentlicher Entrepôts in den Cantonen und Arrondissements für die Regelung der Märkte wird es ermöglichen, überall die Steuern in natura einzunehmen d. h. in Arbeit: von allen Formen der Steuer die mindest lästige, vexatorische, diejenige, welche am wenigsten der Ungleichheit der Vertheilung in der Uebertreibung der Forderungen nachgibt. Es ist überflüssig, noch mehr Details anzuführen. Jeder kann sich das Vergnügen machen, indem er Kritik an dem Budget übt, selbst folgern, was aus der Regierung würde bei einem Volke wie die Franzosen, wenn man dieses grosse Prinzip anwendet, das geistig moralisch, gouvernemental und fiscalisch ist; er wird zu dem Schlusse kommen, dass die Gerechtigkeit und Freiheit durch sich selbst bestehen, dass sie wesentlich unentgeltlich seien, und in allen ihren Operationen ihre Protectoren, sogut wie ihre Feinde zu erdrücken streben.

Fünfte Lection.
Einige Fragen vom Tage.

F.: Was wirst Du am Tage der Revolution thun?

A.: Nutzlos zu sagen. Die Grundsätze, die ökonomischen und politischen Einrichtungen der Gesellschaft sind bekannt. Das genügt. Was die Anwendung derselben betrifft, so ist es Sache der Nation und ihrer Repräsentanten, ihre Pflicht zu erfüllen, indem sie sich aus den Verhältnissen Raths erholen. Die Frage nach dem Tage der Revolution beschäftigt ausschliesslich die alten Parteien, deren Gedanken darauf hinauslaufen, die Sturmflut zu beschwören, indem sie Oel hineingiessen. Zu diesem Zwecke erscheint seit 6 Jahren eine Reihe von Publicationen, aristokratischen, katholischen, dynastischen, wahrhaft republicanischen, deren Verfasser nach nichts anderem fragen, denn als Feinde des Despotismus und Anhänger der Freiheit zu gelten. Es wäre einfältig von der Demokratie, derlei Manifeste zum Muster zu nehmen und ihre Projecte so bekannt zu machen.

F.: Was denkst Du von der Dictatur?

A.: Zu was ist sie gut? Wenn die Dictatur den Zweck hat, die Gleichheit durch die Principien und Einrichtungen zu begründen, so ist sie überflüssig; es bedarf hiezu keiner anderen, als derjenigen der 48 Sectionen von Paris, unterstützt von den Leuten der 86 Departements, die ihr Mandat in dreimal 24 Stunden erfüllen. Wenn hingegen die Dictatur keinen anderen Zweck verfolgt, als die Beleidigung der Partei zu rächen, die Reichen in Contribution zu setzen und eine frivole Menge matt zu legen, das ist Tyrannei, darüber habe ich nichts zu sagen. Die Dictatur hatte zu allen Zeiten und jetzt mehr denn je die Gunst des Pöbels, und sie ist der geheime Traum gewisser Thoren, das stärkste Argument, das die Demokratie für die Erhaltung des kaiserlichen Regims vorbringen könnte.

F.: Was ist Deine Meinung über das allgemeine Stimmrecht?

A.: So wie sich alle Verfassungen seit 89 gegeben haben, ist das allgemeine Stimmrecht, die Zusammenschnürung der öffentlichen Meinung, der Selbstmord der Volkssouveränität, der Abfall von der Revolution. Ein solches System kann wohl bei Gelegenheit und trotz aller Vorsichtsmassregeln der Macht ein negatives Votum ertheilen, wie dies bei dem letzten Pariser Votum der Fall gewesen; es ist aber unfähig, eine Idee hervorzubringen. Um dem allgemeinen Stimmrecht einen Sinn, eine Moral zu geben, um es revolutionär zu machen, muss man, nachdem die Leistungen ins Gleichgewicht gebracht und die Privilegien widerrufen sind, die Bürger nach ihrem Berufszweigen abstimmen lassen, entsprechend dem Princip der Collectivkraft, welche die Grundlage der Gesellschaft und des Staates bildet.

F.: Die innere Politik der Revolution kann nicht klarer sein; sie besteht darin, die Gleichheit durch die wirthschaftliche Organisation herzustellen. Da gibt es keinen Machiavellismus, keine Staatsraison mehr; nur Gerechtigkeit, Freiheit, Oeffentlichkeit. Welches wird ihre äussere Politik sein?

A.: Es gibt kein Zögern in dieser Hinsicht. Die Revolution muss die Welt nach ihrem Ebenbild modeln oder hinfällig werden und die ganze Civilisation mit sich in den Abgrund reissen. Auch die Völkerschaften beruhen wie im Staate die industriellen Gruppen und Individuen nur auf wechselseitigen Functionen. Solange die Gleichheit nicht über der ganzen Erde errichtet ist, wird das „Vaterland in Gefahr" sein.

F.: Wird die Revolution Europa und der Welt den Krieg erklären?

A.: Die Revolution geht nicht in der Weise des alten gouvernementalen autokratischen oder dynastischen Princips vor. Sie ist das Recht, das Ebenmass der Kräfte, die Gleichheit. Sie unterscheidet nicht Städte und Racen. Sie hat keine Siege zu verfolgen, Völker zu knechten, Grenzen zu schirmen, Festungen zu bauen, Heere zu pflegen, Lorbeeren zu pflücken, sich im „europäischen Concerte" zu behaupten. Die Macht ihrer wirthschaftlichen Einrichtungen, die Kostenlosigkeit ihres Credits, die Gewalt ihres Gedankens reicht für sie hin, der Erde Kreis zu bekehren. Indem sie gleich im Anfang die Kirchen und Fürsten abschafft, muss sie sich beschränken, das Recht abzugrenzen, überall die Souveränität des Menschen, des Bürgers und Arbeiters festzustellen, fürs erste die allgemeine Abrüstung fordern und im Falle des Widerstrebens den casus belli ankündigen.

F.: Die alte Gesellschaft wird nicht ohne gewaltsamen Widerstand weichen; welche sind die natürlichen Verbündedeten des revolutionären Frankreich?

A.: Jede Verbindung von Volk zu Volk ist bestimmt durch die Idee oder das Interesse, von dem es beherrscht wird. Ists der Capitalismus — so haben wir das englische Bündnis, ists der Despotismus — so haben wir das Bündnis mit Russland; ists der Familiengeist — haben wir die spanischen Ehen und die Successionskriege. Die Revolution hat zu Verbündeten alle diejenigen, welche Unterdrückung und Ausbeutung zu ertragen haben: sie erscheint, und die ganze Welt wird ihr die Arme öffnen. „Wenn Grossbritannien sich durch Grundsätze der Gerechtigkeit einschränken liesse, würde es aufhören zu existieren", sagte Lord Chatam. Wohl, das Grossbritannien des Lord Chatam ist mit all seinen Freiheiten der Feind der Revolution; wer nun ihm Gefolgschaft leistet, wird zum Verräther an der Freiheit des menschlichen Geschlechtes. Und wenn die französische Armee die Stämme Algeriens, des Atlas und der Sahara so behandelte, wie die indischen Truppen seit 60 Jahren die Hindus behandelten und zu behandeln drohten, dann müsste man von der französischen Armee sagen, dass auch sie eine Feindin der Revolution ist.

F.: Und was wird aus dem europäischen Gleichgewicht?
A.: Ruhmvoller Gedanke Heinrichs IV., dessen wahre Formel die Revolution allein geben kann. Das europäische Gleichgewicht, heute synonym mit einer wechselseitigen Versicherung der Herrscher gegen ihre Völker, ist das gegenseitige Verhältnis, das alle nationalen Collectivwesen vereint, d. h. mit anderen Worten, die Weltföderation, die oberste Garantie jeder Freiheit und jeden Rechtes, welche die Stelle des alten Katholicismus einnehmen muss.

F.: Das Wort Föderalismus ist in Frankreich wenig beliebt, lässt sich die Idee nicht anders bezeichnen?

A.: Namen der Dinge wechseln, heisst dem Irrthum Thür und Thor öffnen und es an Achtung vor dem Volke fehlen lassen. Was auch die Klugheit der Jacobiner gesagt haben mag, das einzige, wahrhaftige Hindernis des Despotismus ist die föderative Union. Wie wurden die Macedonier Herren Griechenlands? Indem sie sich zum Haupte der Amphiktionen machen liessen, d. h. indem sie den Bund der hellenischen Völker absorbierten. Warum konnte sich nach dem Sturz des römischen Kaiserreiches das katholische Europa nicht in einem einzigen Staate wiederaufrichten? Weil der Antagonismus der Länderräuber die Völker zu einem Bündnis drängte, das schliesslich ein Princip ihres öffentlichen Rechtes wurde und das nichts mehr der Welt zurückbringen kann. Warum ist die Schweiz eine Republik geblieben? Weil sie wie die vereinigten Staaten eine Conföderation ist. Richtet in den 22 Cantonen die administrative und rechtliche Einheit, wie sie die Fürsten erstreben, her, und bei der ersten Gelegenheit, bei der geringsten Kriegsgefahr wird man ein Königthum da haben. Was war endlich der Convent selbst? Sein Name sagt es: eine Versammlung Verbündeter. Das was vom Staate gilt, muss ebenso von den Städten und Districten desselben Staates gelten: der Föderalismus ist die politische Form der Menschheit.

F.: Was werden in dieser Föderation, wo die Stadt soviel ist wie die Provinz, die Provinz soviel wie das Reich, das Reich soviel wie der Welttheil, wo alle Gruppen politisch gleich, was werden da die Nationalitäten?

A.: Die Liebe zum Vaterland ist wie die zur Familie, zum Landbesitz, zum industriellen Beruf, ein unverwüstliches Stück der Völkerseele. Aber das heisst noch nicht, dies Gefühl als Idee anzuerkennen, um es zum Ausgangspunkt oder Vorwand für gewisse Restaurationen zu machen, die zum mindesten nutzlos, wenn nicht undurchführbar geworden sind. Seit 30 Jahren hat die Demokratie viel Lärm gemacht von der Wiedereinsetzung der Polen, Italiener, Ungarn, Irländer und ich weiss nicht, welcher Völker noch in ihre Herrschaft. Gewissen Leuten scheint es noch heute, dass es, um zur socialen Revolution zu gelangen, unerlässlich sei, mit derlei zu beginnen. Was aber noch schlimmer ist, ist, dass sich mit dieser Idee einer politischen Restauration, die einer administrativen Centralisation verbindet, die ebenso gefährlich für die Freiheit als unvereinbar mit dem Völkergeist ist. Das heisst die Revolution nicht erfassen und unter dem Schein, der Freiheit der Welt zu dienen, für den status quo arbeiten. Diejenigen, welche so viel von der Wiederaufrichtung der nationalen Freiheiten sprechen, haben wenig Sinn für die persönlichen. Die Gleichheit der Staaten ist der Vorwand, unter welchem sie der Gleichheit der Stellung und der Güter aus dem Wege gehen. Was sie wollen, ist die Fortsetzung des politischen Fatalismus um den Preis ihrer Eitelkeit. Sie wollen nicht sehen, dass es eben dieser Fatalismus ist, der die Nation, die sie zu emancipieren vorgeben, in die Unmündigkeit sinken liess und dass man überdies kein Recht habe von ihrer Freiheit, ihrer Verderbnis, ihrem Fanatismus oder ihrer Niedertracht zu sprechen, da sie ihr Loos selbst verdient haben. Aber warum bei diesen Nationen unter dem Vorwand der Staatsraison, eine abgeschlossene Phase von Neuem beginnen? Soll sich die Revolution darin gefallen, wie Kaiser Napoleon I. den deutschen Bund zu theilen und zu zerstückeln, die politischen Gruppen umzuarbeiten, ein einiges Polen und Italien zu errichten? Indem die Revolution die Menschen durch das Gleichgewicht der Kräfte und Leistungen, gleich und frei macht, überlässt sie ihnen selbst die Sorge sich zu gruppieren nach dem Zug ihrer natürlichen Wünsche und Interessen.

F.: Hat das dynastische Princip Aussicht sich zu erhalten?

A.: Es steht fest, dass Frankreich bis jetzt nicht der Meinung war, dass Freiheit und Dynastie unvereinbare Begriffe seien. Indem die alte Monarchie die Generalstaaten einberief, entzündete sie die Revolution. Die Constitution von 1791, die Verfassungen von 1814 und 1830 zeigen von dem Verlangen des Landes, das monarchische Princip mit der Demokratie zu versöhnen. Die Popularität des ersten Kaiserreiches war ein Argument mehr für die Möglichkeit dieser Voraussetzung, das Volk glaubte in ihr alle Vortheile zu finden; man versöhnte scheinbar die Ueberlieferungen mit dem Fortschritte; man befriedigte so die Gewohnheit der Unterordnung unter eine Herrschaft und das Bedürfnis nach Einigkeit; man beschwor die Gefahr einer Präsidentschaft, Dictatur oder Oligarchie. Als im Jahre 1830 Lafayette die neue Ordnung der Dinge als „eine Monarchie, umgeben von republicanischen Einrichtungen" definirte, begriff er das, was uns die Analyse geoffenbart hat, die Identität der politischen und ökonomischen Ordnung. Indem die wahre Republik in dem Gleichgewicht der Kräfte und Leistungen besteht, gefiel man sich darin, eine neue Dynastie die Wage halten und die Gerechtigkeit garantieren zu sehen. Endlich bestätigen das Beispiel Englands, wiewohl dort die Gleichheit unbekannt ist und das der neuen constitutionellen Staaten diese Theorie. Ohne Zweifel hat die Verbindung des dynastischen Princips mit dem der Freiheit und Gleichheit in Frankreich nicht jene Frucht gezeitigt, die man erwartete; aber das war die Schuld des gouvernementalen Fatalismus; der Irrthum war hier auf Seite des Fürsten so gut wie des Volkes. Obgleich die dynastischen Parteien sich seit 1848 wenig revolutionsfreundlich gezeigt haben, die Macht der Verhältnisse wird sie wohl wieder dorthin bringen und wie Frankreich, in allen Lagen des Glückes, es wieder geliebt hat, sich ein Oberhaupt (im Premier) zu geben, um seine Einheit durch ein Symbol zu kennzeichnen, so wäre es vielleicht Uebertreibung, die Möglichkeit einer Wiedereinsetzung der Dynastie auch jetzt zu leugnen. Wir haben Republicaner sagen gehört: der wird mein Herr sein, der den Purpur der Gleichheit entfalten wird, und die so sprechen, bilden weder den kleinsten, noch den mindest intelligenten Theil; es ist auch wahr, dass sie nicht die Dictatur wünschen. Immerhin, muss man zugeben, dass die Symptome einer Restauration in der neuesten Zukunft fehlen und das, was uns annehmen lässt, dass das dynastische Princip wenigstens vertagt ist, wenn es überhaupt diese Prüfungsjahre besteht, das ist die Thatsache, dass die Prätendenten und ihre Ratgeber kein Herz für die Sache haben. „Nach Ihnen, meine Herren!" scheinen sie den Demokraten zu sagen. Aber es wird kaum den Dynastischen etwas übrig bleiben, nach der Demokratie aufzuleben, oder das ökonomische Gleichgewicht wäre falsch. Non datur regnum aut imperium in oeconomia.

F.: Und was prophezeiest du dem parlamentarischen System?

A.: Trotz seiner zweideutigen Vorgänge und dem Schaukelsystem, das es so lange entehrt hat, ist seine Wiederkehr unvermeidlich, wenn es sich an die rein wirtschaftlichen Fragen hält. Das Parlament ist eine Kategorie der französischen Vernunft geworden. Es ist der Brennpunkt des politischen Gedankens, übrigens auch das Ziel, welches sich das gegenwärtige Kaiserthum vor Augen gehalten, versprochen und nahezu officiell angekündigt hat.

F.: Wer trägt die Schuld an der gegenwärtigen Missachtung des Parlamentarismus?

A.: Niemand. Der Irrthum von 1848 war unvermeidlich und ebenso seine Folgen. Blos jene könnten in Zukunft beschuldigt werden, die mit beschränkter Hartnäckigkeit noch die sociale Bedeutung der Revolution leugnen und für jene, welche sie behaupten, daraus einen Grund des Ausschlusses machen würden.

F.: Hältst du das französische Volk reif für die Freiheit?

A.: Ueberflüssige Frage. Frankreich ist vermöge seiner geistigen Veranlagung hinaus über jeden politischen und religiösen Götzendienst; die Franzosen sind das freieste Volk, das einzig freie. Aber sie stellen die Gerechtigkeit noch über die Freiheit, und dieses Suchen nach Recht, das in die Zeiten vor Julius Caesar zurückdatiert, ist es, was so oft in ihrem Lande die Freiheit aufgehoben hat. Das französische Volk sucht das Gesetz, gib es ihm und du wirst sehen, ob es frei ist.

F.: Welches war bis jetzt die grösste That der Revolution?

A.: Weder der Schwur im Ballhaus, noch der 4. August, noch die Constitution von 91, noch das Geschworenengericht, noch der 21. Jänner, noch der republicanische Kalender, oder das System der Maasse und Gewichte. Es ist das Decret des Conventes vom 10. November 1793, welches den Cultus der Vernunft einsetzte. Von diesem Decrete ist der Senatsbeschluss vom 17. Februar 1810 ausgegangen, der durch die Vereinigung des Kirchenstaates mit dem Kaiserreich für ganz Europa den Vertrag Karls des Grossen zerriss.

F.: Und welches wird die grösste That der Revolution in Zukunft sein?

A.: Die Demonetisation des Geldes, des letzten Idols des Absolutismus.

F.: Glaubst du, dass die Republik, wenn sie nach den Grundsätzen der Oekonomie und des Rechtes organisiert sein wird, auch gegen jede Agitation, Corruption und gegen jede Katastrophe geschützt sein werden?

A.: Ganz gewiss; denn, weil, Dank dem allgemeinen Gleichgewichte, niemand mehr im Stande sein wird, mit Gewalt oder List sich eines andern Arbeit, den Credit und die Kraft Aller anzueignen, kann das politische Gebäude nicht mehr ins Schwanken gerathen. Es steht auf ebenem Grunde und hat, was ihm früher fehlte jetzt erlangt — die Stabilität.

F.: Wir Menschen sind vor Allem leidend; wie wird unser

Leben sein, wenn es keine Fürsten geben wird, die uns in den Krieg führen, keine Priester, die uns im Leide beistehen, keine Grossen, die unsere Bewunderung, keine Verbrecher und Arme, die unsere Empfindung anregen, keine Prostituierten, die unserem Luxus dienen, keine Possenreisser, die unserer Flachheit und Schmähsucht schmeicheln?

A.: Die Menschen werden thun, was die Genesis befiehlt, die Erde bebauen und beschirmen, die für sie der Ort der Freude geworden, was der grosse Philosoph Martin in Candide empfiehlt, sie werden ihren Garten pflegen. Die Landwirtschaft, einst ihr Sclaventheil, wird zur ersten der schönen Künste, das Leben des Menschen wird in Unschuld dahin fliessen, unberührt von Allem, was ihn von seinem Ideale ablenkt.

F.: Wann wird der Zeitpunkt der Verwirklichung dieser Utopie eintreten?

A.: Sobald die Idee in Umlauf sein wird.

F.: Aber wie soll die Idee in Umlauf kommen, wenn die Bourgeoisie ihr feindlich ist, wenn das Volk, verthiert durch die Knechtung, voll von Vorurtheilen und schlechten Instincten sich nicht darum kümmert, wenn die Kanzel, die Akademie, die Presse sie verleumden, wenn die Richter dagegen wüthen und die Macht ihr den Dämpfer aufsetzt? Damit die Nation revolutionär werde, sollte sie schon revolutioniert sein. Sollen wir nicht daraus mit den alten Demokraten schliessen, dass die Revolution von der Regierung aus beginnen muss?

A.: Das ist in der That der Kreis, in dem sich der Fortschritt zu bewegen scheint und der den Unternehmern der politischen Reformen zu dem Vorwande dient: „Macht nur Revolution, hernach wird sich alles klären." Als ob die Revolution etwas anderes wäre als die Ideen? Aber beruhigen wir uns: ebenso, wie Mangel an Ideen die schönsten Unternehmen scheitern lässt, so dient der Krieg gegen die Ideen nur dazu, um die Revolution zu zeitigen. Seht Ihr nicht, dass das Regieren der Autorität, der Ungleichheit, der Prädestination, des ewigen Heiles und der Staatsraison bereits für die gesicherten Classen, deren Gewissen und Vernunft es verletzt, noch unerträglicher ist, als für den Pöbel, das darunter Hunger schreit. Daraus schliessen wir, dass es das sicherste von uns ist, uns an das Wort des Narren des Königs zu halten: „Was wirst du thun, Sire, wenn einmal alle Welt nein sagt, während du ja sagst?" Die Menge dieses „Nein" entbinden machen, das ist die ganze Arbeit eines guten Bürgers und eines Mannes von Geist.

F.: Verzichtest du auf den gewaltsamen Widerstand, das erste deiner Rechte, die heiligste deiner Pflichten?

A.: Declamation à la Robespierre, ohnmächtige Drohung. Eine solche Gewähr hätte uns nie in einer Constitution gegeben werden sollen, aus Furcht dementiert zu werden. Wenn sich einmal die Ideen erheben, dann erheben sich auch die Barrikaden von selbst, wofern nicht die Regierung so viel Vernunft hat, dies gar nicht abzuwarten.

F.: Was ists mit dem Tyrannenmorde?

A.: Das ist eine Frage, die für die Logik unlösbar ist, in der sich jede Philosophie für incompetent erklären muss.

F.: Aber wie? Wenn soviele bedrohte Interessen, soviele bedrängte Meinungen, soviel genährter Hass endlich den Muth fassten, entschieden wollen, was sie wollen, nämlich die Austilgung des revolutinären Gedankens — wäre es nicht möglich, dass das Recht von der Gewalt besiegt würde?

A.: Ja, wenn — aber es geht mit diesem „Wenn", wie mit jeder Bedingung, die einen Widerspruch in sich schliesst. Du wirst vier Spitzbuben finden, wenn du willst, die sich über einen Börsencoup einigen; ich fordere dich aber auf, eine Versammlung zu bilden, die den Diebstahl beschliesst. . . . Gegen alle Mächte der Reaction, gegen ihre Metaphysik, ihren Macchiavellanismus, ihre Religion, ihre Gerichte, ihre Soldaten, wird uns zwar keine Jacquerie, keine heilige Vehme, kein Ravaillac helfen, wohl aber der Protest, den sie in sich selbst trägt. War es nicht die Emigration, die 1814 die Freiheit zurückbrachte? Ebenso werden die Conservativen von heute, die Revolutionäre von morgen sein. Gebt ihnen die Idee, sie werden Euch dafür die Sache geben.

II. Benützte Literatur.

Im Nachfolgenden geben wir zur Erleichterung der wissenschaftlichen Kritik eine Zusammenstellung aller jener Schriften, die sich ausschliesslich mit dem Anarchismus, sei es nun seiner Theorie oder seiner Ausbreitung, oder endlich mit gewissen Vertretern des Anarchismus befassen, soweit uns selbst diese Schriften zugänglich waren. Eine ganze Menge kleinerer Arbeiten aus Revuen und Zeitungen, sowie die Titel jener Werke über Socialismus, in welchen der Anarchismus blos nebenher gestreift wird, glauben wir in dieser Uebersicht um so eher übergehen zu können, als wir auf dieselben gelegentlich im Texte stets hingewiesen haben.

Garin, J. Die Anarchisten. Eine historisch-kritische Studie. Deutsch. Leipzig 1887.

Dubois, Felix. Die anarchistische Gefahr (le péril anarchiste). Uebersetzt von Max Trüdjen. Autorisierte deutsche Ausgabe. Amsterdam 1894.

Lombroso, Cesare. Die Anarchisten. Eine kriminal-psychologische und sociologische Studie. Nach der 2. Auflage des Originals herausgegeben von Dr. H. Kurella. Hamburg 1895.

Stammler, Dr. R. Die Theorie des Anarchismus. Berlin 1894.

Emanuel. Der Anarchismus und seine Heilung. Leipzig 1894.

Schaack, J. Michael. Anarchy and Anarchists. a history of the red terror and the social revolution in America and Europe. — Communism, Socialism and Nihilism in Doctrine and in deed. Chicago 1889.

L'Alliance de la Démocratie Socialiste et l'Alliance Internationale des Travailleurs. Rapport et documents publiés par ordre du congrès international de la Haye. Londres et Hambourg 1873.

Adler, Georg. Artikel „Anarchismus" im „Handwörterbuch der Staatswissenschaften". I. Bd. Jena 1890.

Volkslexikon, herausgegeben von E. Wurm. Nürnberg 1895. Artikel: „Zur Geschichte des Anarchismus". I. Bd.

Blind, Carl. Väter des Anarchismus. (Vier Feuilletons in der „Neuen freien Presse".) Wien 1894.

Plechanow, Georg. Anarchismus und Socialismus. Berlin 1894.

Reichesberg, Dr. N. Socialismus und Anarchismus. Bern und Leipzig 1895.

Wagner, Dr. Der Anarchismus. Eine zeitgemässe Studie. Linz 1894.

Osman-Bey, Kibrizli-Zadé. Socialisme et Anarchie. Sophia 1895.

Rienzi. L'Anarchisme traduit du Néerlandais par Auguste Dewinne. Bruxelles 1893.

Müller, Josef. Der Hochverratsprocess und die Affaire Merstallinger, verhandelt vor dem k. k. Schwurgerichte Wien vom 8. bis 21. März 1883. Wien 1883.

Zacher, Dr. Die rothe Internationale. Berlin 1887. 2. Aufl.

Correspondence de P. J. Proudhon, précédée d'une notice sur P. J. Proudhon par J. A. Langlois. 14 vol. Paris 1875.

Diehl, Dr. K. P. J. Proudhon. Seine Lehre und sein Leben. Jena 1890.

Mülberger, Dr. A. Studien über Proudhon. Ein Beitrag zum Verständnisse der socialen Reform. Stuttgart 1891.

Pfau, Ludwig. Proudhon und die Franzosen. (Kunst und Kritik. VI. Bd.) Stuttgart-Leipzig-Berlin 1888. 2. Aufl.

Marx, Karl. Das Elend der Philosophie. (Antwort auf Proudhons „Philosophie des Elends"; deutsch von E. Bernstein u. K. Kautsky. Mit Vorwort und Noten von Fr. Engels.) 2. Aufl. Stuttgart 1892.

Michael Bakunins socialpolitischer Briefwechsel mit Alexander Iw. Herzen und Ogarjow. Mit einer biographischen Einleitung, Beilagen und Erläuterungen von Prof. Michail Dragomanow. Autorisierte Uebersetzung aus dem Russischen von Prof. Dr. B. Minzés. (Bibliothek russischer Denkwürdigkeiten. VI. Bd.) Stuttgart 1895.

Engels, Friedrich. Die Bakunisten an der Arbeit. Leipzig 1873 [neu abgedruckt in „Internationales aus dem Volksstaat (1871—1875)" Berlin 1894].

Stepniak. Underground Russia. Revolutionary profiles and sketches from life. With a preface by Peter Lavroff translated from the Italian. 3. edition. London 1890.

Schellwien, Robert. Max Stirner und Friedrich Nietzsche. Erscheinungen des modernen Geistes und das Wesen des Menschen. Leipzig 1892.

III. Namens-Verzeichnis.

Acoltellatori 184.
Adamiten 8. 10.
Adler, Dr. Georg 253.
Aeneas Sylvius 8.
Alexander II, Czar 116.
Amalrich von Bena 8.
Amalrikaner 8. 9.
Amberley, Lord 131.
Antonius 204.
Augustinus 69.

Baboeuf Cajus Gracchus (Baboeuvisten) 15. 16. 21. 156.
Bakunin, Michael (Bakunisten) 25. 95. 96. 97. 99. 100. 101. 102. 103. 104. 105. 106. 108. 109. 110. 111. 112. 114. 115. 116. 117. 121. 130. 132. 142. 146. 157. 173. 175. 176. 177. 178. 179. 180. 181. 182. 183. 184. 185. 186. 187. 192. 198. 254.
Bastelica 181.
Bauer, Bruno 17. 70. 74.
Bebel, August 197.
Begharden 8.
Bengy, Abbé 206.
Bernard 192.
Bernstein, E. 8. 30. 49. 254.
Blanc, Gaspard 181.
Blanc, Louis 21. 32. 33. 53. 62. 95.
Blanqui 22.
Blind, Karl 101. 254.
Blöch 197.
Bode, Dr. W. 165.
Börne, Ludwig 91.
Boëtie, Etienne de la 12. 13.
Bonthous, Adolphe 142.
Bordas 192.
Brandes, Georg 155.

Bray 61.
Brissot 15.
Brousse, Paul 114. 183.
Brüder und Schwestern des freien Geistes 8. 10.
Brüder, freie 9. 10.
Brühl, J. A. M. 16.
Brutus 204.
Büchner, L. 137.
Bullinger, Heinrich 9.
Buonarotti.

Cabet 21.
Caesar, C. Jul. 204.
Cafiero, Carlo 103. 104. 142. 185. 198. 200.
Camorra 205.
Campos 200.
Carbonari 16. 177. 184.
Carnot, Sadi 117.
Cartesius (Descartes) 16. 63.
Caserio 192. 201. 202. 204. 213.
Catilina 204.
Chatam, Lord 246.
Chenu 205.
Chelčicen 8. 10.
Cicero 204.
Cipriani 184.
Clelius 204.
Clement, Jacques 204.
Clodius 204.
Coffireau 205.
Comte, August 25. 64. 65. 118. 125.
Considerant 22. 95.
Corday, Charlotte 204.
Costa 200.
Cromwell, Oliver 205.
Curio 204.

Danton 15.
Darnaud, Emile 141.
Darwin, Charles 86. 104. 127. 131. 137.
David von Dinant 8.
Dejacque, Joseph 160.
Dewinne, August 254.
Diehl, Dr. K. 23. 26. 254.
Dobrolinbow 96.
Döleke, Herrman 90. 91. 175.
Döll, Dr. Em. 148.
Dolabella 204.
Dostojewsky 95.
Dragomanow, Michail 102. 254.
Dubois, F. 140. 253.
Dühring, Dr. Eugen 146. 147. 148. 149. 150.
Duprat 141.

Eccarius 178.
Egidy, Moriz v. 150. 151. 152. 153. 154.
Elizard, Jules (siehe Bakunin).
Emanuel 213. 253.
Engels, Friedrich 30. 49. 108. 148. 254.
Espinas, A. 42.
Etiévant, G. 140.

Faucher, Julius 87.
Faure, Sebastien 141.
Ferri, Enrico 165. 173.
Feuerbach, Ludwig 16. 17. 69. 70. 77. 83. 84. 90.
Fichte 17. 18. 71. 207.
Fitzroy 127.
Fourier 21. 22. 33. 95.
Fournier 191.

Galland, siehe Zo d'Axa.
Garibaldi 205.
Garin, J. 142. 253.
Gautier, Emile 190. 192. 202.
Girondisten 14. 39.
Godwin, William 13. 14.
Golberg, M. 25.
Grave, Jean 14. 130. 134. 135. 136. 137. 141. 156.
Gray, John 48. 61.
Grün, Karl 22. 25. 88. 89. 90. 122.
Guy, François 141.
Guyau 119.

Hamon, A. 140. 141.
Hartmann 189.
Hasselmann 187. 188. 197.
Hebert (Hebertisten) 15.
Heinrich IV. 247.
Hegel 7. 17. 24. 25. 30. 52. 68. 71. 84. 88. 100. 104.
Henry, Emile 192.
Henry II. 12. 213.
Herbert Auberon 157. 160. 161.
Hertzka, Theodor 143. 144. 146. 154.
Herzen, A. 25. 96. 99. 102. 103. 184. 254.
Hess, Moses 88. 89. 122.
Hlubek 196.
Hobbes 11. 13.
Hödel 189.
Hooker 12. 13.
Humboldt, Wilhelm v. 207.
Hume, David 17.

Ibsen, Henrik 155.
Ihering 86.
Innocenz III. 8.
Irenaeus 10. 207.
Iwanow 115.

Jakobiner 14. 247.
Jasper, Chr. 63. 110.
Jordan, Wilhelm 22.
Jukowsky 177.
Justinus Martyr 10.

Kammerer 196. 197.
Kant, Im. 17. 30.
Karelin, A. 134.
Karl der Grosse.
Kautsky, K. 8. 30. 49. 254.
Kerinthos 10.
Kirilow (Petraschewsky) 96.
Klephten 204.
Krafft-Ebing 4. 213.
Krapotkine, siehe
Kropotkin, Peter, Fürst 90. 97. 99. 116. 117. 118. 119. 120. 121. 122. 123. 124. 125. 126. 127. 128. 130. 131. 132. 134. 135. 136. 137. 141. 143. 146. 157. 161. 182. 183. 184. 190. 191. 192. 198. 202. 207.
Kurella, Dr. Ham. 4. 165. 253.

Lafarque 165.
Lafayette 65. 248.
Langlois, J. A. 23. 25. 254.
Laveleye, Emil de 62. 63. 110. 165. 203.
Lavroff, Peter 254.
Lauterbach, Paul 70.
Lazare, Bernard 141.
Legu 200. 201.
Leibnitz 16.
Levagre, Jehan, siehe Grave Jean.
Liebknecht 197.
Locke, J. 12. 13. 17.
Lombroso, Cesare 4. 204. 213. 253.
Luther, Dr. Martin 72.

Mackay, John Henry 70. 154.
Maffia 205.
Malato, Charles de Comé 141.
Malatesta 142. 185. 198. 200, 201.
Malegari 16.
Malthus 29.
Mano negra. 199.
Marat 15.
Mariana 204.
Marquardson, Dr. H. 165.
Marr, Wilhelm 88. 90. 91. 175.
Marx, Karl 25. 30. 49. 52. 63. 65. 103. 110. 146. 179. 181. 185. 186. 192. 254.
Mazzini 103. 105.
Meissner, Alfred 91.
Mercier 205.
Merga 200.
Merlino 142. 201.
Merstallinger 196. 254.
Michel, Louise 138. 139. 191. 198.
Michelet 105.
Mieroslawski, M. L. 103.
Minzès, Boris 102. 254.
Mirbeau, Octave 135. 141. 142.
Mirecourt, E. d. 23.
Montesquieu 239.
Mont, Johann 155. 156. 157. 187. 188. 190. 194. 195. 196. 197. 198. 201. 204.
Mroczkowski 177.
Mülberger, Dr. A. 23. 58. 143. 254.
Müller, Josef 254.
Murawiew 100. 102.
Murat 179.

Napoleon I. 20. 248.
Napoleon III., Louis 58. 63 65. 66. 67. 89. 228.
Naquet 177.
Narborough 127.
Netschajew, Sergei 97. 104. 110. 111. 117. 113. 114. 115. 135. 182. 204.
Nietsche, Friedrich 70. 155. 254.
Nikolajew 115.
Nikolaus, Czar 101.
Nobiling 183.

Ogarjow 96. 102. 103. 177. 254.
Osman-Bey Kitripli-Zadí 254.
Ovid 9. 11.

Paepe, de 179. 180.
Palma 95.
Papias von Hieropolis 10.
Pearl, Adrews Stephen 161.
Pestel 103.
Peter von Chelčic 8.
Petraschewsky 95. 96
Peukert, Josef 190. 195. 196. 197. 198.
Pfau, Ludwig 22. 23. 63. 69. 91. 254.
Pini 141.
Plato 53. 62. 65. 71. 209.
Plechanow, Georg 254.
Pompeius 204.
Proudhon, P. J. 14. 15. 22. 23. 24. 25. 26. 27. 28. 29. 30. 31. 32. 33. 34. 39. 40. 41. 42. 46. 47. 48. 49. 50. 51. 52. 53. 54. 55. 56. 57. 58. 60. 61. 62. 63. 64. 65. 66. 67. 68. 70. 80. 81. 86. 88. 89. 90. 91. 92. 95. 96. 97. 100. 104. 105. 106. 110. 117. 118. 121. 122. 123. 125. 132. 134. 137. 142. 143. 146. 147. 149. 153. 160. 161. 168. 172. 175. 177. 178. 179. 185. 199. 204. 209. 219. 221. 254.
Pryow 115.
Pudor 154.
Pugatschew 103.
Putlitz, A., Gans Edler Herr zu 23.

Quinet 105.

Ratzel, Fr. 127.
Ravachol 141. 192. 213.

Ravaillac 204.
Rasin Stenka 111.
Reclus, Elisée 103. 104. 130. 131. 132.
133. 135. 137. 177. 183. 198.
Reclus, Elié 131. 177.
Reichesberg, Dr. N. 254.
Reinsdorf 195.
Ricardo 49.
Richard, Albert 177. 178. 179. 181.
Richard, R. V. 67.
Rienzi 254.
Robespierre, M. 15. 18. 20. 252.
Rodbertus 21. 48. 60.
Roseberry, Lord 203.
Rouget 196.
Rousseau, J. J. 11. 53. 64. 126. 149.
Roux, Jacques 14.
Ruge, Arnold 22. 100. 103.

Sa, Emanuel 204.
Saint-Beuve 23.
Saint-Simon 21. 51. 95. 122.
Sand 204.
Saurin, Daniel 157. 142.
Say, J. B. 71.
Schaack, J. M. 253.
Schelling 17. 18. 103.
Schellwien, Robert 70. 155. 254.
Schiemann, Dr. Th. 102.
Schiller, Fr. 12.
Schlegel. Fr. A. 207.
Schlöffel 87.
Schmidt, Caspar (siehe Stirner, Max).
Schopenhauer 69.
Sciolla 200.
Smith, Adam 25. 49. 91.
Socrates 146.
Spencer, Herbert 25. 86. 113. 135. 165.
166. 167. 168. 169. 170.
Spinoza, Baruch 16.

Spooner, Lysander 161.
Stammler, Dr. R. 84. 155. 253.
Stellmacher 196. 197.
Stepniak 98. 117. 254.
Stifft, Freih. v. 91.
Stirner, Max 18. 25. 68. 69. 70. 71. 72.
73. 75. 76. 77. 78. 79. 80. 81. 82. 83.
84. 86. 87. 88. 90. 91. 92. 95. 96. 97.
100. 104. 106. 110. 123. 146. 149. 154.
155. 160. 170. 204. 209. 254.
Strauss, Dr. F. 17. 18. 70.
Stuart Mill 105.
Suard 23.

Testut, Oscar 108.
Thiers 20. 131.
Thompson 161.
Tolain 178. 179.
Topinard 127.
Trüdjen, M. 140. 253.
Tschernischewsky 96.
Tucker, R. B. 161.
Tylor, E B. 19.

Vaillant 131. 141. 165. 192. 213.
Vergniand 15.
Velter, Dr. B. 165.

Wagner, Dr. 254.
Wallace 131.
Warren, Josiah 161.
Weitling 21. 90.
Westländer, A. 134.
Wille, Bruno 154.
Wirth, Max 87.
Wolkenbauer 130.
Wurm, E. 110. 253.

Zagorski 117.
Zacher, Dr. 254.
Zetkin, Osip 138.
Zo'd'Axo.

www.ingramcontent.com/pod-product-compliance
Lightning Source LLC
Chambersburg PA
CBHW032212230426
43672CB00011B/2527